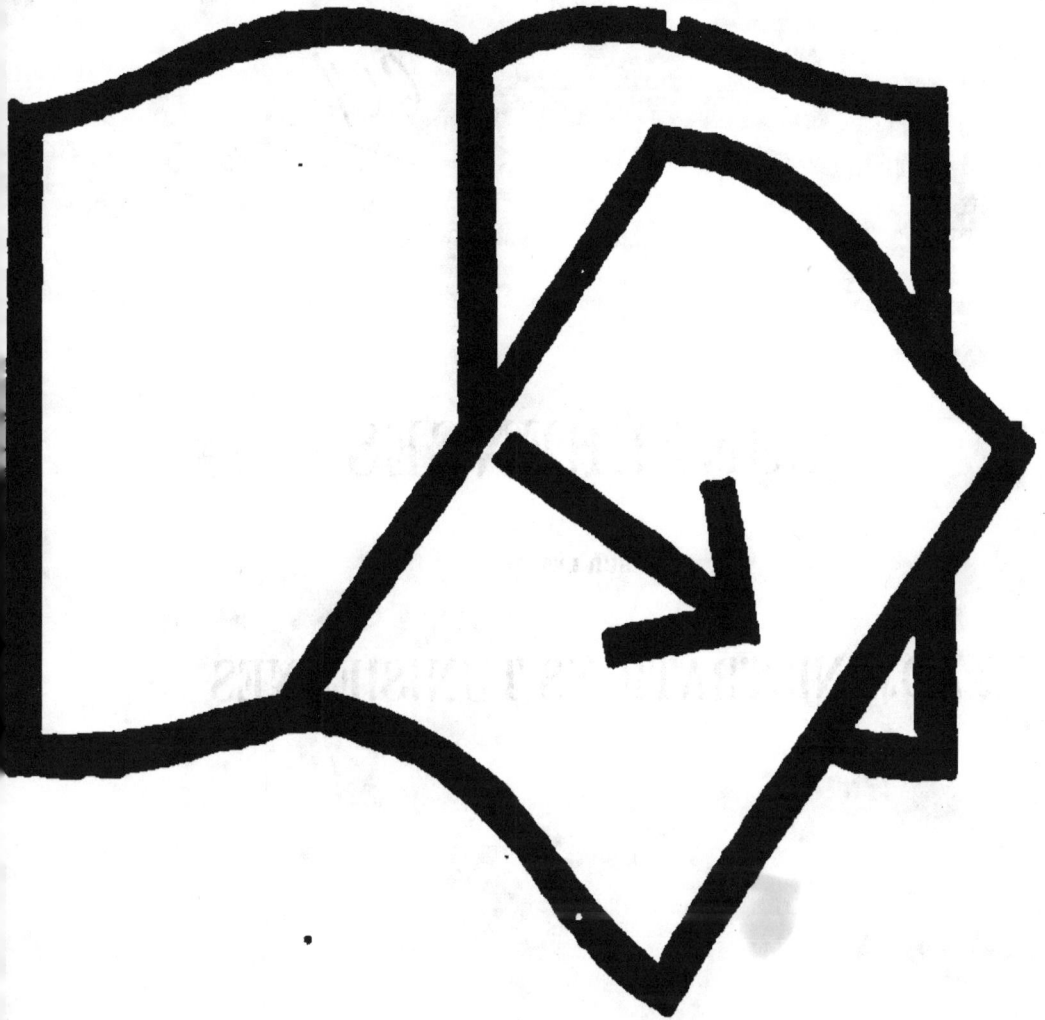

Couvertures supérieure et inférieure
manquantes

CONFÉRENCES

SUR LES

ADMINISTRATIONS TUNISIENNES

RÉGENCE DE TUNIS

PROTECTORAT FRANÇAIS

DIRECTION GÉNÉRALE DE L'ENSEIGNEMENT PUBLIC

CONFÉRENCES

SUR LES

ADMINISTRATIONS TUNISIENNES

PAR MM.

ANTERRIEU, BERGE, BOULLE, CHEYLUS,
DE DIANOUS, DUBOURDIEU,
DE FAGES, GAUCKLER, HUGON, MARCASSIN, PADOUX,
SERRES, VERSINI

à l'Hôtel des Sociétés Françaises, à Tunis

SOUSSE

IMPRIMERIE FRANÇAISE, RUE JULES FERRY

1899

CONFÉRENCES FAITES EN 1898

SUR LES

ADMINISTRATIONS TUNISIENNES

———>✠<———

Le jour de l'inauguration des Conférences
Administratives, M. le Résident Général a prononcé l'allocution suivante :

MESSIEURS,

Lorsque nous avons pensé à offrir à la Colonie
française un Hôtel où elle se trouverait chez elle,
nous ne nous proposions pas seulement le plaisir ou
l'agrément de nos compatriotes. Nous avions la pensée
de fournir aux travailleurs de tous les genres une
maison qui leur fût propre, qui leur permît de se
réunir et de prendre contact avec le public. Aussi le
siège des Conférences devait y être tout naturellement
transporté. C'est à l'inauguration de cette Maison du
Travail que vous êtes conviés aujourd'hui.

Dans ces conférences, sous les auspices de M. le

Directeur de l'Enseignement, sont traités des sujets choisis dans l'ordre entier de nos connaissances.

Il y a là, Messieurs, le germe d'un enseignement supérieur, si l'on peut dire. Ce germe, nous appliquerons tous nos efforts à le faire grandir, se développer, et porter tous ses meilleurs fruits. Ce n'est pas sans doute que nous ayons la prétention d'instituer à Tunis de véritables Facultés, encore moins une Université. Notre ambition n'est pas si haute. Déjà, dans la Régence, les enseignements primaire et secondaire ont reçu une organisation solide, je dis plus, appropriée aux besoins intellectuels et moraux aussi bien des Indigènes que des Européens. Mais, au-dessus, ou mieux à côté de l'École ou du Collège, il y a place à Tunis pour un enseignement qui soit à la fois une culture et un apprentissage pour ceux qui ne peuvent aller puiser aux sources de la métropole. D'ailleurs on étudie mieux certaines questions spéciales dans le pays même, ici en Tunisie, qu'on ne le pourrait faire en France. Les conférences administratives n'ont pas d'autre but que de traiter devant vous des questions de ce genre.

Sans doute, il existe déjà en France des écoles spéciales, qui forment toutes sortes d'administrateurs. Mais quand bien même un fonctionnaire aurait suivi toute la filière des divers enseignements français, en résulterait-il qu'il connût bien l'administration tunisienne et les usages propres à ce pays?

On peut en douter d'autant p'   que la Tunisie a fait preuve, aussi bien en administration qu'en colonisation, d'une admirable initiative. Elle a, non pas peut-être imaginé, mais en tout cas mis en valeur des règles toutes spéciales qu'il importe de connaître et d'étudier à part. Il est donc utile que la Tunisie possède son enseignement particulier qui fasse connaître les rouages de l'administration du Protectorat et l'esprit qui en dirige la marche. C'est pourquoi j'ai tenu à réserver à ces conférences un cadre plus vaste qu'on ne l'avait fait jusqu'ici. Donner cet enseignement dans l'Hôtel des Sociétés françaises, c'est signifier clairement qu'il s'adresse, non seulement comme on le pourrait croire, aux futurs contrôleurs, mais à tous ceux qui veulent se faire une place, quelle qu'elle soit, dans l'administration tunisienne.

Je désire vivement voir assister à ces conférences un certain nombre de jeunes musulmans ; ce sera une préparation pour les indigènes que leurs familles et leurs études désignent aux situations de khalifats ou de caïds. Ce choix de fonctionnaires indigènes, malgré tout le soin qu'on y apporte, comme on ne peut, le plus souvent, estimer leurs aptitudes administratives, est une des grosses difficultés du Gouvernement qui n'a pas été sans éprouver à ce sujet quelques déceptions.

Enfin, ces conférences doivent s'adresser à un auditoire moins restreint que l'assistance des candidats fonctionnaires : elle doivent aller jusqu'au grand public. Ce n'est un mystère pour personne qu'en fait d'administration coloniale nos institutions tunisiennes sont considérées par tous les publicistes, aussi bien en France qu'à l'étranger, comme un exemple à suivre et un modèle à imiter. Les méthodes appliquées ici sont supérieures à celles qui régissent la plupart des colonies. Dans la masse du public on a confusément le sentiment de cette supériorité : on sent que tout marche ici mieux qu'ailleurs, mais l'esprit français, que sa logique attache toujours à l'administration directe, ne comprend pas pourquoi l'œuvre du Protectorat donne de meilleurs résultats.

Messieurs, c'est cette explication qu'il nous faut donner.

En faisant connaître les rouages de l'administration

nous montrerons du même coup pourquoi leur mise en action donne des résultats si satisfaisants.

Messieurs, il y a un fait qui ne peut manquer de frapper les gens compétents. Nous administrons un pays de 1.500.000 à 2.000.000 d'habitants, aussi peuplé que la Norvège, la Finlande, le Danemark ou la Grèce avec un budget, défalcation faite du service de la dette, de 17 ou 18 millions.

Je dis qu'en créant de toutes pièces des administrations complètes, un système financier original et traditionnel, un enseignement sans lacune, un service postal et télégraphique en avance en plusieurs points sur celui de la métropole, un ensemble imposant de travaux publics exécutés la plupart sur nos économies, je dis qu'en menant à bien cette œuvre entière avec 18 millions, l'administration accomplit un véritable tour de force.

J'ai cité tout à l'heure la Norvège. Son gouvernement est l'un des plus décentralisés qui soient. Ce qui veut dire que son budget général représente à peine le tiers des contributions que paient les particuliers pour le service des intérêts généraux, et que par suite les communes et les départements consacrent à ces mêmes dépenses des fonds considérables. Néanmoins, l'Etat, à lui tout seul, dépense plus de 60 millions de francs, et si l'on défalque les dépenses militaires, il reste encore 50 millions pour l'administration.

Messieurs, nous qui n'avons pas trouvé, comme dans le pays dont je parle, un réseau de routes magnifiques, un système scolaire des plus avancés, qui, en un mot, n'avons pas pu profiter de l'œuvre séculaire des générations, nous faisons avec dix-huit millions ce qui en exige cinquante de l'Etat norvégien. Et encore les communes, loin de nous aider, ont recours aux subventions de l'Etat, si bien qu'on ne leur créera des

ressources qu'à la condition de démembrer le budget
général.

Il y a lieu, Messieurs, de se féliciter de ce résultat.
On a le droit d'être fier d'administrer un pays avec
un budget aussi réduit. Et c'est pour la Tunisie un
titre de gloire de prouver de la sorte que les Français,
très loin d'être, comme on l'a dit, un peuple de fonctionnaires, peuvent et savent faire beaucoup avec peu
d'hommes et par suite peu d'argent. Mais, Messieurs,
c'est à une condition : c'est que les cadres administratifs soient remplis par des gens instruits et connaissant bien le pays, c'est qu'il n'y ait pas de non-valeurs.
Et cette considération si importante m'amène à envisager une autre face de la question.

Lorsque, par suite de l'accord de 1883, S. A. le Bey
de Tunis a remis à la France la responsabilité de la
conduite administrative de la Tunisie, nous avons dû
faire appel à la métropole. Nos chefs de service, quoique fonctionnaires beylicaux, à l'exception des contrôleurs qui agissent au nom de la France, sont tous
empruntés à l'administration centrale, qui est le grand
réservoir des hommes compétents. Encore maintenant
nous devons y avoir recours. Et cela est légitime. Je
pense que la métropole fournira toujours un contingent
d'administrateurs d'élite. Mais nous devons en même
temps nous occuper de former sur place de futurs
administrateurs, et cela pour plusieurs raisons.

Il est clair d'abord que l'administrateur formé dans
le pays même, ayant vécu de la vie tunisienne et
sachant l'arabe, car je suppose qu'il n'y aura pas, à
l'avenir, de jeunes gens qui ne veuillent posséder au
moins les connaissances du certificat d'arabe parlé,
fera un bon fonctionnaire. C'est déjà une force considérable pour entrer dans une administration que de
connaître la langue du pays, que d'avoir vécu dans le
milieu et d'en connaître l'esprit et les mœurs.

À Tunis, nous avons un grand lycée, le lycée Carnot, une école normale mixte, le collège Alaoui, qui est très fréquenté par les Français.

Sans doute, une partie de ces jeunes gens, nombreuse, je l'espère, se destinera au commerce et à l'agriculture. Mais, en même temps, notre lycée doit permettre aux enfants qui y sont élevés de trouver des débouchés dans les administrations. Déjà s'ouvre à eux la carrière des contrôles dont je me suis étudié à régulariser l'entrée. Bientôt s'y ajoutera, je l'espère, le surnumérariat des Finances : nous avons tout lieu de supposer qu'on pourra par la suite recruter en Tunisie même les titulaires des postes les plus importants.

C'est là mon grand désir, Messieurs, et je vous avoue que toutes les fois qu'il me faut demander un fonctionnaire à la métropole, je ne le fais qu'à contre-cœur.

Ces conférences administratives modifieront cet état de choses, car les jeunes gens qui les auront suivies connaîtront bien notre organisation et seront par suite plus aptes à être l'objet de notre choix. Elles feront aussi mieux connaître au dehors les conditions du Protectorat qui, dans ses lignes essentielles, indépendamment de tout pays, de toute localité, est destiné à jouer un rôle dans la colonisation française.

CONFÉRENCE DE M. DE DIANOUS

GÉNÉRALITÉS SUR LE PROTECTORAT

MESSIEURS,

L'exposé que je vais avoir l'honneur de faire devant vous se divisera en deux parties :

1° Situation de la Régence et ses relations avec la France avant 1881 ;

2° Organisation du Protectorat.

Nous verrons, dans la première partie, les relations de la France et de la Tunisie devenir de jour en jour plus étroites et comment une action amicale et officieuse s'est, par la force des choses, transformée en un Protectorat effectif. Dans la deuxième partie, nous étudierons dans ses grandes lignes l'organisation du Protectorat, sans entrer dans aucun détail puisque chaque service doit faire ultérieurement l'objet d'une conférence spéciale.

I

Situation de la Régence et ses Relations avec la France avant 1881

Ce serait une erreur de croire que les relations étroites de la France avec la Tunisie datent seulement de 1881 ; les rapports que nous entretenions avec la Régence dès le quatorzième siècle étaient devenus de plus en plus fréquents au dix-septième. Les Puissances, comme on disait alors, affirmèrent à plusieurs reprises leur respect pour l'*empereur* de France, qu'elles appellent le plus juste et le plus généreux des souverains du Messie, et le Divan fit dire une prière publique pour Louis XIV, la prospérité de ses armes et de ses desseins, cè qui n'avait jamais eu lieu pour aucun prince chrétien.

Les guerres de l'Empire détournèrent, bien entendu, notre attention des pays barbaresques ; mais, après les traités de 1815, les relations reprirent avec une suite qui ne devait plus que s'accentuer. Les flottes françaises firent de fréquentes apparitions dans les eaux de la Goulette ; les beys furent sommés de renoncer à la course et de rendre la liberté aux captifs chrétiens.

Dès lors, la Tunisie entre dans la zône d'attraction de la civilisation occidentale ; les européens s'installent à demeure dans la Régence et forment dans les villes maritimes, sous la protection consulaire, des établissements importants ; ils étendent bientôt leurs opérations dans l'intérieur : des situations inconnues au droit musulman se manifestent, des besoins nouveaux se produisent et le Gouvernement insensiblement doit chercher des améliorations.

Deux événements vont précipiter cette évolution :

la destruction de la flotte turque à Navarin et notre établissement à Alger.

Les beys de Tunis ont de tout temps cherché à affermir la situation, de fait indépendante, qu'ils avaient prise au dix-septième siècle à l'égard de la Porte ; c'était pour nous une politique traditionnelle de les y aider, de leur permettre de résister aux efforts faits par le Sultan pour tenter à Tunis une révolution analogue à celle de Tripoli, et transformer le bey en simple pacha.

« Une escadre turque,[1] sortait presque chaque année de la mer de Marmara pour aller faire sur la côte une démonstration plus ou moins menaçante.»

Après 1830, il nous importait encore plus qu'auparavant d'empêcher la réalisation d'un tel dessein : au lieu d'un voisin faible et intéressé à vivre en bons rapports avec nous, nous aurions eu sur notre frontière algérienne l'empire ottoman lui-même avec ses prétentions incessantes dirigées contre notre conquête, et ses alliances en Europe.

« Chaque fois qu'une escadre turque approchait ou menaçait d'approcher de Tunis, nos vaisseaux se portaient vers cette côte avec ordre de protéger le bey contre toute entreprise des Turcs.»

Un détail peu connu et doublement intéressant peut être rappelé ici comme indice des relations amicales que la cour de France entretenait avec le bey de Tunis depuis l'occupation d'Alger. Il fut un moment question de placer des princes de la famille beylicale à la tête des provinces d'Oran et de Constantine : des propositions furent même faites au Bey qui parut les agréer. Par la suite, le Gouverneur de l'Algérie fut déplacé et l'on perdit de vue ce dessein dont la réalisation eût constitué un essai de Protectorat en Algérie.

[1] GUIZOT. — *Mémoires.*

Les souverains se prêtèrent volontiers à introduire dans la Régence nos procédés administratifs, notre organisation militaire, nos méthodes de gouvernement; le bey Ahmed, qui vint à Paris, fut le grand novateur, il demanda à la France des ingénieurs et des officiers ; c'est à lui que nous devons l'alimentation de Tunis en eau potable par la restauration de l'aqueduc romain de Zaghouan.

La Tunisie lui doit malheureusement Mustafa Khaznadar, son auxiliaire, puis l'éducateur funeste de ses successeurs pendant trente-cinq années consécutives, de 1837 à 1873. Esclave grec affranchi, ce premier ministre extraordinaire a été vraiment le mauvais génie du pays. Il a tracé pour la Tunisie les étapes de la ruine, et c'est à lui qu'on a pu le plus justement appliquer le dicton arabe : « Un seul peut détruire ce que mille ne sauraient construire. »

Aux charges qui augmentent sans cesse, en partie du fait des réformes, mais surtout par le vice d'une administration incapable et corrompue, s'ajoutent un sujet de mécontentement et un nouvel élément de désordre : la constitution, pastiche de nos institutions parlementaires, à laquelle le pays était insuffisamment préparé, et dont il ne voulait pas : « navire gréé de soie, chargé de fumier, disent les Arabes, pour qualifier la nouvelle administration » (1857).

Les impôts rentrent mal, le trésor est vide, les fonctionnaires ne sont plus payés, l'exaction devient la règle, presque la nécessité, du haut en bas de l'échelle; Si Khaznadar a un remède tout prêt : l'emprunt (1863).

Comme la Constitution, il a bonne apparence; c'est en réalité, (le mot est de l'auteur de la Politique française en Tunisie) un lacet que les spéculateurs ont mis au cou du Bey et, sans qu'il s'en doute, un lacet qui l'étranglera. On a promis au Bey trente-cinq millions, il en reçoit un peu plus de cinq.

Mais l'expédient est commode, on y reviendra à plusieurs reprises et dans les mêmes conditions. Le choléra et la famine viennent achever ce malheureux pays : dans les campagnes, on alla jusqu'à manger des enfants.

L'intervention de l'Europe, créancière de plus de 350 millions, était inévitable : une commission financière internationale fut créée sous la direction de M. Villet, inspecteur des finances du gouvernement français et sous la présidence du général Kheireddine (1870).

Je viens de prononcer un nom, Messieurs, qui appelle le respect. Le général Kheireddine a été pour la Tunisie une revanche de la destinée. Devenu successivement ministre dirigeant et premier ministre, il a restauré les institutions politiques, judiciaires et administratives du pays; administration centrale et administration des provinces, tribunaux et offices ministériels, armée et gendarmerie, culte, enseignement, agriculture, il a repris un à un tous les services désorganisés par le régime de 1857 et les a reconstitués en les dotant de règlements organiques. C'est à lui entre autres réformes que nous devons l'organisation actuelle de l'administration des Habous. Etranger à tout esprit de système, doué du sens politique du véritable homme d'Etat, Kheireddine a approprié sa législation aux besoins présents de la société musulmane.

Son administration n'a pas été moins remarquable dans l'exécution; ce fut une belle époque d'ordre et de justice dont les Tunisiens se souviennent encore.

Kheireddine avait toutefois un côté faible : d'origine turque, il professait pour la Porte une sorte de fétichisme qui l'a parfois conduit à donner à sa politique une orientation que nous devions désapprouver. A la fin de sa carrière, cette « manie turque » augmenta; notre éminent représentant à Tunis, M. Roustan, dut se désintéresser de lui, et Kheireddine tomba victime d'une intrigue de palais (1877).

Le Gouvernement est dès lors sans direction, la crise finale que la commission financière a retardée et que nos efforts tendent toujours à ajourner, approche, et il ne dépend plus du Gouvernement français de la conjurer.

Les mauvais procédés se multiplient: l'*Auvergne* jetée à la côte est pillée, malgré les efforts de la garnison tunisienne de Tabarka; une embarcation de notre stationnaire le *Forbin* est assaillie par les propres troupes du Bey; le Gouvernement soutient contre tout droit et ouvertement l'israélite protégé anglais Youssef Lévy contre la Société Marseillaise qui a acquis du général Kheireddine le domaine de l'Enfida; les Khroumirs envahissent enfin le territoire de la Calle, en même temps qu'arrivait à Paris la nouvelle du massacre de la mission Flatters, à la suite d'un mouvement prévu dans le Sud Oranais.

Le gouvernement français doit intervenir; l'action officieuse et amicale exercée par la France en Tunisie aboutissait d'une façon logique et nécessaire à l'installation d'un Protectorat effectif (1881).

II

Organisation du Protectorat

« Ni abandon, ni annexion », tel a été dès l'origine le programme arrêté par les hommes éminents qui présidaient alors à nos destinées. « La Tunisie doit être réorganisée sans qu'il en coûte au Trésor, disait Barthélemy Saint-Hilaire; le pays par lui-même est assez riche pour n'avoir besoin que d'ordre et de justice; les entreprises particulières feront le reste, approuvées par le Gouvernement du Bey, sous la haute surveillance de quelques Agents Français et spécialement de notre Ministre Résident.»

C'est dans le même sens que Jules Ferry préconise le « Protectorat réformateur », et que Gambetta lui-même répond à l'opposition qui le presse de développer ses vues politiques : « La politique du Protectorat consiste à agir sur le prince, sur le radjah, et à trouver avec lui des accommodements qui, en même temps qu'ils garantissent la sécurité de ses Etats, garantissent le pouvoir protecteur contre les intrigues, les menées, les manœuvres des rivaux.»

L'idée était nouvelle en France ; on avait oublié le mot et la chose ; on perdait de vue que tous les gouvernements colonisateurs avaient appliqué ce système avec succès, depuis les Grecs, les Romains et les Carthaginois, jusqu'aux Anglais. On avait oublié notre grand Dupleix, qui avait rêvé d'enrichir sa patrie d'un incomparable domaine, avant de succomber au désespoir, accablé par la haine et la calomnie.

Peut-être, en invoquant son souvenir, n'est-il pas déplacé d'associer à son nom, dans un même hommage reconnaissant, celui des patriotes qui nous ont donné la Tunisie, presque malgré nous, et auquel l'outrage aussi n'a pas manqué.

Notre Protectorat, accepté par le traité du Bardo du 12 mai 1881, assurait au Bey l'appui du Gouvernement de la République contre tout danger qui menacerait sa personne ou sa dynastie, ou qui compromettrait la tranquillité de ses Etats; la France garantissait l'exécution des traités existant entre la Régence et les puissances européennes ; enfin, les deux parties contractantes se réservaient de fixer d'un commun accord les bases d'une organisation financière de la Régence, qui fût de nature à assurer le service de la dette publique et à garantir les droits des créanciers de la

Tunisie. De là, pour la France, un droit de contrôle que la convention du 8 juin 1883 a précisé avec plus de netteté.

Le Gouvernement qui avait eu l'idée du Protectorat, eut la bonne fortude de trouver des hommes capables de réaliser son dessein : après M. Roustan, auquel revient le très grand honneur d'avoir mené à bien, au milieu des difficultés de toute nature, le travail préparatoire, vint M. Cambon, le premier organisateur du Protectorat, puis M. Massicault, et les hauts fonctionnaires qui leur succédèrent à la Résidence Générale et qui ont continué leur œuvre.

Le Bey s'interdisant par le traité de 1881 de conclure sans l'assentiment de la France, aucun acte international, et la France devenant garante des relations diplomatiques de la Tunisie, il était juste et nécessaire de donner à la puissance protectrice un droit de contrôle sur tout ce qui était de nature à intéresser ces relations aussi bien au point de vue des affaires intérieures que des affaires extérieures. C'est ce droit de contrôle que la convention de 1883 a précisé.

Aux termes de cette convention, la France a garanti la dette tunisienne ; le Bey s'est interdit de contracter à l'avenir aucun emprunt pour le compte de la Régence sans l'autorisation de la France et s'est engagé à procéder aux réformes administratives, judiciaires et financières, jugées nécessaires par le Gouvernement de la République.

Le Bey conserve donc sa souveraineté, mais la France a un droit de contrôle sur ses actes, et ce droit, elle l'exerce par l'intermédiaire du Résident général, fonctionnaire du département des Affaires étrangères, qui représente notre Gouvernement auprès du Bey et est dépositaire des pouvoirs de la République dans la Régence. C'est au Résident général qu'il appartient de demander au Souverain les réformes estimées nécessaires et d'en surveiller l'exécution ; ministre des Affaires étrangères du Bey, il est l'intermédiaire obligé du Gouvernement protégé avec le Gouvernement protecteur ; il préside le Conseil des Ministres tunisiens ; il a sous ses ordres les commandants des forces de terre et de mer ; c'est par son canal que les services placés sous l'action directe du Gouvernement français communiquent avec les administrations métropolitaines ; enfin, un décret du Président de la République, en date du 10 novembre 1884, lui a conféré l'autorité nécessaire pour promulguer en son nom les lois tunisiennes et leur donner ainsi force exécutoire.

Le ministère de la guerre a été confié au Général commandant la division d'occupation ; les finances, les travaux publics, l'enseignement public, l'agriculture et le commerce, les postes et télégraphes ont été constitués en services distincts, et leur direction exigeant une compétence technique, a été confiée à des agents français mis à la disposition du gouvernement tunisien.

L'administration générale a été respectée et continue d'être dirigée par des fonctionnaires indigènes, le premier ministre et le ministre de la plume ; elle a dans ses attributions l'administration et la police administrative, la justice civile et criminelle des indigènes, la direction des municipalités, la sûreté publique, la santé publique, la surveillance de l'administration des habous, les affaires israélites.

A cette administration importante, il fallait adjoindre un Agent français chargé auprès du premier ministre, comme le Résident l'est auprès du Bey, de la mission de contrôle qui appartient à la France ; cet agent est le Secrétaire général du gouvernement tunisien.

Ce fonctionnaire reçoit et répartit entre les divers services la correspondance adressée au Gouvernement tunisien ; c'est lui qui soumet à la signature du premier ministre les documents émanant de l'administration générale et qui l'expédie aux destinataires. Aucune affaire ne peut donc échapper à son contrôle et, dans toutes, il est à même de donner ses conseils et de faire prévaloir la pensée du Protectorat. Le Secrétaire général a, entre autres attributions, la présentation et la promulgation des décrets : attribution des plus importantes puisqu'elle assure la publicité des actes de l'autorité tunisienne et facilite l'exercice du droit de promulgation confié au Résident général.

Le conseil des ministres et chefs de services comprend donc, comme éléments indigènes, le Premier Ministre et le Ministre de la Plume et comme éléments français, le Résident général, qui le préside, le Général commandant le corps d'occupation, le Secrétaire général du Gouvernement et les Directeurs, chefs de Service. Ce conseil a entre autres attributions celle d'arrêter le budget annuel.

Comme il a conservé l'administration générale, le Protectorat a maintenu l'administration locale, en créant toutefois, là aussi, un organe de contrôle. Nous avons trouvé en Tunisie des rouages qu'il eut été impardonnable de détruire. Il suffisait d'en supprimer les abus. Les caïds et les cheiks ont donc été conservés avec leurs attributions, mais des agents français ont été placés près d'eux pour les surveiller et les conseiller. Ce sont les Contrôleurs civils créés par décret du Président de la République du 4 octobre 1884.

Les Contrôleurs civils n'administrent pas, mais toute la correspondance des chefs indigènes passe par leurs mains au départ et à l'arrivée : on retrouve ici l'analogie de la situation faite au Secrétaire général.

Représentants du Résident général dans leur circonscription, les Contrôleurs civils portent à la connaissance du Ministre des indications utiles sur le fonctionnement de tous les services; ils sont chargés de la haute police, et la gendarmerie indigène est placée sous leurs ordres directs. Ils doivent s'appliquer, en mandant près d'eux les administrateurs indigènes et en accomplissant des tournées personnelles, à se tenir constamment en contact avec les populations et à se renseigner sur les faits de toute nature qui se produisent sur leur territoire.

Ainsi, rien ne peut se faire dans la Régence que nous n'ayons approuvé; nous avons conservé l'administration indigène, mais nous y avons fait pénétrer un esprit de réforme. Le mécanisme est resté le même, mais l'impulsion qui le dirige est nouvelle.

Pour entrer dans la voie des réformes, le Protectorat devait, en 1881, restituer à l'administration tunisienne ses finances et son autorité; pour cela supprimer d'abord la commission financière qui disposait de la majorité des recettes de la Tunisie. Il fallait donc rembourser la dette qui était de 142 millions. On y pourvut par une émission de rente de 4% garantie par le Gouvernement français; ceux des créanciers, et ce fut le plus grand nombre, qui ne voulurent pas être remboursés, reçurent par préférence aux autres souscripteurs des obligations nouvelles en échange des anciennes (1884).

Des Services distincts, devant permettre une division fructueuse du travail, furent ensuite organisés au sein de la Direction générale des Finances et sous les ordres de son chef : Direction des Douanes, Recette générale, Direction des Contributions diverses, Direction des Monopoles un peu plus tard. Puis le Gouvernement se préoccupa de constituer un budget annuel, régulièrement promulgué par décret.

Le premier budget est de l'exercice 1300 (1883-1884) date importante, car elle marque le point de départ d'une ère nouvelle; jusque là, il n'y avait pas de budget

en Tunisie, mais une simple liste de dépenses ; quant
à la liste des recettes, « elle était très variable, a dit
M. Cambon, parce que tout dépendait de l'énergie du
Gouvernement et du degré de complaisance des populations.»

Les conseils ne manquèrent pas à M. Cambon de
faire table rase des taxes existantes et de les remplacer
par un système d'impôts mieux assis. Le Résident
eut le courage de résister à cette tentation ; là encore
on procéda graduellement, laissant au temps le soin
de compléter l'œuvre.

Pour les impôts directs, on s'attacha seulement à
régulariser leur perception, mais on réduisit le plus
possible les contributions indirectes qui paralysaient
toute production et tout commerce ; impôts directs
et impôts indirects ne purent plus d'ailleurs être
perçus qu'en vertu de lois et contre remise de quittances régulières.

Ces simples réformes et l'influence d'une administration normale ont suffi à ramener la prospérité ;
elles ont permis à la Tunisie de procéder à deux conversions de sa dette, en abaissant le taux de l'intérêt
de 4 à 3 % ; d'importants dégrèvements annuels ont
été consentis, des sommes considérables affectées aux
travaux publics et un fonds de réserve constitué :
c'est une situation que peuvent nous envier de plus
puissants États.

L'ordre remis dans les finances, il importait de rendre au Gouvernement tunisien la part de souveraineté
qu'il avait aliénée du fait des Capitulations.

Ces conventions, imposées aux pays d'Orient pour
protéger les Chrétiens contre l'arbitraire, donnent aux
Consuls, entre autres privilèges, le droit de juger
leurs nationaux ; en matière immobilière à la vérité,
les tribunaux tunisiens étaient seuls compétents, mais
leurs décisions n'avaient de sanction qu'autant qu'il

plaisait au Consul, ce fonctionnaire ayant seul le pouvoir de les exécuter.

Cette situation faillit, au début de l'occupation,
amener de graves conflits entre les consuls et l'autorité militaire ; heureusement, le désordre qui résultait
des multiples juridictions consulaires était devenu tel
qu'il était insupportable aux Européens eux-mêmes,
dont il compromettait la sécurité et les intérêts. Les
négociations entamées avec les puissances étrangères
réussirent donc assez vite, et le 27 mars 1883 un tribunal de première instance était créé à Tunis et six justices de paix à compétence étendue dans les principales villes de la Régence ; ces tribunaux qui ressor-
tissent à la Cour d'Alger, remplaçaient pour les Français les juridictions consulaires et la loi stipulait que
leur compétence pourrait être étendue à toutes autres personnes par des décrets beylicaux.

En exécution de cette disposition, le décret du 5
mai 1883 décida que les nationaux des puissances
amies, dont les tribunaux consulaires seraient supprimés, deviendraient justiciables des tribunaux français dans les mêmes cas et les mêmes conditions que
les Français eux-mêmes. En une année, tous les tribunaux consulaires étaient fermés ; avec eux disparais-
sait un des plus sérieux obstacles à la marche en avant
du Protectorat. Vous savez que la Régence vient seulement, l'année dernière, de reprendre son entière liberté
d'action à l'égard des puissances européennes.

A côté de la justice française, dont il ne nous
appartient pas d'étudier le développement ultérieur,
fonctionnent les tribunaux indigènes; de ceux-ci également nous allons dire un mot.

La Justice indigène est d'une double essence : juridictions laïques et juridictions religieuses; à ces dernières sont réservées les questions de propriété immobilière, de statut personnel et de succession. Celles-ci

appliquent la loi immuable du Koran, les autres une sorte de droit prétorien, les décrets et la coutume, à défaut de textes.

Le Gouvernement du Protectorat a respecté ces institutions ; il n'a pas touché au Chiara ; il a régularisé l'organisation et le fonctionnement des tribunaux laïques, notamment en créant la Direction des services judiciaires de l'Ouzara et les Tribunaux régionaux.

Citons également, pour achever cette esquisse de l'œuvre du Protectorat en matière judiciaire, la création du Tribunal mixte, tribunal tunisien chargé de statuer en matière d'immatriculation de la propriété foncière.

Tel a été le mode de notre intervention dans les affaires tunisiennes : à côté du Bey, le Résident général, dépositaire des pouvoirs de la République française, chargé du contrôle au degré supérieur ; à côté du Premier Ministre, le Secrétaire Général, grâce auquel l'action du Résident est effective et certaine : parallèlement à l'administration générale, les services techniques organisés en Directions et confiés à des agents français ; enfin, près de l'administration locale, les Contrôleurs civils, agents de surveillance et d'information, sans pouvoirs administratifs.

Ainsi deux séries d'organes ; les organes de contrôle : le Résident général, le Secrétaire général du Gouvernement tunisien et les Contrôleurs civils ; des organes d'administration : les Ministres, les Directeurs et les Caïds.

J'ai présenté les Contrôleurs civils comme des agents de contrôle n'administrant pas, et j'ai défini de la même manière le rôle au degré supérieur du Résident général, abstraction faite toutefois des pouvoirs administratifs que sa situation de Ministre des affaires étrangères du Bey lui confère. Il n'en est pas tout à fait ainsi dans la réalité ; le Résident général, en qualité de chef de la nation française, les Contrôleurs civils comme ses représentants dans leurs circonscriptions où ils exercent les fonctions de Vice-Consuls de France, ont, au titre consulaire, des attributions administratives à l'égard des Français et des protégés français. C'est ainsi que le Résident général détermine par des arrêtés les dispositions réglementaires qui ne concernent que la colonie française : création et fonctionnement des Chambres de Commerce et d'Agriculture, d'une délégation du Troisième Collège électoral, de la Conférence Consultative ; de même les Contrôleurs civils remplissent à l'égard de nos nationaux les fonctions de notaires et d'officiers d'état-civil, renouvellent les certificats de nationalité des Algériens, etc... Que seront dans l'avenir ces attributions consulaires des Contrôleurs civils ? Il est impossible de rien préjuger ; à certains égards elles diminueront sans doute, en matière de notariat par exemple. D'autres pourront au contraire être précisées : sans devenir en aucune façon des administrateurs, les Contrôleurs civils seront évidemment de plus en plus les intermédiaires obligés entre les colons et les services indigènes ; peut-être leur donnera-t-on aussi sur les protégés Algériens quelques-uns des pouvoirs disciplinaires accordés aux administrateurs des communes mixtes.

Avant de terminer cette esquisse de l'organisation du Protectorat, et puisque ces conférences s'adressent surtout aux jeunes gens qui veulent entrer dans le Contrôle civil, je désirerais insister sur le caractère du régime installé en Tunisie et faire passer dans l'esprit de mes auditeurs ma conviction bien arrêtée des avantages de ce régime, de sa supériorité sur celui de l'administration directe, de l'obligation qu'a la France de la maintenir, et de notre devoir absolu d'y contribuer en l'appliquant loyalement et sincèrement.

J'insiste sur ce dernier point, car les institutions ne valent que par la façon dont on les applique.

Régime de bienveillance à l'égard des indigènes, auxquels il laisse leurs chefs naturels, leurs lois dans ce qu'elles ont de juste, dont il respecte les mœurs en tant que compatibles avec un état de civilisation plus avancé, le Protectorat est pour la France un régime essentiellement avantageux ; le Cardinal Lavigerie disait qu'il nous avait fait l'économie d'une guerre de religion. A l'exception de l'armée, dont il faudrait bien toujours que la France assumât l'entretien, à l'exception de la garantie d'intérêt au Bône-Guelma pour la ligne de la Medjerda, garantie concédée avant l'occupation, que coûtons-nous à la Mère-Patrie?

Au pays dont il est le régime, ce n'est pas là un de ses moindres avantages, le Protectorat donne, sous le contrôle de la métropole, donc sans abus possible, une autonomie dont nous apprécions chaque jour l'heureux effet; n'est-ce pas à cette autonomie que nos Services doivent leur principale qualité : cette souplesse qui leur permet de s'adapter aux circonstances de temps et de lieu, de gérer avec économie, de n'appliquer les règlements français qu'avec les modifications utiles, de profiter des expériences des autres, de légiférer, enfin, et de prendre ainsi des mesures que la France et l'Algérie réclament sans les pouvoir obtenir. Je ne veux citer qu'un exemple, parce qu'il est au dessus de toute discussion : aurions-nous, sans le Protectorat, l'immatriculation de la propriété foncière ?

« Les musulmans, a dit Jules Ferry, n'ont pas la notion du mandat politique, de l'autorité contractuelle, du pouvoir limité, mais ils ont au plus haut degré l'instinct du pouvoir fort et du pouvoir juste. C'est ici, précisément, qu'apparaît le trait caractéristique du Protectorat : les réformes s'y font par en haut, par la grâce du maître obéi, du pouvoir national et traditionnel et ce qui descend de ces hauteurs ne se discute pas. »

Le Protectorat a déjà amélioré l'administration et quoiqu'il y ait, en Tunisie comme dans tous les autres pays, des criminels et des crimes, on peut dire qu'il a complètement assuré la paix intérieure. Il a peut-être rendu l'impôt plus sensible en le rendant plus général, mais en retour il a amélioré la viabilité. C'est surtout par des bienfaits que le peuple tunisien le connaît.

« De l'ensemble des études écrites sur la Tunisie [1] il se dégage le sentiment d'un progrès manifeste accompli dans les directions diverses en l'espace de quinze années. Nous nous reprochons souvent à nous-mêmes, non sans quelques motifs, de n'avoir pas tiré de nos possessions coloniales tout le profit possible ; mais il faut reconnaître aussi que nous avons parfois de singulières impatiences, et que nous en donnons une preuve quand nous nous étonnons que la protection de la France n'ait pas fait en quinze ans autant que la domination de Rome en sept siècles.

« Le Protectorat a donné jusqu'ici à peu près ce qu'il pouvait : les résultats obtenus tant pour la population indigène que pour la colonie européenne, sont le gage des progrès que la Tunisie peut encore faire sous son régime. C'est un instrument de gouvernement ingénieusement construit, mais nouveau pour des mains françaises, délicat à manier et qui n'a pas été fait pour les esprits tout d'une pièce. Il faut prendre garde de le fausser en l'employant brutalement. Il faut surtout ne pas le briser en vue de lui substituer un mode d'administration directe par la France ou par des Français ; tout le bénéfice que nous vaut le maintien des cadres de l'organisation musulmane ne tarderait pas à être perdu. Perfectionnons, avec le concours

_____

(1) LEVASSEUR

du Gouvernement beylical, les rouages du Protectorat, mais gardons l'instrument.

« L'honneur de la France y est engagé. Nous sommes liés avec le Bey par un traité perpétuel comme le Bey est lié avec nous ; nous avons garanti la dynastie et nous nous sommes présentés au souverain et au peuple comme des amis venant coloniser et non comme des maîtres venant bouleverser. Restons fidèles à notre rôle. Le changer serait une violation de foi à l'égard du Bey et une usurpation inique... Je m'imagine, que l'opinion que j'émets est partagée par la grande majorité des hommes politiques qui, en France, s'intéressent à la Tunisie. Je supplie ceux des colons qui, en Tunisie, auraient une opinion différente, de songer que l'intérêt de la colonisation est étroitement lié à la pacification du pays et de peser les considérations d'administration des musulmans par les musulmans, de fidélité aux engagements du traité et d'honneur de la France que je viens de rappeler. »

CONFÉRENCE DE M. SERRES

CONFÉRENCE DE M. SERRES

———

I

RÉSIDENCE GÉNÉRALE ET CONTROLE CIVIL

Nous nous proposons d'examiner dans cette conférence comment fonctionnent les rouages des services
proprement dits du Protectorat, c'est-à-dire la Résidence Générale et le Contrôle de l'administration civile
indigène.

En dehors de l'Armée et des services de la Justice
française, qui représentent une action exercée directement par la Métropole pour assurer la justice à
ses nationaux dans la Régence et pour garantir l'inté-
grité du territoire, il existe en Tunisie des administrations comme celles des Finances, des Travaux Publics,
de l'Enseignement, etc., qui empruntent une grande
partie de leur personnel, surtout du personnel supérieur, aux cadres de la métropole; mais ces adminis-
tions, qui restent à proprement parler locales et tunisiennes, sont des rouages nécessaires et permanents et
doivent toujours exister quelle que soit la forme du

gouvernement. La Résidence Générale au contraire, ainsi que le Contrôle civil et le Secrétariat Général du Gouvernement tunisien, dont nous aurons l'occasion de parler mais dont le fonctionnement sera étudié en détail dans d'autres conférences, sont indissolublement liés à la forme spéciale du Protectorat, ne sauraient subsister en dehors d'elle, et constituent, à eux seuls, ce qu'on peut appeler les services proprement dits du Protectorat.

C'est le développement de ces rouages, ou plutôt de ce mécanisme unique à rouages multiples qui constitue le régime du Protectorat, que nous nous proposons d'étudier. Pour cela, nous adopterons la méthode historique qui, en nous faisant connaître les étapes parcourues, nous permettra de mettre mieux en évidence le but que l'on se proposait d'atteindre et le véritable esprit de l'institution.

PREMIÈRE PÉRIODE

Organisation centrale — Résidence Générale

Le Protectorat français a été officiellement établi sur la Régence par le traité de Kassar-Saïd du 12 mai 1881. Ce traité, en dehors des règles qu'il pose au sujet des relations diplomatiques de la Tunisie avec la France et les pays étrangers, contient au sujet de l'organisation intérieure du pays les stipulations suivantes : .....

ART. 2. — En vue de faciliter au Gouvernement de la République française l'accomplissement des mesures qu'il doit prendre pour atteindre le but que se proposent les hautes parties contractantes, S. A. le Bey de Tunis consent à ce que l'autorité militaire française fasse occuper les points qu'elle jugera nécessaires pour assurer le rétablissement de l'ordre et de la sécurité de la frontière et du littoral.

Cette occupation cessera lorsque les autorités militaires française et tunisienne auront reconnu, d'un commun accord, que l'administration locale est en état de garantir le maintien de l'ordre.

Art. 5.— Le Gouvernement de la République française sera représenté auprès de S. A. le Bey de Tunis par un Ministre Résident qui veillera à l'exécution du présent acte et qui sera l'intermédiaire des rapports du Gouvernement français avec les autorités tunisiennes, pour toute affaire commune aux deux pays.

Art. 7. — Le Gouvernement de la République française et le Gouvernement de S. A. le Bey de Tunis se réservent de fixer, d'un commun accord, les bases d'une organisation financière de la Régence qui soit de nature à assurer le service de la dette publique et à garantir les créanciers de la Tunisie.....

Le fonctionnement du Protectorat commençait donc dans des conditions aussi peu compliquées que possible. L'administration indigène était entièrement maintenue, mais l'autorité militaire française, chargée du rétablissement de l'ordre et de la sécurité, occupait l'intérieur du pays jusqu'à ce que les autorités locales fussent en état de garantir le maintien de l'ordre. Quant au Ministre Résident, représentant la République française auprès de S. A. le Bey, il était l'intermédiaire entre le Gouvernement français et les autorités tunisiennes « pour toute affaire commune aux deux pays »; il n'avait pas d'action directe sur le ministère tunisien, n'ayant aucun intermédiaire entre lui et le Premier Ministre, mais il était le conseiller de S. A. le Bey, avec qui il traitait directement les affaires qui lui paraissaient nécessiter son intervention. Cette action du Ministre Résident sur tous les points de l'administration locale, bien qu'elle ne fut pas formulée officiellement dans le traité de 1881, se justifiait diplomatiquement par ce fait que la France, étant devenue garante des relations de la Tunisie avec les puissances étrangères, devait pouvoir contrôler tout ce qui était de nature à intéresser ces relations, aussi bien pour les affaires extérieures que pour les actes d'administration intérieure. Il était nécessaire également qu'elle pût s'opposer à toute mesure qui lui eût paru de nature à compromettre cette réorganisation financière qu'elle avait contracté l'obligation d'entreprendre. Un consulat était maintenu à côté de la Résidence, pour que le Ministre Résident ne fût pas détourné de la surveillance générale qui lui incombait en qualité d'agent principal du Protectorat, par les fonctions consulaires dont avaient été chargés jusque là les représentants de la France.

Le Ministre Résident, qui n'avait aucun représentant auprès du Premier Ministre, n'en avait pas davantage auprès des autorités locales de l'intérieur; mais les vice-consuls de France installés sur plusieurs points de la Régence le renseignaient sur l'état d'esprit des populations et exerçaient officieusement auprès des caïds et des gouverneurs les fonctions de conseillers dont le Ministre Résident était investi officiellement à l'égard de S. A. le Bey.

Quand on étudie aujourd'hui l'histoire de cette période, on peut être tenté de trouver que la mission et les pouvoirs du représentant de la France étaient définis d'une façon insuffisante, et qu'il pouvait en résulter de sérieux inconvénients; mais il ne faut pas perdre de vue que le premier Ministre Résident était depuis longtemps représentant de la France dans ce pays, dont il connaissait parfaitement les hommes et les choses, qu'il avait assisté à l'éclosion du régime qu'il était chargé d'inaugurer, et qu'une réglementation trop minutieuse eut été pour lui une gêne plutôt qu'une aide.

Cependant, au commencemement de 1882, le Gouvernement français envoyait à Tunis un nouveau Ministre qui ne connaissait pas encore le pays. Il parut nécessaire de fixer ses pouvoirs d'une façon plus précise qu'ils ne l'avaient été jusque là, et c'est dans ce but que fut rendu le décret du 22 avril 1882, qui contient les dispositions suivantes :

ARTICLE PREMIER. — Les divers services ou établissements, fonctionnant en Tunisie sous l'action du Gouvernement français, seront, dans les limites où s'exerce cette action, placés dans la dépendance du département ministériel correspondant de la République.

ART. 2. — Le Ministre Résident à Tunis sera le représentant direct de tous ces services et, à ce titre, correspondra avec les Ministres français desquels il recevra ses instructions

ART. 3. — Les communications échangées entre le ministre Résident et les membres du Gouvernement français, passeront par l'intermédiaire du Ministre des Affaires étrangères qui les examinera au point de vue spécial diplomatique et des intérêts internationaux et indiquera, s'il y a lieu, les observations que suggérera cet examen.

Cette définition des pouvoirs du Résident n'était évidemment pas complète, car il n'existait alors que deux services fonctionnant sous l'action du Gouvernement français : le service consulaire et la mission télégraphique. Mais nous avons vu que les représentants du Protectorat pouvaient déjà se considérer comme investis d'un droit régulier de contrôle sur les affaires intérieures du pays. D'ailleurs, ce décret d'avril 1882, en confirmant d'une façon nette la délégation qui était donnée au Résident pour agir au nom du Gouvernement français, doit être considéré comme l'embryon de ce qui a été plus tard l'organisation du Protectorat, et pour ainsi dire comme la matière cosmique dont sera formée dans la suite la planète.

Nous avons fait remarquer précédemment que le Résident, tout en étant officiellement le conseiller de S. A. le Bey même pour les affaires d'ordre intérieur, ne pouvait en réalité exercer aucun contrôle effectif sur les actes de l'administration locale, parce qu'il n'avait aucun agent auprès du Premier Ministre. Cette lacune ne tarde pas à être comblée, et un décret beylical du 11 février 1883 crée l'emploi de Secrétaire Général du Gouvernement tunisien. Ce nouveau fonctionnaire a dans ses attributions la direction du personnel de l'Administration centrale, la remise au Premier Ministre de la correspondance préparée dans les divers services publics et son envoi aux destinataires. A partir de cette date, le Résident a un œil sur le fonctionnement du ministère tunisien, et rien ne peut se faire en matière d'administration intérieure sans qu'il en soit informé et qu'il ait donné son approbation.

Ce contrôle sur l'administration intérieure est bientôt complété par le droit de proposition. Le 8 juin 1883 intervient une convention, bientôt confirmée par une loi du Parlement français, qui fixe les pouvoirs du Gouvernement français dans la Régence. L'article 1 de cette convention est ainsi conçu :

Art. 1. — Afin de faciliter au Gouvernement français l'accomplissement de son Protectorat, S. A. le Bey de Tunis s'engage à procéder aux réformes administratives, judiciaires et financières que le Gouvernement français jugera utiles...

Ainsi le Gouvernement protecteur n'a plus seulement le droit de contrôle sur le fonctionnement de l'administration indigène, il peut provoquer les réformes de

tout genre qu'il juge nécessaires, et S. A. le Bey
s'engage à les réaliser. Le Secrétaire Général du Gouvernement tunisien est là pour veiller à cette réalisation. — Le Résident est alors armé comme il
convient pour exercer auprès du Gouvernement central les pleins pouvoirs que comporte l'exercice du
Protectorat. C'est cette convention de juin 1883 qui
est devenue la charte du Protectorat, et depuis qu'elle
a été conclue, la réorganisation de la Tunisie, s'opé-
rant en vertu de pouvoirs mieux définis, s'est poursuivie avec rapidité.

Le 21 juin 1885, un décret du Président de la République française conférait au Ministre Résident le titre
de Résident Général et définissait ses pouvoirs de la
façon suivante :

ARTICLE PREMIER. — Le Représentant du Gouvernement de la République française en Tunisie porte le
titre de Résident Général et relève du Ministre des
Affaires étrangères.

ART. 2. — Le Résident Général est dépositaire des
pouvoirs de la République dans la Régence. Il a sous
ses ordres les commandants des troupes de terre et de
mer et tous les services administratifs concernant les
européens et les indigènes.

ART. 3. — Il a seul le droit de correspondre avec le
Gouvernement français. Exception est faite pour les
affaires d'un caractère purement technique et d'ordre
intérieur dans chaque administration française. Ces
affaires pourront être traitées avec les ministres compétents par les chefs des différents services institués en
Tunisie.

ART. 4. — Le Résident Général communique avec
les divers membres du Gouvernement par l'intermédiaire du Ministre des Affaires étrangères. Il les saisit,

sans délai, de toutes les questions qui intéressent leur département

La situation du Représentant du Protectorat, en possession des pouvoirs complets qui lui ont été successivement conférés, a été parfaitement définie dans le premier rapport sur la situation de la Tunisie, présenté en 1890 au Président de la République française par le Ministre des Affaires étangères.

« Le Résident Général, dit ce rapport, est le dépositaire des pouvoirs du Gouvernement de la République dans la Régence. Un décret du Président de la République, en date du 10 novembre 1884, lui a confié l'autorité nécessaire pour approuver en son nom la promulgation et la mise à exécution des lois tunisiennes. Le Bey, nous ayant abandonné la direction de ses relations extérieures, le Résident Général est son Ministre des Affaires étrangères. Il préside le conseil des Ministres tunisiens. C'est au Résident qu'il appartient de conseiller au Bey les réformes que la Convention de 1883 nous a reconnu le droit de demander et de surveiller la façon dont elles s'exécutent. Il est l'intermédiaire obligé du Gouvernement protégé avec le Gouvernement protecteur. C'est encore par son canal que les services placés sous l'action directe du Gouvernement français communiquent avec les administrations métropolitaines. Il a sous ses ordres les commandants des troupes de terre et de mer. Comme chef de la colonie française, il a le droit de prendre, par voie d'arrêté, les dispositions réglementaires qui la concernent exclusivement. C'est par une mesure de ce genre qu'a été constituée la Chambre de Commerce française de Tunis. »

DEUXIÈME PÉRIODE

Organisation dans l'intérieur. — Contrôle civil.

Nous avons vu précédemment qu'au début l'intérieur du pays avait été occupé par l'autorité militaire, chargée d'assurer l'ordre dans la Régence. Pour donner une sanction aux actes de cette autorité, un décret beylical du 10 juin 1882 avait conféré des pouvoirs disciplinaires aux officiers français chargés de la surveillance du territoire. A cette occasion, le général commandant en chef les troupes françaises avait adressé aux commandants des cercles des instructions sur la manière dont ils devaient user des pouvoirs qui leur étaient conférés. Ces instructions contiennent, au sujet de la façon dont l'autorité doit être exercée dans l'intérieur du pays par les représentants du Gouvernement protecteur, des principes qu'il est bon de rappeler, parce que les instructions envoyées plus tard aux Contrôleurs civils sont plus pratiques que théoriques, et qu'elles sont pour ainsi dire les déductions des principes exposés à cette occasion par le général commandant le corps d'occupation.

«L'administration du pays, disent ces instructions, et l'exercice de la justice, appartiennent au Gouvernement beylical; les commandants territoriaux français n'auront pas, par suite, d'autorité directe sur les fonctionnaires et magistrats tunisiens qui sont les agents du Bey et relèvent exclusivement de lui. Comme il leur incombe cependant de faire respecter l'autorité du souverain, de prévoir et de réprimer au besoin toute tentative de désordre, ils doivent :

1º Se tenir au courant de toutes les nouvelles politiques circulant dans les circonscriptions et les signaler sans délai à leur chef hiérarchique avec leurs avis sur l'importance qu'il convient d'y attacher ;

2° Etudier l'organisation politique et administrative des populations indigènes vivant dans leur cercle ;

3° Connaître les chefs indigènes en fonctions, leur caractère, leurs relations...

Il entre dans les devoirs des commandants de nos postes de savoir si les chefs des tribus les avoisinant ne se conduisent pas de façon à exaspérer leurs administrés... Ce résultat ne peut être atteint qu'en se tenant en relations très fréquentes avec les habitants du pays, en causant avec eux pour connaître l'esprit public, les causes de malaise et de mécontentement des populations. Les commandants supérieurs devront toutefois n'accueillir, qu'après les avoir bien contrôlés et vérifiés, les bruits qui peuvent circuler sur le compte des chefs tunisiens ;

4° Connaître les chefs de familles les plus importantes du pays. Désigner ceux que l'on pourrait investir à un moment donné du commandement des populations ;

5° Connaître les ordres religieux existant dans leur circonscription, leur importance, le nombre et les tendances de leurs adeptes, les Zaouias qu'ils occupent ;

6° Réunir sur les tribus du cercle des documents historiques permettant de connaître leur origine, leurs relations, les contingents que chacune d'elles peut mettre sur pied... le nombre de bêtes de somme dont elles disposent, l'importance de leurs approvisionnements en céréales, les emplacements des silos ;

7° Réunir des renseignement géographiques et topographiques permettant de connaître exactement les principales voies de communication ;

Etudier s'il ne conviendrait pas d'ouvrir de nouveaux chemins ou de réparer ceux qui existent ;

8° Prendre, de concert avec les agents du Gouvernement tunisien, les mesures voulues pour assurer la sécurité des routes et marchés, surveiller la contrebande de guerre. Faire connaître à leur chef direct leur appréciation sur les mesures prises par les agents tunisiens et sur les ordres qu'il conviendrait de leur faire donner par leur gouvernement; rendre compte de l'exécution de ces ordres.

Les relations entre les commandants français et les chefs indigènes devront toujours être courtoises : les uns et les autres ne perdront jamais de vue que leur mission consiste à assurer la sécurité du territoire, le fonctionnement régulier de l'administration beylicale et l'exercice de la justice. Ils doivent, à cet effet, se communiquer les renseignements pouvant faciliter à chacun l'accomplissement de sa mission, se concerter pour les mesures de police et autres à prendre à cet effet... »

Le traité de Kassar-Saïd avait stipulé que l'occupation militaire cesserait lorsque les autorités française et tunisienne auraient reconnu, d'un commun accord, que l'administration locale était en état de garantir le maintien de l'ordre. Trois ans après l'établissement du Protectorat, le pays était suffisamment pacifié pour que l'on pût songer sans danger à faire cesser, sur quelques points au moins, la tutelle exercée sur l'administration indigène par l'autorité militaire française. Le danger était d'autant moins grand que l'action du Représentant de la France sur le gouvernement central était assurée dans des conditions suffisantes par la convention de 1883 et la création du Secrétariat Général du Gouvernement tunisien. Le moment était d'ailleurs venu d'exercer auprès des chefs indigènes de l'intérieur le contrôle pour lequel le Résident était complètement armé à l'égard du gouvernement central. C'est pour répondre à ce besoin que le Contrôle civil était créé par un décret du Président de la République française, ainsi motivé :

« Le Président de la République française, considérant que l'article 1er de la convention franco-tunisienne du 8 juin 1883 donne au Gouvernement français la faculté de provoquer dans la Régence les réformes administratives nécessaires pour la bonne organisation du pays ;

« Considérant que le fonctionnement de notre Protectorat comporte, d'une part, le maintien d'une administration indigène, d'autre part, l'exercice par l'autorité française d'un contrôle permanent sur les actes de cette administration ; considérant qu'il y a lieu d'organiser d'une manière régulière le service du Contrôle ;

DÉCRÈTE :

ART. 1. — Un corps de Contrôleurs civils français est institué en Tunisie. Ils relèveront du Résident de la République française... »

Au début, trois Contrôleurs civils seulement furent nommés : au Kef, à Nabeul et à Gafsa. Aucune instruction générale ne fut rédigée à leur usage, mais les trois agents choisis étaient des hommes parfaitement au courant des choses du pays. Tous trois avaient comme mission générale de veiller à ce que l'administration indigène ne se départît pas des principes d'ordre et d'équité garantis par le Gouvernement protecteur ; ils devaient, en réalité, exercer une action prépondérante tout en laissant l'apparence du commandement aux chefs indigènes. La situation qui leur était faite à chacun n'était cependant pas la même. Tandis que le Contrôleur Civil du Kef avait pour instruction de se tenir très exactement au courant de tout ce qui se produisait dans la région et d'en informer le représentant de la France, celui de Gafsa était simplement considéré comme chargé d'une mission spéciale. Tous deux d'ailleurs devaient exercer leur action concurremment avec l'autorité militaire maintenue à côté d'eux, et ils n'exerçaient aucun pouvoir judiciaire. Par contre, le Contrôleur civil de Nabeul exerçait les fonctions de Juge de Paix vis-à-vis de la population européenne et des protégés, et il avait une délégation de l'Ouzara pour exercer une action judiciaire analogue à l'égard des indigènes. Ses pouvoirs étaient donc plus étendus que ceux des Contrôleurs civils actuels.

Ces agents, dont les circonscriptions n'étaient pas même délimitées et dont les attributions étaient variées et quelquefois si vagues, paraissent avoir rendu les services que l'on attendait d'eux, car trois ans après l'institution était largement développée, et sept autres Contrôles étaient créés par un décret du 24 décembre 1886.

Si l'on avait pu trouver, en 1884, trois agents connaissant assez les hommes et les choses du pays et possédant assez l'esprit du Protectorat pour qu'on pût les charger des fonctions de Contrôleurs sans avoir besoin de leur donner d'instructions précises et détaillées, il n'en était plus de même en 1886 pour les sept nouveaux Contrôleurs civils désignés. Ces agents furent choisis pour la plupart en Algérie, où l'autorité est exercée officiellement et en fait par des Administrateurs français, civils ou militaires, et où le système employé n'est pas le Protectorat mais l'administration directe. Aussi ces agents durent-ils demander naturellement des explications sur la nature de leurs nouvelles fonctions, et l'on fut ainsi amené à rédiger, pour la première fois, des instructions générales à l'usage des Contrôleurs civils. Ces premières instructions, qui datent de 1887, ont été conçues dans un sens plutôt pratique que théorique, et l'on parait avoir recherché quelle devait être l'action des Contrôleurs civils dans le plus grand nombre de cas que l'on pouvait imaginer. Il en est résulté une série de prescriptions que nous étudierons en détail lorsque nous examinerons spécialement les attributions des Contrôleurs civils ; nous nous bornerons ici à les analyser dans leurs grandes lignes.

Les Contrôleurs civils n'administrent pas ; ils surveillent et conseillent les Caïds et les chefs indigènes.

Ils ont droit de prendre connaissance de toute la correspondance officielle adressée aux chefs indigènes et de toute celle qu'ils envoient aux chefs de services tunisiens. Ils surveillent aussi tous les autres services tunisiens : finances, travaux publics, etc., dans leur circonscription. Ils ont la surveillance de haute police, et l'oudjak est placé sous leurs ordres directs. Ils doivent s'appliquer, soit en mandant auprès d'eux les administrateurs indigènes, soit au moyen de tournées personnelles, à se tenir constamment au courant des faits qui se produisent sur le territoire soumis à leur action.

Nous avons vu que le Contrôle civil, créé en 1884 dans des conditions encore peu précises et en quelque sorte sous forme d'essai, avait été constitué définitivement en 1886 et que les attributions des Contrôleurs civils avaient été fixées pour la première fois d'une façon précise l'année suivante, en même temps que les circonscriptions de Contrôle étaient délimitées. En 1890, la création de la Direction des Renseignements et Contrôles marque une nouvelle étape parcourue dans le développement de cette institution.

Le rapport du Ministre des Affaires Etrangères à la suite duquel a été pris le décret créant cette direction permet de constater dans quel sens s'est développée cette institution.

« La mission du Gouvernement du Protectorat en Tunisie est double, dit ce rapport d'une part : il se propose de nous attacher la population indigène en l'initiant progressivement aux avantages de notre civilisation; d'autre part il s'efforce d'attirer ceux de nos compatriotes qui sont disposés à émigrer, en offrant à leur esprit d'entreprise l'attrait d'un pays prospère et tranquille.

« Les Contrôleurs civils ont été institués pour être les instruments spéciaux de ce double rôle.

« Placés auprès de l'administration indigène, ils l'instruisent peu à peu et la plient à nos habitudes d'ordre, d'équité et de régularité. Ils lui enseignent la supériorité de nos méthodes, ils lui suggèrent les améliorations propres à mettre en valeur les richesses d'un sol insuffisamment exploité encore. Cette sorte de direction morale a été des plus efficaces jusqu'ici, les progrès réalisés le prouvent ; mais en raison de la situation économique nouvelle, l'institution de Contrôleurs va voir son champ d'action s'étendre encore.

« Conseillers de l'administration indigène, les Contrôleurs civils sont en même temps les guides naturels de ceux qui vont chercher fortune en Tunisie. Appelés par leurs fonctions à parcourir sans cesse leurs circonscriptions, ils en connaissent toutes les ressources. Ils sont donc, plus que personne, aptes à diriger les colons qui se sentiront désormais attirés de préférence par un pays où flotte notre drapeau et où un groupe important et déjà solidement fixé de leurs compatriotes les encourage par son exemple.

« Tant d'intérêts reposeront ainsi sur ces derniers (les Contrôleurs civils) qu'il est indispensable d'assurer l'unité et la suite dans les vues dont ils s'inspirent en organisant auprès du Résident Général une direction qui coordonnera leurs travaux et groupera les résultats de leur expérience. »

La création de la Direction des renseignements et des contrôles avait donc pour but de grouper sous une seule direction effective tous les agents du contrôle de la Régence, de les constituer en faisceau plus solide et de les faire concourir d'une façon plus méthodique et plus effective aux travaux entrepris par le Gouvernement, à l'extension de la colonisation par l'élément français.

L'utilité de cette direction centrale, qui n'existait pas jusque là, peut être facilement mise en évidence. Les relations des Contrôleurs avec les différents services donnent lieu à un échange de correspondance qui passe sous les yeux du Résident Général, ce qui lui permet d'apprécier la nature de leur intervention dans ces affaires. Mais une partie importante des fonctions des Contrôleurs civils ne donne lieu à aucun échange de correspondance, et cette partie de leur service peut facilement échapper à un chef qui ne serait pas en contact permanent avec eux au moyen de tournées fréquentes et d'inspections faites sur place. Il n'est pas possible, en effet, de se rendre compte autrement de la façon dont les Contrôleurs civils utilisent les prestations dans leurs circonscriptions, du parti qu'ils tirent de leur oudjak pour la surveillance de police, pour faciliter la rentrée des impôts, etc. Le Directeur du Contrôle avait pour mission de se renseigner exactement sur tous ces points au cours des tournées qu'il avait à faire chaque année sur tout le territoire de la Régence, afin d'être éclairé d'une façon aussi exacte que possible sur les capacités et les qualités administratives de chacun des agents du service placé sous sa direction.

Mais il n'a pas paru possible, dans la pratique, de

priver le Résident Général de la correspondance des
Contrôleurs Civils pour la donner au Directeur des
Contrôles, et le problème s'est trouvé simplement
déplacé, le chef du Contrôle ne pouvant connaître
que la partie du service des Contrôleurs qui ne donne
pas lieu à un échange de correspondance. Le nouveau
service ne tardait pas d'ailleurs à prendre une direction presque exclusivement agricole, et, en 1885, il
était supprimé de fait ; la partie concernant les renseignements était rattachée à l'Agriculture, et la partie
Contrôle était rattachée à la Résidence Générale, où
était constitué un bureau de contrôle sous la direction
du premier secrétaire d'ambassade. Cette dernière
solution paraît devoir assurer dans de bonnes conditions la direction centrale dont a besoin le service du
Contrôle ; l'agent de la Résidence générale qui en
est chargé voit passer toute la correspondance des
Contrôleurs, en même temps qu'il peut, au cours des
tournées qu'il fait lui-même ou qu'il a tous les moyens
de faire faire par des agents en qui il a confiance, se
renseigner sur la façon dont les Contrôleurs civils
comprennent leur mission.

La direction du Contrôle, bien qu'elle n'ait eu qu'une
assez courte existence, n'a pas été sans contribuer
utilement à l'organisation de ce service. Les questions
intéressant le personnel ont été examinées avec des
vues d'ensemble, et des mesures générales ont été
prises dont les effets se font encore sentir heureuse-
sement. Des améliorations sensibles ont été apportées
dans la situation matérielle des agents. La direction
s'est préoccupée aussi, pour la première fois, des questions de recrutement ; la possession du certificat d'arabe
est devenue pour les secrétaires un moyen régulier d'arriver à la première classe de leur grade, et des propositions ont été faites pour la création d'emplois de
stagiaires, recrutés parmi les élèves de certaines écoles

spéciales du Gouvernement. Au point de vue du service, le rattachement momentané des Contrôles au service des renseignements n'a pas été étranger au mouvement qui tend à faire des Contrôleurs civils de précieux agents de colonisation, qui peuvent faire profiter les nouveaux arrivants de leur connaissance du pays, les protéger au besoin et les soutenir de leur appui pendant les premières années, d'autant plus dures à passer que les résultats sont encore lointains et aléatoires.

Quelque temps après la suppression de la direction des contrôles, en 1807, de nouvelles instructions étaient envoyées aux Contrôleurs civils et leur examen permet de constater que, pendant ces dix dernières années, la nature des fonctions de ces agents n'a pas été modifiée d'une façon sensible. En ce qui concerne l'administration indigène, leur rôle est certainement resté le même : ils sont toujours et ne peuvent que rester les surveillants et les conseillers qu'ils ont été au début. Les seules fonctions nouvelles qu'on leur voit attribuer se rapportent à leur rôle vis-à-vis de la population française, et se rapprochent de celles qui, en France, sont de la compétence de l'autorité départementale ou communale.

C'est ainsi qu'ils ont à délivrer désormais les autorisations pour le transport d'Européens ou d'indigènes décédés dans leurs circonscriptions, les permis d'inhumation pour les Européens et d'exhumation pour tous en dehors du périmètre des villes ; c'est eux qui sont chargés de l'application de la loi douanière au sujet de l'exportation en France de certains produits tunisiens ; c'est eux qui sont chargés en partie de la surveillance des caisses de réserves instituées dans l'intérieur du pays, une des clefs de ces caisses étant confiée à l'agent des finances et une autre à l'agent des Contrôles civils.

Ils sont chargés des travaux de prestations, de collaborer avec les agents des travaux publics aux recherches et aux travaux relatifs à la captation des eaux. Enfin, ils renseignent le Résident Général sur les progrès de la colonisation dans leur circonscription.

Tout récemment encore, les Contrôleurs civils viennent d'être chargés de la direction et de la surveillance des gardes champêtres, ce qui leur donne une part de responsablité indirecte mais considérable pour tout ce qui concerne la police rurale et la sécurité.

La multiplicité et la variété des fonctions dont se trouvent chargés les agents du Contrôle a amené le Gouvernement à se préoccuper de leur recrutement, en fixant les conditions d'admission et d'avancement dans ce service. Si au début les qualités personnelles des candidats et la connaissance qu'ils avaient de la langue arabe pouvaient suffire pour faire un choix parmi ceux qui se présentaient à tous les degrés de la hiérarchie, il n'en est plus de même aujourd'hui. Les agents du Contrôle doivent avoir une connaissance précise et détaillée de la marche des services qu'ils sont appelés à controler ; ils doivent être au courant des détails d'une législation administrative minutieuse et variée, et ces fonctions ne peuvent plus être exercées que par des agents en ayant fait un sérieux apprentissage. Il en est de même pour les Contrôleurs suppléants qui peuvent être appelés à remplacer leurs chers absents ou à gérer une annexe et par conséquent à prendre chaque jour l'initiative de mesures de tout genre.

Un arrêté de 8 janvier 1897 a réglementé, pour la première fois, l'admission aux emplois de Contrôleur civil suppléant. Il a été décidé que ces emplois seraient réservés aux candidats qui, étant pourvus d'un diplôme officiel constatant qu'ils ont une connaissance assez approfondie de la langue arabe, auraient passé avec succès un examen spécial d'aptitudes administratives portant sur la législation tunisienne, l'organisation des différents services, les attributions diverses des Contrôleurs civils, l'histoire et la géographie de la Tunisie, la géographie de l'Afrique. En même temps, des diplômes de fin d'études secondaires ou primaires supérieures étaient exigés, ainsi que la connaissance de la langue arabe, des candidats aux emplois de secrétaires de contrôle.

Le recrutement des agents supérieurs des contrôles se trouvait assuré dans des conditions présentant toutes les garanties nécessaires au point de vue professionnel, mais la pratique ne tardait pas à révéler dans cette réglementation certaines lacunes d'ailleurs faciles à combler.

En effet, si la connaissance de la langue arabe et des coutumes indigènes est indispensable pour former un contrôleur civil expérimenté, les qualités qu'il est nécessaire de demander à ces agents, la vigueur physique, l'énergie, le tact et l'autorité morale ne résultent pas toujours des renseignements que l'administration peut se procurer sur leur passé, ni même des constatations satisfaisantes qui se produiraient à la suite d'examens d'un caractère spécial et technique. Or l'administration pouvait se trouver engagée, en face des résultats d'un concours ouvert à tous, vis-à-vis d'agents sur la valeur desquels elle n'aurait pas été complètement édifiée par l'épreuve de l'expérience pratique. De plus, le grade de stagiaire avait été jusque là réservé aux seuls élèves diplômés des écoles où sont enseignées à la fois la langue arabe et la législation musulmane. Il a paru que le bénéfice de cette instruction pouvait être étendu avec profit à des candidats possédant d'autres titres universitaires ou qui paraîtraient propres par leurs états de services antérieurs à s'initier rapidement aux obligations professionnelles des agents du Contrôle. Enfin, en ce qui concerne la nomination des secrétaires, il a été constaté que la disposition de l'arrêté du 8 janvier 1897 relatif à la possession préalable du certificat d'arabe parlé pouvait écarter de ces emplois des jeunes gens qui, ayant accompli leurs études en France, hésiteraient à se rendre en Tunisie pour y acquérir la connaissance de l'arabe, exigée avant leur admission dans une carrière où il ne leur serait offert sans cela ni situation ni traitement de début. Pour parer à ces divers inconvénients l'arrêté du 8 janvier 1897 était refondu à la date du 27 octobre suivant. Désormais, les emplois de Contrôleur suppléant qui peuvent devenir vacants sont mis au concours entre les agents appartenant déjà aux cadres du personnel en qualité de stagiaires ou de secrétaires, et dont le Résident général aura pu par conséquent apprécier la conduite et les aptitudes. La création du grade de secrétaire auxiliaire, pour lequel la connaissance de la langue arabe n'est pas exigée, permet aux jeunes gens ayant fait leurs études ailleurs qu'en Tunisie de débuter dans le Contrôle à titre provisoire, en attendant qu'ils aient acquis les connaissances spéciales qui leur permettraient de concourir pour l'emploi de secrétaires titulaires. Enfin, les conditions requises pour l'obtention du grade de stagiaire sont assez étendues pour que tous les candidats, qui par leurs études spéciales ou par leurs services antérieurs pourraient rendre des services dans le Contrôle, puissent y débuter avec ce titre. Des conditions d'âge sont imposées aux agents subalternes pour permettre d'éliminer ceux qui ne seraient pas en état de préparer utilement les examens imposés aux candidats pour le grade de Contrôleur suppléant. En même temps, le programme de ces derniers examens était un peu modifié, et une place plus grande était faite aux connaissances qui dénotent chez le candidat une culture générale et qui ne sont pas moins nécessaires aux agents d'un ordre élevé que la connaissance des affaires tunisiennes. Le recrutement et l'avancement du personnel du Controle civil se trouvent donc assurés actuellement sur des bases conformes aux indications de l'expérience, et qui paraissent devoir donner pendant assez longtemps toute satisfaction aux besoins du service. Nous nous proposons d'examiner, dans une autre conférence, quel est dans la pratique le rôle que sont appelés à jouer les Controleurs civils, et nous passerons en revue en détail leur situation à l'égard des diverses administrations de la Régence et leurs relations avec les divers services.

CONCLUSIONS

Nous avons assisté à l'éclosion des mesures par lesquelles le Protectorat a assuré son intervention dans le gouvernement de la Tunisie, et nous avons vu combien la conception en était simple. On n'a point touché à l'administration indigène, mais on s'est réservé les moyens de la surveiller et de la conduire. Le mécanisme est toujours le même, seulement c'est une nouvelle impulsion qui l'anime. Dans le premier rapport sur la situation de la Tunisie qui a été adressé au Président de la République par le Ministre des Affaires Etrangères en 1890, le fonctionnement des services proprement dits du Protectorat a été exposé en quelques lignes qui constituent un résumé parfait de la présente étude. « Aucune décision, dit ce rapport, créant une loi ou l'abrogeant, n'est valable si le Résident général ne l'a pas approuvé et n'y a apposé son visa...

Il fallait ensuite qu'aucun détail dans l'application de ces décisions ne put nous échapper. Aucun document n'entre dans les bureaux de l'administration centrale ou n'en sort, aucune lettre n'est présentée à la signature du Premier Ministre, aucune correspondance n'est envoyée aux destinataires sans passer par l'intermédiaire du Secrétaire Général et être soumise à son examen. Tout ce qui arrive aux Caïds ou émane d'eux est de la même manière soumis à l'examen des Contrôleurs Civils.

« Rien ne peut donc se faire dans la Régence qui ne soit approuvé par nous. On n'apprécierait pas à sa juste valeur ce mécanisme du Protectorat si l'on ne remarquait pas qu'il a suffi jusqu'ici du Résident Général, du Gouvernement tunisien et de quatorze Contrôleurs Civils pour obtenir un pareil résultat.»

Le tableau est encore exact à cette différence près que, bien qu'en 1895 le territoire civil ait été augmenté de moitié par la création de trois nouvelles circonscriptions de Controle, le nombre des Contrôleurs Civils n'est actuellement que de treize, alors qu'il était de quatorze à la fin de 1889.

II

ATTRIBUTIONS DES CONTROLEURS CIVILS

Instructions Générales

Nous avons expliqué précédemment que le Résident Général de la République française n'était pas seulement le dépositaire des pouvoirs du Gouvernement Français dans la Régence et le Conseiller de S. A. le Bey, en même temps que son Représentant vis à vis des Gouvernements étrangers, mais qu'il avait aussi la haute direction de tous les services du Gouvernement tunisien, S. A. le Bey s'étant engagée à réaliser dans l'Administration du pays toutes les réformes qu'il paraîtra utile au Gouvernement français d'y introduire.

Cette haute direction, le Résident Général l'exerce d'une façon très effective en présidant le Conseil des Ministres, où sont examinées toutes les questions intéressant le budget de la Régence, et le Conseil des Chefs de Service où sont traitées en commun toutes les affaires d'ordre administratif. Aucune décision importante ne peut donc être prise sans avoir reçu au préalable son approbation.

Mais si toute l'action administrative est centralisée à Tunis, il ne faut pas oublier que la Tunisie n'est pas un pays absolument homogène. Dans le Nord, un régime de pluies mieux réparties et un climat plus tempéré permettent aux indigènes et aux colons de compter sur des récoltes qui sont toujours aléatoires dans les régions plus sèches et plus chaudes du Sud. On conçoit donc qu'il y ait des différences notables dans la façon de vivre et dans les besoins des sédentaires du Nord ou des nomades du Sud, et que la recherche d'une réglementation unique convenant à des situations aussi diverses, constitue un problème compliqué et délicat. Pour pouvoir apprécier l'opportunité des mesures soumises à son approbation, le Résident Général a donc besoin d'avoir pour ainsi dire des yeux dans toutes les parties du territoire, des représentants qui le renseignent exactement sur les besoins des populations au milieu desquelles ils vivent. D'autre part, les autorités indigènes locales ont souvent besoin d'être éclairées sur la portée des instructions qu'elles reçoivent du Gouvernement tunisien et des Chefs de Service, et l'exécution de ces instructions doit être surveillée.

C'est ce double rôle qui incombe aux Contrôleurs Civils, et c'est à ce titre qu'ils sont, dans leur circonscription, les délégués du Résident général vis-à-vis des services du Gouvernement tunisien. Chargés de le renseigner sur les besoins des populations et sur l'exécution des mesures qu'il a approuvées, ils ne correspondent à ce sujet qu'avec lui au chef-lieu du Gouvernement et ne reçoivent d'instructions que de lui seul. Ils doivent le tenir au courant de tout ce qui intéresse l'état du pays, l'organisation administrative et judiciaire, — le personnel administratif indigène, — la statistique générale, — le rendement des impôts de toute nature, — l'influence des principales personnalités de la circonscription, leur rôle passé et leur attitude actuelle, le personnel religieux et enseignant, les ordres religieux, — les zaouias, leur importance, les revenus dont elles disposent, leur emploi, — la viabilité, les voies de communication de toute nature, — les conditions et produits de l'agriculture, du commerce et de l'industrie, — la santé publique.

Ils proposent les mesures qui ont pour but d'améliorer la situation administrative, politique et économique de la Régence.

Ils répondent aux demandes de renseignements qui peuvent leur être adressées au sujet d'affaires indigènes pour les divers services du Gouvernement.

Chaque affaire importante doit faire naturellement l'objet d'un rapport spécial ; mais en dehors de ces communications, qui constituent la correspondance ordinaire, les Contrôleurs civils doivent fournir à la fin de chaque trimestre un rapport d'ensemble sur toutes les parties du service. Au cours de ce rapport, les affaires déjà traitées séparément doivent être naturellement rappelées, mais de plus les Contrôleurs doivent à cette occasion s'efforcer de présenter un tableau d'ensemble de la vie publique et administrative de leur circonscription pendant le trimestre écoulé. Les renseignements généraux fournis par eux à cette occasion sont une précieuse source d'informations pour la Résidence Générale ; mais ce travail n'est pas moins utile aux Contrôleurs Civils eux-mêmes, en les obligeant à considérer d'ensemble les faits dont ils ne perçoivent journellement que le détail, à faire des comparaisons et des rapprochement instructifs avec ce qu'ils ont déjà eu l'occasion de signaler, à mettre en évidence et par conséquent à rechercher le sens dans lequel se produit le développement économique de la circonscription dont ils ont la surveillance. Ce rapport ne doit donc pas être conçu comme une

simple récapitulation de faits, mais comme un tableau
mettant en évidence des conclusions qui ne ressorti-
raient pas suffisamment des faits pris isolément.

En rédigeant ce rapport, le Contrôleur Civil doit
faire comme le voyageur qui, gravissant une montagne,
s'arrête par moments et se retourne pour embrasser
d'un seul coup d'œil le panorama du pays qu'il vient
de parcourir, et dont il n'a pu voir en le traversant
que les détails qui bordent le chemin.

Ces rapports sont adressés au Résident Général, à
qui ils sont destinés, mais ils ne sont pas réservés à
lui seul ; des extraits en sont communiqués aux chefs
des Services intéressés, qui y notent en marge des
observations destinées aux Contrôleurs Civils. C'est
un moyen direct qu'ont ces derniers pour communiquer avec les Chefs de Service ; en réalité cette communication est à peu près constante, et les Contrôleurs
Civils sont les collaborateurs des Chefs de Service
dans toutes les affaires importantes, bien que les
échanges de vues se fassent entre eux par un moyen
détourné.

Nous avons dit que les Contrôleurs Civils, agents et
représentants du Résident Général, n'avaient en théorie de relations qu'avec lui : c'est au Ministre qu'ils
rendent compte de leur mission, c'est lui seul qui
leur donne les instructions nécessaires.

En réalité, il n'en est pas tout à fait ainsi ; sans
doute le Résident Général reçoit et examine les rapports des Contrôleurs Civils, et signe les ordres
adressés à ces fonctionnaires, mais, des bureaux de
la Résidence Générale, les lettres des Contrôleurs Civils sont transmises aux différentes Administrations,
lorsqu'elles ont trait à des affaires qui doivent être
étudiées par ces administrations ; les réponses y sont
préparées, le tout bien entendu sous la haute direction
du Résident Général, dont l'attache est toujours prise

dans les questions de quelque importance, et qui vise même avant leur expédition les lettres offrant un certain intérêt.

Le Résident Général ne cesse donc pas d'être l'esprit qui anime, et c'est de lui que vient l'impulsion initiale, les détails d'exécution étant réservés aux services.

Il n'est peut-être pas inutile de donner ces indications de détail, et de rappeler à ce propos la circulaire du Résident Général aux Contrôleurs Civils en date du 17 Juillet 1897.

Dans ce document, le Ministre insiste sur la nature des rapports qui doivent exister entre les Contrôleurs Civils et les Chefs de Service ; il rappelle que les Contrôleurs Civils sont les collaborateurs immédiats des Chefs de Service aussi bien que du Résident Général ; à ce titre, les Directeurs sont invités à prendre l'avis des Contrôleurs Civils sur les opérations qui doivent s'exécuter dans leurs circonscription, quand bien même ces opérations seraient la suite normale d'un programme de travaux d'ensemble ; par contre, les Contrôleurs Civils doivent éviter dans leurs rapports de critiquer les vues d'hommes compétents qui se sont mis d'accord avec le Résident Général et ont reçu avant d'agir son approbation et ses directions, cette réserve n'ôtant rien au droit et au devoir qu'ils ont d'émettre des avis ou d'indiquer des objections.

On ne saurait trop rappeler ces sages prescriptions et il n'est pas déplacé d'émettre le vœu de voir s'accentuer de plus en plus ces relations de déférence d'une part, de confiance de l'autre, qui doivent exister entre le Contrôleur Civil et les Directeurs : le service y gagnera beaucoup. Les Contrôleurs Civils peuvent et doivent être pour les Directeurs de précieux agents d'information et de surveillance.

Gouvernement tunisien

Le Contrôleur Civil dirige et surveille les chefs indigènes, mais n'administre pas ; il n'a pas qualité pour prendre des arrêtés comme les maires en France ou les Administrateurs de Communes Mixtes en Algérie ; il n'a même pas d'ordres à donner aux diverses autorités locales, mais seulement des conseils; en principe, son rôle se borne à signaler au Gouvernement les besoins des populations, à transmettre aux autorités locales les instructions du Gouvernement et à en surveiller l'exécution.

Dans la pratique, ce rôle amène le Contrôleur Civil à s'intéresser à tous les actes de la vie publique, économique et administrative des populations et des autorités locales. Pour pouvoir proposer en connaissance de cause les mesures qu'il convient, il doit suivre attentivement le développement de chaque collectivité, le jeu des intérêts particuliers, dont la connaissance complète lui permettra d'avoir un sentiment exact de l'intérêt général. Pour surveiller d'une façon efficace l'exécution des ordres administratifs, il doit vérifier par tous les moyens mis à sa disposition la façon dont les chefs indigènes se comportent avec leurs administrés.

Le Contrôleur Civil, n'administrant pas, ne peut évidemment nommer aucun agent, de quelque rang qu'il soit. Mais, en revanche, il est tout naturel qu'il soit consulté sur le choix de ceux de ces agents qu'il aura dans la suite à diriger et à surveiller.

Parmi les fonctionnaires ou agents indigènes, les uns sont directement choisis par le Gouvernement, comme par exemple les Caïds; d'autres ne peuvent être nommés qu'après constatation de leur capacité

professionnelle, comme les magistrats et les notaires ;
enfin il en est pour lesquels l'avis préalable des intéressés est demandé, tels sont les cheiks dont la gestion est cautionnée par les notables de la fraction, et
les administrateurs des habous particuliers.

Mais, dans tous les cas, aucun de ces fonctionnaires
n'est nommé sans que l'avis du Contrôleur Civil ait
été demandé ; intéressé à n'avoir que de bons agents,
le Contrôleur Civil, qui est en mesure d'obtenir des
renseignements sur les candidats et de connaître le
sentiment des populations à leur égard, peut toujours
éclairer utilement le Gouvernement tunisien sur le
choix à faire.

Consulté sur les nominations, le Contrôleur Civil
le sera également, bien que les règlements ne le pré-
voient pas, sur les mesures à prendre à l'égard du
personnel : récompenses, punitions, révocation surtout.
On comprend l'action que ces prérogatives lui donnent
sur les autorités indigènes ; on conçoit aussi l'intérêt
qu'il y a à maintenir cette action intacte, la responsabilité diminuant si l'autorité s'atténue.

Un des principaux modes de surveillance des actes
des fonctionnaires indigènes réside dans l'examen de
leur correspondance ; le Contrôleur Civil connaît les
ordres du Ministère, puisqu'il les a transmis aux
Caïds ; il est donc en mesure d'apprécier la façon
dont ceux-ci répondent aux instructions de l'Ouzara ;
il lui est en outre facile de prendre directement des
renseignements locaux sur les questions traitées,
d'interroger les intéressés, etc..., et par conséquent,
s'il y a lieu, d'émettre sur la réponse qu'il transmet
un avis motivé.

L'examen des réclamations faites contre les chefs
indigènes est un devoir auquel les Contrôleurs Civils
doivent s'astreindre avec régularité et exactitude. Il
faut y apporter aussi une certaine discrétion, car pour

une réclamation fondée, beaucoup sont sans aucune base.

En examinant les plaintes reçues, il faut bien se garder de provoquer les réclamations des administrés, et en général de toute démarche ou attitude de nature à porter atteinte au prestige des chefs indigènes. C'est entre leurs mains que le Gouvernement a remis l'exercice du pouvoir ; eux seuls sont reconnus comme chefs par les populations locales et sont obéis en cette qualité. Là où leur autorité est annihilée, il ne faut pas perdre de vue que rien ne la remplace. On doit donc se bien garder d'avoir de la société arabe une conception démocratique, conforme à nos mœurs, mais très éloignée de celles des indigènes ; respecter et soutenir ouvertement le chef tant qu'il est en fonctions n'est pas un obstacle à une surveillance exacte ; c'est indispensable à l'ordre et par suite à la justice.

Ce n'est pas toujours de lui-même que le Contrôleur Civil agira dans l'examen des plaintes ; nombre d'indigènes portent directement leurs requêtes au Premier Ministre ; elles sont généralement adressées aux Contrôleurs Civils pour examen, à charge de retour. La décision est ensuite prise à l'Ouzara, après complément d'enquête s'il y a lieu. On voit encore ici l'utilité qu'a pour l'autorité supérieure l'entretien d'un agent de Contrôle local, et l'on peut à cette occasion signaler une fois de plus combien est importante cette question des relations qui doivent exister entre le Chef de Service — particulièrement le Secrétaire Général — et les Contrôleurs Civils.

De la nature de ces relations, de la confiance que le Contrôleur aura su inspirer, dépend le degré d'attention avec lequel on accueillera ses communications; sa prudence et sa modération habituelles, son exactitude, son impartialité, son équité, toutes ces qualités qui donnent l'impression d'un esprit sage et d'un

caractère sûr préviendront en sa faveur les chefs
appelés à prononcer sur son rapport et les engage-
ront à une décision conforme à ses idées, si des renseignements plus certains ou des raisons plus hautes
n'y font d'ailleurs pas obstacle.

Aux qualités indiquées tout à l'heure comme
devant être celles d'un agent du Contrôle, il faut
ajouter la probité administrative, qui ne doit pas s'entendre seulement de l'honnêteté vulgaire que tout
fonctionnaire doit posséder, mais de l'esprit d'obéissance qui permet à un agent d'exécution d'éviter
l'arbitraire et d'appliquer sincèrement et complètement les ordres de ses chefs, dans l'esprit qui les a dictés,
alors même qu'il aurait personnellement des vues différentes. Cette qualité est essentielle ici, pour assurer
l'unité de direction ; elle n'empêche d'ailleurs pas les
agents de soumettre leurs propres idées à l'autorité
supérieure, et d'indiquer dans tous les cas quelle est
leur manière de voir personnelle.

Pour pouvoir examiner comme elles doivent l'être
les réclamations, pour pouvoir contrôler l'action des
chefs indigènes sans affaiblir leur autorité, pour connaître l'état d'esprit et les besoins des populations
indigènes, il est nécessaire de pouvoir prendre contact
avec ces dernières, d'apprendre à les connaître, de
savoir quels sont les personnages influents et considérés avec qui il est utile de nouer des relations et de
leur inspirer confiance.

C'est dans ce but que les Contrôleurs Civils sont
invités à faire de fréquentes tournées dans leur circonscription. Ces tournées pourront avoir pour objet
l'examen d'affaires spéciales qu'il est indispensable
d'étudier sur place ; mais les plus profitables à ce
point de vue paraissent être celles que l'on peut faire
sans but déterminé, uniquement pour voir et pour

prendre contact, pour ainsi dire au hasard de la route et de l'étape.

L'indigène est toujours disposé à causer avec celui qui lui parle sa langue et qui comprend ses idées ; s'il se trouve en présence de quelqu'un qui lui paraît avoir un réel désir de lui être utile, il consentira à échanger avec lui des idées, et sera plus disposé à comprendre ce dont l'utilité a pu lui échapper d'abord.

Une attribution des Contrôleurs Civils, intéressante à indiquer ici, car les textes sont naturellement muets à ce sujet, c'est le rôle d'intermédiaire naturel et obligé entre les chefs indigènes et les colons. L'expérience et les règles du Protectorat nous amènent à n'agir jamais directement et sans intermédiaire avec les populations indigènes : on risque toujours, quand on le fait d'en éprouver quelque ennui, de même les chefs indigènes, et surtout les cheikhs, préfèrent éviter les rapports directs avec les colons ; la réciproque est vraie en général ; les parties, faute de bons interprètes, s'entendent rarement et des froissements, nés de rien, parfois pleins de conséquences, résultent souvent d'une démarche inconsidérée ou maladroite faite sans mauvaise intention aucune par un chef indigène.

Le Contrôleur Civil est tout indiqué pour servir de lien entre eux, assurer le service, autoriser à l'occasion les facilités compatibles avec les règlements, et éviter les froissements. Cette intervention officieuse donne au fonctionnaire une heureuse influence sur les propriétaires qui auront apprécié son appui, et affermit son autorité sur les chefs indigènes dont il aura secondé l'action.

Municipalités

Le Contrôleur civil est consulté :

Sur la fixation du territoire des communes, — sur la formation des municipalités, des commissions municipales ou des commissions de voirie, — sur la nomination des conseillers municipaux.

Le compte-rendu analytique des délibérations des conseils municipaux ou commissions municipales lui est remis dans la huitaine.

Le Controleur civil adresse, s'il le juge convenable, au Résident Général son avis sur les délibérations qui ont été prises, et notamment en ce qui concerne : les travaux communaux, — les marchés de gré à gré et à long terme, — les ventes, échanges, partages, acquisitions, transactions, — les emprunts, — les taxes, — le règlement du budget.

En résumé, le Contrôleur civil est le tuteur des municipalités et l'intermédiaire entre elles et le Gouvernement tunisien.

Mais il doit veiller à ce que sa tutelle ne soit pas trop lourde, dans ce sens que ses avis personnels ne doivent pas peser sur les délibérations municipales. Et, à ce point de vue, bien que les délibérations soient publiques et que par conséquent le Contrôleur civil ait, comme tout le monde, le droit d'y assister, il est préférable qu'il s'en abstienne, et surtout qu'il ne les préside pas, pour que les délibérations conservent le caractère qu'elles doivent avoir et que le Gouvernement ait bien l'expression exacte des désirs des populations intéressées.

Autorités militaires

Le Contrôleur civil, s'il est d'avis que des circonstances exceptionnelles nécessitent la mise en mouvement de la gendarmerie ou de la troupe, en réfère au Résident Général et prend ses instructions.

La correspondance entre l'autorité militaire locale et les chefs indigènes de la circonscription a lieu par l'intermédiaire et sous le couvert du Contrôleur civil.

En cas de déplacement de troupes, le Contrôleur civil, prévenu en temps utile par l'autorité militaire locale, prend les dispositions nécessaires pour assurer l'exécution de la circulaire ministérielle du 22 moharrem 1304 (20 octobre 1886), fixant dans cette circonstance les obligations des caïds et autres chefs indigènes.

En dehors de ces relations définies d'une façon précise par les règlements, il est indispensable que les Contrôleurs civils se tiennent au courant de tous les faits et de toutes les questions intéressant les relations entre la population civile, européenne ou indigène, et l'armée. Ils doivent surtout suivre avec intérêt les opérations de recrutement, l'appel des contingents et les mouvements de troupe, et s'enquérir minutieusement de la façon dont les populations s'acquittent de leurs obligations militaires et en supportent les charges.

Gendarmerie

La gendarmerie étant une troupe dont le caractère est exclusivement français, les contrôleurs civils n'ont avec les gendarmes que des rapports peu fréquents, puisqu'ils n'ont aucun contrôle sur leur service.

Cependant, la gendarmerie ayant à concourir au maintien du bon ordre et de la sécurité, les commandants d'arrondissement doivent adresser tous les cinq jours au Contrôleur civil de leur résidence le tableau sommaire des délits et des arrestations dont la connaissance leur est parvenue par les rapports des brigades.

En dehors des chef-lieux d'arrondissement, le même tableau est adressé par le commandant de chaque brigade au Contrôleur de sa circonscription.

En cas d'incidents, crimes ou délits d'une gravité particulière, avis est donné sans délai au Contrôleur civil qui peut, pour le même objet, mander auprès de lui, par écrit, le commandant de la gendarmerie de sa résidence.

Police

Par délégation spéciale du Gouvernement tunisien, le Contrôleur civil a la haute police de sa circonscription, c'est-à-dire qu'il est chargé de provoquer les mesures nécessaires pour maintenir la tranquillité générale et la sécurité; il n'a pas d'ordres formels à donner à ce sujet aux agents de la force publique, mais seulement des indications générales; encore moins peut-il prononcer directement des punitions quelconques. Mais il peut utiliser pour la police les cavaliers de l'oudjak employés dans sa circonscription, qui sont placés tous sous sa seule autorité, et vis-à-vis desquels il exerce, à charge d'en rendre compte, des droits d'arrêts et de suspension. Le concours de ces cavaliers peut lui être d'une grande utilité, notamment pour la surveillance des routes. Et, dans l'emploi de cette force qui est mise à son entière disposition, le Contrôleur civil a l'occasion de déployer d'une façon

pratique ses qualités d'initiative et d'organisation.
Le service de la police locale doit rendre compte de
tous les faits qui lui sont signalés au Contrôleur civil,
et lui adresser un rapport quotidien ; le Contrôleur
civil vise et transmet à la Résidence générale le rapport
de police qui lui est en outre fourni hebdomadaire-
ment ; les commissaires de police de la circonscription correspondent avec lui et lui rendent compte
immédiatement en cas d'événements graves.

Pour permettre au Contrôleur civil d'exercer une
surveillance efficace sur la population indigène, on lui
a donné le droit exclusif de délivrer tous les permis
exigés en vue de cette surveillance. C'est lui qui délivre
les autorisations d'achat et de port d'armes et les bons
de poudre ; c'est lui qui délivre les permis de voyage
pour l'Algérie, et les passeports à l'étranger ainsi que
les permis de circulation à l'intérieur émanant de
l'autorité locale sont soumis à son visa.

C'est également le Contrôleur civil qui donne les
autorisations nécessaires au transport des corps d'Européens ou d'indigènes décédés dans sa circonscription,
et qui délivre, en dehors du périmètre des villes érigées
en municipalités, les permis d'inhumation des Européens décédés et les permis d'exhumation.

Le décret du 25 décembre 1897, qui place les gardes-
champêtres sous la surveillance exclusive des Contrôleurs civils, donnent à ces derniers une action considérable en ce qui concerne la sécurité, car étant
avisés de tous les délits ruraux, ils peuvent et doivent
seconder activement l'autorité judiciaire en matière
préventive et répressive, et il leur appartient d'user
des moyens administratifs dont ils disposent si l'action
de la justice est impuissante contre des malfaiteurs
connus, mais contre lesquels il n'est pas possible de
réunir les preuves matérielles nécessaires pour des
poursuites.

Finances

Le Contrôleur civil peut assister aux opérations des commissions de recensement de l'achour. Il présente ses observations, autant qu'il le juge utile, à la commission, et il en rend compte, s'il y a lieu, au Résident Général.

Les inspecteurs de la Direction générale des Finances ou des régies financières du Gouvernement Tunisien, en opérations dans une localité où réside un Contrôleur civil ou un Chef d'annexe, doivent visite au Contrôleur civil ou au Chef d'annexe, qui la leur rend immédiatement.

Lorsqu'il sont chargés de faire une caisse, ils ne font cette visite qu'après l'établissement de la caisse.

Ils demandent au Contrôleur civil les indications générales dont ils ont besoin.

En cas d'urgence, et quand des mesures conservatoires doivent être prises, ils en donnent avis au Contrôleur civil et lui demandent son concours pour la sauvegarde des droits de l'État.

Le Contrôleur civil est informé, quand il y a lieu, des observations des inspecteurs qui sont recommandés à son attention.

Le Contrôleur civil peut, en cas d'urgence, demander aux agents locaux et préposés des régies financières et des fermages, les renseignements de service qu'il n'a pas le temps matériel de réclamer par l'intermédiaire de la Résidence Générale aux Chefs des services.

Il peut se faire rendre compte des opérations des agents locaux de l'Administration des Habous.

Il n'a pas d'action directe sur la marche de ces services. Il envoie au Résident Général exclusivement les observations qu'elle lui suggère.

Il prend connaissance du travail des caïds sur l'établissement des rôles de la medjba, indique aux caïds les irrégularités et les omissions qu'il pourrait relever, et, s'il y a lieu, en rend compte au Résident Général.

Il tient la main à ce que les caïds de sa circonscription mettent la plus grande activité à faire leurs recouvrements et à verser sans retard au Trésor les recettes effectuées.

Il s'assure que tous les articles cotés irrécouvrables par les caïds sont bien dans cette condition, et donne son avis sur toutes les demandes de dégrèvement.

Il vise à son gré le registre sur lequel chaque caïd résume les affaires dont il est saisi.

Chaque trimestre, les caïds chargés de la perception des rôles remettent au Contrôleur civil un état de situation de leurs recouvrements. Le Contrôleur civil adresse cet état à la Résidence, avec ses observations.

Le Contrôleur civil est chargé de la délivrance des certificats établissant l'origine tunisienne des produits destinés à être exportés en France sous le régime de la loi du 19 juillet 1890.

Il fournit tous les cinq jours à la Résidence Générale le relevé des certificats qu'il a ainsi délivrés.

Comme délégué du Résident Général près la caisse de réserve régionale établie au siège du Contrôle et comme détenteur de la deuxième clef, dite de contrôle, de cette caisse, le Contrôleur civil veille à la sûreté de la caisse et assiste ou se fait représenter à la reconnaissance des fonds à déposer à la réserve et de ceux à en retirer en vertu des autorisations du Receveur général des finances. Il prête son concours à l'organisation des convois d'évacuation de ces fonds sur Tunis ou telle autre localité désignée, et requiert les cavaliers dont l'escorte lui est demandée pour la sûreté desdits convois.

Le Contrôleur civil prête son concours pour la répression de la contrebande, en tenant la main à ce que les chefs indigènes exécutent les prescriptions du Gouvernement à cet égard, et notamment celles résultant de la circulaire du 30 novembre 1890 aux caïds.

Il signale aux autorités compétentes les faits de contrebande dont il a connaissance.

Telles sont du moins les relations des Contrôleurs civils avec les agents du service des Finances, telles qu'elles résultent des règlements. Mais il ne faut pas oublier que les attributions financières ont été de tout temps les principales attributions des caïds et qu'à ce titre tout ce qui concerne les finances doit être l'objet de l'attention la plus constante de la part des agents du Contrôle. De plus, les mesures d'ordre fiscal sont des plus délicates dans ce pays parce que les populations sont pauvres, et les recettes basées en grande partie sur l'agriculture sont sujettes à des écarts auxquels ne peut pas s'adapter le budget des dépenses. On conçoit, étant donnée par surcroît la diversité des usages et des besoins de chaque région, combien le Contrôleur civil est appelé à jouer un rôle important en cette matière, puisque c'est lui qui doit renseigner le Gouvernement sur l'opportunité des mesures proposées par l'administration centrale.

Postes et Télégraphes

L'Office postal tunisien, qui relie par ses courriers tous les centres importants de la Régence en devançant non seulement l'organisation des services réguliers de transport mais même l'établissement des routes, a dû recourir à ses débuts aux agents du Contrôle, commé tous les services en formation et à qui ne suffisent pas les moyens d'action qui leur sont propres. Partout où cela est nécessaire faute de moyens de transport, ce sont les cavaliers des oudjaks qui assurent le transport des courriers. Cet usage, qui était presque général au début, tend à devenir une exception à mesure que le pays se couvre de routes qui permettent l'établissement de services de roulage réguliers.

Aussi les Contrôleurs civils n'ont-ils plus que des rapports espacés et restreints avec le service des Postes et Télégraphes, en dehors des circonstances où ils ont à assurer la marche des courriers. Ils peuvent être consultés pour les créations d'établissements de poste et de télégraphe, dans le cas où l'Office ne se croit pas suffisamment renseigné sur la nécessité des créations qui sont sollicitées. Ils peuvent demander au service local tous les renseignements qu'ils ont intérêt à connaître, sous la réserve de la foi due par le service au secret de la correspondance. C'est à cela que doivent d'ailleurs naturellement se borner les relations d'agents d'ordre administratifs avec ceux d'un service exclusivement technique, et dont les représentants locaux, dont les fonctions sont réglées dans tous les détails par le service central directeur, n'ont qu'à assurer l'exécution d'instructions précises et tout à fait spéciales.

Travaux Publics

Le Contrôleur civil peut être consulté pour les études et avant-projets de travaux neufs d'intérêt général, tels que tracés de routes principales, de chemins de fer, aménagements d'eau, etc.

Il est consulté par l'ingénieur d'arrondissement sur

les études et avant-projets de travaux d'intérêt local à exécuter dans sa circonscription; il établit, d'accord avec ce fonctionnaire, les travaux de campagne de prestation.

Le Contrôleur civil surveille l'application des décrets sur la prestation, notamment en ce qui concerne l'établissement du rôle des prestataires et la conversion dans les délais réglementaires des journées de prestation en argent; il tient la main à la présence sur les chantiers des contribuables qui ont déclaré vouloir se libérer en nature.

Le Contrôleur civil prête tout spécialement son concours aux agents des Travaux publics pour les recherches et travaux relatifs à l'aménagement des eaux; il transmet à l'ingénieur d'arrondissement les renseignements qu'il aurait pu recueillir par lui-même.

Dans toutes ces questions, et lors même qu'il s'agit de l'exécution d'un programme arrêté dans son ensemble, le Contrôleur civil doit constamment faire connaître ses avis à la Résidence Générale, parcequ'il est indispensable que les travaux effectués répondent réellement aux besoins locaux que le Contrôleur civil connaît mieux que personne. Aussi est-il indispensable qu'il se tienne constamment au courant des travaux projetés ou en cours d'exécution, et il a qualité pour demander au service compétent tous les renseignements dont il peut avoir besoin à cette occasion.

Agriculture et Commerce

La Direction de l'Agriculture et du Commerce est de création relativement récente; elle s'est formée par des rattachements successifs de services dépendant autrefois d'autres directions, comme le Domaine qui dépendait des Finances et les Forêts qui dépendaient des Travaux publics; enfin la plupart des travaux qu'elle a à suivre sont centralisés à Tunis, et ses représentants à l'intérieur sont seulement quelques gardes-forestiers ou domaniaux, c'est-à-dire des agents techniques, n'ayant à surveiller qu'une partie restreinte et bien délimitée du service.

Les Contrôleurs civils ont donc un rôle important à jouer comme auxiliaires du Directeur de l'Agriculture, et, en cette matière, ce n'est plus une surveillance qu'on leur demande, mais ils ont une initiative presque constante à exercer. Leur qualité d'agents français et de représentants du Résident Général dans leur circonscription leur impose, en effet, le devoir de s'intéresser au développement de la colonisation et, dans l'accomplissement de cette tâche, ils n'ont pas à compter sur le concours de nombreux auxiliaires.

Le concours des chefs indigènes ne peut guère être réclamé, en dehors de l'Administration des Domaines de l'État, que pour la surveillance des épizooties et la conservation des forêts. Si quelque maladie sévit sur les animaux, les caïds doivent en rendre compte sans retard, et le Contrôleur civil s'assure qu'ils observent exactement les instructions qui leur ont été données à ce sujet. Il signale à la Résidence générale les maladies contagieuses qui feraient apparition dans sa circonscription, en complétant au besoin les renseignements fournis par les chefs indigènes. Il prête également son concours pour l'observation des règlements et la conservation des forêts, et veille à ce que les chefs indigènes exécutent les instructions qu'ils ont reçues du Gouvernement à cet égard.

Mais, en matière de colonisation, l'action du Contrôleur civil est plus directe. D'une manière générale, il doit renseigner le Gouvernement à ce sujet d'une façon régulière. Dans un bulletin envoyé mensuellement à

la Résidence Générale, il indique les principaux renseignements météorologiques, agricoles et commerciaux
relatifs au mois écoulé. En dehors de cela, il doit, soit
par des rapports spéciaux, soit par la voie du rapport
trimestriel, renseigner la Résidence Générale sur le
mouvement de la colonisation, ses besoins et l'extension qu'elle peut recevoir, ainsi que sur le mouvement de la propriété dans sa circonscription.

Depuis que le service du Domaine a été rattaché
à la Direction de l'Agriculture et qu'il a été spécialement développé dans le sens de la colonisation, les Contrôleurs civils sont devenus sur ce point
les principaux collaborateurs du Gouvernement, tant
par la surveillance constante qu'ils ont à exercer sur
tous les actes des caïds que par la nature des renseignements qu'ils peuvent fournir directement à l'Administration.

Le Contrôleur civil prête, en effet, son concours pour
l'observation des règlements relatifs à la mise en
valeur des terrains domaniaux et leur gestion financière, notamment en ce qui regarde la participation
des chefs indigènes.

Il peut demander aux représentants locaux du
Domaine les renseignements qu'il a intérêt à connaître
touchant la consistance des immeubles domaniaux ;
il est consulté par eux lors de l'établissement des projets de lotissement des territoires dont l'importance
intéresse la colonisation et le peuplement du pays.

Il reçoit avis des ventes et promesses de vente des
terres domaniales de culture consenties à des Européens.

Il signale tout particulièrement à l'Administration
les immeubles qui, d'après les lois en vigueur, notamment par application du décret du 13 janvier 1896, lui
paraissent devoir être réclamées par l'Etat, et prévient
au besoin, en temps utile, les usurpations.

Il peut être appelé, sur la demande de l'Administration, à participer aux reconnaissances administratives et géométriques de ces terrains. Dans ce cas, la présidence des opérations auxquelles il assiste lui appartient ; il en est de même pour le Contrôleur suppléant qu'il peut déléguer à sa place.

Il reçoit communication des procès-verbaux que les gardes des Domaines de l'Etat peuvent être appelés à dresser en dehors de leur mission spéciale de surveillance des intérêts du Domaine.

Il peut demander, en cas de besoin, à l'agent de circonscription pour le maintien de l'ordre et de la sécurité publique le concours de ses préposés dans les limites compatibles avec les nécessités de leur service.

Le Contrôleur civil est encore chargé d'une mission particulière en ce qui concerne la viticulture et l'élevage. C'est lui, en effet, qui reçoit les déclarations de surfaces complantées en vignes faites par les propriétaires de vignobles, et il est tout naturellement qualifié pour intervenir dans les contestations auxquelles peut donner lieu ce recensement du vignoble. Il assiste la commission du Stud-Book et de primes à l'élevage sur l'étendue de sa circonscription, et c'est lui qui doit, par les moyens variés dont il peut disposer, faire comprendre aux populations indigènes le grand intérêt qu'offrirait pour elles un élevage rationnel et donnant des produits répondant aux qualités que demande le service de la remonte.

Enfin, c'est encore le Contrôleur civil qui assure les prescriptions du décret du 19 juillet 1890, relatives aux produits tunisiens qui sont admis en France en franchise, et qui délivre les certificats d'origine. Il est donc astreint de ce fait à une surveillance constante du mouvement commercial pour empêcher que des produits étrangers puissent être exportés en France comme produits tunisiens.

Antiquités et Beaux-Arts

La principale mission du service des Antiquités et des Beaux-Arts est de rechercher les Antiquités existant encore sur le territoire de la Régence et d'en faire la classification méthodique à l'aide de laquelle on pourra se rendre un compte exact de la façon dont les anciens occupants du sol en avaient tiré parti.

Ce service n'ayant pas d'agents locaux dans l'intérieur, ce sont les chefs indigènes qui sont chargés théoriquement de faire appliquer les règlements sur la matière. Mais les caïds ne sont pas préparés suffisamment à cette partie de leur tâche ; ils ne peuvent distinguer les monuments qui méritent d'être conservés, et l'intérêt même de cette distinction doit souvent leur échapper. Aussi leur inexpérience rend-elle tout particulièrement nécessaire l'intervention des Contrôleurs Civils qui doivent veiller à l'observation des décrets relatifs à la propriété et à la conservation des Antiquités et objets d'art, et surtout des monuments historiques. La tâche des Caïds et des Cheikhs se borne à peu près à tenir les Contrôleurs Civils au courant de toutes les découvertes qui sont dues au hasard ; le Contrôleur Civil doit surveiller lui-même celles qui sont dues à des recherches méthodiques, et assurer le respect des droits de l'Etat sur les trouvailles faites.

Leur action dans ce sens a été très féconde ; quelques agents du Contrôle ont même collaboré d'une façon active à ces recherches ; et l'on peut dire que cette collaboration éclairée et incessante a contribué pour un bonne part à enrichir la liste des connaissances que nous possédons sur les anciennes civilisations de ce pays.

Justice française

Le Contrôleur Civil doit donner sur-le-champ avis au Juge de Paix et au Procureur de la République du ressort de tous les crimes ou délits de la compétence de la justice française, dont il a connaissance dans l'exercice de ses fonctions.

A cet effet, il doit veiller à ce que les caïds et autres chefs indigènes le renseignent exactement, et dans le plus bref délai, sur les faits de cette nature qui se produiraient dans les territoires soumis à leur surveillance.

Il doit s'assurer que ces mêmes autorités tunisiennes facilitent aux agents de la justice française, magistrats, officiers ministériels et gendarmes, l'accomplissement de leurs fonctions, soit au cours des enquêtes judiciaires, soit pour la remise des actes et l'exécution des jugements.

Les mesures prises récemment en vue de la sécurité, et en vertu desquelles les caïds sont devenus les auxiliaires directs de la justice française, imposent au Contrôleur Civil un rôle très délicat, puisqu'il ne peut se désintéresser de ce que fait à cette occasion le Caïd, sans cependant avoir qualité pour intervenir directement entre lui et le Juge de Paix. Il n'est pas possible de formuler de règle précise sur la conduite que doit tenir le Contrôleur Civil dans cette circonstance ; mais il n'en est pas moins certain que les chefs indigènes, peu préparés à appliquer les principes de notre procédure criminelle, principes qui sont souvent opposés aux leurs sur la même matière, ne pourront rendre de services dans ce nouveau rôle qui leur est attribué que s'ils sont constamment dirigés à distance et soutenus avec tact par le Contrôleur Civil.

Or, il est indispensable que les chefs indigènes rendent à ce sujet les services que l'on a été amené à leur demander, et les Contrôleurs Civils doivent faire en sorte qu'il en soit ainsi, sans se laisser arrêter par les difficultés sérieuses qu'ils doivent précisément rencontrer, et en se préoccupant seulement du résultat qui doit être obtenu.

Justice Indigène

Les magistrats indigènes du Charaà, bach-muftis, muftis et Cadis, ont à prononcer leurs jugements en application de principes considérés comme étant d'ordre religieux et qui, par cela même, échappent à la compétence de ceux qui ne sont pas initiés à la connaissance de ce droit spécial par de longues études. Les juges des tribunaux de l'Ouzara préparent à Tunis les jugements rendus par S. A. le Bey, ou rendent la justice en son nom dans l'intérieur de la Régence. On conçoit que les Contrôleurs Civils n'aient pas à intervenir dans les actes de ces magistrats qui d'ailleurs, comme tous les autres magistrats, n'ont pas de comptes à rendre au sujet de leurs jugements.

Les agents du Contrôle n'ont donc, en matière de Justice indigène, qu'à surveiller la conduite privée et l'attitude politique des magistrats, et à vérifier s'ils remplissent scrupuleusement les devoirs de leurs charges. Ils doivent, par exemple, s'assurer si les Cadis vérifient exactement les registres-minutes que les notaires indigènes sont obligés de tenir régulièrement. Si une prévarication ou un déni de justice leur est signalé, ils doivent faire une enquête et en communiquer les résultats au Résident Général, dans le cas où les réclamations leurs paraissent comporter une suite, mais ils n'ont pas, naturellement, de mesures à prendre directement à l'égard des magistrats qu'ils estimeraient être indignes.

Enfin, en cas d'affaire pénale ou criminelle intéressant la sécurité publique ou les intérêts politiques, le Contrôleur Civil doit suivre l'instruction et s'assurer qu'aucune des formalités essentielles n'a été négligée, le tout sans empiéter sur les attributions des magistrats et en se bornant à signaler au Gouvernement central les actes du ressort de ces magistrats qui ne lui paraîtraient pas réguliers.

CONCLUSIONS

En résumé, les Contrôleurs Civils doivent, d'un côté assurer l'exécution des instructions provenant des différents services du Gouvernement central, et d'autre part surveiller l'état d'esprit des populations et contrôler d'une façon aussi exacte que possible l'administration des chefs indigènes. Les diverses parties de ce programme ne sont d'ailleurs pas rigoureusement séparées et indépendantes : suivant les indications données au sujet de l'état d'esprit des populations, le Gouvernement pourra modifier les réglementations projetées, ou en retarder l'exécution.

Il ne faut pas perdre de vue que ce sont la surveillance et le contrôle des indigènes qui constituent le point délicat de la mission des Contrôleurs et qui peuvent fournir à des agents expérimentés et judicieux l'occasion de rendre d'importants services au Gouvernement du Protectorat. Un agent travailleur et consciencieux peut toujours assurer l'exécution d'instructions précises et tenir la main à ce que les décrets et les règlements soient exactement appliqués ; mais il faut avoir des qualités personnelles plus élevées pour comprendre les besoins particuliers des populations au milieu desquelles on vit et pour suggérer les mesures générales ou partielles de nature à donner satisfaction à ces besoins.

Les Contrôleurs Civils ont auprès d'eux comme collaborateurs des suppléants, des stagiaires et des secrétaires, sans compter quelquefois des expéditionnaires et des interprètes qui n'existent pas dans tous les postes et dont le rôle est en tout cas limité à certains travaux toujours identiques de copie et de traduction, sans qu'ils puissent être jamais appelés à remplir d'autres fonctions, du moins dans le Contrôle Civil.

Les Contrôleurs suppléants sont nommés à la suite d'un concours où ils ont dû montrer qu'ils possédaient, en même temps qu'une culture générale assez étendue, une connaissance approfondie de l'organisation administrative de la Régence. Mais cela ne signifie pas nécessairement qu'ils puissent remplir les fonctions de Contrôleur Civil, car nous avons vu que ces fonctions exigent surtout de l'expérience et du tact, qualités que les examens ne peuvent pas mettre en évidence. Les chefs de poste devront donc s'efforcer de reconnaître si leurs suppléants possèdent ces qualités, mais ils ne devront pas oublier que le Contrôleur Civil reste responsable de tout ce qui est fait par ses collaborateurs, et qu'il ne saurait être couvert par une délégation quelconque donnée par lui à son suppléant et que le Gouvernement ne pourrait pas reconnaître.

Les secrétaires de Contrôle sont supposés, jusqu'à ce qu'ils aient pu passer les examens prévus pour l'avancement, avoir tout à apprendre de leur service.

Il en est de même des stagiaires, bien que leur instruction générale plus étendue ou leurs services antérieurs puissent leur faciliter l'acquisition rapide des
connaissances qui leur manquent. Il est donc indispensable que ces agents débutent par une initiation
pratique à tous les détails du travail que l'on doit
assurer dans un Contrôle, afin qu'ils puissent diriger
avec compétence leurs collaborateurs s'ils sont appelés
aux emplois supérieurs.

On voit combien la mission des Contrôleurs Civils
est active, variée et délicate, combien elle exige, non
seulement de connaissances acquises, mais aussi de
qualités personnelles. Elle est faite pour tenter les
esprits les plus éclairés, et ceux qui savent la remplir
ne peuvent manquer d'attirer sur eux d'une façon
toute spéciale l'attention du Gouvernement.

CONFÉRENCE DE M. DUBOURDIEU

CONFÉRENCE DE M. DUBOURDIEU

ORGANISATION DE LA TUNISIE

I. — Autonomie financière de la Tunisie.

L'organisation financière de la Tunisie est l'œuvre du Protectorat : elle est intimement liée à son fonctionnement, si intimement liée qu'on ne la concevrait pas sans le Protectorat, et que le système du Protectorat serait gravement atteint dans son principe même si les bases essentielles sur lesquelles elle repose venaient à être détruites.

Elle procède de cette idée première que la Tunisie, qui a gardé le droit de s'administrer elle-même sous la tutelle et le contrôle de la France, a conservé aussi son autonomie financière. Sans doute, la France qui garantit la dette tunisienne est par cela même intéressée à ce qu'il soit fait bon usage des finances beylicales et a le droit de veiller à la régularité de leur

gestion. Mais ce droit de contrôle n'enlève rien à la
Régence de son autonomie financière. La Tunisie est
maîtresse de ses ressources ; elle en a seule la propriété et la jouissance, et elle n'est tenue de les employer qu'à des œuvres locales ou au profit exclusif de
son développement économique et moral. Si cette
liberté venait à faire défaut à la Tunisie, si ses ressources étaient absorbées par le gouvernement protecteur ou si l'emploi pouvait en être fait ailleurs que
dans la Régence ou autrement que dans son intérêt
propre, il n'y aurait plus d'autonomie, le système du
Protectorat serait compromis et la Tunisie ne différe-
rait pas au fond d'une colonie directe de la métropole,
en attendant sa transformation en quatrième département de la colonie française de l'Afrique du Nord.

II. — Origines de l'organisation financière de la Tunisie.

L'organisation financière de la Tunisie a été la première tâche du Protectorat après le règlement des
questions diplomatiques et militaires. Le décret du
12 mai 1881 inscrivait dans son programme la conclusion d'une entente entre le gouvernement protecteur
et le gouvernement protégé pour fixer les bases d'une
organisation financière de nature à assurer le service
de la dette publique et à garantir les droits des créanciers de l'État.

La réalisation de cette entente se fit pourtant attendre deux ans : l'explication en est simple. Le gouvernement français et le gouvernement tunisien ne se
trouvaient pas seuls en présence en 1881 : ils devaient
compter avec les créanciers de la Régence. Représentés par la commission financière, ces créanciers déte-

naient, depuis 1870, une portion des prérogatives de la souveraineté en Tunisie, c'est-à-dire le droit de percevoir divers impôts et d'en affecter le produit au paiement de leurs créances. En un mot, le gouvernement tunisien était dans la situation du failli concordataire, et ne pouvait rien faire sans avoir au préalable obtenu la dissolution de la réunion des créanciers et l'abdication de leurs pouvoirs entre ses mains et à son profit.

III. — Historique de l'organisation antérieure.

Les droits exorbitants mais légitimes de ces créanciers méritent une explication. Aussi bien l'organisation financière actuelle ne peut être comprise sans la connaissance de la période qui l'a précédée. Je vais donc retracer l'histoire de cette période que je ne ferai d'ailleurs remonter qu'à 1860.

Période de 1860 à 1870

Le 15 août 1860, la dette du gouvernement tunisien n'atteignait pas tout à fait 12 millions de francs. Le 24 mai 1802, elle s'élevait à 28 millions et exigeait des intérêts de 12 et de 13 %. Cependant, comme la Régence disposait alors d'un revenu annuel de 13 millions environ, sa situation était bonne. Aussi, lorsque sous le couvert de faire face à des dépenses utiles et productives, mais en réalité pour satisfaire à son faste et à ses prodigalités, le Bey fit appel au crédit en Europe il trouva facilement, en 1863, à emprunter à la maison Erlanger 35 millions à 7 %.

Entre temps, il demandait à des maisons tunisiennes des fonds pour combattre les révoltes des tribus,

En 1865, il empruntait à MM. Erlanger, Morpurgo et Oppenheim 30 autres millions à 7 %.

Dès 1867, il ne pouvait plus satisfaire aux exigences des porteurs de titres. Ses besoins croissant sans cesse, il aliénait par avance le produit éventuel des impôts, notamment les droits de douane à l'exportation, en remettant à ses prêteurs des teskérés ou quittances des droits. Ces teskérés finissant par être innombrables, il dut les retirer en échange d'obligations à 12 %. Ces opérations de retrait, au nombre de quatre, sont connues sous le nom de conversions de 1867 et ont porté sur un capital de près de 40 millions. Mais ces moyens ne suffisaient pas au gouvernement qui continuait à augmenter sa dette à l'intérieur et à l'extérieur par l'émission de billets de toute nature qui finirent par constituer une dette flottante de 55 millions.

Institution de la Commission financière
Arrangements de 1870

Cette situation mit en éveil les trois gouvernements de France, d'Angleterre et d'Italie qui proposèrent au Bey de confier à une commission financière, internationale, le soin de réviser le passif de la Régence et d'arriver à un arrangement entre le gouvernement tunisien et ses créanciers. Cette proposition fut acceptée et la commission financière instituée par décret du 5 juillet 1869.

La Commission financière se mit à l'œuvre et, après l'expiration à la date du 31 janvier 1870 des délais accordés aux créanciers, arrêta le passif de la Régence à 160 millions 176.800 francs, exigeant un intérêt annuel de 19 millions 500.000 francs.

Elle s'assura d'autre part que les revenus ne dépassaient pas 13 millions 500.000 francs par an. La

moitié, soit 6 millions et demi, lui était indispensable
pour ses services publics.

Elle proposa, par suite, au gouvernement tunisien et
aux trois gouvernements de France, d'Angleterre et
d'Italie qui y consentirent :

1° de réduire la Dette tunisienne à 125 millions
représentés par 250.000 obligations de 500 fr. 5 °/° ; et
en intérêts arriérés à 18 millions environ représentés
par des certificats de coupons ;

2° d'affecter au capital de la Dette divers impôts et
revenus publics d'un produit annuel de 6.505.000 fr.,
et aux intérêts arriérés le produit des douanes à l'importation jusqu'à concurrence de 5°/° ;

3° de concéder la perception de ces revenus aux
créanciers de la Tunisie représentés par la Commission
financière ;

4° de maintenir au Bey la jouissance de ses autres
revenus, mais sous la surveillance de la Commission
financière.

Ces propositions furent acceptées par les quatre
gouvernements le 23 mars 1870. L'acte qui constate
l'acceptation est connu sous le nom d'Arrangements
du 23 mars 1870. Œuvre des représentants des créanciers, il a constitué un véritable concordat par abandon partiel d'actif ; il a été en somme la charte financière de la Régence jusqu'au 13 octobre 1884 et a
donné à la Tunisie, sous la direction de la Commission
financière, une période de quatorze années de tranquillité.

Gestion de la Commission financière (1870-1884)

La Commission financière devait tout d'abord se
composer de deux fonctionnaires tunisiens, de deux
notables élus par les négociants étrangers de Tunis,

de deux mandataires français des porteurs de titres
des emprunts de 1863 et de 1865, du premier député
de la nation française, et d'un inspecteur des finances
françaises désignés par le Gouvernement français. La
prédominance appartenait donc à l'élément français ;
elle était même si grande que les gouvernements
étrangers firent sans doute entendre des réclamations,
car, dans sa forme définitive, la Commission financière
n'a plus été composée que de deux fonctionnaires
tunisiens, d'un inspecteur des finances françaises, de
deux membres français, de deux membres anglais et
de deux membres italiens. Néanmoins, cette composition de la commission, sans être aussi favorable que
celle primitivement projetée à l'influence française,
assurait encore à l'inspecteur des finances, vice-président de la commission financière, appuyé sur les
fonctionnaires tunisiens et sur les deux membres
français, la direction supérieure des débats et du
fonctionnement de la commission.

La commission se divisait en deux comités : le
comité exécutif et le comité de contrôle.

Le comité exécutif était composé des deux fonctionnaires tunisiens et de l'inspecteur des finances françaises ; le comité de contrôle des six autres membres.
Le comité exécutif a été chargé d'abord de la liquidation des opérations financières de la Tunisie antérieures à 1870 tant en recette qu'en dépense ; puis de
la perception de tous les revenus du royaume sans
aucune exception, de l'ordonnancement de toutes les
dépenses et de la prérogative exceptionnelle de s'opposer à la conclusion par le Bey de tout emprunt non
autorisé par la Commission financière. Le comité de
contrôle avait le droit de connaître toutes les opérations du comité exécutif, de les vérifier et, le cas
échéant, de les approuver.

En fait, le comité exécutif se trouva avoir la direction de toutes les finances de la Régence aussi bien de celles abandonnées aux créanciers que celles réservées par le gouvernement; mais il assura séparément la gestion de ces deux services. Pour la gestion des revenus attribués aux créanciers et pour le service de la Dette, il créa une administration spéciale dite des revenus concédés, qui avait des représentant dans les principales villes de la Régence. Quant à la gestion des revenus réservés, elle fut assurée par le receveur général des finances, les caïds et les cheiks.

Il serait trop long d'entrer dans le détail des opérations effectuées par la Commission financière de 1870 à 1884, mais je ne puis pas ne pas rappeler que sa gestion, malgré des difficultés de toutes sortes, a été assez habile pour éviter tout accroissement de la dette tunisienne pendant cette longue période de quatorze ans : la dette était, comme nous l'avons vu, de 142 millions au total en 1870; elle était au même chiffre en 1884.

La Commission financière a droit à un autre titre à notre reconnaissance : elle a liquidé et éteint définivement tout le passif de la Régence, de telle sorte que l'administration nouvelle en 1884 n'a pas eu à se préoccuper du passé. C'est là l'œuvre capitale de la Commission financière et nous en recueillons encore les avantages. Les appréciations sur la Commission financière ne tiennent pas un compte exact de cette situation; on a considéré sa gestion comme stérile parce qu'elle n'a pas entrepris de réforme; mais ce n'était pas son rôle, son objet lui interdisant tout autre but que celui d'assurer le paiement de la dette.

Au fond, l'œuvre de la Commission financière a été, sous l'impulsion des inspecteurs des finances, dirigée surtout dans le sens français : cette institution a constitué une sorte de protectorat financier de la France sur la Tunisie et lorsque le Gouvernement de la République jugea le moment venu d'étendre son action dans la Régence, il trouva le terrain préparé par l'œuvre de la Commission financière.

Dissolution de la Commission financière

Quels que fussent ses services antérieurs, la Commission financière devait disparaitre du jour où la France avait jugé utile d'établir son protectorat en Tunisie. Son maintien était incompatible avec les droits et les privilèges du Gouvernement de la République. Les membres français de la Commission le comprirent, mais les membres anglais et italiens ne voulaient pas renoncer sans compensation au privilège qu'ils tenaient des arrangements de 1870. Pour triompher de leur résistance, le gouvernement français dut prendre l'engagement de garantir la dette tunisienne. Mais il y mit pour condition que le Bey s'engagerait de son côté à procéder aux réformes administratives, judiciaires et financières que comportait l'état de la Régence. Ces accords réciproques ont fait l'objet du traité du 8 juin 1883, qui a consacré et défini le Protectorat français dans la Régence. — Dès la ratification de ce traité par la loi du 10 avril 1884, les mesures nécessaires furent prises pour la conclusion en France d'un emprunt tunisien 4% de 142.550.000 fr. garanti par le Gouvernement de la République et à l'aide duquel la conversion et le remboursement de la dette 5%, objet pe l'arrangement du 23 Mars 1870, furent offerts aux créanciers.

Par le fait de ces opérations, les privilèges accordés en 1870 aux créanciers de la dette 5% cessèrent d'avoir leur raison d'être, les institutions spéciales

créées pour en assurer l'exécution devinrent sans objet;
la Commission financière, en un mot, n'eut plus qu'à
disparaître. La mesure fut réalisée par un décret beylical du 2 octobre 1884 qui ordonna la transmission
de ses pouvoirs à un organisme nouveau : la Direction
générale des Finances.

IV. — Institution de la Direction générale des Finances.

La Direction générale des Finances a commencé à
fonctionner le 13 octobre 1884, avec l'exercice tunisien
1302 dont je parlerai tout à l'heure. Elle prit immédiatement en main tous les services financiers existants, aussi bien ceux que détenait le syndicat des
créanciers que ceux réservés par le gouvernement.

Elle supprima immédiatement l'administration des
revenus concédés et la remplaça par la Direction des
Contributions diverses et la Direction des Douanes.
Elle conserva la Recette générale des Finances et continua aux caïds et aux cheiks leurs fonctions de collecteurs des impôts indigènes et des produits domaniaux.

Tous ces services furent immédiatement organisés
et leurs attributions définies par arrêtés du Directeur
des Finances. Cette organisation repose sur ce principe que les divers services qui fonctionnent sous
l'autorité du Directeur des Finances sont, vis-à-vis de
lui, dans une dépendance étroite et qu'ils ne sont que
des rouages de la Direction Générale, susceptibles
d'être modifiés, accrus, diminués et même supprimés
suivant les nécessités du service.

Les règles qui président au fonctionnement de la
Direction Générale des Finances s'étendent donc de
plein droit aux services subordonnés et c'est pourquoi,

dans ma conférence, je ne parlerai que de la Direction
Générale des Finances sans me préoccuper des détails
d'organisation des services d'exécution.

V. — Pouvoirs de la Direction Générale
des Finances.

La Direction Générale des Finances a, pour l'exercice de ses attributions, des pouvoirs sans doute très
étendus mais cependant non illimités. La limitation
de ces pouvoirs résulte d'abord du traité du 8 juin
1883 et ensuite de la loi annuelle du budget et des
lois spéciales d'impôts.

Le traité du 8 juin 1883 impose pour première obligation, à la Direction générale des Finances, de préle-
ver sur les revenus de la Régence les sommes nécessaires au service des intérêts et de l'amortissement de
la Dette tunisienne garantie par la France et ensuite
la liste civile de S. A. le Bey. Le service de la Dette
exige par an 6.307.520 fr., la liste civile 1.680.000 fr.

La loi annuelle du budget oblige la Direction générale des Finances à ne percevoir que des impôts autorisés par cette loi ou la législation en vigueur et à
ne payer que les dépenses limitativement prévues par
le budget.

VI. — Du budget tunisien.

Le mode de préparation, de promulgation, d'exécution et de règlement du budget tunisien est défini par
un décret beylical du 12 mars 1883, modifié plus tard
sur certains points de détail notamment par le décret

du 16 décembre 1890, mais qui reste dans ses grandes lignes le code de la comptabilité publique en
Tunisie.

Périodicité du budget

Le budget tunisien est annuel.

Pendant une certaine époque, son point de départ a
été fixé au 13 juin, puis il a été reporté au 13 octobre.
Notamment, le premier budget de l'administration
financière organisée en 1884 a commencé le 13 octobre 1884. Mais, à partir de 1892 inclusivement, le
Gouvernement tunisien a, sur les instructions du
Gouvernement français, adopté la date du 1er janvier
pour le commencement de son budget. La période
transitoire du 13 octobre au 31 décembre 1891 a été
rattachée au budget commencé le 13 octobre 1890 qui
s'est trouvé ainsi avoir une durée anormale de 14
mois et 18 jours.

Dénomination des budgets

Le budget tunisien recevait autrefois son nom du
millésime de l'année de l'hégire au cours de laquelle
il s'ouvrait. Si, par exemple, le 13 octobre correspon-
dait à une date de l'année de l'hégire 1307, le budget
commençant à cette date du 13 octobre s'appelait
budget de 1307. L'organisation financière actuelle est
entrée en vigueur le 13 octobre 1884 correspondant
au 23 Hidjé 1301. Le budget commencé à cette date
aurait dû régulièrement porter le nom du budget de
1301 ; mais l'année musulmane 1302 devant commencer
sept jours après, il a paru préférable de lui donner

le millésime de l'année 1302. Il n'y a pas eu par suite de budget 1301.

Les exercices suivants ont continué à être désignés par le millésime de l'année musulmane (1303-1304) jusques et y compris l'exercice 1308 dont la durée normale (13 octobre 1890, 12 octobre 1891) a été prolongée à titre exceptionnel jusqu'au 31 décembre 1891. Le lendemain, 1er janvier, a commencé le premier des budgets désignés par le millésime de l'année grégorienne.

Durée du budget

Le budget commencé le 1er janvier finit le 31 décembre. Théoriquement, l'exécution de ce budget devrait être renfermée, c'est-à-dire que toutes les recettes et toutes les dépenses du budget devraient être consommées dans cet espace de douze mois. Mais dans la pratique il ne peut en être ainsi. Il reste toujours des produits à recouvrer le 31 décembre, de même qu'à cette date des travaux ou fournitures antérieurement commandés ne sont pas tous achevés ou livrés et que d'autres services de matériel n'ont pu être payés quoique exécutés. Pour parer à ces difficultés, il est admis que les recouvrements d'un budget se continuent après la fin de l'année sur l'année suivante, dite seconde année du budget, pendant une certaine période: cette période prend fin en Tunisie le 30 avril de cette seconde année. De même, l'achèvement des services du matériel, dont l'exécution commencée n'a pu être terminée le 31 décembre pour des causes de force majeure ou d'intérêt public, peut être poursuivie jusqu'au 31 janvier de la seconde année; la liquidation et l'ordonnancement des sommes dues aux

créanciers peuvent être continués jusqu'au 31 mars et
le paiement de ces mêmes sommes jusqu'au 30 avril.
La période du 1er janvier au 30 avril de la seconde
année du budget, durant laquelle peuvent être
continuées les opérations d'un budget, s'appelle la
période complémentaire. La réunion de la première
année du budget et de la période complémentaire
forme la durée du budget ; cette durée s'appelle
l'exercice. L'exercice est donc la période d'exécution
des services d'un budget.

Unité du budget

Le budget tunisien est unique, c'est-à-dire qu'il
embrasse toutes les opérations du Gouvernement
tunisien, ordinaires, extraordinaires ou spéciales. Il
n'existe pas de documents financiers en dehors du
budget, de telle sorte que la lecture du budget ren-
seigne immédiatement et très exactement sur la véritable situation financière de la Régence.

Préparation du budget

Le budget tunisien est préparé par le Directeur des
Finances qui, après avoir dressé personnellement les
évaluations des recettes, en rapproche les prévisions
de dépenses établies pour chaque service public par le
Chef de ce service. Le budget ainsi préparé est délibéré en Conseil des Ministres, sous la présidence du
Résident général, soumis ensuite à l'examen du Gouvernement français, présenté à son retour à la sanction de S. A. le Bey, et enfin promulgué au *Journal
Officiel*. Il peut être rectifié, s'il y a lieu, au cours de

l'exercice, dans les formes suivies pour son établissement.

Le budget des recettes est établi en faisant état de tous les impôts existants ou décidés en principe. Leur produit probable pendant la durée du budget est évalué d'après les résultats moyens des cinq budgets antérieurs, augmentés ou diminués des sommes que les réformes ou les dégrèvements projetés peuvent rapporter ou faire perdre au Trésor.

Aucun impôt ne peut être établi ni perçu s'il n'a été proposé par le Conseil des Ministres et Chefs de Service, autorisé par le Gouvernement français et sanctionné par S. A. le Bey. Il est d'ailleurs interdit à la Direction générale des Finances de mettre en recouvrement, à ses agents de recouvrer toutes contributions directes ou indirectes autres que celles qui sont autorisées par le budget des recettes à quelque titre et sous quelque dénomination qu'elles se perçoivent, à peine contre les autorités qui les ordonneraient et contre les employés qui en feraient le recouvrement d'être poursuivis comme concussionnaires. Le budget des recettes est divisé en chapitres correspondant aux diverses catégories d'impôts, chaque chapitre en articles; un article distinct est consacré à chaque nature d'impôt.

Les prévisions des dépenses sont établies d'après les besoins probables des services publics pendant l'année du budget. Il est interdit de prévoir des dépenses pour une durée supérieure, car c'est un principe que les crédits ouverts pour les dépenses d'un exercice ne peuvent être employées à l'acquittement des dépenses d'un autre exercice. Les crédits nécessaires à un exercice ne sont pas alloués en bloc à titre d'abonnement, mais par subdivision du budget : le budget des dépenses est divisé, en effet, en chapitres correspondant

au divers services publics ; chaque chapitre en sections et chaque section en articles.

Il peut arriver que les prévisions des dépenses soient
reconnues insuffisantes en cours d'exercice. Dans
certains pays, il est pourvu à l'insuffisance par voie
d'ouverture de crédits supplémentaires imputables sur
les ressources générales du budget. Ce procédé n'est
pas sans danger lorsque le budget des recettes, et c'est
le cas le plus général, suffit tout juste aux besoins des
services publics. Aussi a-t-il été interdit en Tunisie
dont le budget a été, pour parer aux cas fortuits, doté
d'un chapitre spécial de dépenses qui a reçu la dénomination de chapitre des dépenses imprévues. C'est
sur les crédits de ces chapitres que sont prélevées les
sommes nécessaires aux dépenses qui n'ont pu être
inscrites au budget annuel ; si ces crédits ne sont pas
suffisants, tous ceux des services publics dont l'exécution peut être ajournée sans inconvénients sont sus-
pendus jusqu'à l'année suivante. En aucun cas, il ne
peut être ouvert en Tunisie de crédits supplémentaires
et c'est à l'observation rigoureuse de cette règle fondamentale, qui n'a jamais été violée une seule fois, que
la Tunisie doit son bon renom financier.

Exécution du budget

Le budget, une fois promulgué, est mis à exécution
à partir de la date fixée pour son commencement, qui
est présentement en Tunisie le 1er janvier.

L'exécution du budget des recettes est plus spécialement confiée à la Direction générale des Finances ;
néanmoins, l'Office des Postes assure directement le
recouvrement de ses propres produits, mais le montant
de ses perceptions est centralisé dans les écritures de
la Direction générale des Finances.

La règle qui préside à l'exécution des recettes et des dépenses est que le fonctionnaire qui ordonne la recette ou la dépense ne peut être le même que celui qui l'exécute.

En matière de recouvrement, le receveur ou percepteur ne peut recouvrer sans un rôle un titre de recette préexistant, sous peine d'être poursuivi comme concussionnaire. En matière d'impôts indirects où le droit prend naissance avec le fait même qui le motive, il est suppléé au titre préexistant par des déclarations des redevables ou la représentation, par ce même redevable, des actes et documents qui donnent naissance à l'impôt.

En ce qui concerne les dépenses, la distinction entre le fonctionnaire qui ordonne la dépense, c'est-à-dire l'ordonnateur, et le fonctionnaire qui la paye, ou payeur, est absolue. L'agent payeur a même un droit de veto sur l'ordonnateur, mais il ne peut exercer ce droit que si l'ordonnateur commet une irrégularité matérielle ou s'il vise une dépense pour un service non fait ou pour laquelle le budget n'a pas prévu de crédit. Le payeur n'a pas à s'immiscer dans l'appréciation du mérite ou de l'opportunité de la dépense en elle-même, c'est-à-dire dans ce qu'on est convenu d'appeler la moralité de l'ordonnancement : à ce point de vue, l'ordonnateur ne relève que du Gouvernement tunisien et du Résident général représentant le Gouvernement français.

Les allocations prévues par le budget pour le service des dépenses publiques portent le nom de crédits. Ces crédits ne sont mis à la disposition de l'ordonnateur que par portions mensuelles, et encore sous la réserve que les recettes du Trésor s'effectuent normalement et permettent de faire face aux dépenses prévues au budget. L'opération par laquelle les crédits sont mis à la disposition de l'ordonnateur s'appelle délégation.

Les délégations mensuelles sont notifiées au Receveur général des Finances qui est l'agent payeur du
Gouvernement tunisien. Le Receveur général ne doit
accepter aucune ordonnance de paiement qui ne porterait pas sur une délégation régulièrement notifiée.
Il doit, en outre, exiger la justification qu'il s'agit d'un
service fait et si, exceptionnellement, il est admis à
payer des acomptes, c'est à la condition que le service
ait été partiellement exécuté d'une façon suffisamment
large pour couvrir l'acompte.

Les ordonnateurs se divisent en ordonnateurs secondaires ou ministériels. Les ordonnateurs ministériels
sont les chefs des sept grands services tunisiens : Finances, Postes et Télégraphes, Administration générale,
Agriculture et Commerce, Enseignement public, Armée tunisienne, Travaux publics. Les ordonnateurs
secondaires n'ont pas d'autres pouvoirs que ceux qu'ils
tiennent de l'ordonnateur ministériel dont ils relèvent.
Leur droit d'émettre des mandats est subordonné à la
sous-délégation par l'ordonnateur ministériel d'une
portion des crédits dont il est lui-même délégataire : il
suffit que l'ordonnateur ministériel suspende ses sous-
délégations pour que l'ordonnateur secondaire soit,
ipso facto, empêché d'exercer son droit d'ordonnateur,
et, si le Receveur général des Finances acceptait des
mandats de paiement d'un ordonnateur secondaire en
l'absence de sous-délégations, il engagerait sa responsabilité pécuniaire. Les ordonnateurs secondaires sont :
dans le service des Finances, les Directeurs des Monopoles, des Contributions diverses et des Douanes ; dans
le service de l'Agriculture et du Commerce, le directeur des Forêts. Les ordres de paiement des ordonnateurs secondaires s'appellent mandats de paiement.

Les ordres de paiement des ordonnateurs ministériels
et des ordonnateurs secondaires doivent revêtir, pour
être acceptés par le Receveur général, des conditions

extérieures de forme et être appuyés des mémoires ou factures des créanciers et de certificats d'exécution de l'ordonnateur. Ces conditions de forme et la nature des justifications à fournir ont fait l'objet d'un règlement spécial dit règlement sur la comptabilité publique.

Une fois l'ordre de paiement émis, le Receveur général des Finances, payeur du Gouvernement tunisien, procède à sa vérification. S'il lui paraît irrégulier, il refuse son visa, sauf à passer outre si l'ordonnateur le requiert. Toutefois, la réquisition serait sans effet si l'ordre de paiement ne portait pas sur des crédits régulièrement ouverts, délégués ou sous-délégués.

L'ordre de paiement dûment visé est mis en paiement par le Receveur général des Finances soit sur sa caisse, soit sur celles des comptables en résidence hors de Tunis : à cet effet, toutes les caisses publiques tunisiennes lui sont ouvertes par le Directeur des Finances. Les paiements qu'il n'opère pas lui-même sont faits pour son compte, et les pièces justificatives dûment acquittées tiennent lieu de numéraire dans la caisse du comptable qui a fait le paiement, au moment où ce comptable les verse également comme numéraire à la Recette générale des Finances.

Règlement du budget

Le budget arrivé à son terme est clôturé, et l'ensemble de ses opérations fait l'objet d'un règlement définitif auquel il est procédé dans le courant du mois de juillet qui suit la clôture de l'exercice. De même que le décret de promulgation du budget présente séparément les évaluations de recettes et les prévisions de dépenses, de même le décret de règlement définitif du budget présente d'une part le tableau des recettes et d'autre part le tableau des dépenses. Le tableau des recettes, établi par le Directeur des Finances, liquide pour chaque nature d'impôts et de produits l'importance définitive des créances constatées au profit de l'exercice clôturé, déduit les sommes admises en non-valeur, fait ressortir les recouvrements effectués et arrête l'excédent des droits constatés restant à recouvrer.

Le tableau des dépenses est dressé par le Directeur des Finances au vu des comptes particuliers des divers chefs de services et des écritures de la Recette générale des finances. Il indique par service et, dans chaque service, par article du budget, les crédits ouverts, les droits acquis aux créanciers de l'Etat, les paiements faits et l'excédent des droits acquis restant à payer.

La comparaison du tableau des recettes et du tableau des dépenses fait ressortir si l'exercice s'est soldé en déficit, en équilibre ou en excédent. S'il se solde en déficit, ce déficit est couvert par un prélèvement sur le fonds de réserve que le Gouvernement tunisien a institué à cet effet. Si, au contraire, l'exercice se solde par un excédent, cet excédent est attribué à un fonds spécial, dit des excédents disponibles, dont la destination est de servir aux dépenses extraordinaires de premier établissement dans la Régence.

Les créances restant à recouvrer à la clôture de l'exercice, d'après le règlement du budget, sont reportées à l'exercice courant et s'ajoutent à ses propres constatations ; le recouvrement en est poursuivi soit sur les débiteurs du Trésor, soit sur les comptables déclarés responsables.

Les sommes restant dues aux créanciers de l'Etat, à la clôture de l'exercice, et liquidées par le tableau de règlement des dépenses, sont appelées dépenses d'exercices clos ; elles sont payées sur l'exercice suivant par imputation sur des crédits ouverts à cet effet dans chaque budget.

Déchéance des créanciers de l'État

Les créances d'exercices clos peuvent être, à défaut de paiement, reportées ainsi d'exercice en exercice jusqu'au moment où la loi les déclare prescrites et définitivement éteintes au profit de l'État. Cette déchéance a pour objet de mettre l'État, qui n'a que des ressources annuelles limitées aussi strictement que possible à ses besoins, à l'abri de revendications anciennes ou accumulées qui auraient pour effet de faire supporter par la génération présente les charges du passé. Elle a été édictée en Tunisie par les articles 13 et suivants du décret du 3 Djoumadi el aouel 1300 (12 mars 1883). Elle est d'ordre public, et les créanciers déchus ne peuvent en être relevés que s'ils fournissent la preuve que le défaut d'ordonnancement et de paiement de leurs créances ne leur est pas imputable et provient du fait de l'Administration ou d'actions judiciaires. Tout créancier, d'ailleurs, a le droit de se faire fournir par le chef du service intéressé un récépissé de sa demande d'ordonnancement et des pièces produites à l'appui.

Le délai de déchéance court à partir du jour de l'ouverture de l'exercice auquel appartient la créance; il est de cinq ou six ans, suivant que le créancier est domicilié en Tunisie ou hors du territoire tunisien. Aux termes d'une disposition spéciale du décret du 3 Djoumadi el aouel 1300, la déchéance pour les créances antérieures à la clôture de l'exercice 1299 (1882-1883) a couru du 13 octobre 1883; elle a donc été acquise à l'État le 12 octobre 1888 ou le 12 octobre 1889 suivant les cas.

Si l'on rapproche cette disposition de ce que j'ai dit plus haut, à savoir que toutes les créances antérieures à l'institution de la Commission Financière, qui n'ont pas été converties en 1870 contre des titres de la Dette générale consolidée, ont été frappées de déchéance par les arrangements du 23 mars 1870, on verra qu'à ce jour, 11 janvier 1898, il ne peut exister de créances antérieures au 1er janvier 1892.

Les créances d'exercices clos qui, par suite de la diligence des porteurs, échappent à la déchéance, sont payées sur l'exercice en cours au débit d'un article spécial intitulé « Dépenses des exercices périmés », qui n'est ouvert au budget que pour mémoire mais qui est doté, en cas de besoin, par des prélèvements sur le chapitre des dépenses imprévues.

VII. — Ressources du Gouvernement tunisien.

Les ressources du Gouvernement tunisien sont de trois sortes : ordinaires, extraordinaires et spéciales.

Les recettes ordinaires sont les seules ressources sur lesquelles l'État puisse normalement compter : c'est de leur bonne administration, de leur rendement, que dépend la prospérité financière de la Tunisie. Les recettes extraordinaires, composées principalement des excédents des recettes ordinaires sur les dépenses ordinaires et des bonis des conversions successives de la Dette, et les recettes spéciales qui ont toutes une affectation spécialement déterminée, sont comme leurs noms l'indiquent, des ressources dont il n'est pas fait état pour les opérations normales des services publics.

Ressources ordinaires

Les recettes ordinaires se divisent en cinq catégories : les impôts directs, les impôts indirects, les produits des monopoles et exploitations industrielles de l'État, les produits et revenus du Domaine de l'Etat et les produits divers.

Les impôts directs, c'est-à-dire ceux qui frappent directement le contribuable dans sa personne ou dans ses biens, comprennent :

(a) — Un impôt personnel ou de capitation, la Medjba, qui frappe : 1º tous les sujets indigènes mâles du Bey, sauf ceux nés et résidant à Tunis, Sousse, Kairouan, Monastir et Sfax ; 2º les musulmans étrangers établis sur le territoire de la Régence.
La Medjba est, depuis 1894, de 20 francs par an. Elle était autrefois de 24 francs ; (à titre transitoire, elle n'a été en 1893 que de 22 francs).

(b) — Les contributions foncières qui frappent : 1º les oliviers et dattiers, soit d'un droit fixe par pied d'arbre (kanoun), soit d'un prélèvement (dîme) sur l'huile produite par les oliviers ; 2º les terres ensemencées en blé et en orge dont la récolte est soumise à l'impôt coranique de la dîme (achour) ; 3º les terrains maraîchers et les vergers frappés à Sfax et dans le Cap Bon de la taxe de superficie dite Mradjas, et à Djerba, d'une taxe d'abonnement (khadors) représentative d'un impôt de superficie et d'un droit de consommation ; 4º les propriétés bâties qui sont assujetties soit sur leurs loyers effectifs, soit sur leur valeur locative, à une taxe de 6 f. 25 %. La taxe sur la valeur locative a été presque partout concédée aux Municipalités.

(c) — L'impôt des patentes qui frappe le commerce de certains objets d'alimentation indigène.

Les impôts et revenus indirects se composent :

1º du timbre et de l'enregistrement réglementés le 20 Juillet 1896.

2° des droits sur les mutations d'immeubles entre vifs et par décès ;

3° des droits de douane[1] perçus soit à l'exportation de certains produits dont le nombre va sans cesse en diminuant et n'est plus que de quatorze, soit à l'importation. Le tarif de ces derniers droits est en général de 8 % ad valorem pour les produits provenant de pays avec lesquels la Tunisie a un traité ; il est spécifique et variable suivant les articles pour les produits originaires des autres pays (décret du 29 septembre 1896);

4° des droits maritimes sanitaires et de phares, et des droits de port proprements dits perçus ailleurs qu'à Bizerte, la Goulette, Tunis, Sousse et Sfax où ces droits appartiennent à des Compagnies auxquelles l'exploitation en est temporairement abandonnée en paiement de l'intérêt et de l'amortissement de leurs avances de construction ou d'achèvement des ports ;

5° des droits de Mahsoulats, c'est-à-dire de ces droits spéciaux à la Tunisie qui frappent tantôt la fabrication, tantôt la vente, tantôt la consommation. La Direction des finances en a entrepris la réforme dès 1884. D'une manière générale, les droits de fabrication sont maintenus, mais améliorés ; les droits de vente sont remplacés par des droits de stationnement, et les droits de consommation, par des droits à l'entrée des villes et localités d'une population agglomérée de plus de 500 habitants. Presque tous les produits agricoles et industriels de la Tunisie sont atteints par les droits de Mahsoulats ; les principaux sont : les céréales et légumes secs ; les fruits et légumes frais, les huiles, le poisson, le bétail, le bois et le charbon, la

---

[1] Depuis la date de ces conférences, l'impôt des Douanes a subi une transformation complète. Il est régi actuellement par un décret beylical du 2 mai 1888.

chaux et les briques, le plâtre, les peaux et les laines, les poteries, les dattes, le savon, etc... (1)

Les produits monopolisés sont la poudre, les tabacs et le sel. L'Etat tunisien ne fabrique pas lui-même sa poudre ; les poudres de chasse et de mine qu'il met en vente sont fournies, au prix du tarif d'exportation, par l'Administration française. Les tabacs proviennent en partie de la culture indigène soumise à une réglementation spéciale, mais surtout d'achats faits en France ou à l'Etranger. Ces achats portent aussi bien sur des tabacs en feuilles que sur des produits fabriqués ; les tabacs en feuilles sont manutentionnés à une manufacture que l'Etat Tunisien possède à Tunis et qui produit notamment ses cigarettes et du tabac à priser. Les sels sont extraits des salines indigènes ; quelques achats sont faits néanmoins à l'étranger, notamment en vue de la salaison du poisson.

Les produits des exploitations de l'Etat sont ceux qu'il retire du fonctionnement de son Office spécial qui régit la poste, les télégraphes, les téléphones, les colis postaux et la succursale tunisienne de la Caisse d'épargne postale française.

Les produits du Domaine comprennent les prix de vente du mobilier réformé de l'Etat, les revenus, loyers et prix de vente du domaine privé immobilier de l'Etat, les produits de l'exploitation des importantes forêts domaniales de la Régence, les produits du domaine public terrestre et maritime et les produits des pêcheries (corail, poulpes et éponges, amodiation des lacs de Tunis, des Bibans, etc...) et les redevances pour concession de mines.

Les produits divers comprennent des produits per-

(1) Des droits de consommation sur les sucres et les alcools ont été, depuis la date de ces conférences, établis par un décret du 2 Mai 1898.

manents et des produits accidentels. Parmi les produits permanents, figurent les droits de chancellerie du Nichan Iftikhar, les droits versés au Trésor pour l'immatriculation foncière, les droits de chancellerie perçus à l'Ouzara, les amendes infligées par les tribunaux français en Tunisie, les amendes infligées par les tribunaux indigènes, les parts attribuées à l'État sur les amendes prononcées en matière de contrebande fiscale, la part de l'État dans les bénéfices de l'exploitation des ports de Tunis, Sousse et Sfax, etc... Les produits accidentels échappent naturellement à toute description.

Ressources extraordinaires

Les ressources extraordinaires sont surtout alimentées par les excédents de recettes du budget ordinaire. A ce produit sont venues s'ajouter les soultes au total de 15.800.000 fr., des conversions de la Dette tunisienne en 1889 et en 1892. Récemment, l'Administration tunisienne a admis que les collectivités et les simples particuliers concourent à la dépense de certains travaux publics urgents intéressant les riverains et dont, à défaut de ressources suffisantes, l'État serait obligé d'ajourner l'exécution à une époque indéterminée. Ces contributions des collectivités et des simples particuliers sont désignées dans la comptabilité publique sous le nom de fonds de concours; elles sont affectées soit aux constructions de routes (telles sont notamment les prestations), aux dépenses d'aménagement de points d'eau le long des routes et des pistes, ou à l'exécution des grands travaux d'hydraulique agricole. Enfin, tout dernièrement, le Gouvernement tunisien a affecté aux dépenses de la colonisation française en Tunisie le produit, à concurrence d'un million de francs, de la vente d'immeubles dominaux.

Il importe de noter que le Gouvernement français se fait rendre compte de toutes les opérations du budget extraordinaire, et qu'aucune recette extraordinaire ne peut être réalisée, employée en dépense, ou recevoir une affectation quelconque sans son assentiment.

Ressources spéciales

Les recettes spéciales sont affectées aux dépenses des comptes spéciaux en vue desquels elles ont été réalisées : tels sont les remboursements de certificats de coupons, et les opérations de liquidation de l'emprunt de 1884 et des conversions de 1889 et 1892.

VIII. — Charges du Gouvernement tunisien.

Les charges ou dépenses du Gouvernement tunisien se divisent, comme les recettes, en dépenses ordinaires, dépenses extraordinaires et dépenses spéciales.

Dépenses ordinaires

Les dépenses ordinaires sont celles qu'entraîne le fonctionnement normal des services publics tunisiens. Elles se composent tout d'abord de la liste civile du Bey et de la famille Husseinite, et de l'annuité de 6.306.520 francs nécessaire à l'intérêt et à l'amortissement de la Dette publique tunisienne. Cette annuité est, comme en 1884, de 6.307.520 fr., mais, alors qu'en

1884, la Dette était perpétuelle et que l'annuité pré-
citée était toute entière affectée au service des intérêts,
cette annuité permet aujourd'hui, grâce à la réduction
successive de l'intérêt de la Dette de 4% à 3 1/2 %
d'abord (conversion de 1889) et à 3% (conversion
de 1892), de faire face à un amortissement régulier
de la Dette qui se trouvera éteinte dans 90 ans.

Les dépenses des services publics sont réparties
sous sept chapitres :

Le premier chapitre (finances) comprend, outre la
Liste Civile du Bey et l'annuité de la Dette, les frais
des décorations tunisiennes, les frais des régies financières, des crédits pour la frappe des monnaies, les
sommes nécessaires au service des pensions civiles et
militaires constituées en 1884, et la subvention que
le Gouvernement fournit à la Société de Prévoyance,
récemment créée, des fonctionnaires et employés tunisiens. — Le Chapitre 1er comprend encore le service
des Contrôles Civils qui a figuré antérieurement d'a-
bord à l'Administration Générale et puis à un chapitre spécial des Contrôles Civils.

Le Chapitre II, administré par le Directeur de
l'Office des Postes et Télégraphes, est relatif aux
dépenses de ce service, il ne comporte aucune observation spéciale ; il y a lieu toutefois de remarquer
que le budget de 1888 prévoit, pour la première fois
sous ce chapitre, une contribution de 150.000 fr. du
Trésor tunisien aux lignes maritimes postales qui
mettent en relations la Tunisie avec la France.

Le Chapitre III, géré par le Secrétaire Général du
Gouvernement, comprend les traitements des deux
ministres indigènes, les dépenses nécessaires au fonctionnement de l'Administration Générale, celles de la
Gendarmerie indigène et du service pénitentiaire, les

indemnités des fonctionnaires et établissements religieux musulmans et les frais du Service de Santé. On y relève ensuite les dépenses, que le Gouvernement français a successivement mises à la charge du Gouvernement tunisien, des services français qui fonctionnent en Tunisie, notamment la Résidence Générale, l'hôpital français de Tunis, le Service des Antiquités et des Arts, la Magistrature et la Gendarmerie françaises. Le Gouvernement métropolitain fait l'avance de ces deux dernières natures de dépenses, mais à charge de remboursement par le Trésor tunisien. Le Chapitre III, comprend aussi un article pour les subventions à fournir à celles des communes de la Régence qui n'ont pas encore de ressources naturelles suffisantes pour équilibrer leur budget.

Le Chapitre IV, relatif à la Direction de l'Agriculture et du Commerce, a pour objet les encouragements à l'Agriculture et au Commerce, l'Administration du Domaine, celle des forêts d'oliviers du Nord de la Régence, et en général les frais des services propres à attirer et à favoriser l'immigration française en Tunisie. Il comprend encore les dépenses de l'entretien, de l'amélioration et de l'exploitation des Forêts domaniales qui ont longtemps dépendu de la Direction Générale des Travaux Publics.

Le Chapitre V, concernant l'Enseignement public, et VI, l'armée tunisienne, ne comportent pas d'explications spéciales.

Le Chapitre VII a pour objet l'ensemble des travaux publics de la Régence et se divise en quatre branches principales (Ponts et Chaussées, Mines, Navigation et Pêche, Service topographique). Mais, sous ce chapitre, ne figurent que les travaux ordinaires ; il arrivera même un moment où il ne comprendra plus que des dépenses d'entretien proprement dit. Les

travaux de premier établissement figurent surtout
dans le budget extraordinaire et, pour se rendre un
compte exact de la sphère d'activité de la Direction
Générale des travaux publics, il faut ajouter aux dépenses du Chapitre VII toutes celles du budget extraordinaire qui se rapportent à des travaux. Le total de
ces deux services réunis n'est pas loin d'atteindre à ce
jour, depuis l'organisation du Protectorat, un total de
cent millions.

Dépenses extraordinaires

Les dépenses extraordinaires ne peuvent être enga-
gées sans l'autorisation du Gouvernement français ;
elles ont eu, ou ont pour objet la construction d'un
réseau extraordinaire de routes (2 millions 1/2) celle
des Ports de Bizerte, Tunis, Sousse et Sfax, (35 millions 1/2), celle des chemins de fer (20 millions), etc...
Au même budget extraordinaire sont inscrites les
dépenses de colonisation, d'hydraulique agricole, de
bâtiments civils, de lignes télégraphiques, etc... et
enfin la dotation de 600.000 fr., qui a été promise à
la Société de Prévoyance des fonctionnaires et employés
tunisiens.

Dépenses spéciales

Les dépenses spéciales, qui correspondent aux
ressources spéciales, ont pour objet le paiement des
certificats de coupons et les opérations de liquidation
des emprunts de 1884 et des conversions de 1880 et
de 1892.

IX. — Services composant la Direction Générale des Finances.

La Direction Générale des Finances assure, ainsi qu'on vient de le voir, la perception des recettes du Trésor tunisien, autres que celles des Postes et Télégraphes directement recouvrées par les Receveurs de l'Office, ainsi que le paiement de toutes les dépenses publiques sans exception du Gouvernement beylical. Elle a à sa tête le Directeur des Finances, assisté de son adjoint le Sous-Directeur, et se compose des services suivants :

1° Administration centrale ;
2° Recette Générale des Finances ;
3° Direction des Monopoles ;
4° Direction des Contributions Diverses ;
5° Direction des Douanes ;
6° Administration des Domaines ;
7° Caïds et Cheikhs ;
8° Inspection des finances ;
9° Conservation de la propriété foncière.

Administration centrale

L'administration centrale prépare et traite les affaires que lui confie le Directeur des Finances et veille, sous son autorité, à ce que tous les services subordonnés exécutent ses instructions et opèrent dans l'esprit d'unité, de concorde et d'ensemble, indispensable à la bonne gestion des finances. Elle comprend cinq divisions françaises chargées : la première, de l'organisation générale des Services des Finances, de la comptabilité publique du Trésor tunisien et de toutes les questions qui se rattachent à la Dette, à la Liste civile et aux Monnaies ; la deuxième division, du personnel des Régies financières, des affaires des Monopoles et des Douanes, des questions de Timbre et d'Enregistrement ; la 3ᵉ division, des Contributions diverses, (mahsoulats, patentes, taxes locatives etc..), de l'assiette et de l'établissement des rôles des impôts directs, et de la gestion du domaine affecté aux services publics ; la quatrième, de tout le contentieux des régies financières tunisiennes et de la rédaction définitive des décrets et arrêtés intéressant les finances ; la cinquième, de la suite du recouvrement et de la comptabilité des impôts indigènes. Une division arabe coopère, suivant les cas, avec chacune des cinq divisions françaises.

Recette générale des Finances

La Recette générale des Finances est, de tous les services placés sous l'autorité du Directeur des Finances, le plus important. Le Receveur général est, en effet, chargé de la centralisation de toutes les recettes effectuées par tous les comptables de deniers publics de l'Etat tunisien, y compris les Postes et Télégraphes et de toutes les dépenses publiques, principalement de la Dette, soit qu'il les opère personnellement à Tunis, soit qu'il les fasse effectuer pour son compte sur tous les points du territoire tunisien ou même en France ; il doit veiller, à cet effet, à ce que toutes les caisses publiques beylicales aient des fonds suffisants pour faire face à ces paiements ; il leur envoie des fonds si elles en manquent et leur retire le numéraire qu'elles ont en excès. Il est préposé à la surveillance des recouvrements et de la comptabilité des caïds dont toutes les écritures se reflètent obligatoirement dans les siennes ; il administre seul les recettes et les dépenses du budget extrordinaire et du budget sur ressources spéciales. Il est le gardien des valeurs en numéraires ou en titres du Gouvernement tunisien ; enfin, il est chargé des dépôts et consignations auxquels donnent lieu les procédures devant les juridictions indigènes; il administre les cautionnements ainsi que les fonds déposés en compte courant à la Recette générale par les services tunisiens; il centralise les opérations du Trésor français, depuis la suppression des payeurs de la Trésorerie aux Armées, et il vient d'être chargé de la gestion des ressources de la Société de Prévoyance des fonctionnaires et employés tunisiens.

Direction des Monopoles

La Direction des Monopoles a été créée seulement à partir du 1er janvier 1891. Jusque là les monopoles des tabacs, des poudres et du sel, dont elle a l'administration, étaient gérés par la Direction des Contributions diverses. Cette Direction est également chargée de l'usine à foulon pour les chéchias installée à Tébourba.

Direction des Contributions diverses

La Direction des Contributions diverses et la Direction des Douanes ont été créées le 13 octobre 1884, à la suppression de l'Administration des Revenus concédés.

La Direction des Contributions diverses a dans ses

attributions la perception des droits de patentes, des droits de timbre et d'enregistrement, des droits de mutations immobilières, et des droits de Mahsoulats.

Direction des Douanes

La Direction des Douanes est chargée de la perception des droits de douane, des droits maritimes et des produits des pêcheries.

Administrateurs des Domaines

Les administrateurs des Domaines sont chargés de l'administration du Domaine privé ; la Direction générale des Travaux publics demeurant exclusivement chargée du Domaine public. Un administrateur européen est installé à Tunis. Dans les autres localités, les fonctions d'administrateur du Domaine sont remplies par les caïds ou gouverneurs des territoires. La gestion du Domaine a été peu à peu transférée par la Direction générale des Finances à la Direction de l'Agriculture. Tout d'abord le transfert n'a eu pour objet que le domaine rural ou de colonisation ; mais, depuis le 1er janvier dernier, le domaine urbain a été également placé dans les attributions de l'Agriculture, à la suite du décret du 1er décembre 1897 qui a institué le fonds extraordinaire de colonisation et de remploi domanial. Aujourd'hui, la Direction générale des Finances ne ne demeure plus chargée que de la gestion du domaine affecté à des services publics, mais elle a conservé le recouvrement de tous les produits domaniaux, qu'il s'agisse de biens gérés par elle, de biens gérés par la Direction de l'Agriculture, ou du Domaine public géré par la Direction générale des Travaux publics.

Caïds et Cheicks

Les caïds ont été de tout temps, en même temps que des fonctionnaires de l'ordre administratif et de l'ordre judiciaire, des agents des Finances; il est même à remarquer que la rétribution qu'ils touchent à ce dernier titre les rémunère en même temps de leurs fonctions administratives et judiciaires.

Comme agents des finances, ils sont non seulement chargés des travaux de recensement préparatoires à l'établissement des rôles, mais aussi de la perception des impôts directs. Ce sont de véritables comptables, justiciables de la Cour des Comptes, qui rendent compte périodiquement de leurs opérations. Mais, ce qui caractérise leur rôle, c'est qu'ils n'opèrent que pour le compte de la Recette générale des Finances où toutes leurs écritures sont centralisées en constatation et en recette.

Les caïds recouvrent les impôts directs avec la collaboration de leurs cheicks, au vu des quittances à souches préparées à la Direction générale des Finances et dont ils sont comptables. Ces quittances varient de couleur suivant l'exercice. Pour les produits domaniaux et divers, ils extraient leurs quittances de registres à souche spéciaux, dont ils détachent à chaque recette, outre la quittance remise à la partie versante, un volant qu'ils transmettent mensuellement à la Direction générale des Finances.

Inspecteurs des finances

Les Caïds, placés entre la Direction Générale des Finances d'une part et la Recette Générale d'autre part, sont en outre soumis à des vérifications à l'improviste ou approfondies d'Inspecteurs spéciaux détachés à cet effet de la Direction Générale, et qui vont sur place vérifier la marche des recouvrements et la tenue des écritures, et s'assurer qu'il n'a pas été fait de recettes dont le versement n'aurait pas été opéré au Trésor.

Les inspecteurs sont un des rouages les plus importants de l'organisation des Finances, et leur mission a singulièrement contribué à régulariser les opérations des collecteurs indigènes.

Conservation de la propriété foncière

La conservation de la propriété foncière est chargée de l'exécution de la loi du 1er juillet 1885 sur la propriété foncière de Tunisie. Le Conservateur est à ce titre un officier public. Mais il est aussi comptable du Trésor et relève de la Direction générale des finances, à raison de ce qu'il perçoit pour l'Etat les frais de l'immatriculation, et veille à ce que les actes produits à la Conservation aient acquitté les droits dûs au Trésor.

Personnel des services de la Direction générale des Finances

Le personnel de l'Administration Centrale est recruté parmi l'élite des services subordonnés.

Les services subordonnés à la Direction Générale ont à leur tête des Directeurs ou chefs de services, détachés des cadres de l'Administration Métropolitaine

et assistés de commis de direction ou de rédacteurs ;
le personnel sous leurs ordres comprend des agents
d'inspection et de contrôle, des agents de perception
et des agents actifs ou d'exécution.

Les agents de contrôle ont pour mission d'aller
vérifier sur place, au nom du Directeur qu'ils représentent, la régularité des opérations. Les agents de
perception sont tous justiciables de la Cour des Comptes tunisienne ; leurs opérations sont centralisées dans
chaque service par un Receveur principal. Les agents
d'exécution ou du service actif assurent, soit les formalités matérielles antérieures ou postérieures à la perception, soit la surveillance de la matière imposable
et la répression de la contrebande.

Association des agents de tous les services à l'œuvre commune de la Direction générale

Si la Direction Générale des Finances avait dû
suivre, pour l'exécution du service, la division de ses
attributions et confier chacune de ses différentes attributions à un agent spécial, comme cela se fait en
France, elle aurait dû s'entourer d'un nombre considérable d'agents pour chaque localité de la Régence.
Afin d'éviter ce danger, elle a posé pour règle que
tous les agents des finances en Tunisie, à quelque
direction (Monopoles, Contributions Diverses, Douanes, etc..) qu'ils se rattachent, doivent leur concours
entier à l'œuvre commune de la Direction Générale et
qu'ils peuvent être, en conséquence, chargés d'attributions même étrangères à leur service, suivant les nécessités de l'organisation.

Par une première application de cette règle, tous
les comptables en deniers, y compris les Caïds, ont

été chargés de concourir au paiement des dépenses publiques pour le compte du Receveur Général des finances. La Régence dispose ainsi sans frais d'un nombre considérable de payeurs disséminés jusque sur les points les plus reculés du territoire. Les Receveurs, appelés à faire des paiements particulièrement importants, ont été munis de caisses de réserve où ils peuvent conserver des fonds en quantité suffisante pour les besoins de leur circonscription.

De même, les Receveurs des Douanes et les Entreposeurs des Monopoles ont été investis, là où il était nécessaire, des attributions de Receveurs des Contributions Diverses. Inversement les Receveurs des Contributions Diverses et des Douanes ont pu être chargés d'Entrepôts des Monopoles.

Il est résulté de cette organisation, toute spéciale à la Tunisie, une souplesse et une flexibilité remarquables. Les opérations les plus variées peuvent être demandées aux agents des finances. Notamment, ils ont pu être associés dans ces derniers temps aux transmissions de fonds nécessaires au commerce local. Au moyen de mandats de trésorerie, la Direction des finances met à la disposition des banques et des négociants les fonds qui leur sont nécessaires dans l'intérieur de la Régence, et, inversement, elle leur fait tenir à Tunis les fonds versés par leurs correspondants dans les caisses publiques extérieures. Ce concours de l'Administration des finances a même été étendu, dans certaines circonstances, aux remises de fonds à faire en France et aux opérations inverses de recouvrements d'effets sur France.

CONCLUSIONS

Résultats de la gestion de la Direction générale des Finances

Les résultats de la gestion de la Direction générale des Finances depuis 1884 sont connus de tous. Sauf en 1306 et en 1307 (1887-1888 et 1888-1889), tous les budgets ont été clôturés par d'importants excédents de recettes provenus non seulement des plus-values sur les évaluations de recouvrements, mais aussi d'économies réalisées sur les prévisions des dépenses.

Ces excédents accumulés, s'ajoutant à ceux légués par l'ancienne administration et aux bonis des conversions de la Dette de 1884, 1889 et 1892, ont permis, après avoir comblé les déficits de 1306 et de 1307, d'entreprendre les grands travaux extraordinaires qui ont changé l'aspect de la Tunisie (ports de Tunis et Bizerte, routes, chemins de fer, bâtiments civils, etc...) de payer les frais de la participation de la Tunisie à l'Exposition universelle de 1889, de réaliser en 1892 la réforme monétaire qui a eu pour objet la substitution du franc à la piastre comme unité des monnaies tunisiennes, d'organiser en 1891 le service des Monopoles, et de venir en aide aux cultivateurs par des prêts de semences dans les années difficiles.

Ces charges une fois payées ou assurées, le Trésor tunisien disposait encore, au 31 décembre 1897, d'un reliquat disponible de 4 millions sur la masse de ses excédents et, en outre, d'un fonds de réserve de 8 millions constitué pour parer à un déficit éventuel.

La confiance que les résultats de cette gestion n'ont jamais cessé d'inspirer au dehors ont permis de réduire le poids de la Dette publique tunisienne. On sait qu'en 1890 elle exigeait un intérêt annuel à 5 % de 6.250.000 francs, et elle était perpétuelle. Aujourd'hui elle n'exige, à peu de chose près, que la même somme annuelle (6.307.520 francs), mais comme la Dette n'est plus que de 3 %, l'économie obtenue sur les intérêts sert à amortir d'autant la Dette devenue temporaire et qui sera intégralement remboursée en 1989. Trois étapes ont été nécessaires pour arriver à ce résultat : il a fallu déduire successivement l'intérêt de 5 à 4 %, puis de 4 à 3 1/2 et à 3 %. Chaque fois l'État a profité de la situation pour se faire concéder, par les banques chargées des émissions, une part de leurs bénéfices. Ce sont ces bénéfices, au total de 16 millions, qui ont constitué l'un des principaux aliments du budget extraordinaire.

L'Administration du Protectorat a donc tenu les engagements pris envers le Gouvernement de la République et S. A. le Bey, en 1883, de ramener l'ordre dans les finances beylicales. Elle y est arrivée sans troubler le pays par des innovations bruyantes ou prématurées, simplement en perfectionnant peu à peu l'ancien état de choses et en lui faisant produire les bons effets dont il était susceptible. Elle a prouvé ainsi que ce n'était pas une entreprise chimérique de tirer partie des institutions beylicales pour les faire servir à la réorganisation du pays ; elle a, de la sorte, justifié une fois de plus la conception du Protectorat.

APERÇU SUR LE FONCTIONNEMENT DE LA CAISSE

DES RETRAITES TUNISIENNES

Pour répondre au désir qui m'en a été exprimé, je terminerai cette conférence par un aperçu sommaire de l'objet et du mode de fonctionnement de la Caisse des Retraites des Fonctionnaires et Employés Tunisiens, qui vient d'être créée sous le titre de « Société de Prévoyance ». La question se rattache du reste au sujet de ma conférence, attendu que les statuts de cette Société ont été élaborés par la Direction Générale des Finances et que la nouvelle Caisse de Retraites fonctionne sous le contrôle de cette Direction.

Le personnel des administrations tunisiennes se compose de deux catégories d'agents : les agents détachés de la Métropole qui conservent, dans leurs services d'origine, leurs droits à l'avancement et à une retraite à liquider sous le régime de la loi du 9 juin 1853, et les agents recrutés en Tunisie, sans liens aucuns avec les administrations métropolitaines et qui ne peuvent prétendre par suite à une pension de retraite sur l'Etat français.

Le Gouvernement tunisien n'assurant pas de retraite à ses fonctionnaires, les agents de la deuxième catégorie étaient sans perspective d'avenir et ne s'intéres-

saient pas à leurs fonctions. Sur la haute initiative de
M. le Résident général, la Direction des Finances a
étudié les moyens d'améliorer leur situation à ce point
de vue.

Il n'a pas paru possible d'introduire en Tunisie une
législation analogue à la loi de 1853. C'est un fait
connu que, cette loi n'assurant pas aux agents la propriété des retenues qu'ils subissent sur leurs traitements
en vue d'une retraite, les agents perdent ces retenues
s'ils quittent l'Administration ou s'ils meurent avant
d'avoir atteint l'âge de la retraite. D'autre part, la retraite française, calculée sur les traitements des dernières années de service de l'agent, ne tient pas compte
du chiffre réel des retenues qu'il a subies antérieurement, depuis l'origine de sa carrière ; en outre elle est
parfois limitée par des maxima au-dessus desquels
elle ne peut s'élever.

En tout cas, la loi de 1853 — qui n'établit pas une
corrélation mathématique entre les retenues et le chiffre
de la retraite, qui ne capitalise pas les retenues, mais les
fait tomber dans la masse des produits budgétaires —
est pour l'Etat français une source de lourdes dépenses,
le service des pensions civiles exigeant chaque année
un chiffre de crédits supérieur au produit des retenues.
Les ressources du budget tunisien sont si limitées
qu'il n'était pas possible d'introduire dans la Régence
un système de retraites aussi onéreux. Jamais le Gouvernement français n'aurait consenti à laisser la Tunisie assumer pour l'avenir des charges indéterminées,
analogues à celles qui résultent pour la France de la
loi de 1853.

La solution a paru devoir consister dans la création
d'une Caisse de Retraites conçues sur le modèle de la
Caisse nationale française pour la Vieillesse ou des
grandes compagnies d'assurances, qui servent à
leurs participants des rentes viagères proportionnelles

aux versements et calculés d'après des tarifs basés sur le revenu des valeurs appartenant à ces compagnies et sur les chances de mortalité des assurés.

Mais, aux taux où les valeurs de premier ordre et de tout repos se capitalisent aujourd'hui, les rentes viagères de la future Caisse des retraites tunisiennes n'auraient pu être que très faibles si les agents n'avaient dû compter que sur le produit de leurs retenues personnelles. Il a paru juste de demander à l'Etat de subventionner les comptes individuels des sociétaires, de telle sorte que la subvention bénéficiât à l'agent à concurrence des intérêts composés, augmentés des aléas de la mortalité, et à la masse des sociétaires à concurrence du capital.

Il fallait, d'autre part, assurer l'avenir des veuves et des orphelins des employés. Les compagnies d'assurances, qui garantissent une rente inversible en tout ou en partie sur la tête de la veuve, diminuent d'autant la rente du mari. Si l'on avait procédé de même en Tunisie, on aurait annihilé en partie les bons effets de la subvention de l'Etat et ramené à un chiffre restreint la somme des rentes viagères que l'on a pour but d'assurer au fonctionnaire personnellement. On a donc décidé que la pension viagère de la veuve et les secours aux orphelins seraient assurés par la Caisse des retraites elle-même, sans qu'il en coûte rien au père de famille. A cet effet, la caisse des retraites a été pourvue d'un *fonds commun* alimenté d'abord d'une dotation de l'Etat fixée à 600.000 fr. et ensuite par les capitaux des subventions qui sont attribuées au fonds commun dès que l'agent quitte l'administration ou meurt, et par les retenues des agents qui abandonnent avant dix ans leur situation administrative. Les revenus de ce fonds commun sont, après prélèvement des frais de gestion de la Caisse des retraites, affectés au service des pensions des veuves et aux secours des orphelins.

Telle est l'économie générale du projet auquel s'est arrêté la Direction générale des Finances. On en saisira tout l'intérêt quand j'aurai dit que les retenues et subventions sont inversement proportionnelles aux traitements, c'est-à-dire que le taux des retenues augmente et que celui des subventions décroît quand le traitement s'élève. Le total des rentes et des subventions est constant et s'élève à 13% pour 2.000 francs, et à 12% pour les traitements supérieurs. Les traitements de 2.000 francs et au-dessous absorbent 55% des subventions; les traitements de 2.000 à 4.000 fr., 45% et les traitements supérieurs ne prennent que les dix centièmes restants. La Caisses des retraite profite donc surtout aux petits employés.

Les retenues subies par l'agent sont attribuées à sa veuve ou à ses enfants, s'il vient à mourir avant d'avoir droit à la retraite, à quelque époque que son décès se produise. Bien plus, ces retenues lui sont restituées à lui-même soit à l'époque de sa mise à la retraite, soit au moment où il quitte l'Administration, pourvu qu'il ait à ce moment dix ans au moins de services. Les sacrifices qu'il s'impose pendant sa carrière ne sont donc pas perdus pour lui.

Quant au capital des subventions, il n'est pas la propriété des agents ; il sert seulement à grossir leurs rentes au moment de leur retraite. Mais l'Etat ne le reprend jamais, et, ainsi que je l'ai dit tout à l'heure, lorsque l'agent meurt ou quitte l'Administration, ce capital profite au fonds commun de la Société, c'est-à-dire à la masse qui alimente les rentes des veuves et les secours des orphelins.

On a fait à la Société de Prévoyance, ainsi constituée, le reproche de ne donner aux sociétaires que des rentes bien inférieures à celles que produirait, à versement égal, la Caisse nationale française des retraites pour la vieillesse. Il est exact, en effet, que cette caisse capitalise les versements qui lui sont faits à un taux plus élevé que la Caisse tunisienne; cela se comprend, car elle a en portefeuille des rentes sur l'Etat français qu'elle a achetées à des cours très avantageux et dont le revenu ressort par conséquent à plus de 3%. La caisse tunisienne, au contraire, ne pourra acheter que des rentes au-dessus du pair, rapportant, par conséquent, moins de 3%. Mais il ne faut pas en conclure que la Caisse tunisienne soit pour cela désavantageuse. Les agents tunisiens ont droit, en effet, dans cette Caisse, à deux rentes : celle afférente à leurs retenues et celle afférente aux subventions de l'Etat ; cette dernière ne leur coûte rien. Or, le total de ces deux rentes est de beaucoup supérieur à la rente unique que l'agent obtiendrait en portant ses retenues à la Caisse française.

Mais, dira-t-on, pourquoi ne pas verser les retenues des agents et les subventions de l'Etat à la Caisse française des retraites ? Il y a à cela deux raisons : d'une part, le fonctionnement de cette caisse est soumis à des règles qui ne se prêtent pas aux combinaisons des statuts de la Société de Prévoyance tunisienne ; d'autre part, les rentes servies par la Caisse française à un même déposant ne peuvent dépasser un certain chiffre au-dessous duquel s'élèvera certainement, dans un grand nombre de cas, le montant des pensions de retraites tunisiennes. C'est d'ailleurs la Caisse des retraites française qui a examiné les statuts tunisiens ; elle a rendu hommage à l'ingéniosité de leurs combinaisons, et il est à présumer que si elle avait pensé pouvoir assurer elle-même ces combinaisons, elle aurait offert son concours à l'Etat tunisien.

Du reste, la Caisse tunisienne a l'avantage précieux d'être autonome et indépendante de l'Etat, comme toute

autre institution. Ses statuts établissent entre ses
membres une véritable Société mutuelle, qui ne peut
que prospérer rapidement si les sociétaires qui l'administrent savent faire un prudent usage de l'autonomie
que l'Etat leur a concédée.

CONFÉRENCES DE M. BERGE

CONFÉRENCES DE M. BERGE

PREMIÈRE CONFÉRENCE

———

DE L'ORGANISATION JUDICIAIRE DE LA TUNISIE

———

PREMIÈRE PARTIE

De la Justice Française

J'ai reçu mission de vous parler de l'organisation judiciaire de la Tunisie.

Cette organisation est double. Il y a en Tunisie une justice française et une justice indigène qui opèrent, non pas isolément et en s'ignorant l'une l'autre, mais au moyen d'organes et par des procédés différents ; la matière à traiter se divise donc en deux parties :

1° Justice française ;

2° Justice indigène.

Je parlerai aujourd'hui de la première ; la seconde fera l'objet d'une autre conférence.

Vous avez déjà entendu, Messieurs, un exposé

complet du système du Protectorat, aussi net et précis dans le fond qu'il était intéressant et élégant
dans la forme. Vous avez vu deux nations placées à
des degrés inégaux dans l'échelle de la civilisation,
différentes par les mœurs, les religions, l'état social,
s'unir étroitement dans une action commune, pour
administrer ce pays et le régénérer. Or il semble, au
premier abord, que l'on n'envisage plus ce même
phénomène politique lorsqu'on parle de la justice
française ; elle paraît être un fragment de l'administration française transporté en Tunisie, un organe de
la souveraineté française et non un rouage du Protectorat. Eh bien, Messieurs, ce n'est là qu'une apparence ; si, par ses origines, par sa constitution, par
certains détails de son fonctionnement, la justice française se rattache d'une façon très intime au Gouvernement métropolitain, elle n'en est pas moins une
partie intégrante de ce régime politique particulier
que le traité du Bardo et les actes qui l'ont suivi ont
créé en Tunisie.

Il est évident tout d'abord qu'en bonne logique il
n'en saurait être autrement ; je sais bien qu'en matière
politique la logique n'est pas toujours la grande maîtresse ; les institutions d'un peuple se développent
en raison du jeu combiné de forces et d'événements
qui varient à l'infini dans leur puissance et dans leur
nature : elles ne sont pas le produit quintessencié de
la pure raison. Mais l'organisation par la France de
son protectorat en Tunisie a été une œuvre relativement courte et simple ; dans une large mesure, les
hommes y sont restés maîtres des événements ; il faut
donc admettre qu'on n'a pas voulu faire, qu'on n'a
pas laissé se créer deux juridictions étrangères l'une
à l'autre, sans points de contact, dans un pays où
toute l'administration était pliée sous l'empire d'une
direction commune.

Et, en effet, on l'y a rattachée étroitement ; le 22 juin 1885, le Président de la République Française édictait un décret dans lequel on lit :

« Le Résident Général est le dépositaire des pouvoirs de la République dans la Régence. Il a sous ses ordres les commandants des troupes de terre et de mer et tous les services administratifs concernant les européens et les indigènes. Il a seul le droit de correspondre avec le Gouvernement français. »

Exception y est faite pour les affaires d'un caractère purement technique et d'ordre intérieur pour chaque administration française, qui sont traitées directement avec les Ministres compétents par les chefs des différents services institués en Tunisie. Ainsi s'est réalisée l'unification du régime du Protectorat, sa centralisation entre les mains du Résident Général qui en est devenu, en quelque sorte, la personnification, en même temps que le directeur suprême. On n'a rien laissé en dehors.

C'est donc par une erreur certaine qu'on a avancé parfois que la justice française forme une organisation à part, qu'elle est indépendante du Régime du Protectorat et n'a pas à subir son action ; elle vient, au contraire, apporter son précieux concours à l'œuvre entreprise par l'union intime des deux gouvernements.

Messieurs, une étude comme celle que nous entreprenons ensemble, si on veut la faire dans le temps si court qui nous est imparti, doit procéder par grandes lignes, par idées générales qu'il faut classer dans des divisions très nettement accusées. Je me proposerai donc de grouper les explications qui vont suivre en trois parties :

1o Description des organes de juridiction ;

2o Détermination de leur champ d'action ;

3o Examen des lois qu'ils peuvent appliquer.

PREMIÈRE PARTIE

Le pouvoir judiciaire, dans quelque pays qu'il s'exerce, a deux missions à remplir : la première, de trancher les différends qui se produisent entre particuliers ; la seconde, de réprimer les atteintes portées à l'ordre et à la sécurité publique. Or, ces missions n'étant pas identiques, les organes qui en sont chargés diffèrent également ; nous distinguons donc les organes de la justice civile, affectés à la première fonction, et les organes de la justice criminelle, affectés à la seconde. De plus, tout, dans l'ordre judiciaire, n'est pas organe de juridiction : il y a des rouages accessoires et complémentaires sans lesquels l'action des premiers ne saurait se faire sentir. Nous avons donc à subdiviser notre première partie en trois sections.

SECTION 1. — Comme organes de juridiction civile, car c'est d'eux que je vais vous entretenir tout d'abord, nous énumérerons : les Justices de paix, les Tribunaux de première instance, la Cour d'appel, la Cour de cassation.

Les Justices de paix sont composées d'un juge, d'un ou plusieurs suppléants rétribués et de carrière, ou non rétribués ou bénévoles, d'un greffier, de commis-greffiers en nombre variable, d'interprètes et d'un officier de police judiciaire.

Elles sont régulières, provisoires ou foraines.

Les justices de paix régulières sont confiées à des magistrats dépendant, comme ceux d'Algérie, du cadre métropolitain, soumis aux mêmes règlements pour le recrutement, l'avancement, la hiérarchie, la retraite, que leurs collègues d'Algérie. Il y en a six de première classe : deux à Tunis, une à Bizerte, une à Sousse, une au Kef, une à Sfax; il y en a cinq de seconde classe, situées à Souk-el-Arba, Grombalia, Béja, Kairouan et Gabès.

Les Justices de paix provisoires sont confiées aux Contrôleurs civils et régies par un décret du 29 octobre 1887. Elles sont confiées au Contrôleur civil ou à son défaut au Contrôleur civil adjoint; les fonctions d'officier de police judiciaire sont remplies dans une certaine mesure par le commandant de la brigade ou le chef de poste de la gendarmerie; celles de greffier et d'huissier par le secrétaire de contrôle civil. Les conditions d'âge et de capacité exigées des magistrats qui composent les justices de paix régulières ne le sont pas pareillement des fonctionnaires qui viennent d'être désignés; on n'a pas non plus, ainsi que l'a décidé un arrêt de la Cour de cassation en date du 25 juillet 1889, à leur faire prêter le serment professionnel. La loi avait prévu que des Justices de paix pourraient être confiées à des officiers de l'armée française et, en fait, ils en ont géré quelques-unes; mais cet état de choses a pris fin et on ne trouve plus aujourd'hui que six Justices de paix provisoires, toutes confiées à des Contrôleurs civils; elles siègent à Aïn-Draham, Maktar, Thala, Djerba, Gafsa et Tozeur.

Quant aux justices de paix foraines, elles ont été instituées à la Goulette, Zaghouan, Medjez-el-Bab, Monastir, Mehdia et Nabeul. Elles ne sont pas munies de personnel résidant au siège; c'est le personnel d'une justice de paix régulière qui s'y transporte une ou deux fois par mois. La justice de paix du canton Nord de Tunis tient les audiences de la Goulette; celle du canton Sud va à Zaghouan; celle de Souk-el-Arba va à Medjez-el-Bab; Monastir et Mehdia reçoivent la visite du personnel de la justice de paix de Sousse et c'est celui du siège de Grombalia qui procède à Nabeul.

Les trois catégories réunies forment un total de 23

justices de paix, dont 13 sont placées dans la circonscription judiciaire du Tribunal de première instance de Tunis et 10 dans la circonscription du Tribunal de Sousse.

La Régence est, en effet, divisée en deux arrondissements judiciaires, au chef-lieu desquels se trouve un Tribunal de première instance.

Celui de Tunis se compose actuellement de douze magistrats divisés en deux chambres et comprenant un président, un vice-président, quatre juges titulaires, trois juges suppléants, un procureur de la République et deux substituts ; cette juridiction possède aussi un greffier et cinq commis-greffiers dont deux titulaires et trois auxiliaires. On va, dans peu de temps, y adjoindre une troisième chambre qui entraînera une augmentation de personnel[1].

Le Tribunal de Sousse n'a qu'une chambre ; il comprend un président, deux juges, un juge suppléant, un procureur de la République et un substitut, un greffier et deux commis-greffiers, dont un titulaire.

Enfin, près de chaque Tribunal, les décrets d'organisation ont institué un interprète titulaire pour la langue arabe ; d'autres interprètes ont été assermentés pour les traductions orales ou écrites concernant les autres langues parlées en Tunisie.

Au-dessus de ces juridictions qui siègent dans la Régence, il y en a d'autres, dites supérieures, qui sont placées au dehors ; ce sont : la Cour d'appel, siégeant à Alger et la Cour de cassation à Paris. Je n'en parle

[1] Depuis la date à laquelle cette conférence a été faite, une troisième chambre a été créée au Tribunal de Tunis ; il comprend maintenant un président, deux vice-présidents, six juges titulaires, cinq juges suppléants, un procureur de la République et trois substituts ; il possède en outre un greffier, trois commis-greffiers titulaires et trois commis-greffiers auxiliaires.

ici que pour mémoire et pour les besoins d'un ordre méthodique ; j'indiquerai plus tard quel est leur rôle.

SECTION 2. — Passons maintenant aux organes de la justice répressive.

Au bas de l'échelle, nous retrouvons les justices de paix qui prennent le nom de simple police, sauf celle du canton Sud de Tunis, qui n'est pas chargée de justice répressive, sauf dans ses audiences de Zaghouan.

Au-dessus, il y a les tribunaux de première instance, qui prennent le nom de tribunaux correctionnels.

Au-dessus encore, il y a deux tribunaux criminels, institution qui est spéciale à la Tunisie et dont la constitution originale mérite d'occuper quelques instants notre attention.

Le tribunal criminel siège au chef-lieu de chaque arrondissement judiciaire ; il se compose de trois magistrats pris dans le tribunal de première instance et de six assesseurs choisis dans des conditions déterminées par un décret du Président de la République en date du 18 décembre 1893.

Dans le courant du mois de décembre de chaque année, une commission spéciale compose, pour chaque arrondissement judiciaire, une liste dans laquelle doivent être pris les assesseurs dont on aura besoin pour l'année suivante. Cette liste comprend 230 noms pour le Tribunal de Tunis et 205 pour celui de Sousse ; elle est divisée en trois catégories ; la première concerne les Français ; elle est de 100 noms pour Tunis et de 75 pour Sousse ; la seconde comprend des Européens non Français et la troisième des Tunisiens ; elles sont respectivement et uniformément pour les deux tribunaux de 75 noms. Les personnes portées sur cette liste doivent être âgées d'au moins 30 ans et être d'une honnêteté reconnue. Un mois au moins avant l'ouverture de chaque session, (il y en a quatre par an dans

chaque tribunal) le Président tire au sort sur les listes
générales, et à raison de 18 (Tunis) ou 16 (Sousse)
noms pour la première catégorie, et, pour les autres,
de 14 noms, les assesseurs qui seront appelés pour
ladite session à compléter le tribunal. Au début de
chaque session, le Tribunal de première instance statue sur les cas d'excuses, raye les assesseurs décédés
ou frappés d'incapacité légale, et, sur la liste ainsi
arrêtée pour chaque affaire, on tire au sort les six
assesseurs qui doivent, par leur adjonction aux trois
magistrats de carrière, former le Tribunal criminel.
L'accusé premièrement, ou son conseil, et le ministère
public ensuite peuvent exercer chacun deux récusa-
tions, quelle que soit la catégorie à laquelle appartiennent les assesseurs. Si l'accusé ou l'un des accusés
est français, tous les assesseurs sont pris dans la première catégorie; si les accusés sont tous européens
étrangers, le tribunal est complété par l'adjonction de
trois assesseurs français et de trois assesseurs étrangers : ceux de ces derniers qui sont de la même nationalité que le ou les accusés étant d'abord appelés à
siéger. Dans le cas où leur nombre est insuffisant,
l'accusé peut désigner la nationalité à laquelle appar-
tiendront ceux qui manquent ; si les accusés sont tous
indigènes, le Président du tribunal appelle à siéger
deux assesseurs étrangers et un assesseur indigène.

Cette organisation a fonctionné jusqu'ici d'une manière absolument satisfaisante ; elle a permis de
résoudre ce problème difficile d'appeler à collaborer
à l'œuvre de justice criminelle, sans affaiblir la répression, ni ébranler la solidité de l'organisation judiciaire,
toutes les parties de la population cosmopolite qui
habite la Tunisie.

Au dessus de ces tribunaux qui sont tous constitués
sur le sol tunisien, nous retrouvons en matière répressive, comme en matière civile, la Cour d'appel d'Alger

et la Cour de cassation de France. Tout cet ensemble des tribunaux français de la Tunisie est, en effet, rattaché au point de vue judiciaire à la Cour d'Alger et à l'organisation générale de la France ; mais cela n'existe qu'au point de vue judiciaire, c'est-à-dire pour le règlement des affaires contentieuses.

Au point de vue administratif, c'est-à-dire pour la gestion de l'organisation que je viens de décrire, les chefs de chacun des deux tribunaux sont placés, d'une part, pour les affaires d'ordre général, sous l'autorité du Résident Général, en vertu du décret du 22 juin 1885 que j'ai déjà cité ; d'autre part, pour les affaires d'ordre purement technique, sous l'autorité directe du Garde des sceaux, Ministre de la Justice française, qui exerce personnellement les fonctions déléguées par la loi pour les autres ressorts, aux Premiers présidents des Cours d'appel et aux Procureurs généraux de la République.

SECTION 3. — Mais voyons maintenant ce que je vous ai annoncé sous le nom d'organes complémentaires de la juridiction. Ce sont les défenseurs, les avocats, les commissaires-priseurs, curateurs aux successions vacantes, syndics de faillite, les huissiers, la caisse des dépôts et consignations, le bureau d'assistance judiciaire.

D'abord les défenseurs : pour faire comprendre ce que c'est qu'un défenseur, il faut que je dise quelques mots de ce qu'on appelle la postulation.

D'après la procédure française qui règle la marche des tribunaux de première instance, en matière civile, et sauf des exceptions qu'il n'est pas possible d'expliquer ici, les plaideurs ne peuvent pas se présenter eux-mêmes aux juges ; ils doivent se faire représenter par des officiers ministériels qui s'appellent avoués en

France et qui en Tunisie sont les défenseurs. Ils présentent des garanties exceptionnelles de savoir et de moralité et peuvent, en mettant leur expérience au service des plaideurs, leur éviter les nombreuses erreurs et nullités auxquelles la complication des lois qui réglent l'exercice des actions en justice exposent fatalement tous ceux qui ne sont pas du métier. C'est cette fonction qui constitue un privilège, qu'on appelle la *postulation*.

Elle est exercée à Tunis par sept, à Sousse par trois défenseurs, nommés et révocables par décret du Président de la République, non possesseurs de leurs charges et soumis aux mêmes règlements que ceux qui régissent leur profession en Algérie, c'est-à-dire à l'arrêté ministériel du 26 novembre 1841.

Les défenseurs ont le droit de plaider, comme les avocats.

Mais quelle différence y a-t-il donc entre la plaidoirie et la postulation ?— Une différence capitale, qui est que l'avocat ne représente pas la partie ; qu'il n'est que son porte-parole, habile, disert et fort utile, à coup sûr, mais sans droit pour faire et signer, au nom d'un plaideur, un de ces actes dont l'ensemble constitue une instance judiciaire, qui lient un débat, le circonscrivent et le mettent en état de faire l'objet d'une sentence.

Cependant, en Tunisie et comme en Algérie, la jurisprudence et la pratique ont beaucoup rapproché la situation de l'avocat de celle du défenseur ; on a admis, en effet, une fiction qu'on appelle la *présomption de mandat*. Elle consiste à reconnaître que tout avocat qui se présente en justice, porteur de l'original ou de la copie de la citation et des pièces du demandeur ou du défendeur, est présumé avoir reçu de lui le droit de se présenter au lieu et place de son client. L'avocat devient ainsi, dans une certaine mesure, un auxiliaire officiel de la justice très comparable à un défenseur. Son aveu lie le plaideur à moins que celui-ci ne le désavoue avant la clôture des débats ou que les circonstances de la cause ne permettent pas de supposer que celui pour lequel on avoue a autorisé à le faire. (Jugement du Juge de paix du canton nord de Tu en date du 4 novembre 1896). Cependant l'avocat ne peut pas recevoir les significations adressées à son client et il ne peut dispenser celui-ci de recourir au ministère du défenseur dans tous les cas où il est exigé par la loi.

En Tunisie, le barreau présente une caractéristique particulière ; il est international, c'est-à-dire que pour faire partie d'un barreau tunisien, il n'est pas nécesaire d'être citoyen français et licencié en droit d'une Faculté française ; il suffit d'avoir le droit d'être avocat dans son pays d'origine. Vous comprenez, Messieurs, que cette situation a dû modifier profondément l'organisation du barreau en Tunisie et le différencier de ce qu'il est dans la Métropole. En effet les avocats, tout en étant soumis comme ceux de France à l'ordonnance du 20 novembre 1822, ont été privés du droit d'exercer eux-mêmes leur discipline par le décret du Président de la République en date du 1er octobre 1887 et ont été placés sous celle du Tribunal de première instance près duquel ils plaident.

De plus, en France, les avocats sont appelés, suivant l'ordre du tableau, à compléter le tribunal en cas d'empêchement ou d'absence des magistrats qui le composent. Il en est bien de même en Tunisie ; mais, dans l'ordre du tableau, on ne peut prendre que les avocats français, car il faut être citoyen français, sauf l'exception que j'ai indiquée pour les assesseurs au criminel, pour remplir en Tunisie des fonctions de juridiction française.

Près des tribunaux, mais associés d'une façon moins intime ou plutôt moins constante et moins générale, à leur œuvre, sont les commissaires-priseurs, les curateurs aux successions vacantes, les syndics de faillite.

Les commissaires-priseurs sont chargés de vendre les objets mobiliers qui ont été mis sous la main de la justice. Il y en a deux à Tunis (décret du 20 février 1889). un à Sousse et un à Sfax (décret du 31 janvier 1890). Ils sont soumis aux règlements d'Algérie.

Les curateurs aux successions vacantes sont aussi régis par l'ordonnance algérienne du 25 décembre 1842. Leurs fonctions sont extrêmement utiles ; elles consistent à gérer les biens et à liquider les successions de ceux qui meurent en Tunisie sans laisser d'héritiers connus ou présents.

Les syndics de faillite sont chargés de la liquidation de la situation pécuniaire des commerçants dont la cessation de paiement a été régulièrement constatée et de la distribution de leur actif à leurs créanciers.

On n'a pas créé de charges de curateurs ou de syndics en Tunisie ; les Tribunaux désignent les personnes capables d'en remplir les fonctions.

Passons aux huissiers. Ce sont des officiers ministériels chargés de la signification des actes et de l'exécution forcée des décisions de justice. Rien ne les distingue de leurs confrères de la Métropole. Je n'insisterai donc pas sur ce qui les concerne.

La Caisse des dépôts et consignations est une caisse de l'État où l'on place les sommes litigieuses jusqu'à ce que leur attribution ait été réglée par la justice. Cette simple indication vous fait comprendre son importance. Jusqu'ici elle a été gérée, en Tunisie, par des payeurs de la Division d'occupation ; elle vient d'être remise à un agent du ministère français des finances. Elle est soumise en tout aux réglements de France.

Je terminerai cette aride énumération par quelques mots au sujet des bureaux d'assistance judiciaire. On appelle ainsi des commissions placées près des tribunaux de première instance et organisées par des décrets du Président de la République en date du 18 juin 1888. Elles sont présidées par le Procureur de la République ou son Substitut et composées d'un membre désigné par le Résident Général et d'un défenseur. Elles ont pour mission de statuer sur les demandes des personnes qui, ayant à intenter un procès ou à se défendre à une instance, sont en état d'indigence, c'est-à-dire ne possèdent pas les ressources nécessaires pour avancer les frais de justice. Leurs décisions sont notifiées par le Procureur de la République au Président du tribunal, qui désigne un défenseur et un huissier, lesquels devront fournir leur concours à l'assisté. L'assistance judiciaire a pour effet de dispenser celui qui en a le bénéfice du paiement des sommes dues aux greffiers, défenseurs et huissiers. Le trésor public doit faire l'avance, suivant le tarif, des frais de transport des juges et experts, des honoraires de ces derniers, des taxes à témoins. Si l'adversaire de l'assisté est condamné, le Trésor public recouvre sur lui toutes les sommes dues pour honoraires et frais et en fait la répartition aux ayants droit.

Il est à noter qu'en Tunisie l'assistance judiciaire est accordée aux étrangers dans les mêmes conditions qu'aux Français. Cette mesure si généreuse et si largement humanitaire est venue confirmer et étendre les bienfaits de l'institution. Elle corrige ce qu'il y a de fâcheux dans l'exagération des frais de justice.

Il y a longtemps qu'on s'est occupé à les diminuer, et une commission, dont j'ai eu l'honneur d'être le rapporteur, a terminé ses travaux au commencement de l'année 1892 ; malheureusement le règlement d'administration publique ainsi préparé et qui était promis par la loi du 27 mars 1883 n'a pas encore reçu la sanction législative.

DEUXIÈME PARTIE

Me voici arrivé, Messieurs, à la seconde partie de ma tâche et je dois vous dire maintenant quel est le champ d'action dans lequel se meut l'organisme que je viens de décrire. C'est là un sujet particulièrement difficile et délicat, car pour bien comprendre quelle est l'étendue d'une juridiction, il faut avoir des notions très exactes sur ce qu'on appelle, en droit, la *compétence*. Or, comment pourrait-on exposer suffisamment un pareil sujet en quelques minutes ? Je vais cependant l'essayer par le procédé suivant : j'esquisserai tout d'abord une théorie générale de la compétence ; ensuite j'appliquerai les principes ainsi dégagés à l'organisme judiciaire qui nous occupe.

Section I. — La compétence dont j'ai à vous parler n'est pas, Messieurs, comme on le faisait dire un jour un peu malicieusement à un excellent homme que les circonstances avaient improvisé magistrat, l'étendue de la capacité intellectuelle du juge ; c'est l'étendue du droit de juger qui lui a été attribué par la loi. Or cette étendue résulte de la combinaison d'éléments très complexes : la personne des plaideurs ; l'objet du procès ; la délégation de souveraineté accordée au juge. Nous allons les examiner successivement.

En ce qui concerne les personnes, la circonstance déterminative de la compétence, celle qui doit être

l'objet de notre attention, c'est la *nationalité*. Qu'est-
ce que la nationalité ?

C'est le fait d'être membre de cette collectivité
d'êtres humains qu'on appelle une nation, fait qui donne
naissance à certains droits et à certains devoirs. Cette
notion n'est pas identique dans notre Droit des gens
européens et dans le Droit musulman, et je voudrais
insister un peu sur cette remarque qui a échappé trop
souvent à la clairvoyance de nos hommes d'Etat aussi
bien qu'à celle de nos jurisconsultes. Dans notre
droit des gens, la nationalité est une qualité qui tient
à la personne d'une façon si complète qu'elle la suit
partout où elle va ; à l'étranger, elle ne perd pas les
droits que lui donne sa nationalité, elle n'est pas
déliée des devoirs qu'elle lui impose : c'est une tuni-
que de Nessus. En droit musulman, cette idée n'existe
pas ; on ne distingue pas entre le régnicole et l'étranger, mais seulement entre le fidèle et l'infidèle, entre
le musulman et le non musulman. Est sujet d'un Etat
musulman tout musulman qui s'y trouve, et cette idée
exerce sur le droit des pays islamiques une influence si
puissante que M. Padoux, le secrétaire général adjoint
du Gouvernement tunisien, vous a dit que dans chaque
circonscription administrative de la Tunisie, dans
chaque caïdat, on traitait d'une manière absolument
identique les tunisiens originaires d'un autre caïdat, et
les Turcs, les Marocains, les Tripolitains ou les Soudanais.

Il va sans dire, d'ailleurs, que le principe n'est pas
tellement absolu qu'on puisse l'appliquer aux Algériens.
Ceux là ont une situation intermédiaire ; ils sont bien
musulmans, mais ils sont aussi sujets français, c'est
à dire revêtus d'une qualité qui ressemble de bien
près à une nationalité à la manière européenne.

Je ne puis pas m'attarder à vous dire que la nationalité se perd ou se change par la naturalisation ;

qu'on peut jouir à la fois de plusieurs nationalités ou n'en avoir aucune ; il suffit pour la clarté de mon exposé que je vous prie de retenir que la nationalité a une très grande influence sur la compétence et que cette nationalité n'appartient pas seulement aux personnes physiques, qu'elle est également un attribut des personnes morales, telles qu'un Etat ou une Administration publique ou une Société privée.

Je passe ainsi au second élément, à l'objet du litige, c'est-à-dire à la compétence envisagée au point de vue de la matière. Là, il faut distinguer successivement : le statut personnel, les matières mobilières, les matières immobilières, les matières administratives, les matières pénales.

Le statut personnel est l'ensemble de certains droits qui appartiennent aux personnes et ne portent pas tout au moins sur des choses ; cet ensemble forme la caractéristique de la personne. Un individu est homme ou femme, majeur ou mineur, marié ou célibataire ; il est en possession de ses facultés intellectuelles et de sa pleine capacité civile, ou on lui retire cette dernière partiellement parce qu'il est insensé ou prodigue. De ces circonstances, naissent des droits qui touchent au mariage, au divorce, à la paternité, à la filiation, au droit de contracter, à la minorité, à la tutelle, à l'ordre des successions ; les affaires contentieuses qui en naissent sont, vous le sentez, fort graves ; on comprend que leur traitement en justice puisse ne pas être identique à celui des autres.

Parmi ces autres, sont les affaires qui concernent les biens ; on les distingue en meubles et en immeubles. Les meubles sont les objets qui peuvent être facilement déplacés ; ils sont ainsi, par leur nature, ou par une assimilation qui est déterminée par la loi ; ainsi les titres de créances sont considérés comme meubles. Les immeubles sont les objets matériels qui ne peuvent pas être déplacés : par exemple, les fonds de terre et les maisons ; on leur assimile les droits sur les immeubles, par exemple, les hypothèques.

Il y a encore des affaires mixtes, qui sont mobilières à un certain point de vue et immobilières à un certain autre ; on pourrait citer parmi elles les contestations relatives aux actions possessoires. Toutes ces classifications sont utiles pour la détermination de la compétence.

Les affaires administratives se distinguent des précédentes en ce qu'elles touchent les intérêts de l'Etat. Messieurs, l'Etat, cette personne morale dont je signalais l'existence il y a quelques instants, a des droits et des devoirs comme toutes les autres ; elle a aussi un patrimoine et des intérêts pécuniaires. Quand l'Etat se borne à faire des lois ou à créer des tribunaux qui exercent une partie du pouvoir souverain et assurent l'ordre public, il n'est responsable envers aucun membre de la collectivité ; mais quand il gère ses intérêts pécuniaires ou prend des mesures qui ont pour résultat de mettre en conflit l'intérêt public et des intérêts privés, il y a ouverture à un contentieux administratif. Vous comprenez sans peine qu'il a pu paraître nécessaire de traiter ce contentieux d'une manière différente de ceux qui ne mettent en jeu que des intérêts particuliers.

Mais cette préoccupation se manifestera avec beaucoup plus de force encore lorsqu'il s'agira des affaires pénales, car elles s'écartent complètement, dans leur essence, de celles que nous avons examiné jusqu'ici. Elles font apparaître des intérêts nouveaux, ceux de

l'ordre et de la sécurité publics. On vous l'a déjà dit,
Messieurs, dans une autre conférence : il y a deux
ordres de mesures à prendre pour assurer la sécurité
des particuliers contre les entreprises des malfaiteurs.
Les premières, qui sont d'ordre purement administratif et ont un but exclusivement préventif, ne rentrent
pas dans le cadre de cette étude ; les secondes ont un
but répressif et sont d'ordre judiciaire. Elles ont pour
objet la recherche des malfaiteurs, c'est l'œuvre de la
police judiciaire ; la découverte des preuves de leurs
actions, c'est l'œuvre de l'instruction judiciaire; enfin,
l'application des lois répressives, c'est l'œuvre des
tribunaux.

Mais poussons plus loin l'analyse ; nous distinguerons parmi les faits qui troublent l'ordre public l'infraction légère ou contravention, qui est une simple
violation de la loi et des règlements sans intention
délictueuse nettement déterminée ; l'infraction plus
grave ou délit et l'infraction extrêmement grave ou
crime. Il va de soi que la répression pénale ne s'exer-
cera pas de la même façon à l'égard des uns et à
l'égard des autres, ce qui entraînera des conséquences
pour la compétence des diverses juridictions.

C'est à peine si j'ai besoin de remarquer, au point
où je suis arrivé, qu'il se produira fatalement dans la
pratique des combinaisons entre tous les éléments
que je viens de séparer, dans l'étude de la matière
contentieuse et aussi entre ses éléments et les personnes elles-mêmes que cette matière intéresse; mais il
n'est pas impossible d'en prévoir et d'en préciser les
effets, et c'est ce que fait le législateur lorsqu'il crée
une organisation judiciaire complexe et attribue à
telle ou telle juridiction déterminée le droit de juger
telle ou telle catégorie de personnes et d'affaires. C'est
là le dernier point de vue théorique que nous avons

quelles sont les bases ordinaires

à envisager ; voyons quelles sont les bases ordinaires d'une organisation judiciaire.

Tantôt le droit de juger est attribué à un juge unique ; tantôt on le réserve à un collège de juges. Tantôt on reconnait au magistrat, ou au Tribunal, le pouvoir de trancher le litige d'une façon définitive ; tantôt on ne le lui concède qu'à charge d'une revision plus ou moins complète par une juridiction supérieure. La première de ces deux combinaisons ne mérite aucun développement, mais la seconde est digne de nous arrêter quelques instants pour noter quelques expressions techniques que nous utiliserons plus tard : on appelle décision en *dernier ressort* celle qui contient, d'après la loi d'organisation judiciaire, une appréciation souveraine et définitive des faits du procès ; on appelle d'autre part décision en *premier ressort* celle qui, d'après la même loi, n'est rendue que sous réserve de l'examen éventuel d'une juridiction supérieure.

Cette opération qui saisit la juridiction supérieure, porte le nom d'*appel* ; elle a pour résultat de rouvrir les débats provisoirement terminés par une sentence en premier ressort et de soumettre la contestation à à un second examen.

Ce n'est pas le seul mode de recours qui existe contre les jugements ; sans parler de la procédure de défaut qu'il est sans intérêt d'exposer ici, ni de la requête civile, ni de la prise à partie, qui ne représentent que des incidents tout à fait exceptionnels de la vie judiciaire, nous devons une mention spéciale à la procédure de cassation.

Dans le droit français, on n'admet pas qu'une affaire puisse et doive être examinée par plus de deux degrés de juridiction ; mais on accepte que toute décision, si peu importante qu'elle soit par son objet ou par ses conséquences, pourra toujours être soumise au contrôle d'un Tribunal suprême unique : la Cour de cassation, qui l'examine, non pas au point de vue de l'appréciation des faits qu'on considère comme acquise souverainement, mais au point de vue d'une violation possible ou d'une fausse interprétation de la loi. La Cour de cassation n'est donc pas un degré de juridiction, c'est un contrôle destiné à faire obstacle aux abus de pouvoir des juges et à maintenir la pureté du droit.

Section 2. — Telles sont les explications théoriques qui étaient, il me semble, indispensables pour l'intelligence du fonctionnement de l'organisation judiciaire ; si concises qu'elles soient, elles me permettront, en dégageant le terrain, de vous raconter la formation du droit de juger, c'est-à-dire de la compétence qui appartient à la juridiction française ; raconter, dis-je, car c'est sous la forme historique qu'il faut présenter le sujet, si l'on veut en donner un sentiment exact. Je le ferai en examinant successivement les trois phases de cette évolution, c'est-à-dire l'état antérieur, la formation de la juridiction française, les extensions successives qui l'ont amenée à l'état actuel.

§ 1. — Avant l'installation de la justice française en Tunisie, et au moment où la France a établi son Protectorat sur ce pays, il s'y trouvait autant de juridictions pour les Européens qu'il y avait de Consuls. Chaque Consul était, en effet, juge de ses nationaux.

Au point de vue répressif, l'européen délinquant était remis à son Consul et celui-ci n'avait aucun compte à rendre, si le coupable échappait à toute pénalité.

En matière personnelle et mobilière, chaque Consul connaissait des litiges dans lesquels ses nationaux étaient défendeurs et lui seul avait le droit d'exécuter la sentence, en cas de condamnation.

Dans les affaires immobilières, le Consul était compétent lorsque le litige s'agitait entre européens, et c'était toujours le Consul du défendeur qui devait être saisi; mais s'il y avait un Tunisien en cause, on allait au Tribunal tunisien du Chara. Celui-ci jugeait; toutefois, s'il condamnait un européen, c'était encore le Consul de celui-ci qui, seul, pouvait exécuter la sentence, et il ne le faisait que s'il le trouvait bon.

Cet état de choses était déplorable; quand un litige intéressait des défendeurs de plusieurs nationalités, il fallait obtenir autant de jugements qu'il y avait de Consuls compétents. En somme il y avait, à côté de la justice beylicale, une quinzaine de justices européennes indépendantes les unes des autres et lorsque la France voulut remettre un peu d'ordre dans le pays, elle se trouva, au point de vue judiciaire, en face d'une situation d'autant plus difficile que, comme le traité de 1881 avait formellement garanti le maintien de toutes les Conventions passées entre la Tunisie et les puissances, il fallait commencer par négocier avec ces dernières pour obtenir un résultat. Cependant on y parvint.

La France commença par substituer à sa propre juridiction consulaire, par une loi du 27 mars 1883, un Tribunal de première instance et six justices de paix; puis, S.A. le Bey décrétait, le 5 mai de la même année, que les nationaux des puissances amies dont les Tribunaux seraient supprimés, deviendraient justiciables des Tribunaux français dans les mêmes cas et les mêmes conditions qui les Français eux-mêmes. Les puissances étaient ainsi garanties contre la crainte de voir tomber leurs nationaux sous la juridiction beylicale, au cas de retrait pur et simple de leurs juridictions.

L'effet de ces habiles mesures ne tarda pas à se faire sentir; le 5 août 1884, la dernière juridiction consulaire était retirée de la Tunisie, et les attributions de toutes étaient intégralement transportées à la juridiction française.

§ 2. — Quelle était alors la situation?

La principale conséquence de l'évolution qui venait de s'accomplir consistait en ce qu'au lieu de quinze justices émanées de quinze souverainetés différentes, il ne s'en trouvait plus dans le pays que deux, celles de la France et de la Tunisie ; à ce point de notre étude, nous pouvons utilement nous demander quelle était exactement la compétence de la première.

Et, tout d'abord, examinons ce qui touche à la justice civile.

Les justices de paix, conformément au décret du 19 août 1851 et en vertu de la loi du 27 mars 1883, connaissent des actions personnelles en dernier ressort jusqu'à 500 fr. et à charge d'appel jusqu'à 1.000 fr. Il n'y a exception à ces limites que dans la mesure où elles sont élargies même pour les juges de paix de France, par la loi du 25 mai 1838; du moins, c'est ainsi qu'on peut résumer d'un mot l'opinion la meilleure, dans une controverse qui a fait couler beaucoup d'encre sans être encore totalement épuisée.

Sauf aux chefs-lieux de tribunaux de première instance (aujourd'hui à Tunis et à Sousse), les juges de paix statuent en référé, c'est-à-dire pour tout ce qui concerne les mesures provisoires et conservatoires nécessitées par l'urgence, comme le font en France les présidents des tribunaux d'arrondissement.

Cette compétence, envisagée au point de vue des personnes, s'étend à tous les procès entre européens et à tous ceux où des européens sont défendeurs.

La procédure et l'organisation financière la règlent ainsi : le juge est unique ; il rend ses sentences publiquement, assisté d'un greffier ; les actes sont signifiés par huissier ; il n'y a pas de postulation.

Le Tribunal de première instance (notez qu'il n'y en avait qu'un seul à l'époque où nous nous plaçons) connait en appel des procès jugés en premier ressort par des juges de paix. On porte devant lui toutes les contestations, personnelles, mobilières ou immobilières[1] dont l'importance dépasse 1.000 fr. Il les juge en dernier ressort jusqu'à 3.000 fr. ou 120 francs de revenu ; au-dessus de cette importance les jugements sont en premier ressort et on peut les déférer en Cour d'appel d'Alger. Au point de vue des personnes cette compétence est la même.

Au point de vue de la procédure, le ministère des défenseurs est obligatoire, sauf pour les affaires commerciales ou administratives ; le Tribunal se compose obligatoirement de trois juges, qui délibèrent et statuent à la majorité. La signification des actes et l'exécution des jugements ont lieu par huissier.

Toutes les décisions émanées de la justice civile peuvent être déférées à la Cour de cassation, pourvu qu'elles aient subi les degrés de juridiction, si l'importance du litige le comporte ; au cas où la Cour suprême reconnait qu'il y a eu violation ou fausse interprétation de la loi, ou abus de pouvoir, elle casse la décision entreprise et renvoie pour le jugement du fond devant une autre juridiction que celle qui a rendu le jugement ou arrêt infirmé. C'est ainsi qu'un procès tunisien peut être renvoyé devant une cour de France.

Pour la juridiction répressive, nous rencontrons au bas de l'échelle des juridictions le Tribunal de simple police, qui juge les simples contraventions, et, de plus, en vertu de l'article 12 de la loi du 27 mars 1883

---

(1) En ce qui concerne les litiges immobiliers, ils vont devant le Chàra, dès qu'un Tunisien est en cause, sauf quand la propriété est immatriculée. Il existe une controverse encore ouverte à ce sujet. (Voir plus loin.)

et du décret du 19 août 1854, les contraventions attribuées en France aux Tribunaux correctionnels, tous
les délits de chasse, et tous délits n'emportant pas une
peine supérieure à 6 mois de prison ou à 500 francs
d'amende.

Les décisions sur les contraventions sont rendues,
à très peu d'exceptions près, en dernier ressort ; mais
celles reconnues à l'occasion de délits sont susceptibles d'appel. L'action publique est entre les mains
d'un officier de police judiciaire qui agit sous la haute
autorité du Procureur de la République.

Les Tribunaux correctionnels connaissent des appels
relevés contre les décisions des tribunaux de simple
police et ils rendent en cette matière des jugements
définitifs ; au contraire, ils jugent à charge d'appel
seulement tous les délits non attribués spécialement
aux juges de paix.

L'appel des jugements des tribunaux correctionnels
va à Alger. Le ministère des défenseurs n'est jamais
exigé en matière correctionnelle ou de simple police.

Les crimes sont jugés par le tribunal criminel dont
je vous ai expliqué l'organisme. Avant l'ouverture des
débats, la procédure est réglée exactement comme
celles des Cours d'assises de France ; l'affaire doit
donc, après une instruction approfondie, être déférée
à la Cour d'appel d'Alger qui prononce, s'il y a lieu,
la mise en accusation, et dont le Procureur général
rédige un acte d'accusation. Le Président du tribunal
interroge l'accusé, assure en cas de besoin sa défense;
puis, le jour fixé étant arrivé, on compose comme il a
été dit le Tribunal criminel et on ouvre les débats.
Alors la procédure devient correctionnelle ; tandis
qu'en France le jury délibère à part sur les faits et
que la Cour n'intervient que pour appliquer la loi
aux faits reconnus constants par le jury, les assesseurs
tunisiens, eux, siègent avec les juges, délibèrent avec

eux, forment en un mot avec les magistrats un Tribunal ordinaire, qui connait du fond aussi bien que du
droit, et qui rend un jugement semblable en tout aux
jugements correctionnels.

Pour tout le reste la procédure redevient celle des
Cours d'assises de France. Les décisions rendues par
le Tribunal criminel sont toutes en dernier ressort et
ne sont pas susceptibles d'un autre recours que le
pourvoi en cassation qui doit être fait dans les trois
jours de la condamnation.

§3. — Envisagée au point de vue des personnes, la
compétence pénale des tribunaux français, à l'époque
à laquelle nous nous sommes placés, c'est-à-dire au
moment où les juridictions consulaires venaient d'être
supprimées ne concernait absolument que les européens ; mais on ne tarda pas à l'étendre considérablement, et j'aborde maintenant la troisième partie de
cette courte étude historique en indiquant les concessions par lesquelles le gouvernement beylical a enri-
chi, au détriment de sa propre justice, le domaine de
la juridiction française. Je ferai cet examen en quatre
parties : 1º matières civiles et commerciales ; 2º matières immobilières ; 3º matières administratives ; 4º
matières pénales.

1º En matière civile et commerciale, vous le savez,
la juridiction française ne connaissait des procès entre
tunisiens et européens qu'à la condition que ces derniers fussent défendeurs ; un décret beylical du 31
juillet 1884 est venu effacer cette restriction qui était
une trace fâcheuse du régime des juridictions consulaires ; il décida que les tribunaux français connai-
traient désormais, dans les limites de leur compétence
respective, de toutes les affaires intéressant un européen, sans distinguer s'il était défendeur ou demandeur. Cela n'ajoutait rien à la compétence des tribu-

naux français quant à la matière, mais leur donnait au contraire un vaste champ d'action quant aux personnes, puisqu'ils pouvaient rendre désormais des jugements contre des Tunisiens et les exécuter.

Toutefois, le gouvernement beylical excepta formellement de sa concession les matières de statut personnel et de succession des musulmans et israélites tunisiens qui durent, comme par le passé, être réservées aux tribunaux religieux. Il est à noter d'ailleurs que cette réserve ne concerne pas les Algériens, à l'égard desquels la Justice beylicale n'avait jamais pu posséder aucun droit; ce fut d'ailleurs l'opinion du gouvernement de S. A. le Bey et elle est aujourd'hui hors de contestation, après une courte opposition de la Cour d'Alger.

2° En matière immobilière aussi, le Gouvernement beylical fit des réserves et, malgré leur netteté, elles ont donné lieu à des controverses qui s'agitent encore, on pourrait le dire bien artificiellement et bien inutilement car la matière manque.

On soutient, d'une part, que la réserve de compétence immobilière contenue au décret du 31 juillet 1884 a eu pour effet d'en priver totalement la juridiction française; c'est une erreur évidente. Le Bey n'a pas pu retirer, le 31 juillet 1884, à la justice française des affaires qu'il avait promis de lui remettre le 5 mai 1883, afin d'obtenir le retrait des juridictions consulaires ; or, les juridictions consulaires possédaient et exerçaient la compétence immobilière en vertu de l'article 4 du traité anglo-tunisien du 10 octobre 1863 et de l'art. 22 du traité italo-tunisien du 10 octobre 1863, applicables à toutes les autres nationalités en vertu de la clause de la nation la plus favorisée contenue dans tous les traités. Au surplus, la loi française du 23 mars 1883 comprend expressément dans son article 4 les actions immobilières, parmi celles qui étaient confiées aux nouvelles juridictions. Donc, elles ont toujours possédé une compétence immobilière ; mais elle est réduite aux contestations entre européens et cesse dès qu'un sujet tunisien est en cause. C'est encore une erreur courante de dire que les Tribunaux français se sont arrogé le droit de juger les procès immobiliers intéressant les Tunisiens ; on l'a écrit dans les livres les plus sérieux sous cette forme même ; mais on a commis ainsi une confusion regrettable : on n'a pas compris le sens d'une controverse sur la nature de l'incompétence dont il s'agit ; est-elle absolue ou relative ? La Cour d'Alger adopte la première solution ; le Tribunal de Tunis affirme énergiquement la seconde. Jamais il n'y a eu réellement d'autre question immobilière que celle-là.

C'est d'autant plus vrai que, depuis le décret de 1884, on a déterminé les conditions dans lesquelles la compétence immobilière est remise à la justice française. M. Anterrieu, le distingué vice-président du Tribunal mixte, vous exposera l'économie de cet admirable système ; — il est inutile que je vous en entretienne autrement que pour vous dire que ses solutions sont bonnes, efficaces et qu'elles s'unissent pour garantir les intérêts immobiliers des Français qui viennent s'établir dans la Régence.

3° Quant aux matières administratives, elles ont été réglées par un décret du 27 novembre 1888 ; on y prend les dispositions nécessaires pour sauvegarder le libre exercice du pouvoir public par les administrations, tout en mettant les intérêts particuliers sous la sauvegarde de la justice ; on y indique une procédure extrêmement sommaire qui ne comporte pas le ministère des défenseurs et qui permet de résoudre sans frais et avec rapidité les litiges de l'espèce.

4° En matière pénale, la situation est actuellement

réglée par un décret en date du 13 janvier 1808, qui a créé une situation nouvelle et a fait disparaître un certain nombre de controverses. Veuillez me permettre d'en citer les premiers articles dont la netteté vous frappera : « Les Tribunaux français de la Tunisie connaîtront désormais, dans les limites de leur compétence respective et en conformité de la loi française, des contraventions de toute nature, c'est-à-dire de tous crimes, délits et contraventions, commis en Tunisie, soit par des Français ou protégés français ou des européens ou des protégés des diverses puissances européennes, soit à leur préjudice. La répression de ces mêmes infractions appartiendra exclusivement à la justice tunisienne lorsqu'il n'y aura en cause que des sujets tunisiens.»

A cette distinction si facile à saisir, il y a cependant un certain nombre d'exceptions ; je ne vous parlerai que de celles qui, touchant des matières spéciales, ne constituent que des anomalies créées au cours des hésitations bien naturelles qui se sont produites au cours de cette difficile reconstitution de la Tunisie que nous avons entreprise. Ces imperfections disparaîtront avec le temps ; mais nous devons nous arrêter aux exceptions contenues dans les articles 2 à 5 du décret beylical du 2 septembre 1885. — Ces textes défèrent à la justice française les Tunisiens qui ont commis des infractions pénales contre les magistrats français, ou à leur audience, ou à l'encontre de l'exécution de leurs décisions, ou à l'occasion de leurs propres témoignages ; il y a là une série de dispositions fort utiles pour le régulier fonctionnement de la justice française et qu'on a introduites avec beaucoup de raison dans le droit public du Protectorat.

TROISIÈME PARTIE

J'aborde maintenant, Messieurs, la troisième partie de cette conférence ; après avoir décrit les organes de la juridiction française, après avoir délimité son champ d'action, il faut, sous peine de vous donner des idées incomplètes et inexactes par cela même, que je vous dise quelles lois elle applique.

C'est là un sujet qui peut, il est vrai, paraître oiseux à ceux qui ne sont pas familiarisés avec les questions juridiques et peut-être quelques-uns parmi vous sont-ils surpris de l'importance que j'y attache. En effet, il se présente à l'esprit une idée qui semble tout dominer et tout régler : il va de soi, pense-t-on, que tout Tribunal applique sa loi nationale ; car, comme il agit au nom d'une souveraineté, il ne peut valablement baser ses décisions sur des lois émanées d'une souveraineté étrangère.

Cela, Messieurs, c'est du vieux droit ; c'est le droit du temps où les mots étranger et ennemi étaient synonymes, où personne n'avait la jouissance d'aucun droit hors de son pays, où le droit était purement territorial. Mais cette conception est inapplicable et déraisonnable à une époque où le développement et le perfectionnement des voies de communication a multiplié les points de contact entre les nationalités ; où le droit des gens d'abord, le droit international privé ensuite, ont appris à tous les peuples à se considérer comme les membres d'une même famille, où, enfin, l'individu se trouve aussi protégé et aussi libre dans le pays où il habite que dans celui dont il est originaire. Il faut donc admettre aujourd'hui que l'effet des lois n'est pas toujours et nécessairement limité par le territoire qui dépend de la souveraineté qui les a dictées, que les lois ne sont pas purement territoriales, qu'elles peuvent avoir effet, c'est-à-dire être appliquées sur le territoire d'autres peuples.

Cela est vrai en France, mais s'y trouve d'une application relativement rare, parce que l'immense majorité de la population est française ; au contraire, ces considérations sont d'une importance capitale quand on les applique à la Tunisie, pays cosmopolite par excellence, où il y a deux races, deux gouvernements, intimement liés, je le veux bien, mais enfin distincts aussi ; où il y a deux corps de droit essentiellement différents. Aussi, en Tunisie, devant la juridiction française les contestations qui s'agitent exclusivement entre Français ne représentent qu'une très faible partie de celles qui sont portées devant eux et c'est quotidiennement qu'elle voit se poser devant elle le *conflit des lois*.

Je n'ai pas, Messieurs, la prétention de traiter en quelques minutes un problème qui est très compliqué, très difficile et fort loin d'être résolu en dépit des gros livres et des nombreuses revues qui lui ont été consacrés par les savants de tous les pays ; je désire cependant vous en tracer les traits principaux. Pour cela, il faut classer les lois en plusieurs catégories, suivant la matière à laquelle elles se rapportent.

Ainsi, nous formerons tout d'abord un groupe des des lois qui ont trait à l'état des personnes et nous l'appellerons *statut personnel* ; nous savons déjà que ce groupe concerne les mariages, la filiation, les divorces, la minorité, la capacité civile, la dévolution des successions, l'interdiction, la tutelle, etc.

En second lieu, nous réunirons les lois sur les choses et nous appellerons ce groupe de lois le *statut réel* : mais nous le subdiviserons en deux parties qui formeront respectivement le statut réel *mobilier* et le statut réel *immobilier*. La première a pour objet les contrats et conventions de toute espèce portant sur des objets mobiliers ; les immeubles et les droits qui s'y rapportent sont régis par la seconde.

En troisième lieu, les lois de procédure, qui réglent la marche et les formes des procès se déroulant en justice, ou, pour parler en langage plus juridique, des *actions en justice*, constituent une sorte à part qui jouit d'un régime spécial et qu'en droit international privé on nomme la *lex fori*, la loi spéciale à la juridiction saisie.

Enfin le quatrième grand groupe que nous distinguerons comprendra l'ensemble des lois pénales ou répressives.

Ceci établi, Messieurs, il faut encore savoir que toutes les fois qu'il y a conflit des lois, c'est-à-dire concours de deux législations entre lesquelles il faut choisir pour baser scientifiquement et juridiquement un jugement, il y a des règles différentes à suivre, suivant que les législations en cours appartiennent toutes à certains groupes ou à d'autres, ou encore les unes à un groupe, les autres à un groupe différent. Je vais indiquer sommairement les plus importants de ces principes.

Premier principe : Tout individu conserve son statut personnel partout où il va, c'est-à-dire qu'il est régi à l'étranger par sa loi nationale. Il s'en suit que les Tribunaux français de Tunisie appliquent, en cette matière, aux Italiens le Code civil italien, aux Russes, aux Autrichiens, aux Espagnols, respectivement le droit russe, autrichien ou espagnol. J'ai vu appliquer le droit brésilien à une Française qui s'était mariée avec un citoyen du Brésil et le droit romain du Bas-Empire à des sujet ottomans de religion orthodoxe.

Remarquons d'ailleurs encore que, pour les musulmans ou israélites non sujets européens, le statut personnel ne découle pas de la nationalité, mais résulte tout simplement de la loi religieuse, la loi coranique pour les musulmans, la loi rabbinique pour les israélites. C'est aussi la loi coranique qu'il faut appliquer aux Algériens musulmans non naturalisés.

Deuxième principe : Les immeubles sont toujours soumis à la loi du pays où ils sont situés, quelle que soit la nationalité de leur propriétaire. Une telle règle est facile à justifier ; comment concevoir, en effet, un pays où chaque immeuble et les droits réels qui reposent sur lui changeront avec le propriétaire. Plus de sécurité, plus de crédit, plus de loi pour ainsi dire ; telle serait la caractéristique d'un tel état de choses ; car, en fait, il serait même impossible de réaliser l'application intégrale et régulière de la loi du possesseur.

C'est ce qui a rendu nécessaire l'établissement en Tunisie d'une loi foncière nouvelle ; on vous expliquera qu'elle est facultative ; que les immeubles ne passent sous son empire que par l'immatriculation et que l'immatriculation n'est pas forcée. Le régime foncier est donc double dans la Régence, situation originale destinée à se prolonger pendant de nombreuses années encore, mais qui n'a pas donné lieu dans la pratique, aux difficultés insurmontables qu'on aurait pu redouter.

Troisième principe: Les conventions et le statut réel mobilier sont régis le plus généralement par la loi du lieu où le contrat a été passé ou l'obligation née. Mais cette règle est susceptible de nombreuses exceptions ; on substitue à la loi du lieu celle des contractants, s'il y a présomption suffisante qu'ils ont voulu lui soumettre leurs accords ; quelquefois c'est dans la loi du Tribunal qu'on va chercher la solution du litige ; en un mot c'est en cette matière qu'il y a le plus d'incertude, de controverses, de systèmes.

Quatrième principe : Le tribunal saisi ne peut pas suivre d'autres formes que celles de sa propre loi de procédure, pour conduire et trancher les litiges qui lui sont soumis. Ici, contrairement à ce qui se passe pour l'hypothèse précédente, la règle est absolue. Elle a particulièrement en Tunisie des conséquences graves parce qu'elle produit des combinaisons inévitables entre des législations qui ne présentent pas toujours les éléments d'une solution rationnelle. Ainsi, par exemple, un jugement d'un tribunal français doit, d'après la loi française, donner ouverture, au profit de celui qui l'a obtenu, à une hypothèque, c'est-à-dire à un droit de préférence sur les immeubles du condamné ; or, les immeubles tunisiens non immatriculés ne sont pas susceptibles d'hypothèque ; par suite, les jugements des tribunaux français en Tunisie n'ont pas la même valeur pratique que celle qui leur appartient dans la métropole. Ainsi, encore, la distribution du prix d'un immeuble saisi entre les divers créanciers du débiteur doit se faire normalement par la voie de la procédure d'ordre ; mais cette procédure n'est praticable qu'au regard d'immeubles soumis au régime hypothécaire, tel qu'il existe France ; il est donc impossible d'y recourir en Tunisie. Dans tous ces cas, et je pourrais en citer beaucoup d'autres, le principe fléchit par suite de l'impossibilité où on se trouve de l'appliquer. Dans d'autres cas, il forme, au contraire, un obstacle absolu à l'exercice des droits qui, virtuellement, appartiennent aux plaideurs. Dans une foule d'hypothèses, en résumé, on a constaté que le transport intégral de la procédure française dans ce pays avait produit des résultats inattendus et irrationnels ; si les tribunaux, qui ne peuvent refuser de juger, ont passé outre et ont ainsi donné naissance à une sorte de droit prétorien qu'on n'a pas trouvé sans valeur et qu'on a laissé subsister faute de mieux, il

n'en est pas moins vrai que le conflit des lois s'est
élevé en cette matière hérissée de difficultés formi-
dables et a failli créer des obstacles invincibles au
libre et normal exercice de la juridiction française.

Cinquième principe: La loi française régit en matière
pénale tout ce qui est du domaine de l'ordre public
général; mais il y a lieu d'appliquer la loi tunisienne
à tout ce qui dépend de l'ordre public interne.

Ici, Messieurs, se place une observation nécessaire;
j'ai essayé de formuler une règle et je vous la présente,
mais en vous priant de ne pas la prendre au pied de
la lettre, car il est peut-être aussi dangereux de croire
à un principe aussi absolu que de le rejeter entièrement et de rester sans ligne de conduite dans une
matière aussi importante. Je vais m'expliquer, et je
l'espère, mettre les choses au point.

Tout d'abord, quelle est cette distinction entre l'ordre public général et l'ordre public interne? Le premier, c'est celui qui est, en quelque sorte, supérieur à
toutes les législations et dont l'empire est absolu sur
le globe entier : il est défendu de tuer, il est défendu
de voler; celui qui vole ou qui tue transgresse une
loi de l'humanité entière, il porte atteinte à l'ordre
public général. D'autre part, la police urbaine, rurale,
le régime des forêts, les douanes et la contrebande
sont des matières intéressant seulement l'État dans
lequel ils sont établis et qui ne peuvent pas être considérés comme ayant un caractère de généralité; s'il
est défendu de jeter des ordures après six ou sept
heures du matin à Paris, si les habitants d'un district
boisé de la France ne peuvent y faire paître leurs bestiaux que dans certaines conditions, s'il est défendu
de faire entrer en France telle marchandise sans payer
telle somme déterminée, il n'y a pas de raison pour
que les lois qui répriment les infractions à ces règles

soient applicables en Tunisie. Il y aurait même des inconvénients à les appliquer.

Donc, la règle que j'ai formulée est absolument justifiée en théorie; je reconnais maintenant qu'en fait elle est beaucoup moins sûre. Pourquoi? D'abord parce qu'on ne s'est jamais bien entendu pour discerner ce qui appartient à l'un ou l'autre des deux ordres publics que nous venons de distinguer. Ensuite, parce que, fort habilement, on a rattaché la loi répressive tunisienne à la loi française et qu'ainsi on a éludé les difficultés inhérentes à la théorie.

Ce sujet intéressant a déjà été effleuré ici; on vous a dit, et j'y reviens un instant, que les décrets beylicaux relatifs à la répression sont applicables à tous les européens qui habitent la Régence, par cela même qu'ils sont revêtus du visa du Résident général. En effet, le Résident général possède une délégation du pouvoir législatif qui appartient au Président de la République pour l'exécution du traité du 8 juin 1883, qui a été approuvé par les Chambres et dans lequel il est dit que S. A. le Bey de Tunis s'engage à procéder aux réformes administratives, judiciaires et financières que le gouvernement français jugera utiles. Donc, les décrets ainsi faits sont, à dire vrai, des actes émanés du Gouvernement du Protectorat, c'est-à-dire de la France et de la Tunisie réunies et non pas des actes purement tunisiens. Ce caractère, qui appartient à cette législation, enlève donc beaucoup de portée pratique à la formule que j'ai émise au début de ces explications, et c'est par cette succession de considérations faites à des points de vues différents que j'ai pu, je l'espère, vous faire comprendre comment on est arrivé à résoudre le conflit des lois en matière pénale.

Messieurs, je bornerai ici ces explications, qui seront bien plus propres à vous faire connaître la nature de

cet intéressant sujet qu'à vous en fournir des notions
précises et suffisantes ; la difficulté qu'il a présentée à
la juridiction française a été formidable ; ce sera un
grand honneur de l'avoir étudié avec sang-froid, persévérance et prudence ; — elle a accompli ainsi une
œuvre qui a été accueillie et appréciée comme une
précieuse contribution à l'avancement de la science
moderne du Droit.

DEUXIÈME CONFÉRENCE

DEUXIÈME PARTIE

La Justice Tunisienne

MESSIEURS,

Vous vous souvenez qu'au premier coup d'œil jeté sur le sujet que j'ai été chargé de traiter devant vous, il s'est présenté comme scindé en deux parties ; la première, relative à la justice française, nous a occupés pendant toute une séance ; aujourd'hui j'aborde la seconde, consacrée à la justice tunisienne et nous y emploierons fructueusement, pour une plus grande clarté et pour plus de brièveté, la plupart des notions générales que je vous ai déjà présentées.

D'ailleurs, ce n'est pas la justice tunisienne toute entière que j'ai à vous décrire ; c'est une partie seulement et mon premier soin va être de circonscrire mon sujet par voie d'élimination.

La justice tunisienne se divise en deux branches ; il y a la justice religieuse et celle qui appartient au souverain temporel, la justice séculière.

Quelques mots d'abord sur la première ; elle possède, comme attributions spéciales, deux ordres de matières : le statut personnel et le statut réel immobilier. Or, de même qu'il y a dans le pays deux statuts personnels, résultant de deux religions, il y a aussi deux tribunaux différents, pour le statut personnel : le Chara, pour les musulmans, et le Tribunal rabbinique pour les israélites. D'autre part, le statut réel immobilier est double : il y a l'ancien, qui concerne le sol, non encore placé sous l'empire de la foi foncière de 1885 ; les contestations qui le concernent vont devant les Tribunaux français, quand il n'y a que des européens en cause, et devant le Tribunal musulman du Chara lorsque le litige intéresse un Tunisien, musulman ou israélite. Il y a le nouveau droit, celui de la loi foncière, sous l'empire duquel les immeubles se placent successivement par la procédure d'immatriculation. Quand la propriété est immatriculée, toutes les contestations qui la concernent appartiennent à la juridiction française, quelle que soit la nationalité des litigeants. En résumé, aucune de ces matières ne va devant la justice tunisienne séculière. C'est la seule dont j'aie à vous parler.

Elle est actuellement en voie de transformation, ce qui m'oblige à vous dire d'abord quelle en était, encore tout récemment, la situation ; puis je vous exposerai en quoi consiste le nouveau système qui a été établi.

L'état ancien, Messieurs, vous a déjà été présenté par M. Padoux, dans la conférence qu'il a faite sur l'Ouzara ou Ministère tunisien ; cette institution gouvernementale était bien l'organe approprié à l'exercice d'une souveraineté telle qu'on la concevait en Tunisie, c'est-à-dire qu'elle possédait tous les pouvoirs qui, dans tous les pays d'Europe, sont distingués, divisés, et confiés à des autorités différentes. L'Ouzara était partagée en quatre sections, réduites à trois par la suppression, conséquence inéluctable du Protectorat, de celle qui s'occupait des affaires étrangères ; on avait : 1º la section d'Etat, qui traitait les affaires relatives à l'administration générale du pays ; 2º la section des affaires civiles ; 3º la section des affaires pénales.

La section des affaires civiles avait pour attributions
la mise en état de tous les conflits d'intérêts entre
particuliers et la section des affaires pénales possédait
toute la justice répressive. Ces deux divisions du
ministère suivaient une procédure absolument identique à celle qui était en usage à la section d'Etat,
c'est-à-dire qu'il s'y trouvait simplement des bureaux,
composés de secrétaires, qui recevaient les plaintes,
les instruisaient et les mettaient en état de recevoir
une solution. A la réception de la plainte, on formait
un dossier, on faisait venir les parties, on examinait
leurs pièces, on provoquait leurs explications et contra-
dictions, et un fonctionnaire résumait le tout dans un
rapport appelé *maroud;* le dossier était alors remis
au chef de section qui établissait un projet de sentence.
Ce document était soumis au visa du Secrétaire général; puis à la signature du premier ministre et du
ministre de la plume, et enfin à l'approbation et à la
sanction de S. A. le Bey.

En résumé, cette manière de traiter les affaires
était essentiellement administrative, de telle sorte que
lorsqu'on parlait du Tribunal de l'Ouzara, on traves-
tissait à l'européenne une institution qui ne présentait
aucun des caractères qui appartiennent à ce que nous
appelons de ce nom; il n'y avait pas de Tribunal; il
avait des bureaux traitant administrativement des
affaires judiciaires et dont le travail se réduisait à l'élaboration d'une série de décrets individuels identiques
à ceux qui provenaient de la section d'Etat.

Un pareil système, Messieurs, est de nature à surprendre des personnes nées, comme nous, dans un
pays où le droit public est fort développé et le perfec-
tionne·ment de la machine gouvernementale poussée à
ses extrêmes limites; il serait cependant injuste de
le considérer avec mépris; il était merveilleusement
approprié à l'état politique du pays et aux mœurs de

ses habitants ; si la division des pouvoirs et les garanties constitutionnelles sont des idées qui nous sont familières, le Tunisien ne les comprend pas aisément ; il est fort respectueux de l'autorité et l'autorité est, pour lui, le droit de commander sans réserve et sans distinction ; elle existe ou n'existe pas, mais il ne peut y avoir d'autorité partielle. C'était donc une organition très rationnelle que celle de l'ancienne Ouzara.

Il n'en est pas moins vrai que l'exercice de ce système avait produit des inconvénients graves ; le principal résultait de la centralisation excessive qui en était la base. Les affaires civiles et pénales venaient, de tous les points du territoire, s'accumuler dans les bureaux du Ministère; si un Tunisien de Medenine ou de Kebili ne payait pas à l'échéance une dette minime, son créancier n'avait pas d'autre moyen légal, pour le contraindre, que de s'adresser à l'Ouzara qui convoquait les parties ; le plus petit délit donnait lieu à des mesures d'instruction identiques ; les dossiers s'accumulaient, attendant leur tour pour être complets; les plaignants restaient de longs mois à errer dans Tunis, attendant leur tour de comparaître et le bienfait d'une solution. La situation était devenue telle qu'en 1895, on considérait comme un progrès considérable d'avoir pu réduire la moyenne de la détention préventive à 40 jours par affaire ; en fait, on avait dépensé des efforts innouïs pour arriver à un résultat si maigre. On avait même eu recours à des procédés d'administration tout à fait dangereux : on avait autorisé les caïds, au moins tacitement et par tolérance, à arranger sur place, comme ils le pourraient, les affaires qui ne présenteraient pas un caractère de gravité et d'importance suffisant pour justifier l'envoi à Tunis des intéressés ou des prévenus. Sans doute, on était arrivé ainsi à éviter que l'encombrement fut porté à l'extrême ; mais le Gouvernement s'affaiblissait ; il

n'était plus exactement informé ; les justiciables,
dont les conflits juridiques restaient sans solution
précise ou suffisante, redoublaient de plaintes ; la
répression était ou nulle ou arbitraire ; la sécurité
était compromise.

Le Gouvernement du Protectorat était trop sage et
trop avisé pour que le danger de la prolongation d'un
pareil état de choses lui échappât ; il se résolut à
créer une Administration de la Justice fortement constituée et largement décentralisée.

Une telle opération était, Messieurs, plus facile à
concevoir qu'à exécuter. J'ai déjà fait remarquer que,
dans le Gouvernement beylical, il y avait confusion
complète et absolue des pouvoirs : c'était le souverain
lui-même qui rendait la justice ; c'était ce que nous
appelons la justice *retenue*. Or, il fallait absolument
la transformer en justice *déléguée*. Mais une pareille
modification ne se fait pas toute seule : si le Souverain, qui est le maître, n'a de compte à rendre à personne, il ne peut pas en être ainsi des Magistrats
qu'il se substitue pour rendre la justice ; il faut prendre des précautions contre leurs imperfections, éventuellement contre leurs négligences ; il est donc indispensable de soumettre ces délégués judiciaires à un
Contrôle rigoureux et à l'observation de règles techniques très précises et très complètes. Donc, la première
chose à faire était de constituer, au Ministère même,
un centre d'administration judiciaire puissant. C'est
ce qu'on a fait en réunissant la section pénale et la
section civile pour en former une Direction, qui a été
nommée *Direction des Services Judiciaires du Gouvernement tunisien*, et à la tête de laquelle on a placé un
magistrat français.

A peine cette création avait-elle été réalisée qu'on
lui confiait l'exécution du programme de réorganisation et de décentralisation. Cela se passait à la fin de

l'année 1895 et, aujourd'hui, l'œuvre ainsi entreprise est en bonne voie d'achèvement.

Sans m'attarder à la période transitoire par laquelle il a fallu passer, je vais maintenant vous décrire le système nouveau, tel qu'il fonctionne dans la plus grande partie de la Régence, tel qu'il est prêt à fonctionner partout. J'emploierai, pour remplir cette partie de ma tâche, la méthode que j'ai suivie pour exposer l'état de la justice française ; je parlerai en premier lieu de l'organisme des différentes juridictions ; en second lieu de la compétence ; en troisième lieu des lois applicables par la justice séculière tunisienne. Enfin, je terminerai par l'exposé de l'organisme central, c'est-à-dire de la Direction des Services Judiciaires.

Quand on crée de toutes pièces une organisation nouvelle ; quand on fait, comme je viens de le dire, de la justice déléguée, il faut garantir le justiciable contre l'incapacité du juge, contre ses passions, même contre les défaillances de sa moralité ; sans aller si loin, il faut tout au moins le défendre, dans la mesure du possible, contre les faiblesses inhérentes à la nature humaine. D'autre part, il est utile de sauvegarder la justice contre les ruses et les artifices des mauvais plaideurs. Il y a donc toute une série de précautions à prendre, de garanties à instituer ; on l'a fait d'une façon très heureuse en Europe, où on a dégagé un certain nombre de principes qu'il est bon de rappeler et d'énumérer ici : la pluralité des juges, la publicité des opérations judiciaires, la liberté de la défense, l'obligation de motiver les jugements, la conservation des actes judiciaires, l'établissement de voies de recours. Toutes ces garanties, on les a réalisées par l'établissement de tribunaux dits *de province*, qui ont été placés dans les principales villes du territoire.

Un décret du 18 mars 1896 a indiqué les grandes lignes de cette organisation ; elle consiste dans la création de tribunaux qui siègent à trois juges, publiquement, qui doivent écrire et motiver leurs décisions, après délibération prise à la majorité des voix, et qui sont tenus à la conservation de tous leurs actes dans un greffe.

La première des difficultés, pour la mise en pratique du système, a été le recrutement du personnel. Il faut au minimum dans chaque tribunal un président, deux juges, un suppléant et un greffier ; pour ne pas faire des circonscriptions trop étendues, il est nécessaire d'établir dans la Régence une dizaine de ces compagnies ; c'est donc un personnel d'environ cinquante fonctionnaires qu'il fallait trouver. On a pensé qu'il était impossible de le réunir d'un seul coup et on a pris le parti d'installer des tribunaux de province seulement dans certaines parties du territoire, dans la mesure où cela serait possible par l'utilisation des éléments de recrutement qu'on s'efforcerait de réunir ; d'autre part, on enrôlait, à la Direction des Services Judiciaires, sous le nom de stagiaires, un certain nombre d'élèves des universités musulmanes et des écoles franco-arabes du Gouvernement pour leur donner, tant en théorie qu'en pratique, l'enseignement technique et la préparation professionnelle qui pouvait les mettre à même de bien remplir leurs nouvelles fonctions. Ces mesures ont permis d'installer trois tribunaux, à Sfax, à Gabès et à Gafsa, au mois de mai 1896 ; deux autres, à Kairouan et à Sousse, au mois d'avril 1896 ; un sixième va être très prochainement institué au Kef[1] et tout le pays se trouvera pourvu, avant la fin de la présente année, du nouveau système judiciaire.

Entrons maintenant dans les détails de son fonctionnement.

_____

[1] Ce Tribunal a été installé le 1 mai 1898.

Les nouvelles juridictions doivent, comme nous l'avons dit, siéger à trois juges (art. 22 du décret du 18 mars 1896) ; les débats sont contradictoires et ont lieu nécessairement en audience publique ; il n'y a d'exception que pour les cas où l'ordre et la morale publics sont intéressés ; encore le jugement est-il rendu publiquement et doit-il contenir mention des raisons qui ont motivé le huis clos (art. 9) ; toute instance portée devant un Tribunal de province est nécessairement terminée par un jugement et il est défendu à ces juridictions de classer sans suite, afin qu'aucune partie ne soit fondée à se plaindre de n'avoir pas été écoutée. Les jugements sont tous motivés ; d'une part, il est utile que les plaideurs sachent pourquoi on les a frappés ou déboutés ; d'autre part, il est bon que les magistrats soient mis en demeure de produire les considérations qui les ont amenés à décider et de les soumettre à un examen ; cela les oblige à ne pas se croire autorisés à trancher à tort et à travers et selon leur bon plaisir.

Les jugements sont consignés par écrit dans les 24 heures de leur prononcé et signés par tous ceux qui y ont participé (art. 22 et 23) ; ainsi la preuve de leur existence est assurée et on ne peut plus voir, comme autrefois pour les affaires qui ne venaient pas à l'Ouzara, des procès renaître indéfiniment de leurs cendres.

Tout cela, on le comprend sans peine, forme une série d'obstacles presque insurmontables pour l'arbitraire et les abus ; on a pris encore contre eux une précaution d'une efficacité incontestable : on a dit aux Tribunaux de province que, quand ils ont rendu le jugement, leur rôle est fini et qu'ils n'ont, en aucun cas, à connaître de son exécution. Pourquoi ? parce que si cette exécution est accomplie par une autre autorité, il s'ensuit nécessairement, par l'action de celle-ci, un contrôle, tacite, il est vrai, mais incessant, qui met le juge dans l'impossibilité de commettre habituellement des abus de pouvoir sans que son indignité éclate au grand jour, et cela suffit pour lui enlever toute velléité de s'y laisser aller.

Et puis, au surplus, il y a les voies de recours.

Au profit des particuliers, c'est l'appel (art. 15 à 18 et 34 à 38) ; sagement reserré dans d'étroites limites, mais rendu facile par le concours de toutes les autorités du pays, il a pour résultat de soumettre au Tribunal de l'Ouzara le contrôle judiciaire de toutes les décisions de quelque importance. Au profit de l'Etat, c'est le droit d'évocation (art. 39) qui est sans limites et assure dans un intérêt d'ordre public la réformation de toute sentence qui constituerait une iniquité, une violation de la loi ou un abus de pouvoirs.

Tout cela est coordonné et réglementé par une procédure dont la caractéristique s'exprime en un mot : elle est *simple*. Si on a emprunté à l'Europe tout ce qui est de nature à constituer une garantie de bonne justice, par contre on a éliminé tout ce qui est propre à rendre difficile à la population l'abord du prétoire et à la rendre la proie des hommes d'affaires sans scrupules qui s'engraissent des abus de procédure, grâce à l'ignorance des interesssés. Avec eux, le plaideur de bonne foi n'arrive jamais à placer sous les yeux du juge le fond d'un débat ; les exceptions, les fins de non recevoir, les nullités, tout cet arsenal de roueries et de ruses qui hérisse l'affaire la plus simple de difficultés insurmontables et en rend la solution lente et coûteuse, sinon impraticable, tout cela, nous l'avons supprimé dans la mesure du possible.

Ainsi, nous avons réalisé l'unité de juridiction ; il n'y a ni procédures, ni juges différents pour les affaires de natures diverses ; qu'elles soient civiles, commerciales, pénales, administratives, elles vont devant la même juridiction et par les mêmes voies ; grâce à cela les déclinatoires d'incompétence sont presque complétement évités.

Ainsi encore, il n'y a pas, devant la justice tunisienne, de nullités de forme ; aucun acte n'est prescrit à peine de nullité ; aucune formule sacramentelle n'a été imposée ; on ne recherche jamais par quelle voie, par quelle phrase, on a accompli telle ou telle formalité ; on se borne à constater que les conditions fondamentales édictées pour les débats judiciaires ont été réalisées, et cela suffit ; donc, il devient impossible aux mauvais plaideurs d'éluder un débat qu'ils redoutent.

Et cela a permis de supprimer une fonction judiciaire qui, si elle est précieuse pour la bonne exécution de la procédure française, n'en est pas moins onéreuse pour le justiciable ; j'entends parler de la *postulation*. La procédure française est tellement compliquée qu'il faut être du métier, si je puis m'exprimer ainsi, pour la conduire. Aussi, dans beaucoup de cas, on ne permet pas au plaideur de se présenter lui-même ; il lui faut un avoué et, quelque honorables que soient nos avoués français, on peut bien dire sans froisser personne et sans cesser de rendre hommage à la vérité, qu'ils conduisent les procès moins économiquement que ne le feraient les plaideurs eux-mêmes. Or, devant la justice tunisienne, ils sont devenus inutiles : d'abord, parce que la procédure étant rudimentaire et réduite à la plus simple expression, elle est à la portée de tous ; ensuite parce qu'on en confie la direction au magistrat lui-même. L'Etat se charge de tout ; le plaideur n'a qu'à se présenter.

Est-ce à dire que nous ayons exclu de la barre, par une conception trop absolue de ce régime de la simplicité, les hommes d'affaires ? Non certes. Il faudrait une bien grande inexpérience des choses judiciaires pour refuser de reconnaitre combien est précieux pour la justice le concours des hommes instruits, éclairés et diserts qui entourent la justice dans tous les pays du monde. On s'est bien gardé d'en priver la justice tunisienne ; mais on les a triés avec soin ; on n'y accepte que les avocats et les défenseurs de la justice française, qui y arrivent avec des garanties incontestables de capacité et de probité, et les *oukils* (ou mandataires *ad litem*) qui sont soumis, pour leur nomination, à un examen rigoureux qui porte sur leur savoir et sur leur moralité (Décret beylical du 9 mai 1897).

J'aurai tout dit, pour un exposé exact des grandes lignes de la procédure tunisienne, quand j'aurai fait remarquer qu'elle n'admet pas la procédure de défaut française, qui autorise une reprise du procès, quand une partie n'a pas comparu ; en principe, devant les Tribunaux tunisiens, on ne peut condamner celui qui n'a pas été touché par une citation et on ne peut prendre contre lui que des mesures conservatoires ; par contre, la condamnation est définitive (sauf appel ou évocation) si la partie dûment citée n'a pas jugé à propos de comparaitre ou de se faire représenter.

Ceci dit, voyons comment se poursuit une instance.

Il suffit que le justiciable se présente et explique ce qu'il désire ; s'il apporte une demande écrite, on l'inscrit ; s'il est illettré, on l'interroge, on l'aide à s'expliquer, on rédige sa plainte et on lui donne un rang au rôle du Tribunal. Un juge rapporteur est nommé, qui met le litige en état, forme le dossier, convoque les parties et rédige un rapport. Les citations sont envoyées toutes préparées au Caïd du territoire du cité, lequel Caïd les fait parvenir sans frais et retourne au Tribunal le talon ou récépissé qui fait preuve de la remise. Alors l'affaire vient à l'audience.

Le Président s'assure de la régularité des opérations

du juge rapporteur et de la convocation et on procède
publiquement à un débat contradictoire ; si celui-ci
établit la nécessité de recourir à des moyens d'instruction plus amples que ceux qui ont été accomplis
par le juge rapporteur, la décision est remise et un
jugement préparatoire prescrit, soit un transport sur
les lieux, soit une enquête, soit une expertise, ou bien
une commission rogatoire est adressée à un autre Tribunal ou à un Caïd. Enfin l'affaire revient, elle donne
lieu à un délibéré, à un jugement motivé, public et
écrit comme il a été dit.

Mais il ne suffit pas aux plaideurs d'avoir obtenu
une décision ; il faut encore qu'ils puissent l'exécuter.
Ils obtiennent du greffier une grosse ou copie en forme exécutoire qu'ils remettent au Caïd du territoire
du condamné avec un acte de signification tout préparé ; le Caïd signifie et exécute le tout sans frais.

En matière pénale, tout se passe de la même manière
et la procédure est identique ; toutefois la marche
de l'instance est légèrement modifiée par l'intervention d'une partie nouvelle, qui représente l'action
publique et est un véritable Ministère public, sans
en porter le nom et sans être pourvu comme en France
d'agents spéciaux. C'est le Caïd qui représente l'action
publique devant les Tribunaux de province, sous la
surveillance du Directeur des Services Judiciaires,
lequel est lui-même l'agent de l'action publique pour
toute la Régence, par délégation du premier ministre.

L'exécution des peines corporelles se fait au moyen
d'extraits de jugement délivrés par le Président de
chaque Tribunal au service pénitentiaire, et l'exécution des peines pécuniaires par des pièces de même
nature délivrées à la Direction générale des finances.

Ajoutons que l'appel des jugements qualifiés en
premier ressort est suspensif (décret du 18 mars 1890,
art. 30).

Voyons maintenant quelle est la compétence des
Tribunaux de province. Conformément à la méthode
que j'ai déjà employée, je l'examinerai en raison des
personnes, en raison de la matière et en raison de la
loi d'organisation, c'est-à-dire de la compétence intrinsèque.

A l'égard des personnes, la situation est facile à
définir : la justice tunisienne n'a pas d'autres justiciables que des tunisiens ; jamais, en aucun cas, elle ne
peut rendre de décisions à l'encontre ou sur la requête
de français, d'européens, ou d'assimilés aux français
et aux européens. Il va sans dire, d'ailleurs, que
quand je parle de tunisiens, je n'entends pas seulement
les individus qui sont sujets du Bey ; je comprends
encore dans cette indication les personnes morales
tunisiennes, par exemple les administrations beylicales qui, aux termes de la loi et d'une jurisprudence
aujourd'hui indiscutable, ont la nationalité tunisienne.
Et il importe peu, quand une administration tunisienne
plaide contre un tunisien qu'elle le fasse par l'intermédiaire d'un de ses agents français ; celui-ci n'est
pas dans la cause de sa personne ; il s'y trouve, comme
on dit au Palais, *ès-qualité.* Sa présence n'a pas plus
d'influence sur la compétence que n'en aurait celle
d'un mandataire ou d'un témoin.

Il y a des cas où il est difficile de savoir si on a
affaire ou non à des tunisiens. Il arrive souvent que
des justiciables des tribunaux français essaient de se
faire accueillir par les Tribunaux tunisiens, soit pour
éviter des frais, soit pour d'autres causes moins avoua-
bles. Les Tribunaux de province résistent le mieux
qu'ils peuvent à cette invasion ; mais ils sont fort
embarrassés lorsqu'ils croient être en présence de
protégés d'une puissance européenne ou d'algériens.

Pour les premiers, des mesures ont été prises par
le Gouvernement français qui vont mettre fin à toute

incertitude. Toutes les nations vont remettre une liste de leurs protégés ; elles ont accordé qu'elles n'en créeraient plus à l'avenir, et comme la protection est personnelle, on pourra munir chaque Tribunal d'une copie de la liste complète des protégés de chaque circonscription.

Pour les Algériens, nous avons cette règle très précise, qui a été posée par la jurisprudence des Tribunaux français et qui établit une présomption légale de nationalité tunisienne à l'encontre de tout musulman ou israélite domicilié ou résidant en Tunisie. Cette présomption ne tombe que devant l'administration de la preuve contraire, qui ne peut se faire que par les moyens légalement admis en matière de nationalité.

J'ai dit que les Tribunaux séculiers tunisiens ne connaissaient que des litiges concernant exclusivement des tunisiens ; pour préciser mieux et ne laisser place à aucun malentendu, il faut ajouter qu'en matière pénale toutes les affaires intéressant seulement des tunisiens ne vont pas devant les tribunaux beylicaux ; il y a, au profit de la justice française, un certain nombre d'exceptions, les unes, fondées sur la nécessité qu'il y a pour toute juridiction d'assurer le respect et la régularité de ses propres opérations, (art. 2 à 5 du décret du 2 septembre 1885), les autres qui ne sont autre chose que la trace des hésitations législatives qui ont marqué le développement du système.

Arrivons maintenant à l'examen de la compétence en raison de la matière du litige. Cela nous donne, nous le savons, à distinguer : 1o le statut personnel ; 2o les matières immobilières ; 3o les matières personnelles et mobilières ; 4o les matières pénales.

La première catégorie ne nous arrêtera pas long-temps et nous n'en parlerons ici que pour mémoire ;

en effet, les Tribunaux de province ne peuvent jamais connaître, en aucun cas, de statut personnel. En ce qui touche les européens et les algériens, c'est l'apanage exclusif de la justice française ; les musulmans tunisiens portent leurs litiges de cette nature devant le Chaara et les israélites tunisiens devant le Tribunal rabbinique.

La deuxième catégorie est aussi complètement, en principe, en dehors de la juridiction des Tribunaux de province ; vous savez déjà que le Chaara, la justice française et le Tribunal mixte se partagent les matières immobilières. Cependant, l'institution que nous étudions ici a mission de recevoir certaines affaires qui y touchent de près, c'est-à-dire les actions possessoires et les baux de habous. Les premières n'impliquent aucun préjugé relativement aux questions de propriété et n'entraînent que des mesures provisoires pour le maintien du bon ordre ; les secondes ont été spécialement attribuées à la justice séculière par un décret du 11 août 1880.

Les matières personnelles et mobilières sont régies, quant à la compétence, par l'art. 1er du décret du 31 juillet 1884 et par l'art. 11 du décret du 18 mars 1808. Elles sont de la compétence de la justice française, dès qu'il y a en cause un de ses justiciables ; elles reviennent, au contraire, à la justice séculière tunisienne, quand toutes les parties sont de nationalité tunisienne.

La compétence en matière pénale est réglée par un décret du 13 janvier 1808 dont le mécanisme a déjà été exposé. Il a régularisé une situation de fait qui durait depuis trois années : la Cour de Cassation avait donné, en 1804, une interprétation des décrets sur la matière qui étendait notablement le domaine juridictionnel de la justice française en matière répressive. En fait, le Gouvernement tunisien avait conformé sa

marche à cette jurisprudence, et il l'avait même
consacrée implicitement par voie législative dans le
§ 2 de l'art. 10 du décret du 18 mars 1896: mais on
n'avait pas cessé de demander une déclaration plus
précise et c'est pour mettre fin à une controverse qui
était encore entretenue en théorie qu'a été rendu le
décret précité du 13 janvier 1898. Il a même été encore
plus loin que la jurisprudence de la Cour de cassation,
en remettant à la justice française, sans distinction ni
réserve, toute affaire pénale intéressant un de ses
justiciables, soit comme auteur, ou co-auteur, ou com-
plice, soit comme partie lésée.

Pour compléter ce tableau, il ne nous reste plus
qu'à dépeindre la compétence intrinsèque. Vous savez
déjà que j'appelle de ce nom le pouvoir de juger qui
est attribué à une juridiction par la loi d'organisation.
Ici, cette loi, c'est le décret organique des Tribunaux
de province dans ses articles 11 à 19; il précise l'étendue de la Délégation judiciaire accordée à cette juridiction.

En matière civile, elle connaît des affaires personnelles et mobilières en dernier ressort jusqu'à 200 fr.
et, à charge d'appel, jusqu'à 1.200 francs. Toutes les
affaires possessoires lui sont données, quel que soit
le chiffre auquel on peut les évaluer, mais à charge
d'appel seulement.

En matière pénale, on ne pouvait pas introduire la
distinction française des infractions en crimes, délits
et contraventions ; le droit musulman tunisien résiste
absolument à cette classification qui, d'ailleurs, n'est
pas très claire, non plus en droit français ; mais on peut
arriver à un résultat identique et on l'a certainement
réalisé par d'autres procédés mieux en corrélation
avec le droit du pays. On a, dans l'art. 15 du décret,
énuméré un certain nombre d'infractions que les Tribunaux de province jugent en dernier ressort; dans

l'art. 46, on leur attribue la connaissance d'autres infractions à charge d'appel ; enfin, dans l'art. 17, par une prescription plus générale qui complète les deux autres, on leur confie le droit de juger en dernier ressort toute infraction non énumérée dans l'art. 15 n'entrainant pas une peine de plus de 100 francs d'amende et de 3 mois de prison et, en premier ressort toute infraction non énumérée en l'art. 16 n'entrainant qu'une peine d'amende au-dessus de 100 francs ou qu'une peine à un emprisonnement de plus de trois mois jusqu'à deux ans.

Puis l'article 19 fixe la compétence territoriale en matière pénale. Sont compétents, comme en droit français : 1° le Tribunal dans la circonscription duquel le délit a été commis ; 2° celui dans la circonscription duquel habite le prévenu ; 3° celui dans la circonscription duquel ce prévenu a été trouvé. Celle de ces trois juridictions qui a été saisie la première retient l'affaire.

J'aborde maintenant la troisième partie de cette conférence en indiquant les lois applicables par les Tribunaux de province.

Ce problème, si complexe, nous l'avons vu, pour la justice française, est au contraire très restreint pour la justice tunisienne. En effet, vous le comprenez bien, Messieurs, il ne porte que sur les affaires personnelles et mobilières, sur les matières pénales et sur les seuls tunisiens. Il se trouve donc complètement dégagé des éléments qui en faisaient la difficulté quand nous l'avons étudié une première fois.

Pour les affaires personnelles et mobilières, les règles générales du droit international privé sont mises en pratique par les Tribunaux tunisiens ; elles comportent dans la plupart des cas l'application de la loi locale, c'est-à-dire du droit musulman. Cependant elles peuvent amener les mêmes juridictions à appliquer la loi française, quand il s'agit d'apprécier les conséquences d'obligations passées manifestement sous l'empire de cette loi ; j'en donnerai un exemple en citant les effets de commerce auxquels le Tribunal de Gabès a appliqué la prescription quinquennale de l'art. 105 du Code de commerce français.

En ce qui concerne la loi répressive, il y a une observation intéressante à faire : cette loi fixe la peine à infliger aux coupables ; en droit coranique, c'est le *had* (pluriel *hadoud*) ; mais les *hadoud* ne peuvent être appliqués que sur la plainte de la partie lésée, si bien que quand son concours manque, soit qu'elle reste inerte, faute d'intérêt, soit qu'on ait acheté son désistement, il n'y a plus de répression possible. Vous voyez à quel point la sécurité publique serait compromise s'il n'y avait pas de remède à cette situation ; mais il en existe, au contraire, de très efficaces. Les Souverains musulmans, les Khalifes, ont été de tout temps trop soucieux du bon ordre public et trop avisés pour s'en remettre aux parties civiles quant au soin d'assurer la répression, et les jurisconsultes musulmans leur ont de bonne heure reconnu le droit de prononcer des peines pour tous les faits non spécialement énumérés dans la loi religieuse ; on les considère tous comme une rébellion à leur autorité et le souverain peut punir toutes ces atteintes par des *Idazirs* ou corrections.

Cette théorie nous permet de dégager la notion de l'action publique, et, par son développement méthodique, de parer à tous les besoins. Sans doute, avant le Protectorat, les lois pénales établissant des *Idazirs* étaient peu nombreuses ; puisque le Souverain était juge, pourquoi aurait-il préalablement limité sa liberté d'action dans chaque cas particulier par un règlement général ? quelle nécessité de faire des décrets généraux pour baser des décrets particuliers ? Mais aujourd'hui, la situation a changé : la justice française ne peut appliquer une peine non prévue par une loi et la loi française, nous le savons, n'est pas intégralement applicable en Tunisie ; d'autre part, maintenant que la justice répressive tunisienne a été déléguée à des Tribunaux, il faut à ceux-ci une base légale pour leurs décisions. Aussi, indépendamment des art. 15 et 16 du décret du 18 mars 1896, voit-on les décrets énonciatifs de pénalités se multiplier et former un ensemble de droit à peu près complet et auquel il ne manque qu'un peu de coordination.

Telles sont, Messieurs, les explications que je devais vous fournir sur les Tribunaux de province ; il me reste à vous dire ce qu'est devenu le Tribunal de l'Ouzara, ce qu'il est aujourd'hui.

Son organisation n'a pas changé, en ce sens qu'il est toujours composé de bureaux de Secrétaires qui préparent des mahrouds et des projets de sentence présentés à S. A. le Bey pour leur transformation en décisions, d'après l'ancien système. Mais la forme dans laquelle se faisait ce travail de préparation des bureaux a été profondément modifiée par des règlements d'ordre intérieur ; elle est identique, maintenant, sur tous les points, à la procédure que j'ai décrite comme formant la règle dans les tribunaux de province et les bureaux de l'Ouzara tiennent des audiences publiques, où ont lieu des débats contradictoires, tout comme des tribunaux réguliers. Le seul point où s'arrête la ressemblance, c'est dans le prononcé public de la sentence qui ne peut avoir lieu ; mais, quand elle est rendue, son exécution est assurée par les moyens déjà exposés.

La compétence de l'Ouzara se trouve aussi profondément modifiée ; à mesure qu'on installe les tribu-

naux de province, cette juridiction est privée, pour
la portion du territoire qu'ils couvrent, de la connaissance des affaires civiles au dessous de 1.200 fr. et de
toutes les affaires pénales qui ne concernent pas des
crimes. Quand l'évolution sera accomplie, il ne lui
restera plus qu'un nombre très limité de litiges, une
centaine de litiges civils et cinq ou six cents instances
criminelles ; mais, en plus, elle recevra, comme elle
reçoit déjà, les appels des jugements des Tribunaux
de province.

Les appels, nous l'avons dit, ont été rendus extrêmement faciles (art. 36 et 37 du décret organique) ;
ils résultent suffisamment d'une simple déclaration
qui peut être apportée à un Caïd, à un Contrôleur
Civil, au Tribunal même qui a rendu le jugement, ou
au premier Ministre ; on autorise même son envoi à
l'Ouzara par lettre missive.

L'appel suspend l'exécution du jugement qualifié en
premier ressort ; le premier ministre peut suspendre
l'exécution des jugements qu'il estime avoir été mal
qualifiés en dernier ressort. Des circulaires ont assuré
la rapide transmission des appels et la suspension
immédiate des exécutions.

Aucune procédure spéciale n'a été prescrite pour
les appels ; ils sont jugés dans les mêmes conditions
que les autres affaires. Dans le décret constitutif, on
avait prévu une forte amende de fol appel parce qu'on
craignait qu'il soit fait un abus de la voie de recours
qu'on ouvrait si largement ; mais l'expérience a
démontré que ces craintes étaient chimériques ; le
nombre des appels a été jusqu'ici très restreint et, ce
qui vaut mieux encore, les jugements ainsi déférés au
Tribunal supérieur ont été confirmés pour plus des
trois quarts. Un pareil résultat fait le plus grand honneur aux nouveaux tribunaux ; il démontre que les
hommes auxquels on les a confiés ont été à la hauteur

de leur tâche, que le système d'organisation est parfaitement approprié aux besoins du pays et que les justiciables ont accordé complètement leur estime et leur confiance à leurs nouveaux juges.

En matière criminelle ordinaire, l'élaboration des affaires est confiée à un bureau spécial de l'Ouzara qui s'appelle service de l'instruction, qui fait office de juge rapporteur, contrôle, complète et dirige l'action des caïds auxquels les règlements donnent la charge des enquêtes.

Quant aux affaires civiles au dessus de 1.200 fr., elles sont, je l'ai dit, peu nombreuses, et il est possible qu'on arrive à les déléguer, à leur tour, aux Tribunaux de province. Si cela se fait (et les justiciables le demandent), l'Ouzara restera exclusivement juridiction de grand criminel et d'appel, et la nouvelle organisation sera fondée.

Maintenant, Messieurs, il ne me reste plus à vous décrire que l'Administration centrale de la justice séculière tunisienne.

Cette administration centrale s'appelle, je l'ai déjà dit, la Direction des Services judiciaires. Elle forme une des grandes divisions de l'Administration générale, et opère sous la haute autorité et la surveillance du Secrétaire général du Gouvernement tunisien. Elle a pour titulaire un Magistrat français du cadre métropolitain assimilé, comme grade, au Président du Tribunal de Tunis.

La Direction des Services Judiciaires est divisée en quatre bureaux : 1° le service du cabinet, chargé de l'ordre intérieur, de la réception, de la distribution et de l'expédition de toute la correspondance ; de la conservation et du classement des archives ; des communications avec les autres administrations et avec le public ; de la rédaction de la correspondance française ; du matériel, des statistiques et du personnel ; 2º le bureau des affaires civiles ; comme son nom l'indique, il est chargé de l'examen des plaintes en matière civile ; de la distribution des affaires entre les juridictions compétentes, des appels et évocations, de l'exécution des jugements, et de toute la correspondance arabe relative aux mêmes litiges ; 3º le bureau des affaires pénales ; il possède des attributions identiques au précédent, mais seulement pour ce qui touche à la justice répressive ; de plus, il fait tout ce qui est nécessaire pour la mise en mouvement de l'action publique tunisienne et pour la direction de la police judiciaire indigène ; 4º enfin le service de l'instruction est chargé de l'étude et de la mise en état des affaires du grand criminel.

Provisoirement, et jusqu'à l'organisation complète des Tribunaux de province, ces bureaux s'acquittent de toute la partie administrative des devoirs qui incombent encore au Tribunal de l'Ouzara ; ils l'administrent directement, tandis qu'ils surveillent seulement la gestion des Tribunaux de province, qui appartient aux Présidents de ces compagnies. Ils administrent aussi le Tribunal de la Driba de Tunis, qui est chargé de l'expédition d'un certain nombre d'affaires correctionnelles et civiles de peu d'importance.

Les Tribunaux de province, et, plus généralement, toutes les juridictions qui composent la justice séculière tunisienne, doivent s'abstenir de toutes relations directes avec les autres administrations et avec la justice française; ces relations sont assurées par la Direction des Services Judiciaires, ou, si on aime mieux, par l'Administration générale dont elle fait partie et pour le compte de laquelle elle agit.

Telle est, messieurs, l'organisation nouvelle élaborée par le Protectorat ; bien que récente et non encore munie de tous ses organes, elle a déjà produit des résultats assez palpables qu'on puisse apprécier sa véritable valeur.

Grâce à elle, le chiffre des litiges entre tunisiens traités et résolus régulièrement, s'est élevée de 9.000 (chiffre de 1895), à 22.000 (chiffre de 1897). Cette énorme augmentation n'a pas fait obstacle à la rapidité des opérations judiciaires : tandis que, dans l'ancien système, les instances pendantes représentaient 24 pour cent du chiffre annuel au civil et 17 pour cent au pénal, il n'est plus aujourd'hui que de 4 pour cent au civil et de 6 pour cent au pénal. On retrouve les effets de cette même accélération lorsqu'on examine les statistiques de la prison préventive; de 40 jours (chiffre moyen par affaire) en 1895, on l'a fait tomber en 1897 à 3 jours 1/2 pour les Tribunaux de province et à 28 jours 1/2 pour le Tribunal de l'Ouzara, soit une moyenne générale de moins de 17 jours.

Cette justice si rapide est aussi extrêmement peu coûteuse. Elle ne comporte d'autres frais obligatoires pour les plaideurs que le paiement de droits de timbre, d'enregistrement et de chancellerie. Or ces droits se sont élevés, en 1897, à un total de 39.022 francs pour 12.225 litiges, ce qui fixe la moyenne du coût d'une instance à 3 fr. 15 centimes. Et, néanmoins, les droits perçus par l'Etat ont été suffisants pour payer les deux tiers de la dépense qu'il a dû faire pour l'établissement des Tribunaux de province.

Enfin, et ce sera mon dernier mot, les justiciables manifestent une grande confiance dans leurs nouvelles juridictions; nous en avons la preuve, non seulement par les rapports très élogieux du Contrôle civil et par les manifestations spontanées de toute la population, mais encore, par l'usage très restreint qui a été fait du droit d'appel. En 1897, les Tribunaux de province ont rendu 1.544 jugements civils et 2.689 décisions pénales susceptibles d'appel ; or, il ne s'est produit que 39 appels civils et 17 appels correctionnels, ce qui fait une proportion de 25 pour mille au civil et de 6 pour mille au pénal. Pour qui connaît la ténacité avec laquelle l'indigène poursuit indéfiniment les revendications les plus insignifiantes, quand il se croit lésé, le résultat est concluant.

En résumé, le but poursuivi par le Gouvernement du Protectorat est atteint : il a donné à l'indigène une justice simple, rapide, presque gratuite, parfaitement appropriée à ses besoins et à ses mœurs, et qui donne complète satisfaction à ce besoin d'équité et de légalité qui se manifeste si vivement chez les populations de la Régence.

CONFÉRENCE DE M. ANTERRIEU

CONFÉRENCE DE M. ANTERRIEU

———

LA LOI FONCIÈRE TUNISIENNE

———

1° L'Aot Torrens

La question de l'organisation de la propriété foncière dans un pays nouveau présente une importance
capitale, car elle est la base de tout essai de colonisation. Coloniser, c'est peupler le pays et fertiliser le
sol. Il ne suffit donc pas, pour mener à bonne fin une
œuvre aussi difficile et pour en retirer les avantages
et les profits qu'elle comporte, de fonder sur le territoire soumis des villes et des villages, de favoriser les
immigrations et de faire régner la sécurité dans le
pays ; il faut aussi que la charrue puisse prendre possession du sol pour assurer et alimenter la richesse
publique et pour fournir l'impôt qui dégrèvera et
finira par enrichir le Trésor ; il faut que la terre présente des garanties suffisantes et que, ne se refusant
pas à l'hypothèque, elle facilite à son détenteur l'assistance du capital qui ne consentira à venir aider le
travail et participer avec lui à la fécondation du sol
que s'il est sûr de l'avenir.

Telle devait être l'une des premières et des plus graves préoccupations de l'Administration chargée d'organiser en Tunisie le protectorat de la France. La Tunisie est un pays agricole dont le sol peut devenir, comme à l'époque de la domination romaine, l'aliment d'une fortune publique considérable. Pour obtenir ce résultat, il fallait donner à la propriété foncière l'assiette et la certitude que la législation musulmane est complètement impuissante à lui assurer. Nous verrons tout à l'heure comment le législateur tunisien a tranché cette difficulté, mais il ne sera pas inutile de faire, au préalable, un exposé succinct de la législation musulmane pour en établir l'insuffisance signalée et pour mieux apprécier l'importance et l'utilité de l'œuvre accomplie. Nous devrons aussi nous bien pénétrer des principes qui ont inspiré l'élaboration de cette loi, et notamment analyser les dispositions essentielles de la législation australienne, connue sous le nom d'*Act Torrens*, qui y ont été en partie reproduites.

La loi tunisienne dérive du Coran, comme toutes les législations musulmanes. Pour le fidèle mahométan, le Coran est le livre le plus parfait qui ait été écrit, parce qu'il révèle la parole de Dieu. Conséquemment il est une loi immuable. On peut cependant se rendre compte facilement que le Coran est tout à fait insuffisant comme code de lois. Les Khalifes, successeurs de Mahomet, l'avaient si bien compris, qu'ils en ont extrait, pour les coordonner et les interpréter, les préceptes juridiques qui s'y trouvent épars et qui y sont le plus souvent exprimés sous une forme dogmatique. De là les quatre rites : malékite, hanéfite, schafféite et hambalite, seuls reconnus comme orthodoxes et dont les enseignements forment le corps de droit des nations musulmanes. Bien qu'ayant une origine commune, ces rites présentent, — sur beaucoup de points,—des divergences importantes, qui n'ont fait que s'accentuer dans les nombreux commentaires dont ils ont été l'objet. Une question pourra être diversement tranchée suivant qu'il sera fait application de tel ou tel rite. Hâtons-nous de dire que les rites malékite et hanéfite sont seuls en vigueur dans la Régence, mais ils se contredisent assez souvent pour que le danger signalé reste aussi grand.

Dans un procès, le juge doit appliquer le rite invoqué par le défendeur : il faudra donc qu'un plaideur réussisse à s'assurer le rôle de défendeur au procès pour pouvoir bénéficier du rite le plus favorable à sa cause. Ce premier inconvénient se trouve d'autre part considérablement aggravé, si l'on songe que les commentateurs d'un même rite sont loin de s'accorder entre eux et qu'ils en arrivent parfois à donner sur une même question des solutions contraires. Une législation aussi incertaine dans ses principes ne saurait donc assurer au droit de propriété la solidité qui lui est nécessaire pour qu'il inspire le respect et la confiance, et ne pourrait en aucune manière satisfaire aux exigences du crédit.

Les dangers et les lacunes de la législation musulmane vont nous apparaître bien plus grands encore.

Ce n'est pas qu'elle laisse la propriété dépourvue de toute constatation. Le droit des détenteurs du sol est habituellement établi par des titres, mais les énonciations essentielles de ces titres sont la plupart du temps peu précises ou incomplètes et exposent l'acquéreur, ignorant des coutumes du pays, à toutes sortes de dangers. Les limites indiquées sont anciennes ; telle limite qui existait à l'origine et qui a été successivement reproduite dans tous les actes inscrits sur le titre est maintenant inconnue ; pourra-t-on arriver, par un calcul de contenance, à retrouver exactement son emplacement ? Sûrement non, car il ne faut pas perdre de vue que la contenance, qui varie avec chaque contrée, ne porte que sur les parties labourables de l'immeuble délimité et que, dès lors, il suffirait d'établir ou même d'alléguer qu'on a défriché des parcelles incultes pour étendre les limites de cet immeuble.

L'origine et l'étendue du droit de propriété sont aussi mal précisées et aussi douteuses. D'abord le notaire indigène qui constate sur un acte l'état et la condition d'un immeuble ne dispose d'aucun renseignement certain ni d'aucun moyen d'investigation efficace : il en est réduit à se contenter de la preuve testimoniale et il se trouve exposé à tous les dangers que comporte ce genre de preuve. Puis, que le titre ainsi dressé vienne à être perdu ou détruit, on retournera chez ce même notaire qui n'a point conservé la minute du premier acte parce qu'il n'est qu'un témoin officiel ; ou bien l'on ira chez un autre notaire du lieu, on lui demandera et on obtiendra de lui l'établissement d'un nouveau titre ; si le premier titre est retrouvé ou s'il a été volontairement dissimulé, on se trouvera alors en présence de deux titres pour un seul et même immeuble. Cette possibilité de dualité de titres ouvre la porte à de nombreuses fraudes. On sait, par exemple, combien le législateur français a pris de précautions pour obvier à cet inconvénient : sous l'empire de la loi musulmane, un acheteur qui a traité sur la foi d'un titre doit toujours craindre d'être évincé par la revendication d'un tiers s'appuyant sur un autre titre et sur une acquisition antérieure.

Enfin, les démembrements du droit de propriété sont multiples. A côté de l'usufruit et des servitudes, on trouve un grand nombre d'autres droits réels, qu'aucune publicité ne révèle et qui restreignent singulièrement la portée du droit de propriété. C'est l'*enzel* ou location perpétuelle d'un immeuble moyennant

une redevance fixe ; le *kerdar* ou location à long terme
et même perpétuelle moyennant un loyer variable ;
le *khoulou*, la *hazka*, la *mefta* et la *nasba* ou droits de
jouissance perpétuelle sur partie d'une construction ;
la *chefaa* ou droit pouvant être exercé par un membre de la famille, un co-propriétaire indivis, un propriétaire voisin, à l'encontre du légitime détenteur
d'un immeuble familial, indivis ou limitrophe. Cette
énumération est encore incomplète ; mais préciser
que les nombreux droits qui peuvent grever la terre
sont dépourvus de toute publicité, c'est dévoiler suffisamment les dangers multiples que présente un tel
état de choses.

Ajoutons cependant, comme nouvelles causes d'in-
certitudes, la pratique fréquemment répandue chez
les indigènes de faire leurs biens habous, c'est-à-
dire de les rendre inaliénables dans un but pieux ou
humanitaire, mais trop souvent dans le seul but d'exhé-
réder certains de leurs enfants ou de diminuer le gage
de leurs créanciers ; leur habitude de vivre dans l'état
d'indivision ; le manque d'état civil chez eux, le mystère qui entoure la famille musulmane ; la complicité
funeste de certains notaires ; le nombre incalculable
d'officines où sont fabriqués les faux titres ; tant
d'autres causes enfin qui laissent la propriété incertaine,
occulte, précaire et qui exposent l'acquéreur étranger
à des évictions totales ou partielles. Cette organisation primitive et rudimentaire pouvait suffire aux
besoins d'une civilisation stationnaire : elle n'était
aucunement appropriée aux exigences de la nôtre et
aux besoins du moment. Pour faciliter l'essor économique du pays, pour attirer et retenir les capitaux
nécessaires à l'exploitation de ses richesses naturelles,
pour suffire aux besoins nouveaux, il fallait faire
cesser les situations douteuses, consolider la propriété,
épurer et fixer tous les droits immobiliers : il fallait

en un mot, créer de toutes pièces et édicter une
législation nouvelle.

Quelle a été cette législation nouvelle ? Un décret,
en date du 31 juillet 1884, avait institué une commission chargée de préparer la codification des lois relatives à la propriété foncière. Cette Commission était
composée d'hommes éminents dont les connaissances
techniques et la compétence étaient un sûr garant du
succès de l'œuvre entreprise. M. Paul Cambon, résident
général, qui avait déjà mené à bonne fin d'importantes
réformes, en était le président. Il avait pour collaborateurs : M. Bompard, Secrétaire général du Gouvernement tunisien, dont le nom est si justement attaché à ce pays ; L.L. E.E., le Premier Ministre et le
Ministre de la Plume, qui continuent à prêter au
Gouvernement tunisien l'appui de leur haute expérience ; les chefs et les membres du Tribunal français
qui ont pris une très large part aux travaux de
la Commission ; les Juges musulmans les plus vénérés ;
les Directeurs des Finances et des Travaux Publics et
plusieurs officiers ministériels.

Pour accomplir une si lourde entreprise, de quel
côté devait-on porter ses vues ? Convenait-il d'introduire en Tunisie le système du Code Civil français et
de la loi du 23 mars 1855 sur la transcription hypothécaire ? La commission ne l'a pas pensé. On sait
que le régime hypothécaire organisé par notre Code
Civil présente des imperfections nombreuses que la
loi du 23 mars 1855 n'a pas complètement fait disparaître. Mais ce n'est là qu'un des moindres inconvénients ; l'insuffisance de la loi française pour atteindre le but qu'on poursuivait éclate à un autre point
de vue. On peut dire d'une manière générale que la
loi française ne tend qu'à conserver les droits entre
les mains de ceux auxquels ils sont transmis. Ce qu'on
voulait en Tunisie, c'était arriver à assurer immédia-

tement la sécurité et la facilité des transactions en fixant l'assiette de la propriété et des droits réels immobiliers. Or il est clair que les seules ressources du droit commun français ne permettent pas d'atteindre ce résultat. L'acte par lequel un tiers me cède son droit, qu'il soit sous seing privé ou authentique, qu'il soit un contrat ou un jugement, ne me met pas à l'abri de toutes chances d'éviction, alors même que, suivant l'expression du législateur de 1855, je me serais conformé aux lois pour la conservation de mes droits. Par exemple, j'achète un immeuble ; je me trouve par là même mis au lieu et place de mon vendeur ; mais la situation juridique de l'immeuble n'a pas changé, elle reste entre mes mains ce qu'elle était entre les mains de mon vendeur. Il importera peu que je prouve mon acquisition et que je la fasse transcrire sur un registre public : mon vendeur n'a pu me transmettre que les droits qu'il avait lui-même sur l'immeuble vendu. C'est une conséquence toute simple de la maxime traditionnelle : *Nemo plus juris ad alium transferre potest quam ipse habet.* Hâtons-nous de dire que, en France, c'est un inconvénient à peu près théorique : l'assiette de la propriété est connue, sa constatation est faite par des officiers ministériels habitués à rechercher et à décrire l'origine des droits. Mais il en va tout autrement dans la Régence où nous avons montré que le point de départ de la propriété et son étendue sont incertains, et où cependant il était nécessaire d'attirer sans retard des capitaux et des acquéreurs venus du dehors. Il fallait donc organiser en Tunisie une procédure de purge qui fixât à l'égard de tous la consistance matérielle et la condition juridique de la propriété, et créer un système de publicité tel qu'il fût toujours facile de connaître les modifications qui se produiraient dans la suite.

Depuis plusieurs années, des publicistes avaient

livré à la discussion le système technique sur le transfert de la propriété immobilière que sir Robert Richard
Torrens a introduit, il y a une quarantaine d'années,
dans l'Australie Méridionale. Profondément frappé
par l'énormité des charges qui pesaient sur les colons
oustraliens, Sir Robert R. Torrens, qui occupait alors
les fonctions de Directeur de l'Enregistrement dans le
South Australia, chercha à organiser pour les mutations immobilières un régime analogue à celui qui
était suivi pour les ventes de navires, et il en arriva
ainsi à établir un projet de loi sur cette matière.
L'opposition des hommes de loi fut très vive ; cependant Sir Robert R. Torrens, qui s'était fait'nommer
député pour mieux défendre et soutenir son système, eut la bonne fortune de le voir voter par les
corps élus de la Colonie. L'acte législatif qui marqua
cet événement fut la loi du South Australia du 2 juillet
1858. Sir Robert R. Torrens résilia aussitôt son mandat de député et se fit placer à la tête du nouveau
Service institué par la loi. L'expérience démontra
bientôt la nécessité de certaines réformes de détail
et la loi, rapportée et modifiée, fut de nouveau promulguée sous la rubrique : « Real property Act de
1861. »

Le succès complet de cette œuvre législative dans
l'Australie méridionale et dans les autres Colonies
anglaises qui l'avaient adoptée devait déterminer la
commission tunisienne à chercher dans ce système la
formule de la loi nouvelle. L'avant-projet présenté à
la Commission proposait en effet l'application pure et
simple en Tunisie de l'Act Torrens ; mais on pensa
qu'il ne suffirait pas, bien que les dispositions de la
loi Australienne parussent pouvoir être appropriées
aux besoins économiques de la Régence, de les reproduire dans leur ensemble, et qu'il serait préférable
d'en combiner les règles avec les coutumes locales et

quelques-uns des principes de notre droit civil français.

Les emprunts qui furent faits à l'Act Torrens sont cependant si importants qu'il est nécessaire de connaître le mécanisme de ce système.

Tout propriétaire qui veut placer son immeuble sous le régime nouveau, fait dresser par un géomètre assermenté et à une échelle déterminée par la loi un plan de cet immeuble ; il rédige une requête dans laquelle il mentionne la nature de son droit sur l'immeuble et de tous les droits réels qui, à sa connaissance, appartiendraient immédiatement ou éventuellement à d'autres personnes ; il joint à sa requête le plan qu'il a fait dresser et tous les titres qu'il détient en déclarant que ces titres sont les seuls à sa disposition, intéressant l'immeuble, et il envoie le tout au fonctionnaire chargé d'exécuter les différentes formalités prévues par la loi et qui s'appelle le Registrar Général.

Cet Agent est la cheville ouvrière de tout le système: aussi ses pouvoirs sont très étendus. Il peut requérir toute production de titres qui lui paraît utile, appeler en témoignage devant lui, sous peine d'une amende, tous ayants droit de l'immeuble et leurs ayants cause, déférer le serment et exiger des personnes entendues par lui une déclaration écrite de la sincérité de leur déposition ; il peut encore, sur le seul vu de preuves qui lui semblent concluantes et d'accord avec le jurisconsulte, appelé Maître des Titres, qui l'assiste dans ses investigations et enquêtes, réparer toute erreur ou omission qu'il a commise en établissant un titre, sans cependant que cette correction doive préjudicier aux inscriptions acquises ; et enfin, au nom de la Couronne ou d'une personne absente ou incapable, il peut se refuser à inscrire tout transfert ou toute transaction concernant un immeuble présumé appartenir à la Couronne, ou à un absent ou à un incapable. Mais tout document présenté comme émanant de lui, écrit de sa main ou sous ses ordres, revêtu de sa signature ou de celle de son remplaçant et portant le sceau officiel, fait loi jusqu'à preuve du contraire. Lors donc que le requérant a adressé au registrar général la réquisition, le plan et les titres, sans oublier le montant des frais que va occasionner la procédure, celui-ci soumet toutes les pièces produites à l'examen du Maître des titres.

On sait que dans les Colonies anglaises tout droit de propriété territoriale a pour origine une concession de la Couronne. Conséquemment s'il est reconnu que le requérant est le concessionnaire direct et originaire et que d'autre part aucun acte de vente, d'hypothèque ou autre transaction de nature à affecter son titre n'a jamais été enregistré, l'immeuble est admis à bénéficier de la loi nouvelle; mais, si le titre produit est irrégulier ou incomplet ou bien s'il apparait que le requérant n'est pas le concessionnaire direct ou que des tiers peuvent avoir un droit quelconque, autre qu'un droit de bail sur l'immeuble en question, le registrar général rejette *de plano* la demande ou fait procéder à une publicité qui permettra à tous ayants droit de l'immeuble de veiller à la défense de leurs intérêts.

Cette publicité varie selon l'importance des droits qu'il s'agit de sauvegarder. Ainsi lorsque le requérant, bien que n'étant pas le concessionnaire direct de l'immeuble, en est cependant reconnu le propriétaire et qu'il se trouve seul à pouvoir prétendre un droit sur l'immeuble, ou bien lorsque les détenteurs d'un droit réel sur cet immeuble ont signé la réquisition avec le requérant, le registrar général fait publier la demande une fois dans la Gazette Officielle et trois fois dans un au moins des journaux de la Colonie, et il fixe un délai qui ne peut être inférieur à un mois ni excéder une année pour former opposition à l'admission de l'immeuble sous le régime de la nouvelle loi ; lorsque les tiers, autres que les locataires, ayant un droit sur cet immeuble n'ont point concouru à la demande, le registrar la fait publier dans la Gazette de la Colonie, ainsi que dans celles des autres colonies australiennes et de la Métropole, un nombre de fois et à des intervalles qu'il règle lui-même, et il fixe un délai de deux mois au moins et de trois ans au plus pour former opposition.

Dans tous ces cas, il fait placer un exemplaire de l'avis publié et une reproduction du plan de l'immeuble dans un endroit apparent de ses bureaux, ainsi que dans les autres endroits qu'il juge convenables ; il peut même ordonner, soit d'office, soit à la requête du demandeur, qu'il soit donné avis de la réquisition à toute personne qui y serait dénommée : la preuve que cette notification aura été reçue ou que la personne intéressée a eu connaissance de la demande, aura pour effet de faire considérer toute réclamation de celle-ci, après que l'immeuble aura changé de régime, comme nulle et non avenue. Ajoutons que, en cas de refus opposé à sa demande par le registrar général, le demandeur a le droit d'exiger que les motifs en soient consignés par écrit et, si ces motifs ne lui paraissent pas suffisants, il peut assigner le registrar devant la Cour qui, après instruction, ordonnera ou défendra l'admission de l'immeuble sous le nouveau régime, en fixant dans la première hypothèse le délai d'opposition conformément à la loi.

Des oppositions se sont-elles produites dans les délais fixés, le registrar général les notifie aussitôt au requérant et suspend la procédure jusqu'à ce que mainlevée de ces oppositions ou décision de justice tranchant les litiges ait été rapportée.

Toutefois, pour éviter au requérant des procès vexatoires et des retards préjudiciables, la loi autorise le registrar à ne tenir aucun compte d'une opposition basée sur un droit ne pouvant se réaliser qu'à terme ou par application d'une contre-lettre ou de celle d'un opposant se fondant uniquement sur l'absence de preuves légales de la capacité du précédent vendeur ou d'un précédent acquéreur; et de plus toute opposition est périmée si, dans les trois mois de sa notification au registrar, l'opposant ne justifie pas des diligences par lui faites, devant le tribunal compétent, pour établir ses droits.

Toutes ces hypothèses prévues par la loi étant exposées, prenons maintenant l'immeuble au moment où il va pouvoir être admis au bénéfice de la loi nouvelle. La liquidation du passé est faite, la purge est opérée; tous ceux qui pouvaient prétendre un droit sur cet immeuble ont été mis en mesure de le faire valoir ; l'immeuble va revivre d'une vie nouvelle, complètement dégagée de toutes les conditions de son existence antérieure. C'est encore le registrar général qui procèdera à cette grave opération, justement désignée sous le terme d'immatriculation.

Pour cela, il établit en double original un nouveau titre contenant une description exacte de l'immeuble avec indication de la nature du droit du titulaire et de tous les droits réels et charges quelconques qui le grèvent ; le plan est reproduit sur ce titre ; tous les autres actes et pièces quelconques qui avaient été joints à la demande sont annulés pour le tout, s'ils n'ont pour objet que l'immeuble immatriculé, ou pour partie dans le cas contraire. Le registrar remet alors un des originaux au propriétaire et il classe l'autre dans un registre-matrice où se trouve un original de chaque titre de propriété immatriculée. Ce registre devient ainsi le grand-livre de la propriété foncière sur

lequel chaque immeuble a sa page et son compte particulier. Le droit de propriété et les droits réels inscrits sur ce livre sont désormais inattaquables, sauf
évidemment dans le cas de fraude ; le passé ne peut
plus être évoqué, la sécurité est complète pour tous ;
l'acheteur et le créancier hypothécaire de bonne foi
sont même à l'abri de toute revendication pour cause
de fraude : « Tout certificat de titre, dit l'art. 33, dûment scellé et signé du registrar général fera foi en
justice de son contenu et de son immatriculation et
fera preuve que la personne qui y est dénommée est
réellement investie des droits qui y sont spécifiés ».

Si, malgré les précautions prises, le registrar général s'est trompé, ce qui n'est pas impossible ; s'il
a inscrit un droit qui n'existait pas ou n'était pas valablement constitué, aucun recours contre l'immeuble
n'est plus possible, hormis bien entendu le cas de
fraude : celui qui a subi le préjudice ne conserve
qu'une action en dommages-intérêts contre le Gouvernement. La caisse du fonds d'assurance a été instituée
pour garantir l'État contre ce genre de recours ; elle
est alimentée par la taxe d'un demi-denier par livre
sterling sur la valeur de tout immeuble immatriculé.

Les formalités qui viennent d'être décrites permettent certainement d'éviter que les réclamations contre
le fonds d'assurance ne soient trop nombreuses : elles
constituent une purge légale entourée de garanties
sérieuses.

Le droit de propriété et les autres droits réels immobiliers étant ainsi fixés et consolidés, voyons maintenant comment la loi australienne a assuré la conservation de l'œuvre accomplie.

L'art. 43 l'indique en ces termes : « Aucun acte
translatif de propriété ou constitutif d'hypothèque,
ayant pour objet un immeuble soumis au régime de la
présente loi, ne produira ses effets qu'à partir de l'en-

registrement qui en aura été fait conformément à la dite loi — mais, par le seul fait de l'enregistrement du dit acte, tous les droits qu'il constitue seront transférés à la partie intéressée, sous les conditions et les modalités expresses contenues au dit acte, ou réputées au terme de la loi en être la conséquence implicite ».

Le système organisé par l'Act Torrens pour atteindre ce résultat est aussi simple qu'ingénieux. Le propriétaire d'un immeuble immatriculé veut-il le vendre? il rédige un mémorandum de transfert, attesté par un témoin, en se référant pour la description de l'immeuble et son état juridique au titre qu'il détient, et il présente ce memorandum et son titre au registrar général ; mention de la vente est faite par ce fonctionnaire sur l'original du livre matrice et un nouvel original, portant mention de la concession originaire et du memorandum de transfert, est délivré à l'acquéreur après annulation de celui du vendeur ; si la vente n'a porté que sur une partie de l'immeuble, l'original du vendeur n'est annulé que pour cette partie et lui est restitué. Lorsqu'il s'agira d'hypothéquer un immeuble ou un autre droit réel immatriculé, les formalités seront aussi simples. Le registrar général inscrira l'acte constitutif d'hypothèque sur le livre matrice et sur l'original du propriétaire et mentionnera l'inscription sur l'acte hypothécaire.

Si le créancier, qui sera en possession de cet acte, veut céder son droit, il pourra le faire soit au moyen d'une endossement écrit au dos de l'acte, soit au moyen d'un acte de cession. « Tous les droits et priviléges du cédant passent au cessionnaire par le seul fait de l'enregistrement de l'acte », dit l'art. 65. Le cessionnaire n'aura donc qu'à faire constater cette cession sur l'original du livre-matrice.

On comprend que, dans ce cas, la loi n'oblige pas le propriétaire à produire son original. Il n'y a d'abord aucun intérêt pratique : cet original porte l'inscription de l'hypothèque, peu importe que ce soit tel ou tel qui soit le titulaire de ce droit ; d'autre part le propriétaire qui se refuserait à produire son certificat formerait entrave à la possibilité pour le créancier de céder son droit. Au jour de la libération, la quittance donnée au dos de l'acte constitutif d'hypothèque est reproduite sur les deux originaux du titre et l'acte hypothécaire est annulé. En cas de perte ou de destruction de l'original remis au titulaire, il sera facile d'obtenir un nouveau certificat : l'intéressé n'aura qu'à faire sa déclaration au registrar général en l'appuyant des déclarations des personnes qui pourraient avoir connaissance de l'affaire ; si cette déclaration parait sincère au registrar, il fait publier un avis dans la Gazette officielle et dans un autre journal et, treize jours après cette publication, il délivre un nouveau certificat en inscrivant une mention ad hoc sur le folio matricule.

Ces diverses règles forment, comme on le voit, un système de publicité très-large. Tous les actes qui sont de nature à modifier la condition d'un immeuble immatriculé doivent être inscrits : en droit français, la convention oblige les parties contractantes du moment où elle a été conclue et sa transcription sur les registres publics la rend opposable aux tiers ; dans le système de la loi australienne, qui d'ailleurs sur ce point a reproduit un principe du droit germanique, la formalité de l'inscription n'est pas seulement exigée pour rendre le droit opposable aux tiers, mais encore pour assurer son existence même.

Cette sanction énergique a pour conséquence de supprimer les hypothèques générales et occultes qui seront toujours spécialisées et publiques. De la sorte, le titre de propriété est comme le miroir où se reflète exactement l'état juridique et matériel de la propriété.

Tel est dans ses grandes lignes le système de l'Act Torrens dont toutes les dispositions tendent à donner à la propriété et aux droits réels immobiliers la fixité et l'élasticité qui leur sont indispensables pour devenir des instruments de richesse et de crédit. Résumons les principes essentiels sur lesquels repose son économie :

1° Il donne à la propriété et aux droits réels immobiliers une certitude incontestable. Le point de départ est établi : plus de doutes sur l'origine et l'étendue des droits et sur la consistance matérielle des immeubles ;

2° Il fait de la propriété ainsi fixée une individualité juridique indépendante de celle de ses ayants-droit : on n'aura plus à faire de longues et inutiles recherches pour être renseigné sur la condition d'un immeuble, il suffira de se reporter au folio matricule qui lui est réservé ;

3° Il pose le principe de l'enregistrement du titre, tandis qu'on n'a, en droit français, que l'enregistrement du transfert ; l'inscription établit *erga omnes* l'existence de la convention ;

4° Il facilite tous transferts, en mettant le titre enregistré à l'abri de toute contestation et en permettant une cession par simple endos, suivi d'enregistrement ;

5° Il diminue dans une large mesure les frais inhérents à toute mutation et il simplifie les formalités. On trouve des formules imprimées pour tous les actes : la préparation de tous les actes peut donc être confiée à des personnes prises en dehors des officiers ministériels ;

6° Il garantit le propriétaire ou le titulaire d'un droit réel immobilier évincé par une immatriculation, en lui réservant un recours contre le fonds d'assurance.

On a formulé beaucoup de critiques contre ce système ; mais le succès en est consacré par une expérience déjà vieille. Ce succès est d'autant plus grand que l'Act Torrens est une loi facultative : le propriétaire est libre de soumettre son immeuble à ce régime ou de s'en tenir au droit commun ; seuls les immeubles concédés par la Couronne, depuis la mise en vigueur de la loi, sont placés *ipso facto* sous son régime. Nous ne nous arrêterons pas aux critiques qui ont été formulées.

En exposant ce système, nous nous sommes efforcé uniquement d'en faire ressortir les principes essentiels pour faciliter nos explications sur la loi Tunisienne. Il nous reste maintenant à aborder cette seconde partie de notre sujet.

2° La Loi Tunisienne

La nouvelle loi foncière tunisienne est la loi du 1er juillet 1885. Cet acte législatif est une œuvre considérable qui ne compte pas moins de 381 articles. Le législateur n'a pas voulu se contenter de reproduire les dispositions de l'Act Torrens qu'il avait acceptées ; il s'est attaché à les combiner avec celles de notre loi française qui pouvaient être conservées et avec les institutions locales, pour en faire une loi unique et dresser ainsi un véritable code de la propriété immobilière. Quelles que puissent être les imperfections de cette législation, il faut rendre hommage au zèle des membres de la Commission qui ont élaboré avec rapidité une œuvre importante dont les effets devaient être décisifs pour la prospérité de la Tunisie.

Les lois et décrets des 16 Mai 1886, 6 novembre

1888, 15 mars 1892, 9 mai 1896, 25 et 28 février et 10 mars 1897[1] ont apporté quelques modifications à la loi du 1er juillet 1885. Nous ne nous attarderons pas, dans nos explications, à faire l'historique de ces modifications. La pensée du législateur n'a point varié : Les dispositions survenues ultérieurement poursuivent le même but. Aussi le lumineux rapport de M. Paul Cambon, qui précède la loi de 1885, peut encore servir d'exposé des motifs à la législation actuellement existante et en indiquer nettement l'esprit et le but.

Pour doter la Tunisie d'un système analogue à l'Act Torrens et pour la faire bénéficier des avantages économiques qui en découlent, le législateur a organisé une procédure de purge, dite procédure d'immatriculation, destinée à asseoir et fixer la propriété et les droits réels immobiliers sur des bases certaines, en les constatant dans un titre public, et il a créé un système de publicité hypothécaire devant perpétuer cette consolidation et donner la plus grande sécurité aux transactions immobilières ; mais, chemin faisant, il a précisé quels sont les biens qui, par leur nature, par leur destination ou par l'objet auquel ils s'appliquent, doivent être considérés comme immeubles, et il a édicté que les fonds de terre et les bâtiments sont les seuls immeubles susceptibles d'immatriculation, puis il a énuméré, défini et réglementé les divers droits réels immobiliers dont l'existence a été reconnue dans la Régence. Ces droits sont la propriété immobilière, l'enzel et la rente d'enzel, l'usufruit des immeubles, l'usage et l'habitation, l'emphytéose, la superficie, les servitudes foncières, l'antichrèse, les privilèges et les hypothèques : la réglementation de ces droits constitue le plus grand nombre des articles

---

(1) Ajoutons le décret sur les servitudes de rue (10 avril 1898) qui a paru après cette conférence.

dont la loi se compose. L'étude des innovations qu'elle consacre serait certainement fort intéressante au point de vue scientifique ; mais elle élargirait trop le cadre de votre sujet qui se trouve réduit aux deux points suivants : procédure d'immatriculation et système de publicité hypothécaire. Nous nous étendrons plus longuement sur la première partie : les formalités qui opèrent purge sont intéressantes à étudier, mais surtout utiles à connaître, car elles sortent leurs effets à l'encontre de tous. Il suffira, au contraire, d'énoncer les principes adoptés par le législateur dans la seconde partie de son œuvre, pour en révéler les avantages et permettre de les apprécier.

La loi tunisienne est facultative comme l'Act Torrens. Toute personne ayant la qualité voulue pour requérir l'immatriculation d'un immeuble est libre de soumettre cet immeuble à la législation nouvelle dont les dispositions ne régissent conséquemment que les immeubles immatriculés. Remarquons tout de suite que ce caractère facultatif de la loi ne constitue pas un de ses éléments essentiels, et qu'il ne doit être considéré que comme un moyen ingénieux d'avoir pu mettre en vigueur une loi que les circonstances auraient peut-être retardée indéfiniment et d'en avoir éprouvé la valeur. « On n'entend nullement, dit M. Paul Cambon, imposer le régime nouveau aux propriétaires qui ne voudraient pas l'accepter. On laisse à l'initiative privée le soin de se prononcer entre l'ancienne et la nouvelle législation. Ce système a l'avantage de ne point brusquer les coutumes et les traditions des indigènes ; il laisse au temps et à l'expérience le soin de leur démontrer l'avantage des lois nouvelles ; mais il fournit dès à présent aux Européens et aux capitalistes les sécurités qui leur sont nécessaires. » Toutefois le législateur saura, chaque fois qu'il en aura l'occasion, rendre cette loi obliga-

toire. Nous avons vu qu'en Australie, les terres concédées par la Couronne, postérieurement à la promulgation de l'Act Torrens, passaient *ipso facto* sous le
régime nouveau : de même en Tunisie l'immatriculation a été rendue obligatoire dans plusieurs cas exceptionnels que le législateur semble vouloir multiplier.
Cette tendance est amplement justifiée par les avantages incontestables qui découlent de l'immatriculation et que la loi énonce nettement dans les termes
suivants :

ART. 18. — L'immatriculation a pour objet de placer l'immeuble qui y a été soumis sous le régime de
la présente loi.

ART. 2. — Les dispositions du Code Civil français
qui ne sont contraires ni à la présente loi, ni au statut personnel ou aux règles de successions des titulaires de droits réels immobiliers, s'appliquent, en
Tunisie, aux immeubles immatriculés et aux droits
réels sur ces immeubles.

ART. 19. — Tous les droits réels existant sur l'immeuble au moment de l'immatriculation sont inscrits
sur un titre de propriété qui forme leur point de
départ unique à l'exclusion de tous droits antérieurs.

ART. 20. — Les immeubles immatriculés ressorti-
ront exclusivement et d'une manière définitive à la
juridiction des tribunaux français. En cas de contestations sur les limites ou les servitudes d'immeubles
contigus, lorsque l'un d'eux sera immatriculé et que
l'autre ne le sera pas, la juridiction française sera
seule compétente, et il sera fait application de la présente loi.

L'immeuble immatriculé échappe donc à la loi
musulmane et à tous les dangers qui résultent de son
incertitude ; il passe sous le régime d'une législation
codifiée et du Code civil français, en cas de silence

de cette législation ; il n'est plus soumis à la juridiction du juge indigène, les Tribunaux français restent seuls compétents ; la propriété et les droits réels immobiliers prennent des bases certaines ; le titre qui leur sert de point de départ est précis, sûr et inattaquable ; tous les droits et charges qui ne se sont pas révélés en temps utile et qui ne sont pas inscrits sur le titre sont anéantis. Ce dernier effet signalé est certainement le principal et le plus important des effets de l'immatriculation et c'est celui qui motive la procédure d'immatriculation. « Une purge, dit M. Paul Cambon, à laquelle s'attachent des effets aussi énergiques pouvait devenir un instrument de spoliation, si elle n'était précédée d'une procédure destinée à avertir les tiers et à prévenir les abus. Cette procédure a été organisée avec un soin particulier. Des dispositions beaucoup plus détaillées que celles de l'Act Torrens ont été prises. Tandis qu'en Australie les droits de propriété découlent pour la plupart de concessions récentes de la Couronne consignées dans des registres publics, leur origine en Tunisie est généralement plus ancienne, plus obscure et plus difficile à établir : de là les précautions minutieuses dont la loi entoure leur consolidation définitive. »

Avant d'étudier cette procédure elle-même, nous devons encore rechercher quelles sont les conditions exigées pour pouvoir demander l'immatriculation : « Peuvent seuls requérir l'immatriculation, dit l'art. 22 : 1° le propriétaire et le co-propriétaire ; 2° l'enzeliste et le co-enzeliste ; 3° les détenteurs des droits réels énumérés ci-après : usufruit, usage et habitation, emphytéose, superficie, antichrèse ; 4° le créancier hypothécaire, non payé à l'échéance, huit jours après une sommation restée infructueuse ; 5° avec le consentement du propriétaire ou co-propriétaire ou enzeliste ou co-enzeliste, les détenteurs des droits

réels énumérés ci-après : servitudes foncières, hypothèques... Toutefois le co-propriétaire et le co-enzeliste non requérants ou leurs créanciers hypothécaires
pourront, par voie d'opposition, demander qu'il soit
sursis à l'immatriculation, jusqu'à ce qu'ils aient fait
procéder au partage ou à la licitation des immeubles
indivis ». Le législateur a entendu donner à tout
détenteur d'un droit réel immobilier, indigène ou
européen, le moyen d'assurer la consolidation de ce
droit, sans cependant porter une atteinte trop grande
au caractère facultatif de la loi. Ainsi ou pourrait se
demander pourquoi le créancier hypothécaire est tenu
d'obtenir le consentement d'un des propriétaires ou
enzelistes de l'immeuble ; il semble, en effet, qu'un
créancier hypothécaire soit aussi intéressant que les
autres détenteurs de droits réels immobiliers auxquels
la loi n'impose aucune obligation de cette nature, mais
il ne faut pas perdre de vue que le prêt hypothécaire
est temporaire, qu'il a lieu habituellement en Tunisie,
pour une durée très courte et que dès lors une disposition qui eût autorisé, sans réserve aucune, le créancier hypothécaire à faire immatriculer l'immeuble
grevé de son droit, eût été en contradiction formelle
avec le caractère facultatif de la loi.

D'autre part, dans un pays où la propriété est généralement dans l'état d'indivision, on ne pouvait pas,
sans se montrer trop rigoureux et sans même entraver le bon fonctionnement de la loi, exiger que le
requérant apportât le consentement de tous ses co-
propriétaires ou co-enzelistes. Il n'était cependant pas
possible de faire table rase de ce consentement. La
disposition édictée par la loi respecte suffisamment
les droits de chacun ; celui des co-propriétaires ou co-
enzelistes ou de leurs ayants cause qui ne voudra pas
de l'immatriculation n'a qu'à demander à sortir de
l'indivision ; pour cela, il fera opposition conformé-

ment à la loi et l'immatriculation ne sera reprise
qu'après que le partage ou la licitation aura été effectué, la parcelle de l'opposant en étant exclue ; s'il
s'abstient de faire opposition, il sera réputé adhérer
à l'immatriculation qui suivra dès ce moment son cours
régulier.

Ce même art. 22 prévoit une hypothèse où l'immatriculation peut être requise par une personne autre
que celles ci-dessus désignées.

Dans le cas d'adjudication d'un immeuble non
immatriculé à la barre des Tribunaux français, le
poursuivant est autorisé à demander qu'il soit sursis
à la vente pour qu'il demande l'immatriculation au
nom du saisi et le Tribunal peut même d'office ordonner cette immatriculation préalable, lorsque les titres
de propriété n'ont pas été produits ou qu'ils paraissent insuffisants : ou bien encore, si l'adjudication est
déjà faite, l'adjudicataire a la faculté de subordonner
l'exécution des conditions du cahier des charges à
l'immatriculation de l'immeuble. Dans les premières
espèces, l'adjudication n'a lieu qu'après que l'immatriculation a été prononcée et que les rectifications
qui ont pu résulter de la procédure d'immatriculation
dans l'état de l'immeuble ont été publiées par un dire
rectificatif ; dans la seconde espèce, l'adjudicataire
dépose son prix à la Caisse des Dépôts et Consignations et paye les frais ordinaires de poursuite, dans
la première quinzaine de l'adjudication et, dans la
quinzaine suivante, il commence à ses frais les formalités de la procédure d'immatriculation. Pas de difficulté s'il résulte de cette procédure que l'immeuble a
été exactement décrit et défini par le cahier des charges : le prix déposé devient acquis au propriétaire ou
à ses ayants cause, et la propriété de l'immeuble
passe, *ipso facto*, à l'adjudicataire. Dans le cas contraire, celui-ci demandera une diminution de prix ou

même la nullité de l'adjudication si la différence de valeur est égale à un vingtième de la valeur vénale.

. Ces dispositions de la loi concernant les ventes immobilières poursuivies devant les Tribunaux français présentent un très grand intérêt pratique. Ces ventes portent parfois sur des immeubles dont ni l'état ni la condition juridique ne sont suffisamment définies. On ne sait pas toujours ce qu'on achète: faut-il même préciser que parfois l'objet de la vente est nul. D'autre part notre code de procédure civile, qui est la seule loi de procédure pouvant être suivie par les Tribunaux français, n'est pas toujours d'une application possible dans la Régence. Notamment nous avons vu qu'il n'existe pas pour les immeubles non immatriculés de système analogue à notre système d'inscription et de transcription : lorsqu'on achète un immeuble non immatriculé à la barre du Tribunal français, on ne peut jamais être sûr que tous les titulaires d'un droit réel sur cet immeuble aient eu connaissance de la procédure à fin d'adjudication ; aurait-on même cette certitude, il ne faudrait pas oublier que le jugement d'adjudication étant privé de toute espèce de transcription, la purge n'est pas opérée et qu'un tiers pourra être admis dans la suite à revendiquer utilement cet immeuble.

Le législateur s'est justement ému et préoccupé de cet état de choses si plein de dangers ; il a voulu donner à tous les intéressés le moyen d'obtenir une sécurité complète pour les droits qui font l'objet d'une vente judiciaire. L'utilité des mesures de protection qu'il a édictées est certaine, manifeste : il ne dépend que des intéressés de s'en servir et d'en profiter.

Dans tous les cas prévus par l'art. 22, les frais d'immatriculation sont supportés, sauf convention contraire, par le requérant, quelle que soit l'étendue de son droit sur l'immeuble.

Ces dispositions générales étant connues, nous allons suivre et décrire dans ses détails essentiels la procédure d'immatriculation.

Tout propriétaire, ou tout autre détenteur d'un droit réel immobilier, qui veut bénéficier du régime nouveau et consolider son droit, remet au Conservateur de la propriété foncière, contre un récépissé, une déclaration, signée de lui ou d'un fondé de pouvoirs muni d'une procuration spéciale et contenant : ses noms, prénoms, surnoms, qualités, domicile et état-civil, — élection de domicile dans une localité du territoire tunisien, — description détaillée de l'immeuble, — indication des droits réels immobiliers qui le grèvent avec désignation des ayants droit. Cette pièce est établie en français et en arabe et la traduction est certifiée conforme par un des interprètes spécialement assermentés.

Dans le cas où le requérant ne peut ou ne sait signer, le conservateur de la propriété foncière est autorisé à signer en son nom la réquisition d'immatriculation. On trouve dans les bureaux de la conservation foncière des formules tout imprimées sur lesquelles il suffit de remplir les blancs pour rédiger cette pièce.

Le requérant joint à sa demande tous les titres de propriété, contrats, actes publics ou privés et documents quelconques, avec leur traduction, également certifiée comme il est dit ci-dessus, en français et en arabe, de nature à faire connaître tous les droits réels existant sur l'immeuble. Si ces titres ou documents sont détenus par un tiers, le requérant n'aura qu'à lui faire sommation d'avoir à les déposer dans les huit jours entre les mains du conservateur qui en délivrera un récépissé gratuit au tiers détenteur et qui les fera traduire par l'interprète assermenté désigné par le requérant.

En ce qui concerne les traductions, celle du dernier acte de chaque titre sera faite in-extenso, et un relevé sommaire pourra suffire pour les autres actes contenus dans le titre ou pour tout autre écrit produit ; cependant il faudra bien examiner si l'acte traduit in-extenso reproduit tous renseignements utiles sur la description et la condition de l'immeuble. Car au cours de la procédure le Tribunal mixte, qui est l'autorité judiciaire chargée de prononcer l'immatriculation, suspendra la procédure, soit d'office, soit sur la demande d'une partie, pour faire compléter toute traduction qui serait insuffisante. Il est formellement interdit à l'interprète de communiquer à qui que ce soit les documents ou la traduction.

En accomplissant cette première formalité, le requérant n'oubliera pas de déposer une somme égale au montant présumé des frais qui seront exposés ; le chiffre en est déterminé à l'avance d'après le barème suivant :

1° Pour une contenance de 0 à 100 hectares, 1 franc par hectare.

Pour une contenance de 100 à 500 hectares, 100 francs pour les cent premiers hectares et 0 fr. 75 par hectare pour le surplus.

Pour une contenance de 500 à 1.000 hectares, 400 francs pour les 500 premiers hectares et 0 fr. 50 par hectare pour le surplus.

Pour une contenance supérieure à 1.000 hectares, 650 fr. pour les premiers 1.000 hectares et 0 fr. 25 par hectare pour le surplus.

2° Trois pour mille de la valeur vénale, le minimum de perception ne pouvait être inférieur à 30 francs.

Tout calcul fait d'après ce barème établira que les frais d'immatriculation sont aussi réduits que possible.

La somme ainsi versée reste consignée entre les mains du conservateur jusqu'après l'établissement du plan et d'un certificat de contenance qui permettront de savoir quelle est la somme acquise au Trésor et de faire verser une consignation complémentaire o c de restituer l'excédent.

Le dépôt de la réquisition et des titres de propriété est donc la première formalité à accomplir.

L'exposé de la procédure indiquera nettement quelles sont les attributions du conservateur de la propriété foncière ; cependant disons tout de suite que cet agent est un des organes essentiels assurant le fonctionnement de la loi.

Sitôt que le conservateur a reçu la réquisition, et au plus tard dans les dix jours, il fait insérer au Journal Officiel français et arabe un extrait du texte de cette réquisition et il envoie au Chef du service topographique, au Juge de Paix et au Caïd du lieu de la situation de l'immeuble, un placard extrait du Journal Officiel reproduisant cette insertion. Le Juge de Paix et le Caïd lui accusent réception de cette pièce : dans les quarante-huit heures, le Juge de Paix l'affiche en son auditoire où elle reste jusqu'à l'expiration d'un délai que nous ferons connaître tout à l'heure et le Caïd fait publier dans les marchés de son territoire l'extrait de la réquisition. Le Chef du service topographique de son côté délègue un Géomètre assermenté pour procéder au bornage, dans les quarante-cinq jours qui suivent cette insertion. La date fixée pour le bornage est portée à la connaissance du public au moins vingt jours à l'avance: le procès-verbal du bornage devra constater les diligences faites à cet effet ; le Cheikh de l'endroit est personnellement avisé de cette date par l'intermédiaire du Contrôleur civil, pour qu'il puisse assister à l'opération.

Le requérant a également reçu un avis, et il apporte

sur le terrain les bornes qui doivent servir au bornage ; ce sont des bornes prismatiques en pierre ou en ciment, portant gravées sur l'une de leurs faces les lettres I F : Immatriculation Foncière.

Au jour fixé, le Géomètre procède au bornage de l'immeuble en présence du requérant ou de lui dûment appelé. Sans s'arrêter aux protestations qui peuvent se produire et qui sont toujours consignées au procès-verbal, le Géomètre délimite aussi toutes les revendications qui se manifestent dans le cours des opérations, et il mentionne sur son procès-verbal les oppositions formulées. Cet agent ne peut, en aucun cas, se faire le juge des prétentions de l'immatriculant ; il borne l'immeuble selon les indications fournies par celui-ci ; cependant si la description de l'immeuble faite par l'immatriculant n'est pas Conforme aux renseignements portés sur la réquisition, il en dressera procès-verbal et saisira aussitôt son chef hiérarchique de cette discordance, pour que le procès-verbal en soit transmis au Tribunal mixte qui ordonnera la reprise de la publicité, aux frais du requérant.

L'opération du bornage étant terminée, le procès-verbal en est aussitôt transmis au Conservateur et la clôture en est publiée au Journal Officiel français et arabe.

D'autre part, les diverses opérations du bornage sont constatées sur un plan établi par un Géomètre assermenté, d'après une échelle déterminée et en prenant pour base des points trigonométriques fixés par une triangulation préalable. Le Chef du service topographique est tenu de remettre ce plan au Conservateur dans un délai de trois mois à dater de l'insertion au Journal Officiel de l'avis de clôture ; ce plan servira, en outre de la destination spéciale qui lui sera donnée par le Conservateur, à former les éléments du futur cadastre. Les délais prescrits pour le bornage et le dépôt du plan pourront être prorogés avant leur expiration par une ordonnance du Président du Tribunal mixte, auquel est attribué à ce sujet un pouvoir d'appréciation discrétionnaire.

La publication de la clôture du bornage est une formalité fort importante : nous venons de voir qu'elle ouvre un délai de trois mois au Chef du service topographique pour déposer le plan : mais elle a surtout pour objet de fixer le point de départ d'un délai de deux mois, accordé aux tiers qui auraient à faire des réclamations et qui n'auraient pas fait mentionner leurs oppositions sur le procès-verbal de bornage, pour pouvoir encore faire opposition entre les mains du Conservateur, du Juge de Paix ou du Caïd, désormais seuls qualifiés à cet effet. Les oppositions formulées à ce moment seront mentionnées par celui des fonctionnaires ci-dessus qui les aura reçues sur un registre spécial, et il en sera dressé un procès-verbal que ce fonctionnaire signera avec les parties. Les oppositions pourront également être formées par lettres missives adressées à l'un des fonctionnaire ci-dessus désignés.

Telles sont les formalités destinées à prévenir les tiers et à les mettre en mesure de défendre leurs droits : annonces dans le Journal Officiel français et arabe, affiches dans l'auditoire du Juge de Paix, publications faites par le Caïd dans les marchés de son territoire, enfin bornage de l'immeuble. Cette dernière formalité est certainement la plus importante et la plus efficace au point de vue de la publicité : le bornage de l'immeuble est en effet le signe matériel le plus évident d'une prise de possession et le moyen le plus sûr d'éveiller l'attention des tiers. Les premières mesures de publicité passeront peut-être inaperçues, mais lorsque le Cheikh de l'endroit aura été prévenu, lorsque le requérant aura apporté sur le terrain des bornes

portant une marque spéciale, lorsque le Géomètre
sera lui-même sur les lieux avec le personnel qui
l'assiste, qu'il y aura séjourné, qu'il aura demandé
des renseignements au Cheikh de l'endroit, aux gens
du pays, les tiers intéressés à veiller à la sauvegarde
d'un droit ne pourront plus ignorer la procédure
poursuivie et ils viendront tous faire opposition si leur
droit parait compromis. Seules les personnes incapables ou absentes de la Régence auraient pu ne pas se
trouver en état de faire valoir leurs droits, si la loi
n'avait pourvu à leur protection. En effet, en même
temps qu'il envoyait au Juge de Paix, au Caïd et au
Chef du service topographique les placards reproduisant l'insertion de la demande, le Conservateur trans-
mettait au greffe du Tribunal mixte l'original de cette
réquisition ainsi que les titres et pièces déposés à
l'appui de cette déclaration.

« Le Tribunal mixte, dit M. Paul Cambon, est une
innovation de la loi du 1er juillet 1885; sa création
répond à un besoin spécial : on a pensé qu'il fallait
associer à l'œuvre de constitution de la propriété une
juridiction expéditive chargée de surveiller l'exécution
de la loi et de résoudre les litiges que son application
ne peut manquer de soulever. Il est aussi le protecteur désigné des incapables et des absents. »

Cette dernière mission incombe particulièrement
au magistrat de ce Tribunal, appelé Juge-rapporteur.
Outre les obligations qui lui sont imposées d'autre
part, le Juge-rapporteur est tenu de veiller pendant le
cours de la procédure à ce qu'aucun droit immobilier
d'incapable ou d'absent ne soit lésé. Les pièces envoyées au greffe par le Conservateur lui sont aussitôt
communiquées; il en prend connaissance, il lit bien
attentivement les titres produits, il soumet à l'examen
d'un des juges musulmans du siège les titres arabes
et se fait remettre un rapport écrit, il exige toute

production ou toute traduction complète qui lui paraît
utile ; en un mot, il procède à toutes vérifications et
enquêtes nécessaires : il prend toutes les mesures
commandées par les intérêts dont il est le protecteur ;
les pouvoirs qui lui sont conférés dans ce cas sont
discrétionnaires. Les investigations et recherches lui
ont-elles fait découvrir qu'un des droits qu'il est chargé
de défendre peut être lésé, il forme opposition au
nom du titulaire de ce droit ; il pourra même, si le
délai de deux mois imparti par la loi ne lui est pas
suffisant pour faire opposition, le faire proroger avant
son expiration par le Président du Tribunal mixte qui
en avisera les fonctionnaires chargés de recevoir les
oppositions.

Les tuteurs, représentants légaux, parents ou amis,
procureurs de la République, juges de paix et cadis,
peuvent également faire opposition au nom d'incapables ou d'absents.

Ces dispositions sont sages : elles écartent toute
crainte de spoliation qui auraient pu être la conséquence d'une procédure aussi rapide. En effet, au
moment où les délais pour former opposition sont
expirés, et où le Juge de Paix et le Caïd envoient au
Conservateur de la propriété foncière les oppositions
reçues et les certificats constatant l'accomplissement
de toutes les formalités, il y a à peine quatre mois
que la procédure a été commencée. A ce moment le
Conservateur arrête aussi son certificat d'opposition
et il transmet toutes les pièces au Tribunal mixte :
un mois plus tard, il enverra également le plan qu'il
aura reçu du service topographique. Ces pièces nou-
vellement transmises vont compléter entre les mains
du Juge-rapporteur le premier dossier, et ce magistrat
continue la procédure. Il somme les opposants de lui
faire parvenir leur requête introductive d'instance
avec pièces à l'appui dans un délai de quinze jours,

augmenté des délais de distance en vigueur en Tunisie près de la juridiction française : faute de quoi l'opposant sera déchu de tout droit. Puis il invite le requérant à prendre connaissance des pièces de l'opposant au greffe du Tribunal mixte, sans déplacement, et à répondre par écrit dans un délai qu'il fixe. Le dossier est alors complet, l'affaire est en état d'être jugée et le Président la fait porter au rôle de l'une des plus prochaines audiences, les parties sont averties huit jours au moins à l'avance du jour où l'affaire sera appelée en audience publique. Toutes ces notifications sont transmises par voie administrative.

Le Tribunal mixte est une juridiction tunisienne composée d'un Président, un Vice-Président, un Juge-rapporteur et six Juges, dont trois Juges français et trois Juges musulmans. Le Président, le Vice-Président et le Juge-rapporteur sont des magistrats français du Tribunal de première instance, et les Juges musulmans sont des magistrats de la Compagnie du Chara ou désignés par cette Compagnie.

Deux Chambres siègent à tour de rôle et l'une d'elles va tenir au moins une fois par mois une audience foraine à Sousse. Un greffier, un commis-greffier et des commis d'ordre assurent le service du greffe. L'un des deux interprètes, spécialement assermenté pour l'immatriculation, assiste à l'audience.

Lorsqu'il n'y a en cause que des justiciables des Tribunaux français, la Chambre qui siège est composée de trois magistrats français sous la présidence du plus élevé en grade. Lorsqu'il n'y a en cause que des tunisiens, la Chambre qui siège est composée de trois magistrats musulmans sous la présidence du plus ancien. Et lorsqu'il y a en cause des justiciables des Tribunaux français et des tunisiens, la Chambre qui siège est composée de cinq magistrats dont deux français, deux musulmans sous la présidence d'un magistrat français le plus élevé en grade.

Si des conflits surgissaient relativement à la composition du Tribunal, ils seraient tranchés par tout le Tribunal réuni en audience solennelle.

Les intéressés peuvent se présenter en personne devant le Tribunal mixte, mais s'ils veulent se faire représenter ils devront choisir un avocat, un avocat-défenseur, ou un oukil admis à se présenter à l'Ouzara; les mandataires sont tenus devant le Tribunal mixte aux mêmes règles que celles qui leur sont imposées devant les Tribunaux ordinaires.

La police de l'audience est faite par le Président: au cas où l'audience serait troublée, procès-verbal en serait aussitôt dressé et transmis au Procureur de la République ou au Gouvernement tunisien selon les cas, à toutes fins utiles.

Lorsqu'une affaire est appelée à l'audience, un magistrat du siège qui a compulsé le dossier, fait un rapport sur la régularité de la procédure accomplie, et il expose, sans donner aucun avis, les contestations pendantes en faisant connaître les moyens de défense présentés par écrit par les intéressés : ceux-ci pourront, s'ils en ont fait la demande par écrit, développer verbalement les points qu'ils auront déjà développés dans leurs requêtes ou mémoires. Si le litige dont il est saisi était déjà pendant devant les Tribunaux ordinaires avant que la procédure d'immatriculation ait été commencée, le Tribunal mixte devra surseoir à statuer jusqu'après décision définitive de la juridiction saisie, sauf le cas de désistement du demandeur bien entendu, et celui où le défendeur n'aurait pas encore conclu au fond.

Il est loisible à tout justiciable des Tribunaux français de porter son opposition devant la juridiction française pourvu qu'il le fasse avant toute défense au fond devant le Tribunal mixte et pourvu que l'instance soit fondée sur un droit existant entre ses mains avant l'insertion au Journal Officiel de la déclaration d'immatriculation, auquel cas le Tribunal mixte surseoira à statuer sur l'admissibilité de la demande à fin d'immatriculation jusqu'après décision passée en force de chose jugée du Tribunal saisi.

Il n'est pas inutile d'ajouter que, dans la pratique les demandes de renvoi sont très rares et il serait facile de se convaincre, en suivant les audiences du Tribunal mixte, que ces demandes sont la plupart des moyens dilatoires employés pour entraver l'immatriculation. Lorsque l'incompétence sur le règlement des oppositions n'est pas soulevée, le Tribunal statue sur la demande en immatriculation et sur tous les litiges ; il ordonne toute mesure préparatoire utile et lorsqu'il possède tous les éléments propres à éclairer sa religion, il statue après en avoir délibéré hors la présence des parties, en rendant une décision motivée. Cette décision n'est susceptible d'aucune opposition, appel ou recours quelconque : elle est souveraine ; l'admissibilité totale ou partielle de la demande, les contestations qui se sont produites sont définitivement jugées. Si l'immatriculation est prononcée, la décision ordonne l'inscription des droits réels reconnus existants sur l'immeuble ; si la demande est écartée, les choses restent en l'état, l'immatriculant ainsi débouté pourra chercher ultérieurement à mieux justifier de ses droits et redemander à nouveau l'immatriculation.

On a fait un grief au législateur, qui a reconnu au Tribunal mixte des pouvoirs absolument exorbitants lorsqu'il prononce l'immatriculation, de lui avoir refusé le pouvoir de statuer au fond sur les oppositions et de prononcer l'immatriculation au profit d'un opposant lorsqu'il rejette une demande. Mais si le législateur avait étendu ainsi les pouvoirs du Tribunal mixte, une nouvelle publicité n'ayant pas eu lieu, certains des ayants cause de l'opposant qui bénéficierait de l'immatriculation pourraient être évincés.

Sans doute, on aurait pu parer à cet inconvénient en faisant une publication nouvelle. Dans la pratique il arrive assez souvent que les opposants à une immatriculation poursuivent également la procédure à leur profit, les deux affaires sont jointes et le Tribunal Mixte juge définitivement. Sa décision est couchée aux minutes du greffe et signée par tous les membres qui y ont participé. Tout le dossier est alors renvoyé au Conservateur avec cette décision. Celui-ci attend que les rectifications du bornage et du plan qui ont pu être ordonnées soient faites, et il dresse sur un livre qui devient le Grand-Livre foncier, le titre de propriété. Ce titre est établi en langue française, il comporte la description de l'immeuble, sa contenance, les plantations et constructions qui s'y trouvent et l'inscription des droits réels immobiliers existant sur l'immeuble et des charges qui le grèvent. Le plan y reste annexé : chaque titre de propriété porte un numéro d'ordre. Tout propriétaire ou enzéliste, à l'exclusion de tous autres, a droit à une copie exacte et complète du titre de propriété. Cette copie est nominative et le Conservateur en certifie l'exactitude en y apposant sa signature et le timbre de la Conservation. Les autres intéressés n'ont droit qu'à la délivrance de certificats d'inscription. Le Conservateur annule les anciens titres ou documents qu'il conserve dans ses archives ; il notifie dans les vingt-quatre heures à l'immatriculant que le nouveau titre est établi. Cette notification a pour objet de mettre le titulaire du titre en demeure de prendre connaissance du titre ainsi établi et de faire redresser, dans le mois suivant cette notification, les omissions ou erreurs purement matérielles, ne modifiant pas la condition de l'immeuble, qui auraient pu se produire en cours de procédure. C'est au Tribunal Mixte qu'il appartient de statuer sur ces rectifications.

Telles sont les formalités de la procédure d'immatriculation qui aura à peine duré six mois, s'il n'y a pas eu d'oppositions. Désormais l'immeuble immatriculé appartient à celui qui a été reconnu propriétaire. Si une personne a été lésée, si par suite d'une erreur quelconque une inscription a été omise, aucun recours n'est plus possible contre l'immeuble. La personne lésée aura, en cas de dol seulement, une action personnelle en dommages intérêts contre l'auteur du dol.

A l'origine la loi avait institué, à l'exemple du système australien, un fonds d'assurance destiné à indemniser les personnes lésées par les immatriculations.

Le législateur a pensé avec juste raison que pour que tous les intéressés veillent mieux à la défense de leurs droits, la purge devait être non-seulement rapide mais brutale. Peut-être a-t-il craint aussi que dans un pays comme la Tunisie où les droits sont anciens, touffus et enchevêtrés, l'Etat ne courût des risques trop importants. Quoi qu'il en soit, l'immeuble immatriculé a pris une personnalité propre, indépendante de celle de ses ayants droit, et dont l'état-civil est tenu par le Conservateur de la propriété foncière. Il vit d'une vie nouvelle, son passé est complètement effacé. La page du registre foncier qui lui est affectée et qui porte le nom de titre de propriété, fait connaître d'une manière sûre sa condition juridique et son état matériel ; les modifications qu'il subira dans la suite seront constatées sur cette page du livre-foncier par des sortes d'actes de l'état-civil.

Comme on le voit, le législateur tunisien s'est assez souvent écarté de l'Act Torrens. Il a édicté une procédure plus rapide encore que celle de la loi australienne, tout en présentant des garanties plus sérieuses. La création de ce Tribunal Mixte qui exerce une action prépondérante sur toute la procédure constitue la véritable originalité de la loi tunisienne : « L'organisation de cette juridiction, dit M. Paul Cambon, répond à cette pensée fondamentale que l'œuvre de la constitution de la propriété doit être placée sous la surveillance et le contrôle de l'autorité judiciaire sans que pourtant la lenteur tutélaire de ses formes puisse arrêter la prompte exécution d'une entreprise qui, pour donner ses résultats doit être conduite avec rapidité. »

On s'est demandé à l'origine si les juridictions françaises n'avaient pas le droit ou même le devoir de reviser et au besoin de modifier, quand ils leur seraient présentés, les titres de propriété dressés par le Conservateur de la propriété foncière en suite de la décision du Tribunal Mixte. Le droit de revision, en suspendant l'effet de l'immatriculation, aurait eu pour conséquence de laisser subsister l'incertitude dans laquelle se trouvait la propriété dans la Régence et que la nouvelle loi immobilière avait précisément pour objet de faire cesser. Il aurait entraîné par conséquent, aussi bien en ce qui concerne l'intérêt des propriétaires qu'au point de vue de l'ordre public, les plus graves inconvénients.

Afin de prévenir toute possibilité d'un malentendu à ce sujet, le Président de la République usant des pouvoirs qui lui ont été donnés en matière de réforme judiciaire par la Convention du 8 Juin 1883, détermina par l'art. 2 du décret du 17 Juillet 1888 la valeur des titres de propriété des immeubles immatriculés. Cet article est ainsi conçu :

« Le titre dressé en suite de la décision du Tribunal Mixte prononçant l'immatriculation est définitif et inattaquable ; il formera devant les juridictions françaises le point de départ unique de la propriété et des droits réels qui l'affectent à l'exclusion de tous autres droits non inscrits. »

Ici s'arrête la mission du Tribunal Mixte. Seul le Conservateur de la propriété foncière va assurer l'exécution des formalités de la loi en ce qui concerne le système de publicité hypothécaire.

Dans cette partie de son œuvre, le législateur tunisien s'est attaché à combiner dans un même texte les principes de l'Act Torrens et ceux du Code Civil, qui cependant paraissent inconciliables : les principes essentiels de son système se dégageront d'un exposé rapide des règles édictées.

Le principe dominant est que la propriété et les droits réels n'existent, à l'égard des tiers, que par le fait de l'inscription. La personne qui traite avec le titulaire d'un titre de propriété n'a donc pour connaître la situation exacte de l'immeuble qu'à lire attentivement le titre. Aucune recherche, ni dans les actes antérieurs, ni dans les registres d'inscription, ne lui est nécessaire. Il y a économie de temps et d'argent.

Pour faciliter au propriétaire la justification de ses droits, une copie exacte du titre comprenant une copie du plan lui a été remise ; chaque fois qu'il requiert l'inscription sur le titre d'une convention relative à l'immeuble, il représente sa copie sur laquelle le Conservateur fait une mention toute semblable à celle qu'il a portée sur le titre. Il n'est besoin d'aucune formalité pour transférer la propriété d'un immeuble et pour constituer une hypothèque.

Si un corps d'immeubles est divisé par suite d'une vente partielle, d'un partage, chacune des parties devient un immeuble nouveau. Le Conservateur établit un titre distinct pour chaque nouvel immeuble, y porte les mentions qui figuraient sur le titre primitif en tant qu'elles intéressent l'immeuble nouveau, y joint l'extrait du plan après vérification des limites et du bornage par un des agents du Service Topographique. La concordance la plus parfaite sera de la sorte maintenue entre les titres de propriété et le cadastre.

A la différence du système français, mais à l'exemple de l'Act Torrens, la loi tunisienne n'exige aucune condition d'authenticité des actes présentés à l'inscription. La vente, la dotation, l'hypothèque peuvent résulter d'un acte sous seing-privé et être admises sous cette forme au bénéfice de l'inscription; elle exige seulement pour l'inscription que l'identité des parties soit constante et leur capacité reconnue. Le Conservateur de la propriété foncière est chargé de cette double mission.

L'identité des contractants lui est attestée par la légalisation des signatures, ou si les parties ne savent pas signer, par leur comparution devant les autorités compétentes et par la reconnaissance de l'écrit en présence de témoins. Puis le Conservateur recherche si les parties ont la capacité voulue pour contracter. Il examine les circonstances qui permettent ou interdisent au titulaire inscrit de traiter librement, à raison soit de sa condition personnelle, soit de ses conventions matrimoniales. Dans le cas où il conçoit des doutes sur cette question, il prend une inscription provisoire et invite les parties à produire dans un délai de quinzaine, augmenté des délais de distance, des justifications complémentaires. Si ces justifications ne sont pas fournies dans le délai fixé, l'inscription provisoire devient sans valeur et les parties sont renvoyées à se pourvoir devant le Tribunal compétent.

Mais le Conservateur n'a pas le droit de vérifier la validité de l'acte au fond : dès lors, il peut arriver qu'on inscrive un acte entaché d'une nullité de fond. Toutefois si celui qui avait véritablement des droits parvient à faire annuler l'inscription prise à son préjudice, il ne pourra reprendre l'immeuble que dans l'état où il se trouve, par exemple grevé des hypothèques qui auraient été consenties par le propriétaire apparent à un tiers de bonne foi.

La loi tunisienne confond le propriétaire apparent mais inscrit, avec le propriétaire réel. Elle consacre la mobilisation de l'immeuble et elle fait de la Conservation foncière une sorte de marché où, comme sous le régime de l'art. 2280 du Code civil, les immeubles possédés par des individus inscrits en vertu de contrats dolosifs peuvent être transmis valablement et régulièrement à des acquéreurs de bonne foi.

Le système tunisien repose presque exclusivement sur le principe de la force probante de l'inscription. Il n'a d'autre objectif que de faciliter la transmission des immeubles et de les rendre accessibles à l'hypothèque en les affranchissant de toutes causes d'éviction occultes.

La loi tunisienne est donc un progrès sur la loi française, mais elle n'a point copié sur ce point la loi australienne ; elle s'est plutôt inspirée des études poursuivies en France depuis la promulgation du Code civil ainsi que de l'enquête sur la réforme hypothécaire. Elle s'appuie sur cette idée primordiale qu'un droit réel constitué en vertu d'un contrat peut bien prendre naissance entre les parties du jour du contrat, mais que vis-à-vis des tiers, il ne prend naissance que par l'accomplissement d'une formalité de publicité qui est l'inscription.

Par suite, l'hypothèque occulte ou générale est supprimée, les droits de résolution ne peuvent être exercés contre le tiers acquéreur ; aucune transaction n'est possible si ce n'est avec le titulaire inscrit ; toute transaction conclue avec celui-ci est à l'abri des revendications que pourraient élever les tiers.

Ces explications, encore bien incomplètes, sur le

système de publicité créé par la loi tunisienne en
révèlent suffisamment les avantages.

En résumé du tout, la propriété purgée par l'immatriculation de toute charge occulte bénéficie des avantages que procure une situation nette et bien définie.
Elle prend aux yeux des acquéreurs une plus value
importante : en effet, l'immatriculation a substitué
aux actes arabes, incompréhensibles parfois et dénués
de toute certitude, un titre en langue française clair
et précis, et elle a déterminé d'une manière définitive
les limites de l'immeuble et mis les droits inscrits à
l'abri de toute revendication ; l'engagement hypothécaire et les transmissions immobilières sont devenus
faciles et se trouvent dégagés de toutes les formalités
qui les grèvent en France de charges onéreuses ; la
purge des hypothèques légales n'a plus aucune utilité ;
la procédure d'ordre elle-même se trouve réduite à
un examen rapide du titre sur lequel le règlement
des créances se trouve réalisé par la seule date des
inscriptions puisqu'il n'existe plus ni charges occultes,
ni concours d'hypothèques générales avec des hypothèques spéciales ; le titre de propriété devient presque une valeur nominative que la pratique fera circuler par voie d'endossement.

La loi foncière tunisienne est un excellent instrument pour créer et développer dans la Régence le
crédit foncier. Sans doute elle présente encore des imperfections, cependant les résultats acquis en montrent
les bienfaits.

Il résulte en effet de statistiques établies au 31
Décembre 1897, qu'à cette date, le Tribunal Mixte
avait prononcé 2.089 immatriculations et statué en
outre sur 3.000 revendications, que le Conservateur de
la propriété foncière avait établi 2.815 titres de propriété, soit en suite des décisions du Tribunal Mixte,
soit en suite de lotissements postérieurs, et que 750.000

hectares environ du territoire de la Tunisie étaient immatriculés ou en voie de l'être. Il ne faut pas perdre de vue, après avoir lu ces chiffres, que jusqu'en 1892 le développement de l'immatriculation a été à peu près nul et que ce n'est qu'à partir du 16 mars 1892, date du décret qui a diminué les frais, que l'immatriculation a véritablement pris son essor.

Il résulte de tous ces arguments que le système d'organisation de la propriété immobilière, édicté par la nouvelle loi foncière tunisienne, est incontestablement un des faits les plus utiles accomplis en Tunisie par le Gouvernement du Protectorat.

CONFÉRENCE DE M. HUGON

CONFÉRENCE DE M. HUGON

LE DOMAINE DE L'ÉTAT EN TUNISIE

Le sujet que je dois traiter est moins vaste que ceux qui ont été développés jusqu'à présent devant vous. On vous a montré l'État gouvernant les populations, organisant la propriété, la justice, instituant les impôts, en appliquant le produit aux charges publiques ; — le Domaine n'est qu'une branche particulière de l'Administration. C'est l'État propriétaire aux conditions du droit civil, gérant ses biens comme un particulier, sauf à faire servir cette gestion à l'utilité générale qui est, en somme, le but unique et définitif de toutes ses actions. Et ce résultat peut être acquis de deux manières qui correspondent aux deux points de vue sous lesquels le Domaine peut être envisagé.

D'une part les biens du Domaine font corps avec la fortune publique, ses revenus viennent alimenter le Trésor, grossir les ressources du budget ; c'est le côté financier ou de pure administration.

D'autre part, en aliénant ses droits et ses biens dans

des conditions et d'après un plan déterminés, le Domaine peut, dans un pays en formation ou en transformation comme celui-ci, fournir un utile appoint à la constitution de la propriété, au peuplement et à la bonne utilisation du territoire. C'est par ce côté qu'il contribue à l'œuvre de la colonisation.

Considérations générales et historiques

Si l'on examine séparément chacune des dominations par lesquelles passe un pays, on constate que le domaine de l'État y est d'autant plus étendu, comprend d'autant plus d'éléments que la domination est plus récente, que la liberté individuelle est moins développée, que les institutions du droit civil sont moins bien assises. Dans la Gaule ou l'Afrique romaine, nous voyons que le peuple conquérant n'admet pas la pleine propriété du droit civil ; sur l'ensemble du pays conquis, Rome s'attribue un droit éminent qui se traduit par des redevances tributaires, qui légitime les confiscations et, dans la rigueur du droit, fait des habitants, qualifiés de *possessores* et non de *domini*, de simples usufruitiers du sol. De même la conquête musulmane, là où elle s'est exercée par les armes, ce qui est le cas de la Tunisie, a eu pour conséquence juridique l'absorption par le vainqueur du pays vaincu, de son sol, de ses habitants et de leurs biens. Le tout est incorporé au Bit-el-Mâl des musulmans.

Cependant une semblable situation ne peut se perpétuer ; une fois le nouveau régime implanté et accepté, le jeu des intérêts privés reprend son cours, la propriété se constitue, se consolide suivant le génie de chaque race ; et c'est seulement ce qui n'est pas approprié privativement, ou ce qui est retenu ou réservé par le pouvoir, qui reste à la disposition du souverain. En pays musulman, ce que le souverain s'est ainsi réservé lui appartient pleinement ; le khalife, le vicaire de Dieu en dispose suivant son bon plaisir. De là l'impossibilité de suivre, de concevoir même une règle au milieu des décisions arbitraires dont la trace ou le souvenir sont parvenus jusqu'à nous. En Tunisie le Domaine reste ainsi, jusqu'à une époque récente, confondu dans l'ensemble des ressources assez confuses dont disposent suivant, leur degré de puissance, les Sultans, les Oudjaks, les Deys et les Beys. Il nous faut arriver jusqu'en 1843 pour trouver une décision d'Ahmed Bey qui réserve à l'administration de certains produits domaniaux l'appellation, jadis plus étendue, de Bit-el-Mâl, et leur donne une destination déterminée. C'est l'organisation actuelle du Bit-el-Mâl, Administration de l'État purement musulmane qui recueille les successions en déshérence des musulmans ainsi que certaines épaves et subvient avec ces recettes à des dépenses d'enseignement et d'assistance publique.

Le surplus des biens du Domaine est, après cette date, surveillé et géré dans des conditions qui ne paraissent pas avoir été mieux déterminées que par le passé. Nous savons seulement qu'en 1859, à la mort de Mohammed Bey, son successeur Sadok Bey abandonne à l'État les biens du défunt en considération de l'état dans lequel il avait mis les finances du pays. C'est sous Mohammed Bey en effet qu'a pris naissance, comme l'a exposé ici M. Dubourdieu, la dette tunisienne. Nous avons donc dès maintenant une distinction nette entre les biens du prince, c'est-à-dire son domaine privé, et le domaine du Gouvernement.

Qu'est-ce alors que ce domaine du Gouvernement ? Depuis longtemps sans doute les jurisconsultes admettaient une séparation entre les choses du Beylik d'une part et de l'autre les choses de la collectivité : la mer et ses rivages par exemple. Mais, dans la pratique, l'arbitraire du pouvoir s'exerçait sur les unes et les autres : des décrets ont donné en Tunisie jusqu'à des portions de la mer. C'est seulement en 1885, sous le régime du Protectorat, que le domaine public est définitivement distingué du domaine de l'État. Je n'ai pas à parler de ce domaine public, qui imprescriptible et inaliénable, n'est pas dans le commerce et comme tel n'appartient pas à l'État, mais est simplement administré par lui. C'est la Direction Générale des Travaux Publics qui est chargée de ce soin. Le domaine militaire des places classées est aussi un domaine public géré par le Ministre de la Guerre, mais cette disposition n'a plus qu'un intérêt restreint depuis que le décret du 2 septembre 1886 en a prescrit la remise de la majeure partie au domaine militaire français.

Composition du domaine privé de l'État

Par ces différentes éliminations, nous arrivons à n'avoir plus devant nous que le domaine privé de l'État. Une définition complète serait ou trop vague ou trop compliquée, il est préférable de procéder par voie d'énumération. Dans un sens général le domaine de l'État comprend :

En premier lieu, des universalités de biens : des hérédités. Nous avons vu plus haut l'application de ce principe en matière de dévolution au Bit-el-Mâl des successions musulmanes en deshérence. Pour les européens, les traités internationaux ont toujours réservé aux consuls un droit de liquidation des successions de leurs nationaux.

En deuxième lieu, le domaine de l'État peut comprendre des meubles. Cette propriété mobilière peut

même être considérable : l'armement des troupes, les
navires de guerre, le mobilier des bâtiments nationaux
en sont des exemples. Chaque service public gère le
mobilier nécessaire à ses besoins, ce n'est qu'en cas
de réforme qu'il le remet au Domaine, c'est-à-dire au
Trésor, à fin de vente, en vertu de la disposition légale
qui prescrit l'unité du budget des recettes et interdit
aux administrations d'augmenter leurs ressources en
dehors des crédits qui leur sont délégués. C'est également dans le domaine mobilier que se rangent les
épaves, les objets abandonnés, etc... Je ferai toutefois
une exception pour les objets mobiliers des musées.
De la combinaison de différents articles du décret
tunisien du 7 mars 1886 sur les antiquités, il semble
résulter que ces objets participent des caractères de
la domanialité publique. Ce n'est qu'en cas de déclas-
sement qu'ils sont remis au domaine de l'État, comme
c'est la règle d'ailleurs pour tout le domaine public
déclassé.

En troisième lieu, le domaine de l'Etat comprend
des droits purement incorporels : droits de pêche, de
chasse, créances, rentes. Dans l'ancienne France, on
englobait même sous le nom de droits domaniaux
certains impôts provenant d'un démembrement des
droits seigneuriaux.

Enfin le domaine de l'Etat comprend des immeubles, et c'est en définitive sur ceux-ci que se concentre
tout l'intérêt de notre étude.

Mais ici encore et avant d'aller plus loin, quelques
distinctions sont nécessaires :

Les forêts sont en Tunisie légalement présumées
domaniales ; elles ne sont ni concédées ni amodiées ;
l'aliénation en est en principe interdite ; elles sont
exploitées directement par une administration spéciale
dont la gestion est d'ailleurs fructueuse ainsi que l'a

indiqué le conférencier des Finances. On range dans le domaine forestier les terrains en voie de reboisement.

Les mines forment une propriété indépendante de celle du fonds, propriété appartenant toujours à l'Etat et dont celui-ci peut autoriser la recherche de l'exploitation dans des formes déterminées. Un service spécial des Mines existe à la Direction Générale des Travaux Publics. Il vous sera parlé sans doute, dans d'autres conférences, de la distinction entre les *mines* et les *carrières*. Celles-ci, au nombre desquelles sont les gisements de phosphates, ne sont à l'Etat qu'autant qu'elles se trouvent dans un fonds domanial.

Forêts et mines sont domaniales d'après la loi, mais leur utilisation, leur réglementation administrative sont récentes en Tunisie ; on appelait autrefois les premières forêts improductives par opposition aux forêts d'oliviers.

Signalons enfin les immeubles affectés à des services publics de l'Etat, généralement des bâtiments. La nécessité pour l'Etat d'avoir des bâtiments à lui a de tout temps existé. Il serait même intéressant de signaler ici, si cela ne devait m'entraîner trop loin, une application du principe de la constitution en habous, jadis usitée à défaut de budget régulier de l'Etat, pour l'entretien des palais, des hôpitaux, des collèges, etc... L'immeuble affecté est dans une situation spéciale d'indisponibilité. Le Domaine n'y est intéressé que pour en défendre la propriété, la gestion intérieure relève du service affectataire sous réserve d'un contrôle financier qui tend à éviter les affectations gratuites inutiles, les locations clandestines, etc., et qui intéresse par suite la Direction Générale de Finances.

Du Domaine immobilier proprement dit

Tous les immeubles de l'Etat, quelles qu'en soient l'origine et la valeur, qui ne sont pas compris dans les catégories qui précèdent, forment le domaine immobilier proprement dit ou disponible dont est chargé le Service des Domaines Examinons comment il s'est constitué et se constitue encore.

Administration et législation avant 1890

Le plus ancien texte que nous possédions et qui nous donne à un moment connu une nomenclature des immeubles gérés par le Domaine, — je ne dis pas de tous les immeubles domaniaux, nous en verrons plus loin la raison, — est de 1860, sous Mohammed Sadok. C'est une liste de maisons, de champs, de territoires, le tout sans ordre et sans description. Leur origine tenait tantôt à une possession ancienne, tantôt à des achats, le plus souvent à des confiscations exercées soit contre des chefs insurgés, des particuliers condamnés, soit contre des tribus entières (Ouled Saïd, Ousseltia, etc.).

Produit d'une époque troublée, ces biens ont en grande partie disparu comme ils étaient venus. Plus de 600.000 hectares paraissent avoir appartenu au Domaine dans le Nord et dans l'Est de la Régence, c'est-à-dire dans la partie la plus riche : un sixième à peine, et non le meilleur, restait à l'Etat en 1881.

L'histoire de la dilapidation de ces biens, la carte de l'émiettement de ce domaine seraient intéressantes à faire. D'un seul coup, en 1846, le Bey cède les 21 enchirs de Kef-el-Azrag ou Gafour (50.000 hectares) qui, revenus au Domaine en 1875, disparaissaient à nouveau en 1880. Pour construire des bâtiments, pour racheter des pensions temporaires, on donne les belles terres de Béja, de Mateur, de Grombalia, le territoire entier de l'Enfida. En vain la Commission financière, après 1870, tente d'imposer son assentiment préalable: Mustapha ben Ismaïl continue à son profit les donations clandestines, puis transfère les biens à des tiers et l'Etat n'obtient guère, en 1887, qu'une satisfaction platonique.

Il existait bien officiellement un administrateur de ce domaine, mais ses fonctions semblent avoir surtout consisté à radier de ses registres les immeubles donnés. Le système de l'affermage en bloc était usité et les fermiers malversaient; le contrôle était nul. En 1863, les immeubles de Tunis étaient en si mauvais état que, pour éviter des réparations, on prend la résolution de tout donner en enzel.

Lorsque le Protectorat réorganisa la Tunisie, il ne s'occupa que peu du Domaine. Soit que les revenus fussent alors peu importants, soit qu'ils ne fussent pas au nombre de ceux délégués aux créanciers de la dette, soit que la consistance du Domaine et son mode de gestion fussent imparfaitement connus, même des Tunisiens, le Gouvernement laissa, comme l'avait décidé la Commission financière, chaque Caïd gérer le domaine de son territoire. Il ne s'agissait dans les intentions de la Direction Générale des Finances que de conserver les biens portés sur les registres et d'en contrôler sévèrement la mise en produit. A peine peut-on citer comme documents législatifs de cette période une décision du 1er décembre 1881 déclarant nulles les aliénations de mines, de forêts et de terrains domaniaux faites par les indigènes des tribus et un décret du 17 février 1886 chargeant la Direction des Finances de représenter en justice le Domaine de l'Etat et par voie de conséquence de transiger en son nom.

Des instructions administratives réglementent les locations confiées aux chefs indigènes. La règle des enchères est suivie pour les aliénations ; à défaut de délégation spéciale, c'est le Bey, chef de l'Etat, qui signe les actes de vente. La donation disparaît de la pratique, et Jules Ferry déclare à la tribune de la Chambre française, le 1er avril 1884, qu'il n'est fait et ne sera fait en Tunisie aucune dotation, aucune concession gratuite de terres de l'Etat.

On s'étonnera peut-être qu'il n'ait pas été fait davantage en cette matière aux débuts de l'occupation. Il faut nécessairement tenir compte des difficultés de l'époque, des réformes fiscales plus urgentes, de l'attente enfin de la loi foncière. D'ailleurs ce rôle limité qu'elle s'était assigné, la Direction des Finances l'a parfaitement rempli. Elle a fait rentrer des terres usurpées, supprimé les grands fermages et, sans personnel spécial mais par une incessante surveillance, elle a de 1883 à 1891 fait passer les recettes annuelles du Domaine de 220.000 à 460.000 francs.

Si nous n'avions qu'à envisager l'Etat dans son rôle de gérant financier, nous pourrions nous arrêter ici, mais cette date de 1891 marque dans l'administration du Domaine une étape ; une évolution va se produire. De cette année, en effet, datent les premières remises d'immeubles domaniaux à la colonisation.

Utilisation du Domaine de l'Etat pour la Colonisation

C'est qu'à ce moment, Messieurs, un homme confiant dans l'avenir de la Tunisie venait d'assumer la tâche devant laquelle il semblait qu'on eût hésité jusqu'alors, et pour laquelle il avait préconisé une modification complète des errements administratifs antérieurs. Il proposait en effet, d'après la doctrine de Wakefield qui a fait la fortune des colonies australiennes, la constitution d'un service chargé de tout ce qui se rapportait au peuplement et à la mise en valeur agricole du sol tunisien, service dans lequel il plaçait tout naturellement le domaine de l'Etat. J'ai nommé, Messieurs, M. Paul Bourde. Après plus de sept années, l'expérience lui donne aujourd'hui pleinement raison.

Dans le décret du 3 novembre 1890, constitutif de la Direction de l'Agriculture, il est spécifié que cette Direction gérera les biens domaniaux qui lui seront remis et jouira à cet effet des pouvoirs dévolus au Directeur des Finances ; une caisse domaniale ou agricole doit être créée. En 1891, le Ministère des Affaires Etrangères admet que l'ensemble du domaine doit être la dotation de la colonisation, et c'est dans la période allant de 1893 à 1898 que la Direction de l'Agriculture centralise graduellement et organise la gestion de ce domaine.

L'idée dominante n'est donc plus simplement de conserver les immeubles de l'Etat comme source productive de revenus budgétaires, mais d'aliéner la plus grande somme possible de terrain pour favoriser le développement de la culture, et en particulier de la culture par l'élément français.

Faut-il rappeler à ce propos qu'un véritable homme d'Etat, Khéreddine, avait naguère compris l'intérêt de l'utilisation du domaine pour le développement agricole du pays. De cet essai, restreint naturellement à l'élément tunisien musulman, deux exemples sont surtout à citer : la reprise et la vente des terres à Sfax que nous retrouverons plus loin et la cession en enzel à des indigènes, souvent étrangers à la région, des vastes terres des Riah près Zaghouan. Mais avec l'organisation de l'époque, les mesures d'exécution durent laisser beaucoup à désirer : on dévia bientôt du but et tout était retombé dans la confusion dés avant le Protectorat.

C'était donc bien pour les indigènes comme pour les européens une œuvre nouvelle qu'allait avoir à entreprendre la Direction de l'Agriculture.

La première donnée du problème était de pouvoir posséder des terres suffisantes. Un premier stock était nécessaire pour engager les opérations, puis on devait se préoccuper, pour satisfaire au courant d'aliénations à prévoir, de se procurer de nouveaux espaces.

Ici, Messieurs, on entrait franchement dans l'inconnu.

On commença d'abord l'étude détaillée des propriétés de l'Etat déjà consignées sur les sommiers. Cette étude ne va pas déjà sans difficultés en raison de l'insuffisance, de l'imprécision habituelle des titres arabes dont vous a parlé le conférencier qui a traité de la propriété foncière.

En même temps, à l'aide des rentes provenant d'anciennes constitutions d'enzel, on échangea certains terrains habous bien placés. Il a été admis, en effet, que le Domaine a, dans un but d'intérêt général, un droit de préemption sur les terres habous vis-à-vis des demandeurs particuliers. Ce droit n'est d'ailleurs exercé qu'avec beaucoup de discrétion et la réalisation des échanges, en l'état de la législation actuelle, en l'état des titres anciens et surtout des morcellements des rentes offertes, ne va pas sans des opérations délicates et longues : pour un échange effectué en 1894, portant sur 1.400 hectares en 6 propriétés, les notaires ont eu à couvrir d'écritures près de cent mètres de papier.

Mais surtout l'Administration doit s'occuper de rechercher les terres non utilisées et susceptibles de l'être, d'en définir le régime juridique, de s'assurer le moyen de mettre en valeur ce qui ne l'était pas. Si la vente des terres cultivées n'est qu'un simple déplacement, tout au plus une amélioration de richesses, ici il s'agit d'une véritable création.

Or, la loi traditionnelle musulmane ouvrait en cette matière un vaste champ à l'Administration. Ce que j'ai dit au début en parlant des terres non appropriées et soumises au pouvoir absolu du souverain, n'a pas cessé d'être vrai à travers les siècles. Sidi Khelil dans son traité du rite malékite applicable à la Berbérie et, plus spécialement à la Tunisie, Si Ahmed ben Khodja dans son traité du droit immobilier, sont très catégoriques à ce sujet.

M. Anterrieu vous a expliqué ici même, avec une grande précision, la définition de la terre morte et les conditions de sa vivification qui conduit à l'acquisition de la propriété privée avec ou sans l'autorisation préalable du prince, suivant que la terre morte ainsi vivifiée est située dans les contrées habitées ou dans les régions reculées. Des exemples justifiant cette doctrine se retrouvent dans les titres qu'a souvent à examiner le Domaine. J'en ai choisi un parmi les plus topiques : c'est un amra Bey ou décret beylical de 1765 ainsi conçu :

« Par notre présent décret entre les mains du cheikh Chabou el Frechichi, lequel nous a informé qu'il _ existe dans son pays, à El Kasrine, une terre connue sous le nom de Arich-el-Mallouf qui n'était pas cultivée et ne faisait pas l'objet d'une appropriation privée et qu'il l'a défrichée et y a créé une sania et nous a demandé l'autorisation relativement à cela ;

« Nous l'autorisons formellement de sorte que personne ne pourra s'opposer ou l'empêcher qu'en vertu d'un droit légal.

« Et c'est en conformité de ce qui précède que l'on devra agir.

« Salut de la part de celui qui a besoin de son Sei-
gneur, le Pacha Ali Bey fils de Houssein ! »

Cette vivification porte en arabe le nom de Hmarat
el Fas (occupation par la pioche). Elle continue sans
aucun doute à exister lorsqu'il n'y a pas une législation contraire et le Domaine doit la reconnaître ; il
souhaiterait même que les défrichements fussent plus
nombreux. Mais on ne peut contester que la majorité
des terres tunisiennes soit aujourd'hui, par le développement des routes, la création des centres, placée
dans la catégorie qui comporte l'autorisation préalable
du souverain. Or le Bey a le droit, dont il a usé d'ailleurs,
de soumettre cette autorisation à certaines conditions ;
en tous cas, c'est toujours au Domaine à délivrer le
titre de cette vivification puisqu'il s'agit d'un mode
d'aliénation domaniale.

Les Beys ont aussi aliéné des terres mortes indépendamment de toute mise en valeur, comme le per-
mettait leur droit absolu.

Cette aliénation était souvent faite sous forme de
donation ; dans ce cas, on remarque ce fait très caractéristique du renouvellement de la concession à chaque
changement de règne. L'origine de la plupart des
propriétés du centre est ainsi domaniale. L'exemple
qu'on cite comme le plus saillant était celui de la propriété, du territoire plutôt, vendu en 1511 aux auteurs
de la famille Siala qui embrasse presque tout le caïdat
actuel de Sfax. J'ai dit qu'en 1870, à l'instigation
éclairée de Khéreddine, l'État reprit ce territoire. Le
8 février 1892 les études de M. Bourde aboutirent
à un décret qui est le premier pas du Protectorat dans
l'utilisation des terres mortes et dont nous parlerons
plus loin.

Ce décret n'était lui-même que l'application du
principe général qui a été, non pas modifié, mais défi-

nitivement précisé dans le décret suivant du 13 janvier 1896.

« Considérant qu'il importe, au point de vue de la sécurité des transactions et de l'intérêt du Gouvernement, de consacrer dans un texte précis les droits que la loi musulmane a de tout temps attribués au Domaine sur certaines catégories d'immeubles non possédés privativement par les particuliers,

« Avons décrété. . . . .

« Art. 1. — Font partie du domaine de l'État et sont placés comme tels sous la surveillance du Service des Domaines :

« I — Les immeubles reconnus vacants et sans maître autres que ceux provenant de successions en deshérence, lesquels sont régis par des dispositions spéciales ;

« II — Les terres vaines et vagues, les montagnes incultivées, et généralement tous les immeubles que la loi musulmane comprend sous la désignation de terres mortes, sous réserve des droits de propriété et d'usage régulièrement acquis ou constatés avant la promulgation du présent. »

Le Domaine est ainsi suffisamment armé pour la recherche des terrains à mettre à la disposition de la culture, de la colonisation. Mais on comprend que s'il est relativement facile de faire, en un laps de temps déterminé, reconnaître géométriquement et figurer sur une carte les propriétés domaniales réellement gérées, il n'en peut être de même des terrains qui n'appartiennent à l'État qu'en vertu de la loi et en raison même de leur état improductif. Ces terres ne pourraient être connues et absolument définies qu'autant qu'un cadastre général du pays aurait été établi et que toutes les questions préjudicielles ou subsidiaires qui se réfèrent à ce domaine auraient été résolues. C'est là, Messieurs, un travail long, difficile parce qu'il se heurte au conflit des intérêts privés et parce que le Domaine, simple particulier aux yeux de la loi, doit, lorsqu'il veut faire consacrer ses droits, prendre son parti des délais de procédure, des délais d'immatriculation par exemple, discuter avec ses adversaires et ne peut être admis à réclamer ni mesures exceptionnelles, ni tour de faveur.

Etendue et situation des terres domaniales

Je tâcherai cependant de vous donner ici, Messieurs, une idée très approximative de la répartition des terres domaniales en Tunisie. Dans le Nord et l'Est de la Régence, pays assez peuplé par rapport à l'ensemble, les propriétés du Domaine sont aujourd'hui sensiblement réduites. Si on excepte le massif montagneux compris entre la plaine de Mateur, celle de la Medjerdah, la mer et la frontière algérienne, massif presque tout forestier, ainsi que les îles et les dunes du littoral, on voit que le Domaine possédait, en 1897, 5.000 hectares environ dans le caïdat de Béja, 2.000 à Téboursouk, 40.000 environ dans le Goubellat et le Bou-Arada, région de Medjez-el-Bab, autant dans la région de Zaghouan, des lots isolés et de nombreuses parcelles peu importantes souvent plantées d'oliviers dispersés dans les caïdats de Bizerte, Mateur, Soliman, Nabeul et la région montagneuse du contrôle de Maktar. Sur la côte orientale du Cap Bon, des terres mortes sont en voie de reconnaissance. Puis, passé le territoire autrefois domanial de l'Enfida, le Sahel, région exclusivement de petite propriété, n'offre entre Kalaa Kebira et Ksour Essef que 3.000 hectares d'oliviers domaniaux disséminés en 1.010 parcelles.

Si maintenant nous tirons, après le Sahel, une ligne

du Sud-Est au Nord-Ouest contournant au Sud le
massif central tunisien, englobant le bloc tourmenté
de l'Ousselet aujourd'hui privé de sa population berbère et certaines parties des contrôles de Thala
et du Kef, nous pouvons dire qu'au delà de cette ligne
l'appropriation individuelle de la terre se raréfie avec
la population très clair semée : c'est la région à pluies
incertaines où les arabes se déplacent périodiquement
luttant souvent pour la jouissance des pâturages, étant
pasteurs et non planteurs. En certains points l'État
avait, dès avant le Protectorat, inscrit sur ses sommiers des territoires entiers qui sont devenus par la
suite des propriétés melk, dont plusieurs ont été alié-
nées : Gamouda, Cherahil forment encore un ensemble
loué par le Domaine et approchant de 160.000 hectares. Mais en général (et cela est d'autant plus vrai
qu'on s'enfonce plus vers le Sud), la propriété privative
ne forme plus que des taches, des oasis, là où une
race sédentaire a su rechercher et utiliser l'eau, condition première de toute culture permanente. Le Domaine appréhende les terres mortes dans cette région
suivant ses besoins. C'est ainsi qu'il a fait immatriculer 50.000 hectares de montagnes pour l'exploitation des gisements des phosphates du Seldja près
Gafsa ; 5.000 hectares le long du chott Djerid pour le
forage de puits artésiens, etc. Avec le concours de
l'autorité militaire, des emplacement sont allotis à
Ben-Gardane, Tatahouine, etc... Des lots sont constitués, délimités, affectés aux tribus maghzen et mis en
culture par elles jusqu'au Sud de Dehibat.

Des terres de tribus. — Leur régime au point de vue domanial.

Ces terres du Centre et du Sud parcourues, vous
ai-je dit, plutôt qu'habitées et où la terre inculte domine,

étaient, sous l'ancienne administration tunisienne, appelées les terres arabes : ce qui paraît correspondre moins à une distinction ethnographique rigoureuse qu'au mode d'existence des populations de ces territoires chez lesquelles l'élément arabe n'est pas toujours sans mélange d'éléments berbères. Les habitants musulmans des villes désignent du nom d'arabes ou de bédouins les indigènes qui ne vivent pas dans des maisons, les hommes de la tente. Il y a même entre eux une sorte d'antagonisme qui ne va pas sans un certain mépris de part et d'autre. Dans son rapport sur les cultures fruitières en Tunisie, M. Bourde explique qu'après l'invasion hilalienne « il ne subsista plus que les plantations du Sahel, entre Sousse et Mehdia. Dans le reste du pays, les Ouled Saïd, les Zlass, les Madjer, les Hammema, les Metellit, les Frechichi, les Ouled Debab, pasteurs ayant l'horreur instinctive des habitations sédentaires, se substituèrent complètement aux cultivateurs d'arbres qui construisaient des maisons. La forêt qui avait autrefois pris la place du pâturage fut remplacée par le pâturage à son tour. Sur cette terre où les villages s'étaient touchés, quelques misérables tentes suffirent désormais à abriter une population extrêmement clairsemée, adonnée à une existence d'agression dont Ibn Khaldoun faisait au XVe siècle cette peinture restée vraie jusqu'au moment de l'occupation française : « De la campagne, les arabes ont continué à opprimer les populations, à piller les voyageurs et à tourmenter le pays par leur esprit de rapine et de brigandage. » Et M. Bourde ajoute : « Même après douze ans de Protectorat et de paix l'esprit nomade est resté impérieux parmi ces anciens pillards. Les gens riches qui apprécient la douceur du confortable n'osent pas encore s'y construire des maisons, de peur de s'attirer le mépris de leur tribu. »

Or, Messieurs, ces anciens conquérants (eux et ceux

qui s'étaient assimilés à eux et avaient pris leurs
mœurs) ont été le plus souvent vaincus à leur tour
dans leurs luttes séculaires contre les souverains de
Tunis. Il est certain, d'après des documents remon-
tant à moins d'un siècle, que les habitants des terres
arabes, les gens des tribus étaient considérés comme
campés, tolérés, sur les terres de l'Etat, comme des
tributaires du Beylik payant le kharadj, la taxe des
vaincus, tantôt sous ce nom même, tantôt sous d'autres dénominations (arbia, ouabria, alfa, nebaha, etc.)

Dans un titre scellé du sceau du Bey et daté de
mars 1860, relatif à un territoire domanial de l'oued
Nebhane, je lis ce qui suit :

« Tout ce que renferment les limites des deux enchirs est terre arabe ; leur kharadj revient à l'Etat; ce
sont les représentants de l'Etat qui le perçoivent de
ceux qui cultivent ; ils administrent cela sans interruption et il n'est pas prétendu que quiconque autre
que les représentants susdits en ait disposé avec eux. »

Voici donc des terres qui sont, je le veux bien, en
majorité des terres mortes, mais qui ne le sont pas
nécessairement et qui sont dites terres de l'Etat à
raison de la condition de ceux qui les habitent. Tantôt
la situation de fait de ces habitants s'est adoucie en
ce sens qu'ils ne paient plus les tributs stipulés, tantôt elle s'est transformée en simples locations. Le fond
du droit a-t-il changé ? c'est douteux, si l'on rapproche ces textes du décret du 1er décembre 1881 prohi-
bant l'aliénation des terrains domaniaux par les indigènes des tribus parce qu'ils n'y ont aucun droit, et
de la circulaire ministérielle du 15 avril 1885 interdisant aux notaires de passer sans ordre des actes de
vente des vastes terrains sis dans le territoire des
tribus nomades de l'intérieur.

Nous serions donc amenés à cette conclusion qu'en

Tunisie le Domaine a, sur les terres des tribus arabes, un droit différent de celui dérivant de la législation sur les terres mortes, un droit qui tient à la précarité de la concession aux tribus, précarité que n'a supprimée aucun texte général. J'excepte bien entendu tout ce qui dans ces territoires est devenu, en vertu d'actes opposables à l'Etat, habous ou melk d'un particulier.

Si je me suis étendu un peu longuement sur cette question peu connue, c'est surtout pour faire ressortir la similitude entre le droit tunisien actuel basé sur la propriété de l'Etat et celui appliqué en Algérie antérieurement au sénatus-consulte du 22 avril 1883. Vous savez que cet acte législatif a modifié la situation antérieure, en déclarant la tribu propriétaire de son territoire, en amenant la fiction de la propriété arch qui n'a été qu'une complication dans la constitution de la propriété privée, puisqu'il faut obligatoirement constituer la première pour arriver à la seconde. En Tunisie les ventes du Domaine, les décisions d'immatriculation rendues en présence du Domaine appelé au procès, permettent d'arriver du premier coup à la propriété privative. Le seul perfectionnement qui semble à désirer serait relatif à la constatation légale et à la protection dans le régime foncier des droits d'usage des collectivités indigènes, tribus ou fractions, sur les terres de l'Etat. Au fur et à mesure de la transformation des mœurs, le cantonnement suivra insensiblement. Au sujet du cantonnement dont le véritable caractère n'est pas toujours bien connu, voici comment le définissait et l'appréciait un représentant de l'Algérie au Sénat, le 15 février 1895 :

« Les généraux français de la conquête algérienne qui connaissaient bien les arabes et qui voulaient constituer la propriété individuelle, avaient commencé à appliquer le cantonnement, en attribuant aux possesseurs de terres de tribus la propriété intégrale de partie des terres dont ils n'avaient que la possession...

« Si l'on avait suivi ce système, nous ne serions pas aujourd'hui à discuter devant le Sénat, car il aurait établi ce que tout le monde réclame : la propriété individuelle. »

Le cantonnement en effet est la conséquence nécessaire, en dehors de toute intervention gouvernementale, de l'accroissement de la population, de la sédentarisation, de la culture plus intensive du sol. Le tout est, lorsqu'il est effectué par l'Etat, qu'il ne vienne pas trop brusquement et avant l'heure afin de ne pas troubler les mœurs et ne pas revêtir le caractère d'une mesure arbitraire.

Les terres consignées aujourd'hui sur les sommiers de l'Etat représentent environ 700.000 hectares en plus de 4.000 articles d'importance très variable. Il serait hasardeux de prétendre faire une évaluation exacte pour les prélèvements utiles à opérer sur les terres mortes ou de tribu ; mais c'est évidemment rester au dessous de la réalité que de les estimer à 300.000 hectares, ce qui donnerait un total d'un million d'hectares au nord de la ligne des chotts.

Gestion des terres domaniales

Voilà donc sommairement définis les éléments qui composent notre domaine. Examinons maintenant comment l'Etat gère ces terrains et comment il les aliène.

La gestion courante ne s'applique, bien entendu, qu'aux immeubles productifs ; elle a lieu, par voie de location pour les immeubles bâtis, aux enchères et de gré à gré, à prix fixe et d'après des plans pour les terres de culture. La location amiable de 3 ans et renouvelable permet de fixer le locataire indigène au sol et de préparer sa transformation en propriétaire.

Les olivettes sont cultivées en régie ou par contrat de colonage (m'sakat) dans les vastes territoires du Centre; des gardes institués par un récent décret du 6 septembre 1897 surveillent les déclarations de labour, liquident les taxes de pâturage, contrôlent la vente des produits et aident les locataires à mieux tirer parti de leurs lots.

Les produits de cette gestion sont, sauf à Tunis, encaissés généralement par les caïds, qui prélèvent des remises sur leurs encaissements (10 % sur les produits ordinaires).

S'agit-il au contraire de vendre, les terrains domaniaux présentent entre eux des différences considérables et ne comportent pas de règles uniformes. Tous ne sont pas au même moment intéressants pour le peuplement européen. Et même dans les terres convenant pour les colons, toutes ne sont pas également disponibles. Des cultivateurs indigènes, locataires ou usagers y sont installés, il ne s'agit pas de les expulser mais d'arriver à une juste répartition consolidant la propriété des uns et des autres.

De même les terrains sont à étudier au point de vue de la salubrité, de leurs facilités d'accès, des cultures qu'ils permettent, etc.

De là une série de travaux et d'opérations qui supposent à la fois : des enquêtes agronomiques auxquelles sont appelés les services compétents de la Direction de l'Agriculture ; des délimitations géométriques, l'étude juridique de la propriété, la solution des procès soulevés, des échanges, des transactions, des défrichements (et l'organisation de chantiers dans ce but avec le concours de la main-d'œuvre pénale) ; des lotissements rattachés au réseau des routes et qui supposent une attention spéciale (on sait combien le propriétaire, surtout le propriétaire français, répugne aux servitudes, à l'indivision etc...), des expertises pour fixer les prix ; une publicité pour l'offre des terres aux émigrants, publicité dont le Domaine donne les éléments à un service spécial ; les locations en attendant la vente, les ventes elles mêmes, leurs suites ; surveillance des paiements, main-levées d'hypothèques, etc.

La complexité, la difficulté de ces travaux n'apparaissent pas au public : elles n'en sont pas moins réelles, surtout étant donné que ces opérations, dissemblables et connexes cependant, se répartissent en même temps sur de nombreux points du territoire.

Ventes et leurs Conditions

Ces explications nous ont amenés au moment où les terrains sont prêts à être aliénés, et j'en arrive immédiatement aux modes suivant lesquels sont réalisées les ventes.

A l'exception des aliénations de lots urbains qui doivent s'effectuer aux enchères, les ventes du Domaine ont lieu de gré à gré. Pour les terrains offerts aux émigrants français, les conditions sont les suivantes :

Ces terrains forment dans le nord de la Tunisie des lots de 30 à 100 hectares et plus et sont vendus à tout moment, à l'amiable, suivant l'ordre des demandes, au prix fixé par une expertise préalable.

Moitié du prix est payée avant l'entrée en jouissance avec minimum de 1.000 francs.

Le surplus se divise en deux termes égaux : l'un payable 3 ans après l'entrée en jouissance, et le dernier après la quatrième année (le tout sans intérêts).

L'acquéreur peut verser la totalité du prix avant

l'entrée en jouissance ; il est fait, dans ce cas, une réduction de 10 pour cent sur le prix fixé par l'expertise, les frais de vente (1 % environ) sont versés au jour de l'acte ; en cas d'immatriculation, ceux du titre foncier (1 % environ) ne sont versés que lors de la délivrance du titre. Il n'est fait en aucun cas de concession gratuite.

Toute demande non suivie de vente et non renouvelée dans un délai de trois mois est considérée comme retirée.

L'acquéreur doit construire, s'installer ou installer une famille française sur le lot vendu, et mettre ce lot sérieusement en valeur, le tout dans un délai de deux ans à partir de l'entrée en jouissance. Le titre de propriété est délivré après accomplissement de ces conditions et ne comporte comme charge qu'une hypothèque de premier rang pour garantir le payement des termes non échus. Les versements après l'échéance sont passibles d'un intérêt de retard de 5 %, sans préjudice du droit qu'a l'Etat d'en poursuivre immédiatement le recouvrement.

En cas d'inexécution des conditions d'installation et de mise en valeur dans le délai fixé, l'Etat reprend le terrain avec les améliorations, s'il y en a, en remboursant les sommes versées moins une retenue de 5 % du prix total de la vente pour indemnité d'occupation du sol.

Les propriétés à vendre sont généralement louées à l'année à des cultivateurs arabes ; l'acquéreur entre en jouissance à la fin de l'année agricole, c'est-à-dire en septembre à moins d'arrangement de sa part avec le locataire.

Dans tous les cas, il peut demander qu'il lui soit livré immédiatement 1.000 mètres carrés de terrain pour préparer sa construction.

L'Administration se réserve la possibilité d'accorder

un bail de 1 à 3 ans, avec promesse de vente, pour les propriétés d'une certaine importance — lorsqu'une cause accidentelle empêche la disponibilité immédiate des capitaux ; dans ce cas, elle fait justifier l'existence de ces capitaux et peut exiger toutes mesures pour leur conservation.

Il est également vendu des lots de petite contenance jusqu'à 5.000 mètres carrés, pour industries et habitations, dans les localités existantes ou à proximité de ces localités, avec charge de s'installer dans l'année.

Il y aurait beaucoup à discuter sur ces conditions. Chaque pays, chaque administration, chaque particulier, a ses idées en matière de vente et de peuplement.

Notre système est favorablement accepté parce qu'il laisse à l'acheteur toute la latitude possible, tout en le liant fortement au sol dès le début. Tout d'abord le prix était payable en totalité au comptant : les nouvelles dispositions plus libérales sont dues à M. Dybowski, Directeur actuel de l'Agriculture.

Ces lots sont généralement réunis par groupe de 4 à 10 ou 15. Nous ne procédons pas comme en Algérie par villages officiellement créés et zônes de cultures. Outre que le gouvernement tunisien pourrait difficilement assumer sur ses ressources actuelles les dépenses que comporte ce système, on a pensé que les cultivateurs devaient être établis au milieu de leurs champs, que les villages se créeraient le moment venu. L'État y aide seulement en réservant, dans chaque agglomération importante de fermes, un espace pour des lots industriels, pour un marché, etc. ; il réserve aussi les parties montagneuses qui serviront de pâturage et pourront être données un jour à la collectivité (la commune par exemple) qui viendrait à se créer.

Les lots offerts aux colons sont en principe soumis au régime de l'immatriculation.

De 1893 à fin 1897, pendant une période qu'on peut

appeler de formation, 82 acquéreurs de lots ruraux de la région nord ont été installés sur 5.300 hectares, comme petits lots d'habitation ou d'industrie. Aïn-Draham et Tabarka sont entièrement constitués par des ventes domaniales.

Tout autres sont les ventes de terres à planter inaugurées dans le Centre par le décret de février 1892 et qui offrent dans ces régions le meilleur mode de colonisation. En voici la base :

ART. 5. — Quiconque voudra désormais complanter les terres siatines de la région de Sfax, remettra au Caïd une demande spécifiant l'emplacement, l'étendue et les limites du terrain dont il désire la concession.

Cette demande sera instruite et agréée, s'il y a lieu, par la Direction de l'Agriculture.

ART. 6. — Aucune demande ne sera agréée que sous engagement par le pétitionnaire d'effectuer la complantation totale du terrain accordé, en vignes, oliviers ou arbres fruitiers, conformément aux usages du pays et dans un délai de quatre années à partir de la notification de l'acceptation de la dite demande.

A l'expiration de ce délai, une commission composée de deux amins ou experts désignés, l'un par le Directeur de l'Agriculture, l'autre par le demandeur, et d'un délégué de l'Administration, constatera l'état de la complantation du terrain.

Sur le rapport de cette commission, le Directeur de l'Agriculture décidera s'il y a lieu de faire la concession. Dans le cas de l'affirmative, et lorsque le prix aura été payé, la vente sera conclue...

Dans le cas de la négative, l'Etat reprendra possession du terrain, sans qu'aucune indemnité puisse être réclamée par le demandeur.

ART. 7. — Le prix de concession est fixé à 10 francs par hectare.

Ce qui caractérise ces ventes à prix fixe, c'est qu'elles sont ouvertes à tous, européens et indigènes. La réussite dans la régions de Sfax en a été complète. Avant 1871, la zône des jardins à oliviers de Sfax comprenait 10.000 hectares ; de 1871 à 1892, 20.000 hectares ont été plantés. Après le décret et en moins de 6 ans, 264 nouvelles concessions dont 202 indigènes, 4 étrangères et 58 françaises se partagent 36.000 hectares dont 23.000 pour les Français. Il faut ajouter une concession de 30.000 hectares accordée à la Compagnie du chemin de fer de Gafsa.

La mise en valeur de ces terres est généralement effectuée par les indigènes d'après le système de la mrharsa (bail à complant avec transfert de propriété). Ainsi ceux-là même qui n'acquièrent pas directement de l'Etat et s'installent simplement comme ouvriers planteurs deviendront à leur tour propriétaires et comme ces ouvriers se recrutent nécessairement parmi les Metellit jusqu'alors pasteurs, nous avons encore là un mode indirect de sédentarisation, de dislocation de la tribu et de la fraction arabe, de constitution de la propriété individuelle.

L'Administration vient de s'assurer de nouvelles disponibilités dans la région de Sfax. De plus les terres domaniales de Kairouan vont améliorer progressivement leurs méthodes de culture et offriront à côté de lots de céréales et d'élevage de quoi alimenter pendant de longues années la plantation. Néanmoins le temps n'est pas encore proche où la forêt romaine, qui englobait Cilma, Suffetula et Cillium, sera reconstituée intégralement.

Je ne dirai qu'un mot des ventes à consentir aux indigènes. En dehors des ventes à prix fixe pour la plantation, qui leur sont accessibles comme aux européens, le seul système qui permette de transformer en propriétaires les locataires ou usagers de l'Etat, sans leur imposer une charge excessive, est l'enzel rachetable à toute époque à un taux fixé dans le contrat.

C'est sur ces bases qu'il va être procédé tout d'abord sur certaines propriétés du caïdat de Medjez-el-Bab.

Rendement des Opérations Domaniales au point de vue budgétaire.
Création du Fonds de Colonisation et de Remploi Domanial.

L'ensemble des opérations relatives aux immeubles domaniaux s'est traduit en recettes dans le règlement du budget de 1896, par les chiffres suivants :

Gestion courante, locations, rentes, ventes
de produits 315.000
Aliénation. 181.020

L'année 1896 n'est pas une des bonnes années agricoles.

Tous ces produits alimentaient récemment encore le budget ordinaire, mais il n'en est plus de même depuis le décret du 1er décembre 1897 qui a eu pour effet de réaliser pratiquement la conception de la caisse de l'Agriculture prévue au décret du 3 novembre 1890. Ce décret a une importance particulière et je voudrais, comme dernière citation, vous en faire connaître les principales dispositions :

« Considérant que le développement de la colonisation comprend des mesures d'ensemble à répartir d'après un même plan entre plusieurs exercices, qu'il y a lieu, dès lors, de pourvoir à la dotation extraordinaire de ce service avec une plus grande fixité ;

Attendu, d'autre part, que les ressources provenant des prix de vente du Domaine beylical doivent être considérées comme des ressources extraordinaires puisqu'elles ne sont pas indéfiniment renouvelables et qu'il est prudent de ne plus employer désormais ce produit aux dépenses ordinaires ;

Considérant qu'il y a au contraire avantage au point de vue même de la colonisation à reconstituer le Domaine au moyen de remplois successifs de la majeure partie du prix des ventes, le surplus devant être employé à sa mise en valeur :

ARTICLE PREMIER. — Les ressources exceptionnelles destinées à pourvoir aux dépenses de colonisation seront constituées :

1o Par le reliquat non encore employé... des dotations des 20 août 1895 et 30 décembre 1896 ;

2o Par le solde s'élevant à 100.000 francs du fonds spécialement mis en réserve par le décret sus-visé du 6 novembre 1896. . . . . .

3o Par le prix, jusqu'à concurrence d'un million de francs, des aliénations du Domaine qui pourront être consenties à partir du 1er janvier 1898.

ART. 2. — Les ressources provenant de ces aliénations seront affectées à concurrence de 6 dixièmes au rachat de terres de colonisation. Le surplus sera, concurremment avec les autres ressources déterminées à l'article 1er, employé à l'amélioration directe du Domaine, aux frais de la publicité destinée à favoriser l'immigration, à la création de champs d'expérience et à tous autres essais pour la propagation des meilleures méthodes culturales.

ART. 3. — Les dépenses extraordinaires de colonisation et de remploi domanial en vue desquelles les donations ci-dessus sont consenties, devront se répartir dans un délai qui expirera le 31 décembre 1903.

Ce texte clôt la série des décrets intéressant le Domaine. On voit qu'il est resté dans les traditions de 1890 : l'affectation du Domaine à la colonisation.

Il n'en faudrait pas conclure qu'en Tunisie Domaine et colonisation sont équivalents ; que l'un doit suffire aux besoins de l'autre. Même en restreignant le mot colonisation au sens de colonisation agricole française, il est hors de conteste que l'attention de l'immigrant doit se porter également sur les biens habous, les enchirs arabes trop vastes pour les ressources de leurs détenteurs, et sur les grandes propriétés, préalablement allotices, des sociétés foncières et des capitalistes européens.

Il restera toujours au Domaine un rôle assez étendu : toute une classe d'acheteurs est séduite par les garanties qu'offre l'Etat, par les renseignements qu'il donne, les facilités qu'il accorde. Son intervention est indiquée quand il s'agit de provoquer achat, défrichement, ou création d'un point intéressant de colonisation, d'aider à l'extension d'un groupement, à la réunion de fermes isolées. C'est à lui surtout qu'est échu le rôle de préparer au premier degré la mise dans le commerce des terres plus reculées, c'est sur ses terres enfin que peut le mieux se réaliser, par la juxtaposition, par le rapprochement des Français et des indigènes, par des mesures adoptées aux besoins des uns et des autres, l'accord et la réussite de ces deux races.

Et nous sommes certainement unanimes pour penser, Messieurs, que c'est là une des questions qui touchent le plus étroitement à la prospérité du pays tunisien et au bon renom de notre civilisation.

CONFÉRENCE DE M. MARCASSIN

CONFÉRENCE DE M. MARCASSIN

LA COLONISATION ET L'AGRICULTURE

Messieurs,

La place qu'occupe cette conférence [1] dans la série
rend ma tâche plus facile et me permettra d'envisager
la colonisation presque exclusivement dans ses rapports avec l'agriculture ; vous avez pu, en étudiant
avec les conférenciers que vous avez déjà entendus
le fonctionnement des différents services, vous rendre
compte du rôle que joue chacun d'eux vis-à-vis de la
colonisation. Aussi bien me sera-t-il plus aisé d'insister
sur le côté agricole.

---

[1] Le texte de cette conférence venait à peine de nous être remis
que nous apprenions la mort, à l'âge de 29 ans, de son auteur,
M. Lucien Marcassin, ingénieur-agronome, qui occupait depuis deux
ans, avec un tact et une compétence que tout le monde se plaisait
à apprécier, les fonctions de Chef du Secrétariat et du Bureau de
l'Agriculture à la Direction de l'Agriculture et du Commerce. Il
emporte avec lui l'estime et la sympathie de tous ceux qui l'ont
approché.

Il n'est pas douteux que le but final de notre installation dans la Régence est la colonisation de ce pays, c'est-à-dire le développement de notre influence parmi les populations indigènes, l'établissement et la diffusion parmi elles du progrès et de la colonisation, la création d'un courant commercial entre la Métropole et la Tunisie, et enfin le peuplement du sol par nos nationaux et son exploitation avec nos capitaux pour aider à l'accroissement de la richesse nationale.

Il est constant que la colonisation de ce pays se présentait aux Romains dans les mêmes conditions qu'elle s'est offerte à nous. Ils trouvèrent, comme nous, le mouvement commercial concentré dans les villes de la côte, principalement à Carthage; et les légions, en guerroyant contre Jugurtha, purent se rendre compte que leurs adversaires étaient bien plus de bons cavaliers que d'excellents agriculteurs. Mais ils progressèrent rapidement et quand César vint soumettre Juba, il s'étonna des quantités de blé qui lui furent fournies. Bientôt la Proconsulaire et la Bysacène concoururent, avec la Sicile et l'Egypte, à l'alimentation en blé de Rome.

Pendant cinq siècles, Rome — après avoir pacifié le pays — le colonise; le sol se recouvre de cultures, de jardins, de fermes et de villages; d'importants travaux hydrauliques mettent à la disposition des agriculteurs toutes les ressources en eau du pays; à côté des céréales, la vigne, l'olivier, le coton, sont cultivés; dans les oasis les cultures les plus variées s'étagent comme aujourd'hui, si l'on en croit les descriptions de Pline qui semblent dater d'hier. Dans le Sud, non contents de capter les eaux superficielles, les Romains amènent à la surface, par des sondages, les eaux des couches profondes qu'ils ont appris rapidement à connaître et que Vitruve décrit si minutieusement.

L'œuvre des Romains doit nous donner confiance

en même temps qu'elle nous permet de répondre aux esprits qui trouvent que nous ne marchons pas assez vite : si Rome a accompli ici une œuvre considérable, nous ne devons pas oublier qu'elle y a consacré cinq siècles.

Malheureusement l'œuvre de Rome a rapidement disparu et si les invasions et les luttes intestines, qui ont désolé ce pays jusqu'à notre époque, ont respecté les ruines des temples et des villes bâtis par les colons de l'Empire, elles n'ont rien épargné des cultures ; les arbres n'ont pas trouvé grâce devant eux. L'Arabe dans sa marche conquérante, le Berbère dans sa re-retraite, faisant à l'envi le vide autour d'eux, consommèrent la destruction des cultures et rendirent au désert les territoires que la ténacité de Rome en avait distraits.

Les Berbères vaincus se réfugiaient dans leurs montagnes de l'Aurès ou du Sud tunisien (Dj. Demmer), où ils ont conservé, mais sur des espaces bien restreints, leurs cultures en même temps que leurs méthodes et leurs traditions agricoles : pendant ce temps le conquérant nomade faisait paître ses troupeaux parmi les ruines des fermes et des jardins des anciens colons, et le pâturage achevait l'œuvre de destruction des massifs boisés qui avaient résisté aux luttes intestines et aux invasions.

Si je signale les tentatives culturales intéressantes des Maures andalous dans le Nord et le Nord-Est de la Régence et les efforts de Khereddine quelques années avant notre arrivée, j'aurai indiqué les seules tentatives intéressantes de rénovation de l'agriculture tentées depuis la ruine de la colonisation romaine.

De même que les légions de Scipion avaient trouvé toutes les richesses du pays concentrées sur le littoral oriental, dans les cités où les habitants de Tyr étaient venus établir leurs comptoirs, nous aussi nous avons rencontré toute la vie active du pays condensée sur le littoral de Bizerte à Zarzis, le commerce et un peu d'industrie aux mains d'une population indigène industrieuse et de commerçants venus de tous les pays de la Méditerranée. Les cultures sont également massées le long de la côte : jardins des riches indigènes des environs de la capitale, jardins des Maures andalous de Raf-Raf, Porto-Farina Hammamet, Nabeul, les oliviers du Sahel, la forêt de Sfax dont la reconstitution venait d'être entreprise sur l'intelligente initiative de Khereddine. En dehors des côtes, on ne rencontre de cultures que dans les oasis où la nature généreuse donne, grâce à l'eau qu'elle prodigue, fruits et légumes presque sans travail; dans quelques ravins des montagnes du Centre, aux oliviers plusieurs fois centenaires cultivés avec soin par le Berbère que les invasions ni les guerres ne sont venus déranger ; cultures des oasiens, cultures des montagnards, et puis de loin en loin quelques rares jardins, quelques taches vertes de céréales cultivées sans méthode, au hasard des pluies, de la tranquillité....

Dans le Nord, les cultures de céréales sont plus fréquentes : les riches indigènes, propriétaires d'immenses domaines, cultivent régulièrement au moyen de khammès attachés par leur dette que l'insuffisance des récoltes ne leur permet jamais d'éteindre; les terres de l'État, des habous, sont louées, mais la location pour un an, à peu près seule usitée, paralyse toute amélioration culturale et condamne l'agriculture indigène et le fellah à végéter sans progrès possible.

De grands domaines comme l'Enfida, Sidi-Tabet, sont aux mains des Français, mais des difficultés politiques n'ont pas encore permis à leurs propriétaires de les mettre en valeur.

Telle est la situation que nous avons rencontrée en débarquant en Tunisie. Je n'ai pas à vous décrire la situation présente, vous la connaissez tous et vous pouvez, en une rapide comparaison, apprécier l'importance de l'œuvre accomplie et la vigueur de l'effort soutenu par les capitaux et la volonté des Français, sous l'égide du Protectorat.

Comment cette œuvre a-t-elle été accomplie?

Dès le premier instant de notre établissement dans la Régence, il a été décidé que le Gouvernement ne ferait pas de colonisation officielle : il fa'lait profiter de l'expérience faite à côté de nous et que les événements avaient condamné à plusieurs reprises.

Et de fait il semble, si l'on se reporte aux premières années du Protectorat que l'Administration, bien loin de favoriser la colonisation, ait affecté de la négliger, de s'en désintéresser.

Rien n'est moins fondé que ce reproche. La France n'a jamais oublié que son œuvre ne devait pas se borner à tenir les indigènes en respect devant nos troupes et à assurer au commerce métropolitain les transactions peu importantes qui se faisaient dans la Régence. Au lendemain de la conquête notre action ne faisait que commencer : il fallait rendre à ce pays son ancienne prospérité pour en faire profiter la Métropole, remettre en valeur les immenses solitudes de l'intérieur à l'aide des capitaux de la mère-patrie et du travail de ceux de ses fils désireux de trouver un champ à leur activité et à leur énergie: le but devait être de faire de la Régence une nouvelle France, un prolongement de la patrie, tout en répandant avec notre influence les lumières du progrès et de la civilisation parmi les indigènes.

. Mais, pour faire une œuvre durable, il fallait l'asseoir sur des bases sérieuses et c'est parce qu'ils n'ont pas voulu marcher à l'aveugle et bâtir sur le sable que les premiers administrateurs n'ont pas lancé, dès le lendemain de l'occupation, un système tout fait de

colonisation : sagement, sûrement, le Gouvernement
préparait l'avenir.

On vous a dit, Messieurs, dans de précédentes conférences, comment le Gouvernement s'est attaché dès
le début à réformer l'Administration indigène, à établir la justice française, comment l'établissement de
la loi foncière a permis la constitution de la propriété
sur des bases imprescriptibles.

Toutes ces mesures, cette réorganisation administrative, financière et juridique de la Régence, étaient
indispensables avant que l'on pût engager nos nationaux à se fixer dans ce pays, à confier à ce sol leurs
capitaux, à venir s'y créer en un mot une nouvelle
patrie.

En même temps le Gouvernement, comprenant quel
obstacle la rareté des centres, l'absence de voies de
communication, pouvaient apporter à la colonisation
de l'intérieur et craignant à juste titre que les nouveaux arrivants hésitassent à venir s'installer dans des
pays éloignés de tous débouchés, a entrepris de recou-
vrir le territoire de la Régence d'un réseau de routes,
de pistes, de voies ferrées, qui devaient rapprocher
les colons et leur fournir dès leur installation les
moyens d'exporter leurs produits.

Quand cette œuvre considérable a été suffisamment
avancée, le Gouvernement a commencé à s'occuper
de l'exploitation du sol : un certain nombre de nos
compatriotes, énergiques et pleins de confiance dans
l'avenir, en même temps qu'encouragés par les beaux
résultats obtenus dans la culture de la vigne en Algérie, étaient venus, à la suite de nos troupes, demander
au sol tunisien la rémunération de leurs efforts et de
leurs capitaux et, dès 1887, l'importance de l'œuvre
entreprise attirait l'attention du Gouvernement. —
Appréciant l'intérêt qu'il y avait à fournir à ces courageux colons de la première heure, parmi lesquels,

quelques uns, avaient plus de bonne volonté que d'expérience et de connaissances techniques, tous les conseils et les renseignements dont ils pouvaient avoir besoin, le Gouvernement créait, le 6 juin 1887, le Laboratoire de chimie agricole et industrielle et, le 13 août suivant, un Service de l'Agriculture et de la Viticulture, auquel fut ajouté un Service vétérinaire et de l'élevage. L'arrêté du Premier Ministre, en date du 28 novembre suivant, définit l'objet du Service d'Agriculture et de l'Élevage :

« L'encouragement et l'assistance des intérêts qui se rattachent à la culture du sol ; l'amélioration et l'élevage des races locales. Ce service doit, en outre, assurer la police sanitaire et l'hygiène des animaux domestiques.

« Le Chef du service, qui a le titre d'Inspecteur de l'Agriculture et de l'Elevage, a pour mission de visiter les centres de production, de mettre son enseignement et ses conseils à la disposition des populations indigènes et des colons.

« Le Laboratoire de son côté est chargé des analyses de terres, eaux, matières premières de l'industrie et du commerce, et de la vulgarisation des procédés chimiques utiles à l'agriculture et à l'industrie ; les analyses de terres et d'eaux pour les colons y sont faites gratuitement. »

Dix-huit mois après, le 25 mars 1889, un arrêté ministériel organisait des champs d'expériences chez un certain nombre de colons.

Au moyen de ces différentes mesures, l'Administration commençait à fournir à la colonisation une aide plus effective et plus directe, en prodiguant aux premiers colons les enseignements, les conseils et les moyens matériels de se rendre compte de la valeur de leurs terres et des meilleures méthodes de culture à employer.

Le Gouvernement abordait la colonisation effective
en encourageant l'agriculture : il était bien évident
que la colonisation de la Tunisie devait être essentiellement agricole. La colonisation commerciale, concen-
trée dans les villes du littoral, ne pouvait prendre
d'essor qu'autant que le développement de l'agriculture dans l'intérieur permettrait d'augmenter les transactions à l'exportation et que, d'autre part, la diffusion
de la population européenne dans les terres et l'augmentation des besoins des tribus indigènes provoque-
raient une augmentation sensible des importations.
Ces deux facteurs du développement de la colonisation commerciale ne sont encore que le résultat du
succès de l'agriculture qui favorise l'apport des capitaux métropolitains et l'émigration des travailleurs, —
en même temps qu'il augmente les ressources des
indigènes et leur permet de satisfaire les nouveaux
besoins que leur crée le contact d'une civilisation plus
avancée.

Les colons français, à leur arrivée, ont trouvé des
terres plus ou moins incultes, ayant été mal cultivées,
maltraitées pendant des siècles par une agriculture
barbare et recouvertes bien souvent de broussailles
épaisses ; il a fallu au début souvent défricher le sol,
le défoncer à grands frais. Les premiers colons ont
vu, dans la culture de la vigne, un moyen de réaliser
rapidement des bénéfices considérables ; mais ceux-
là seuls ont tiré de cette culture tout le profit possible
qui ont pu et su ne rien négliger pour planter la vigne
dans les meilleures conditions, et il leur a fallu des
sacrifices considérables pour faire ces plantations. Ajou-
tez à cela l'installation des bâtiments d'habitation, des
étables, du cellier, l'achat du matériel vinaire et vous
vous rendrez compte que de telles installations n'étaient
possibles qu'à ceux de nos compatriotes possédant de
nombreux capitaux ; il fallait en outre pouvoir atten-

dre cinq ou six ans la première récolte, et supporter les mauvaises années.

Je n'ai pas besoin d'insister pour vous convaincre : la mise en valeur du sol tunisien exige des capitaux importants. Le système adopté par le Gouvernement, de ne pas donner de concessions gratuites de terres, écarte dès le principe les malheureux sans ressources qui viendraient ici dans l'espoir d'y faire rapidement fortune, grâce à la générosité du Gouvernement. Il serait d'autant plus fâcheux d'attirer ici cette catégorie de colons que, malheureusement, après l'échec fatal, une fois perdu tout espoir de faire fortune sur le coin de terre abandonné généreusement par l'Etat, ils ne pourraient même pas, comme en France, trouver leur subsistance dans un travail mercenaire, incapables sous ce climat extrême de lutter contre la concurrence de la main-d'œuvre indigène ou sicilienne.

La création de la Direction de l'Agriculture (décret du 3 novembre 1890), accompagnée du rattachement à la nouvelle Direction du Service des Domaines, affirmait le rôle que s'était déjà attribué l'Etat d'aider à la colonisation en encourageant et éclairant l'agriculture. La même Direction fut chargée du soin d'aliéner au profit de la colonisation les terres du Beylick, et avait la mission de renseigner les colons sur la mise en valeur du sol et le choix des systèmes de culture. La création, prévue par le même décret du 3 novembre 1890 d'une Caisse de l'agriculture, consacrait l'abandon de toute idée de concession gratuite, mais en même temps elle établissait le principe du remploi du prix de vente des immeubles domaniaux en achats et aménagements de nouveaux lots. En résumé le système inauguré était celui-ci : aliénation à titre onéreux des terrains de l'Etat pour la colonisation et remploi du prix de vente de ces terrains à l'achat de nouveaux

territoires favorables à la colonisation et dont l'acquisition pourrait être difficile aux colons isolés, et en
même temps à l'aménagement et à la mise en valeur
des terrains.

·Ce programme n'a pu être appliqué dans son entier
que récemment, la Caisse prévue par le décret du 3
novembre 1890 n'ayant été organisée définitivement
que par le décret du 1er décembre 1897 sous le nom
de Caisse de colonisation et de remploi domanial. M.
Hugon vous en a exposé le fonctionnement, je n'y
reviendrai pas. L'attribution à la Direction de l'Agriculture d'un crédit spécial pour dépenses de colonisation a d'ailleurs permis de marcher de l'avant.

Au fur et à mesure de la reconnaissance des immeubles domaniaux, reconnaissance commencée par
les régions du nord les plus favorables à la colonisation, le Gouvernement met à la disposition des colons
des lots de terres d'étendue variable, à des prix variables également mais peu élevés. Je n'ai pas à entrer
dans le détail des aliénations domaniales qui vous a
été décrit par le Chef du service des Domaines ; je
tiens seulement à vous faire observer que les lots sont
établis en tenant compte des débouchés et de la présence de l'eau, de la valeur du sol : partout où dans
le voisinage d'un centre important ou de voies de
communication faciles un domaine peut être alloti,
l'Etat offre aux colons des lots de 80 à 100 hectares,
sans s'opposer d'ailleurs d'une façon absolue à la réunion de plusieurs de ces lots, si l'exploitation des premiers lots semble devoir être difficile.

D'une façon générale l'Etat a pensé que les colons
disposant d'importants capitaux, qui pourraient trouver trop faibles les superficies des lots établis par le
Domaine, ont toute facilité pour négocier auprès des
propriétaires particuliers l'achat de quelque grand
domaine, tandis que le colon disposant de modestes

ressources pourra trouver une cause de réussite dans les facilités d'achat que lui offre l'Etat. C'est de l'application de ce principe que sont nés les centres de Sidi Ahmed, Oum-Zid, Nassen, Bordj-Touta, etc.

Dans l'intérieur, plus loin des centres, des voies de communication et des débouchés, les lots peuvent être plus étendus, les prix moins élevés.

Si les lots de l'Etat ne sont pas toujours d'assez grande surface aux yeux des colons, les facilités mises par le Gouvernement à l'achat à enzel des biens habous, à leur échange, leur permet de trouver des propriétés beaucoup plus étendues(1).

La colonisation a été surtout faite jusqu'ici à l'aide de capitaux ; il n'a été créé que peu de petites exploitations, il n'a pas été fait de peuplement et l'étendue des surfaces possédées par les Européens, presque tous Français, est très importante eu égard au nombre des propriétaires.

Dès avant l'occupation, une Société Française avait acquis le Domaine de l'Enfida (90.000 hectares) et les premiers colons achetèrent aux riches indigènes des domaines immenses dont l'étendue atteignait souvent de 1.000 à 5.000 hectares et au delà ; ceux de 500 à 1.000 hectares sont nombreux. Malheureusement de tels domaines ne peuvent être complètement mis en valeur par leurs propriétaires et une grande partie, louée aux indigènes, continue à être exploitée de la même façon barbare qu'avant notre arrivée.

C'est par un certain morcellement de ces grands domaines, en même temps que par la location des domaines de l'Administration des habous, qu'il faut espérer arriver au peuplement français de la Régence:

(1) Depuis cette conférence, ces facultés ont été étendues (décret du 13 novembre 1898). 2.000 hectares de terres habous doivent chaque année être remises à la colonisation par l'intermédiaire de la Direction de l'Agriculture.

il faut que les grands propriétaires — et je rends cette justice à un certain nombre d'entre eux d'avoir étudié cette question et d'être disposés à marcher de l'avant — il faut, dis-je, que les grands propriétaires se persuadent que leur domaine ne produira ce qu'il doit produire que le jour où, supprimant la culture par l'indigène telle qu'elle est employée jusqu'ici, ils diviseront la partie du domaine qu'ils ne peuvent cultiver directement en fermes données à bail ou à métayage à de bons cultivateurs de France, possédant quelques ressources.

Aujourd'hui, comme avant notre arrivée, la culture par l'indigène se fait encore de l'une ou de l'autre des deux façons suivantes : par khammès ou par location à court terme.

Le khammès, attaché au sol par sa dette, dont sa part trop faible d'une récolte presque toujours misérable ne peut lui permettre de se libérer, n'a aucun intérêt à fournir plus de travail que n'en exige son contrat ; il est d'ailleurs lié par la loi de Khereddine (13 avril, 1er juillet et 29 novembre 1874) qui règle son travail dans ses moindres détails. Sans espoir de se libérer, le khammès travaille le moins qu'il peut, comptant sur le propriétaire pour obtenir de nouvelles avances en cas de besoin.

La location à court terme paralyse plus encore l'amélioration de l'agriculture tunisienne que le khammessat : la plupart des locations aux indigènes sont faites pour un an. Ce système éloigne toute idée d'amélioration agricole. Il en résulte un assolement biennal: blé, jachère, contre lequel il y aurait beaucoup à dire, et souvent pas d'assolement du tout. En outre, des soins culturaux des plus rudimentaires, aucune fumure. Et ce système est aussi mauvais pour le propriétaire que pour le fermier. L'année est-elle mauvaise, celui-ci n'a pas le moyen d'attendre la bonne récolte

qui va suivre, il est souvent réduit après quelques
années sèches à devenir le khammès du propriétaire
qu'il n'a pu payer, et c'est un homme fini.

Mais le mauvais côté du bail d'un an est qu'il est
opposé à toute amélioration culturale et empêche tout
perfectionnement de l'agriculture indigène.

L'Administration comprenant les inconvénients du
bail à court terme vient, par des mesures récentes,
de permettre aux agriculteurs qui n'ont pas assez de
capitaux pour acheter un domaine ou qui ne veulent
pas recourir à l'achat à enzel, de prendre à bail les
terrains de l'Administration des habous pour une
durée minima de dix années, avec faculté de renouvellement pour deux égales périodes de dix ans, et avec
faculté pour le fermier de réclamer à son bénéfice la
mise en enzel avant la fin de chaque période.

C'est par ces moyens : création par les gros propriétaires de fermes sur les parties de leurs domaines
qu'ils ne peuvent cultiver, et location à long terme
des biens habous, qu'il sera possible peu à peu de
compléter l'œuvre de colonisation accomplie jusqu'ici
par les capitaux, en les faisant suivre par les travailleurs.
Une partie de ces fermiers arriveront de France avec
de petits capitaux qui leur permettront d'organiser
leur exploitation dans d'excellentes conditions ; les
autres seront choisis parmi les ouvriers d'art ou de
métier que tout grand domaine est à peu près obligé
d'entretenir en raison de l'absence de village, ce qui
souvent constitue une lourde charge s'il faut les garder à demeure. Ces artisans trouveraient chez le propriétaire voisin du travail assuré pendant un certain
nombre de jours et par là une augmentation de ressources des plus heureuses.

Nous n'avons pas ici à nous préoccuper des principes de Wakefield, pour qui la prospérité d'une colonie

nouvelle dépend principalement de l'abondance de la main-d'œuvre que les capitalistes ont à leur disposition et qui exige que la totalité des prix de vente des terres soit versée dans la caisse de l'immigration pour transporter dans la colonie le nombre de travailleurs nécessaire pour rétablir la proportion.

Ce ne sont pas des travailleurs salariés qu'il nous faut ici. La main-d'œuvre est abondante et de qualité satisfaisante. Il nous faut d'une part des capitaux, d'autre part des fermiers, vrais agriculteurs arrachés à leurs champs pour venir vivifier les terres incultes de la Régence avec leur méthode dans le travail, leur pratique, leur tradition et leur amour de la terre.

Je vous ai montré, Messieurs, comment la colonisation de la Régence devait être essentiellement agricole; pour réussir, elle doit être faite par des agriculteurs. C'est dans l'union des capitalistes de la Métropole avec les paysans des campagnes de France, qui ne craignent pas de passer la mer pour améliorer leur situation, qu'il faut chercher la réussite.

Je ne vous ai parlé, Messieurs, que de la colonisation du Nord, des territoires dont l'exploitation peut être basée sur des systèmes de culture analogues à ceux du Midi de la France: culture industrielle, généralement la vigne, appuyée sur la culture des céréales et l'exploitation du bétail. Je devrais vous parler de la colonisation dans le Centre au moyen de la culture de l'olivier: le temps me manque et d'ailleurs, dans sa conférence sur le Domaine, M. Hugon vous a fait connaître comment le Domaine, en favorisant l'aliénation des Terres Sialines, a provoqué la reconstitution de l'ancienne forêt d'oliviers de Sfax.

Je voudrais seulement, en passant, appeler votre attention sur les heureux résultats qu'a produits aux environs de Sfax la collaboration des Européens, apportant leurs capitaux, avec les indigènes fournissant leur travail et leur connaissance de la culture de l'olivier. Cet exemple de la colonisation à l'aide de l'indigène ne doit pas passer inaperçu et ce ne doit pas être notre moindre orgueil d'arriver, tout en colonisant le Nord avec les Européens, à employer pour la colonisation du Sud l'indigène qui finit par suivre notre exemple, et de nomade se faisant planteur d'oliviers achète à côté du roumi quelques hectares de Terres Sialines pour s'y fixer.

Nous ne pouvons pas négliger l'indigène ; le but social de la colonisation n'est-il pas, pour les anciennes nations, de répandre le progrès et la civilisation parmi les peuples qui y sont demeurés étrangers jusqu'ici et au milieu desquels elles viennent s'implanter. Déjà l'on s'attache à répandre l'instruction parmi les indigènes des villes: nous devons leur prêcher d'exemple et les initier à notre agriculture, leur faciliter la constitution de villages, de jardins, d'exploitations, les attacher au sol en leur apprenant à en extraire les richesses qu'il renferme; il nous faut donner aux populations de l'intérieur les moyens d'éviter ces menaces de famine que l'on s'étonne d'entendre encore à notre époque.

Enfin, il faut bien reconnaître que si nous laissons l'indigène à sa routine, si nous ne l'entraînons pas dans notre marche en avant vers le progrès, il marchera contre nous. L'exemple de Rome est bien fait pour nous donner confiance: les Berbères ont eu leur grande part dans l'œuvre dont les nombreux vestiges étonnent le voyageur. Mais Rome a mis cinq siècles pour réaliser cette œuvre qui fait notre admiration. Nous ne sommes ici que d'hier et déjà nous avons produit un travail considérable, aussi nous devons regarder l'avenir avec espoir et confiance.

Plus de 500.000 hectares dans le Nord sont livrés à

la colonisation ; l'amélioration des cultures a déjà notablement augmenté les rendements, et les industries
du vin et surtout de l'huile ont fait d'importants progrès ; à Sfax la reconstitution de 22.000 hectares de
forêt a été entreprise, un certain nombre d'indigènes
nomades se sont adonnés à la culture de l'olivier et
sont devenus sédentaires ; dans l'extrême Sud, grâce
au concours de l'Autorité militaire, des centres agricoles autant que commerciaux ont été créés à Ben Guer-
dane, Tatahouine et un certain nombre de nomades
s'y sont fixés.

La Direction de l'Agriculture et du Commerce poursuit son œuvre en multipliant les recherches et les
expériences destinées à renseigner les colons ; d'autre
part, des territoires de plus en plus importants sont
offerts à la colonisation à des conditions que l'on
s'efforce chaque jour de rendre plus favorables.

CONFÉRENCES DE M. PADOUX

CONFÉRENCES DE M. PADOUX

LE SECRÉTARIAT GÉNÉRAL DU GOUVERNEMENT TUNISIEN

PREMIÈRE CONFÉRENCE

Dans la première de ces conférences[1], il a été exposé comment la France avait été amenée à intervenir en Tunisie en 1881, comment cette intervention avait abouti à l'établissement du Protectorat français sur la Régence, et de quelles idées générales le Gouvernement de la Métropole s'était inspiré dans l'organisation de ce Protectorat. On a vu que le Gouvernement de la République, désireux de conserver au pays son organisation séculaire, s'était appliqué à ne pas bouleverser les institutions existantes, mais par une collaboration constante avec l'autorité beylicale, à les faire entrer peu à peu dans la voie de la civilisation et du progrès.

---

[1] La Conférence de M. de Dianous (voir page 11).

Il ne faudrait pas croire, en effet, qu'il n'existait avant 1881, dans la Régence de Tunis, aucune organisation administrative, ou que cette organisation fût tout à fait embryonnaire. Nous avons trouvé au contraire, et l'évènement l'a bien prouvé depuis, nous avons trouvé en Tunisie tous les éléments d'une administration complète, solide et durable. Ce sont ces éléments que, d'accord avec Son Altesse, nous avons successivement repris, renforcés, consolidés, développés. Mais nous n'avons rien modifié à l'essence même des choses: les principes généraux de l'organisation constitutionnelle de la Tunisie, si je puis employer cette expression, sont demeurés les mêmes. Aussi, si nous voulons nous rendre compte de ce qu'est le fonctionnement véritable de la machine administrative tunisienne, est-ce par l'étude de l'organisation antérieure au Protectorat que nous devons commencer.

On sait comment sont constitués dans leurs grandes lignes les états musulmans. Le Coran est la base de leur organisation sociale et politique. La loi religieuse règle dans ses détails ce que nous appelons le statut personnel des individus, l'état civil, la famille, le mariage, les successions, ainsi que les modes d'acquisition et de constitution de la propriété. Le Prince, qui en est le gardien et le dépositaire, en est aussi le premier serviteur. Il est l'iman, et, comme l'iman dans la mosquée dirige les exercices du culte, le prince, dans son royaume, conduit ses sujets dans la voie tracée par la loi religieuse. Il ne lui est permis de se soustraire à aucune des obligations de cette loi, pas plus que d'en délier ses sujets. Mais, sous cette réserve, la loi coranique lui confère les pouvoirs les plus complets et les plus étendus.

Sur les points où elle est muette, il légifère, et c'est l'exercice du pouvoir legislatif. Il veille à ce que ses sujets s'y conforment aussi bien qu'à ses propres décrets, et c'est l'exercice du pouvoir exécutif. Si elle est violée enfin, il en en punit le violateur, et c'est l'exercice du pouvoir judiciaire. Ainsi pouvoir législatif, pouvoir exécutif et pouvoir judiciaire sont réunis dans la même main. Cette confusion des trois pouvoirs a donc son explication tout à fait rationnelle. On verra par la suite de cette exposition combien elle a rendu de services au Gouvernement du Protectorat, et combien elle a facilité l'œuvre que le Gouvernement français et le Gouvernement tunisien ont entreprise de concert en 1881 et continuent à poursuivre.

Des trois pouvoirs dont nous venons de parler, il en était deux, le pouvoir législatif et le pouvoir judiciaire, que le Bey exerçait personnellement avant l'occupation. Tous les actes législatifs, quels qu'ils fussent, émanaient de lui et de lui seul. De même, à part les contraventions de peu d'importance dont les caïds assuraient eux-mêmes la répression, tous les jugements tant civils que commerciaux ou criminels étaient rendus par lui, et revêtus en sa présence de son sceau personnel. Ces pouvoirs n'étaient limités que sur deux points: en matière financière par la commission internationale, créée en 1869, et à qui l'administration de certains revenus concédés avait été réservée pour assurer le paiement de la dette, et sur certaines matières administratives par les capitulations. Ces deux entraves au libre exercice de l'autorité beylicale ont d'ailleurs aujourd'hui disparu.

Pour l'exercice de ces pouvoirs, le Bey était assisté de ministres. C'étaient d'abord le Premier Ministre (Ouzir el Akbar), le Grand Ministre qui dirigeait personnellement les Affaires Étrangères, les Finances et l'Intérieur. Puis le Ministre de la Plume, ou Bach Kateb, premier secrétaire, qui surveillait le Ministère d'État, sous la direction du Premier Ministre. Puis les Ministres de la Guerre et de la Marine, et à un

certain moment le Ministre des Finances, dont le département ministériel, créé par Mustafa Kaznadar, a disparu lors de la création de la commission financière. Tous ces Ministres relevaient du Premier Ministre qui était le chef de l'administration tout entière. Aucun d'eux ne s'adressait à Son Altesse qu'en présence du Premier Ministre et après s'être préalablement concerté avec lui.

Dans les premières années du siècle, l'administration proprement dite était assez rudimentaire.

La justice était rendue au Bardo de la manière la plus sommaire. Le Bey se tenait dans une des salles du palais, le Premier Ministre et le Ministre de la Plume debout à ses côtés, et sur un banc quelques secrétaires. Le Bach Hamba faisait introduire les inculpés et exposait en quelques mots l'affaire de chacun : — « Un tel est l'auteur de tel délit. — Bien, disait le Bey, tant d'années de prison. — Un tel a commis un crime capital. — A Bab Souika. » — Bab Souika était le lieu des exécutions : suivant la qualité des condamnés, les soldats y étaient fusillés, les turcs décollés, les zouaouas étranglés, les tunisiens pendus. Les secrétaires qui assistaient prenaient des notes et rédigeaient ensuite les jugements. Avec un pareil système, des erreurs judiciaires se produisaient ; c'est alors que l'on songea à faire instruire par des bureaux les affaires importantes. Ainsi se constituèrent les sections de l'Ouzara.

A la veille du Protectorat, l'Ouzara se composait de trois sections.

La première section était le Ministère d'Etat. Elle avait à sa tête un chef de section placé sous les ordres d'un conseiller ou moustachan qui était le Ministre de la Plume. Le Ministère d'Etat s'occupait de l'administration générale, des cultes, de la marine, des finances.

La deuxième section comprenait les anciennes

deuxième section (section civile) et troisième section (section pénale). Elle constituait les services judiciaires.

Enfin, la dernière section avait conservé le nom de quatrième section ; c'était le Ministère des Affaires étrangères, avec un conseiller, un directeur et un sous-directeur. La quatrième section s'occupait des affaires politiques et des réclamations d'européens contre tunisiens.

Lorsque le Protectorat fut établi, rien ne fut modifié à cette organisation, qui continua de fonctionner comme auparavant et de constituer à elle seule l'administration beylicale. Le rôle du Gouvernement français se bornait à conseiller le Gouvernement de Son Altesse.

Mais la situation ne tarda pas à se modifier. Du jour où le Gouvernement du Protectorat songea à introduire dans l'administration beylicale des réformes sérieuses, il fut nécessaire d'introduire à l'Ouzara un élément français. Cet élément fut le Secrétaire général du Gouvernement.

Institué par décret du 4 février 1883, le Secrétariat général du Gouvernement centralisait à l'origine toute la correspondance destinée au Premier Ministre et la répartissait entre les divers services publics. Cette centralisation, possible en 1883 et dans les premières années, ne tarda pas à nuire à la rapide expédition des affaires. Elle fut supprimée le 24 octobre 1888.

En effet, durant cet intervalle, plusieurs services, dont l'organisation en 1881 était tout à fait primitive, avaient été reconstitués sur de plus larges bases. La Direction générale des Travaux publics, dont le service faisait autrefois partie de l'Ouzara, avait été créée le 4 septembre 1882. Le 4 novembre de la même année, la Direction générale des Finances réunissait les anciennes attributions financières de la section d'Etat à celles que lui cédait la commission financière. Le 6 mai 1883, la Direction générale de l'Enseignement se détachait à son tour de l'Administration générale. Le 3 novembre 1890, le Service de l'Agriculture était érigé en direction autonome, et prenait successivement à l'Administration générale le Service du Commerce, celui des Poids et mesures et celui de la Propriété industrielle. Enfin l'Inspection des Antiquités et des Arts a été transformée en direction en 1896.

Cette rapide esquisse historique permet de se rendre compte de ce qu'est l'Administration générale du gouvernement tunisien. Ce n'est pas, comme la Direction générale des Finances ou celles des Travaux publics, un service nouveau, pourvu à son début d'une sorte de charte constitutionnelle, d'un décret qui en détermine nettement les attributions. C'est tout ce qui demeure de l'ancienne administration tunisienne depuis qu'un certain nombre de services en ont été démembrés. Il en résulte que c'est, non seulement ce que l'on appellerait en France un département ministériel qui pourrait porter le nom de département de l'intérieur, de la justice et des cultes, mais encore autre chose qui justifie son qualificatif de générale. D'une part, en effet, il lui est dévolu, en ce qui concerne le pouvoir législatif, une attribution importante, celle de la présentation et de la publication des lois, décrets et règlements. D'autre part, comme elle est restée l'administration la plus en contact avec les indigènes, la mieux placée pour les connaître, la plus qualifiée pour agir sur eux, c'est elle qui, en fait et par une pratique constante depuis l'origine du Protectorat, a été chargée de suivre et de traiter toutes les affaires indigènes et de représenter plus particulièrement cet élément au sein du conseil. L'autorité qui s'attache au nom du Premier Ministre, le prestige dont ses hautes fonctions sont revêtues, assurent à ce premier

fonctionnaire de l'administration beylicale une influence considérable sur la population musulmane. C'est
du concours de cette influence et des conseils du
gouvernement français que sont sorties toutes les
réformes contenues en germe dans le traité de Kassar
Saïd.

A côté du Premier Ministre, le Ministre de la
Plume, son collaborateur et son premier auxiliaire,
s'occupe plus spécialement des affaires judiciaires. Son
rôle vous sera défini lorsque l'on traitera devant vous
la question de la justice tunisienne.

A côté du Premier Ministre et du Ministre de la
Plume se trouve placé le Secrétaire général du Gouvernement.

Le Secrétariat Général du Gouvernement est peut-
être le rouage le plus original de l'administration
tunisienne. Pour me servir des propres expressions
d'un ministre des Affaires Etrangères, le secrétaire
général exerce, auprès de l'administration générale
du gouvernement tunisien, le contrôle et les attributions de direction et de surveillance que le Protectorat
a dévolues à la France. C'est lui qui, par une collaboration de tous les instants avec le Premier Ministre,
fait prévaloir nos vues dans l'administration indigène.
Aucune décision importante concernant la population
musulmane n'est proposée par le gouvernement français sans l'avis du Premier Ministre. Par contre, tous
les actes de l'administration indigène sont soumis au
visa préalable du Secrétariat général. Ce système de
contrôle a été organisé de la manière la plus simple
par le décret du 4 février 1883.

Aux termes de ce décret, complété par celui du 24
octobre 1888, les attributions du Secrétaire général du
gouvernement comprennent: la direction du personnel de l'administration centrale ; la garde des archives de l'État; le visa de la correspondance du Premier

Ministre ; la présentation et la promulgation des lois, décrets et règlements.

Reprenons successivement chacun de ces chefs :

Par la direction du personnel de l'administration centrale, le Secrétaire général s'assure que l'Administration générale ne comprend que des agents dévoués à la ligne de conduite du Gouvernement du Protectorat : l'administration générale, en raison de la multiplicité des affaires indigènes qu'elle est appelée à traiter, se compose en majeure partie de fonctionnaires tunisiens. Il importait que ces fonctionnaires fussent choisis parmi ceux que leur caractère et leur culture intellectuelle rendaient le plus propres à seconder les efforts du Gouvernement dans la voie de progrès où il venait de s'engager. On peut dire à l'honneur du pays que ce choix n'a jamais été difficile et que, tant dans la jeunesse studieuse de Tunis que parmi les vieilles familles tunisiennes, le Protectorat a trouvé des auxiliaires et des collaborateurs aussi compétents que dévoués.

La garde des archives de l'État comporte la conservation de toutes les pièces, de tous les documents anciens et récents de l'Administration générale.

Le visa de la correspondance du Premier Ministre est le véritable instrument du contrôle. Toutes les lettres adressées au Premier Ministre sont visées par le Secrétaire général. Toutes les lettres soumises à sa signature doivent porter le visa préalable du Secrétaire général. De cette manière, aucune affaire ne peut parvenir à l'Administration beylicale ou être traitée par elle sans que le service de contrôle n'en ait eu connaissance et, par suite, ne puisse y faire telle observation qu'il juge convenable.

Enfin la présentation et la promulgation des lois, décrets et réglements se fait aussi par l'intermédiaire du Secrétariat général qui peut ainsi s'assurer qu'aucune mesure n'est prise qui ne réponde aux vues générales du Gouvernement du Protectorat. Nous reviendrons tout à l'heure sur ce point particulier.

Indépendamment de ces attributions qui lui ont été concédées par les décrets constitutifs de l'institution, le Secrétaire général du Gouvernement en possède d'autres, conférées par décisions spéciales.

En premier lieu, l'introduction dans la Tunisie des méthodes administratives françaises, la création de services techniques dirigés par des agents de la Métropole, l'établissement d'institutions nouvelles et représentant des intérêts français ou européens, ont considérablement augmenté la correspondance française de l'Administration générale. Le Premier Ministre pouvait difficilement la signer lui-même ; il en a délégué la signature au Secrétaire général du Gouvernement. D'autre part, certains services, comme celui de la police par exemple, ont été directement rattachés au Secrétariat général. Enfin, pour certaines matières, le Secrétaire général a été substitué au Premier Ministre dans l'Administration générale. C'est ainsi qu'il est seul ordonnateur des crédits du chapitre III du budget, qu'il représente l'Administration générale au Comité d'hygiène et au Conseil sanitaire, qu'il vise personnellement les diplômes des médecins et pharmaciens autorisés à exercer leur art dans la Régence, qu'il approuve personnellement les délibérations de la Commission administrative de l'hôpital civil français de Tunis, etc... Vous voyez, par cette énumération, que ces attributions personnelles lui ont été données en raison de la nature même des affaires qui seraient difficilement rentrées dans la compétence d'un fonctionnaire indigène.

Au-dessous de ces hauts fonctionnaires s'échelonnent les divers bureaux et services de l'Administra-

tion générale. Je me bornerai à vous énumérer brièvement leurs attributions respectives, me réservant
de les reprendre et de les étudier ensuite dans un
ordre logique.

Je ne parle que pour mémoire des bureaux d'ordre,
d'expédition, de traduction, de comptabilité, des archives. Ces services existent dans toutes les administrations tunisiennes, et leur nom dit suffisamment quel
est leur rôle.

Je dirai un mot cependant de la Chancellerie du
Nichan Iftikhar. L'ordre du Nichan Iftikhar vient d'être
organisé par un décret que vous avez pu voir à l'*Officiel*. Il est conféré par Son Altesse sur la proposition
du Premier Ministre pour les sujets tunisiens et sur
celle du Résident général de la République Française
dans tous les autres cas. Le fonctionnaire chargé de
la Chancellerie assure la perception des taxes, la délivrance des brevets, et tient les registres et répertoire
de l'Ordre. Il est rattaché au Premier Ministre et au
Secrétaire général du Gouvernement.

Les quatre services principaux de l'Administration
générale sont :

La section d'Etat. — Les bureaux des communes.
— La direction des services judiciaires. — La sûreté
publique.

La section d'Etat, ancien Ministère d'Etat, a conservé
dans ses attributions toute l'Administration indigène.
C'est elle qui surveille et contrôle la gestion des chefs
indigènes, des caïds, des khalifats, des cheikhs. La
magistrature religieuse indigène, le Chara de Tunis et
ceux de province en relèvent également. Elle a le
contrôle et la discipline du notariat tunisien, des habous.
Enfin les services d'hygiène et d'assistance publique
lui sont aussi rattachés. La procédure qui y est suivie,
pour toutes les affaires à soumettre à Son Altesse, est

assez originale pour mériter d'être signalée. Les affaires, quelles qu'elles soient, sur lesquelles l'avis du Bey est demandé font l'objet d'un écrit, contenant l'énonciation complète des faits. En marge de ce résumé ou mahroul, le chef de section donne son avis personnel et motivé. Le premier Ministre y joint le sien ; Son Altesse statue sur ce rapport. La série des mahrouds de la section d'Etat constitue donc la collection complète de toutes les affaires importantes de l'Administration générale. C'est une source précieuse de renseignements. Cette procédure est d'ailleurs, fort ancienne ; le Gouvernement du Protectorat a tenu à la conserver comme présentant des garanties particulières pour l'étude sérieuse des affaires administratives.

La direction des services judiciaires comprend les anciennes sections pénales et civiles réunies en un même service. Leur fonctionnement sera exposé dans la conférence sur les justices française et tunisienne.

La réunion de ces deux services, section d'Etat et services judiciaires, forme ce que les indigènes appellent l'Ouzara. Ce sont les services qui intéressent le plus la population musulmane, et où l'influence du Premier Ministre est la plus considérable. Ils sont composés en majorité de fonctionnaires indigènes, sous l'impulsion ou le contrôle de fonctionnaires français.

Le bureau des communes, qui s'occupe des affaires municipales, et la Direction de la Sûreté publique, de qui relève la police générale de la Régence, sont au contraire des services exclusivement français.

On voit maintenant quelle est l'origine de l'Administration générale, comment ce service s'est constitué et comment il fonctionne. Nous allons entrer maintenant dans le détail de ses attributions.

Je rappelais, tout à l'heure, que le Bey de Tunis réunit en sa personne les trois pouvoirs: législatif, exécutif et judiciaire, et que deux au moins de ces pouvoirs, le pouvoir législatif et le pouvoir judiciaire étaient autrefois exercés directement et personnellement par lui. L'étude du pouvoir judiciaire ne rentre pas dans mon cadre. Elle fera l'objet d'une conférence spéciale. En ce qui concerne le pouvoir législatif et le pouvoir exécutif, les seuls dont j'aie à m'occuper, je vais essayer de vous exposer comment s'effectue aujourd'hui leur exercice, dans le système du Protectorat. Comment les lois tunisiennes se font-elles? Et d'abord qu'est-ce que les lois tunisiennes? A qui s'appliquent-elles? Qui obligent-elles?

La législation tunisienne (je rappelle qu'il s'agit ici d'une législation qui concerne à la fois les indigènes et les européens, mais principalement les indigènes), la législation tunisienne comprend deux sections, deux corps de législation distincts, et, si je puis employer le mot, impénétrables l'un à l'autre.

Le premier de ces corps de législation est la législation coranique, base essentielle du droit en pays musulman.

La législation coranique dérive du Coran, mais ce serait une erreur de croire qu'elle s'y trouve intégralement renfermée. Les jurisconsultes de l'Islam distinguent en effet quatre sources principales du droit. La première de ces sources est le Coran lui-même, livre divin, livre éternel, dont il n'a été révélé au Prophète qu'une copie et dont la forme aussi bien que le fond sont sacrés et infaillibles. Rien ne peut prévaloir contre une prescription du Coran quelle qu'elle soit, si ce n'est une autre prescription du Coran postérieure et impliquant par suite l'abrogation de la première.

Mais, sur bien des points, le Coran est muet ou insuffisamment explicite. Dans ce cas, on consulte la seconde source du droit musulman qui est l'ensemble des traditions relatives à la conduite du Prophète. Les paroles

et les actes de Mahomet, l'approbation qu'il donnait
aux paroles et aux actes d'autrui ont été conservés
dans le souvenir de ses disciples.

Ils forment ce que les jurisconsultes musulmans ont
appelé la Sonna, d'un mot arabe qui signifie partie
visible d'une chose. La sonna, c'est la conduite visible du Prophète, ce qu'il a réellement dit ou fait.
Cette tradition fut d'abord orale. Dans les premiers
temps qui suivirent la mort du Prophète, on se bornait
à soumettre les cas embarrassants aux compagnons
survivants de Mahomet et à leurs disciples, qui les
tranchaient d'après les souvenirs qu'ils avaient conservés de l'enseignement du Maître. Mais cette tradition
ainsi transmise de bouche en bouche pouvait s'altérer.
Après la mort des compagnons et de leurs disciples,
on la mit par écrit. Ainsi se constitua la série des
hadit, ou récits. Les principaux recueils des hadit
sont ceux de Bokhari et de Moslim, savants jurisconsul-
sultes du troisième siècle de l'hégire. Le recueil de
Bokhari jouit d'une autorité particulière dans les pays
musulmans de l'Afrique du nord.

La troisième source du droit musulman est l'opinion unanime des compagnons de Mahomet. Dans les
premières années qui suivirent la mort du Prophète,
particulièrement du temps d'Omar, les khalifes avaient
pris l'habitude de réunir des sortes d'assemblées composées des personnes qui avaient connu le Maître et
recueilli directement son enseignement. A cette assemblée ou djema, le khalife soumettait les cas embarrassants dont il était saisi : les avis ainsi donnés par
l'unanimité des compagnons de Mahomet ont une
grande autorité juridique. La consultation avait d'ailleurs le plus souvent pour but de faire préciser la
conduite que le Prophète avait tenue dans telle ou telle
circonstance déterminée. La sonnah était encore orale à
cette époque, mais on y déterminait également le sens

qu'il convenait d'attribuer à telle ou telle parole du Prophète, à tel acte, à son silence même. Des dispositions légales de la plus haute importance ont été ainsi consacrées.

Le Coran, la Sonna et la Djema ne sont que des éléments. Ils forment un assemblage considérable de décisions particulières, dérivées de quelques principes généraux. Mais ils ne constituent pas un corps de législation proprement dit, et il serait tout à fait impossible d'en faire un usage pratique.

Aussi, dès les premiers temps de l'Islam, de savants hommes se sont-ils efforcés de mettre de l'ordre et de la clarté dans ce monument un peu chaotique, en rapprochant et en classant les diverses décisions, en les commentant et en les interprétant. J'appelle particulièrement votre attention sur deux mots : le Coran, les Hadit et la Djema peuvent être non seulement commentés, mais interprétés par les jurisconsultes, par le procédé dit de l'analogie légale. L'analogie légale, quatrième source du droit islamique, se fonde sur une parole du Prophète.

Mahomet avait dit à Moaz Ibni Djebel, envoyé par lui avec pleins pouvoirs au Yemen : « Comment jugeras-tu les différends qui seront portés devant ton tribunal? » Moaz répondit : « En appliquant la parole de Dieu. » — « Et si tu n'y trouves pas de dispositions applicables au cas qu'on te soumettra ? » — « J'aurai alors recours à la conduite de son Prophète. » — « Et si elle ne te suffit pas? » ajouta le Prophète, « Alors je ferai de l'effort législatif (idjtihàd), » répondit Moaz.

Cette faculté d'interpréter par l'analogie légale les trois premières sources du droit a conservé le nom de « idjtihàd — effort actif », que lui donnait Moaz. Il en a été beaucoup usé pendant les premiers siècles de l'hégire. Plusieurs savants jurisconsultes, réunissant dans leurs ouvrages une interprétation et un commentaire méthodiques et raisonnés des trois sources du droit, ont élevé de véritables monuments législatifs, codes complets de la vie civile et religieuse. Mais leurs interprétations, comme leurs commentaires, ont souvent différé. Sur bien des questions de droit, de culte, de cérémonial, l'interprétation de l'un n'a pas été l'interprétation de l'autre. Chacun de ces commentaires a eu sa vogue particulière, adopté par les habitants du pays, rejeté par leurs voisins. Ainsi se sont constitués les rites musulmans qui tous partent des mêmes sources et ne diffèrent que par leurs conclusions. Ce sont simplement des jurisprudences différentes qui ne touchent en rien à l'orthodoxie.

Quatre seulement se sont perpétués jusqu'à nos jours, ceux des quatre imans : Abou Hanifa, Malik, Chafii, Hanbal, ou rites Hanéfite, Malékite, Chafiite et Hanbalite. La grande majorité de la population tunisienne appartient au rite malékite dont le fondateur est mort en l'année 179 de l'hégire. Une petite minorité pratique le rite hanefite, qui est le rite turc, et qui a été introduit en Tunisie au temps de la domination ottomane. A cette époque, le rite hanefite était le rite officiel. Il est demeuré celui de la famille beylicale et, dans la haute magistrature religieuse de la Tunisie, c'est encore lui qui tient la première place : le Cheikh el Islam appartient au rite hanefite.

Si cette faculté d'interpréter les sources du droit avait été indéfiniment reconnue à tous les jurisconsultes, le droit coranique n'aurait pas conservé ce caractère d'immutabilité qui lui est propre. Mais il n'en a rien été, et bien que ce soit un point controversé par quelques jurisconsultes musulmans que celui de savoir si la période de l'idjtihâd doit être considérée comme close, la généralité des docteurs admet qu'au huitième siècle de l'hégire les jurisconsultes des quatre écoles

orthodoxes s'accordèrent pour décider que le monument législatif de l'Islam était achevé, et qu'il convenait de mettre un terme à l'effort législatif. C'est ce
que dans leur langue imagée les arabes appellent : « la
fermeture de la porte de l'effort. »

Ce n'est pas que depuis lors toute initiative ait été
refusée aux jurisconsultes de l'Islam. Le procédé de
l'analogie légale continue nécessairement d'être employé, puisque tous les jours des cas nouveaux peuvent être soumis aux magistrats, et que leur devoir
est de donner un avis motivé à ceux qui les consultent.
Mais l'effort se borne au commentaire et à l'interprétation des premières interprétations. On ne peut
plus fonder de rites nouveaux ni rien modifier aux
principes des rites existants.

Le droit coranique ainsi constitué est par essence
intangible. Le Prince est tenu de s'y conformer; il ne
peut s'en écarter sous aucun prétexte. Mais sur toutes
les matières dont le droit coranique ne traite pas,
c'est-à-dire notamment en matière administrative, son
pouvoir législatif est complet. Du moment où une
mesure n'est pas en contradiction avec les principes,
le Bey a plein pouvoir pour l'édicter. Son pouvoir législatif, sous réserve des règles que lui tracent l'expérience de son gouvernement et les conseils de la puissance protectrice, n'a que deux limites : les engagements pris avec les puissance amies, traités, conventions et autres contrats du même genre, et le visa du
Résident général dont nous définirons plus loin la
portée. Quant au respect du statut personnel des Européens, sur lequel le Bey s'interdit de légiférer, il dérive
des principes mêmes de la loi religieuse de l'Islam.
Dans les mêmes limites, le Bey peut rendre des décrets
dont les dispositions sont obligatoires pour tous les
habitants de la Régence sans distinction de nationalité. Seulement, les dispositions nécessaires ont été

prises d'un commun accord pour qu'il ne pût user de ce pouvoir que dans les conditions et dans le sens prévus par le traité de Kassar Saïd.

Tout d'abord, avant d'entrer dans le détail du mécanisme, précisons le sens des mots loi, décret, règlements, que l'on trouve successivement employés dans les actes officiels tunisiens.

En France, une loi est un acte du pouvoir législatif, une décision des Chambres. Un décret est une décision du Président de la République, chef du pouvoir exécutif, contresignée par un ministre responsable, et un règlement est un décret pris, le Conseil d'État entendu. Chacun de ces termes désigne donc une chose différente.

En Tunisie, ce sont des termes synonymes, au moins les deux premiers. Lois, décrets ou règlements sont pris en la même forme par Son Altesse. Le mot décret, le plus usuel d'ailleurs, est le seul exact. Dans la pratique, cependant, il arrive que l'on emploie le mot loi pour dispositions réglementaires générales et importantes, le mot règlement pour les dispositions moins importantes de simple exécution, et le mot décret pour les actes qui ont le caractère d'actes exécutifs, les nominations par exemple. Mais le décret est le seul qui corresponde à la réalité; je ne m'occupe d'ailleurs en ce moment que des décrets ayant le caractère d'actes législatifs. Je parlerai plus tard des décrets de l'ordre exécutif.

Les décrets législatifs sont préparés dans les services techniques compétents : Finances, Travaux publics, Office postal, Enseignement, Agriculture et Commerce, Administration générale pour les matières qui la concernent. Ce sont, dans la majorité des cas, des textes parfaitement originaux et personnels.

Le Gouvernement du Protectorat, tout en s'inspirant des principes généraux de la législation métropolitaine, a senti la nécessité de doter la Tunisie de lois qui lui fussent adaptées, et dont l'application se prêtât aux conditions particulières du pays. Les lois françaises forment, en effet, un corps compact et homogène dont il aurait été difficile de détacher des fragments pour les importer tels quels dans la Régence où ils n'auraient été en harmonie ni avec le statut personnel des indigènes, ni même avec les conditions spéciales du développement de la colonie française. Cependant, il est arrivé aux législateurs tunisiens d'emprunter à la France, tantôt quelques dispositions générales qui paraissaient d'une adaptation facile à la Tunisie, tantôt des dispositions particulières qui, concernant en fait les seuls Européens, pouvaient être introduites sans inconvénients dans la législation locale. On trouve ainsi, dans la plupart des décrets renfermant des clauses pénales, un article ainsi conçu : « Le principe (ou les dispositions) de l'article 463 du code pénal français sera applicable aux infractions prévues par le présent décret ». — Autre exemple : les chapitres 1, 2 et 4 de la loi française du 29 juillet 1881 sur la presse ont été purement et simplement promulgués en Tunisie par décret beylical.

On rencontre également dans le recueil des lois tunisiennes certains actes législatifs ou exécutifs, passés soit par les Chambres françaises, soit par le Ministre des Affaires étrangères de la République à l'intention de la Tunisie, et qui ont également été promulgués par décret. Les principaux sont la loi française du 26 mars 1883, portant organisation de la juridiction française en Tunisie, promulguée le 18 avril 1883 et les décrets de Son Altesse portant promulgation des divers arrangements internationaux conclus par le Ministre des Affaires étrangères de France, avec les représentants à Paris de l'Italie, de la Grande Bretagne, de la Belgique et d'autres puissances, arrangements qui ont mis fin au régime des capitulations.

Mais ce ne sont guère que des exceptions motivées par des circonstances spéciales. La grande majorité des décrets beylicaux est purement tunisienne; ces décrets reçoivent dans l'Administration tunisienne la même préparation et suivent la même filière.

Si plusieurs services sont intéressés à la mesure, les chefs de ces services se consultent et se concertent sur les dispositions à prendre. Chacun d'eux possède, en effet, une compétence spéciale et des moyens particuliers d'information, et peut apporter une utile collaboration à l'œuvre commune. Dans certains cas, pour les questions importantes, le Conseil des chefs de service, réuni à la Résidence générale sous la présidence du Résident général, en délibère. Il y a même des questions où il est nécessaire de faire intervenir le Conseil des Ministres, par exemple pour la préparation du budget. Cette intervention est prévue aussi pour la fixation du taux de rachat des prestations et du taux d'exemption du service militaire. De même un décret général, comportant un règlement d'exécution, dispose fréquemment que ce règlement devra être délibéré par le Conseil des Ministres : il en est ainsi du règlement du 17 janvier 1898, sur les prestations, prévu par l'article 6 du décret du 12 avril 1897.

Ceci constitue la première élaboration au Gouvernement du Protectorat. Le projet est alors transmis au Résident général, dépositaire des pouvoirs de la République française.

Le Résident général examine ou fait examiner le projet par ses bureaux. S'il désire se renseigner sur l'utilité ou l'opportunité de la mesure, il prend ses informations, soit auprès du Chef du service intéressé, soit même auprès de ses agents locaux, qui sont les Contrôleurs civils.

Si la mesure doit intéresser les corps consultatifs
de la Régence, soit la Conférence consultative, soit
les Chambres d'Agriculture ou de Commerce, le Résident général a la faculté de les leur soumettre pour
avis. Ainsi les mesures intéressant le commerce, telles
que les mesures douanières, les tarifs d'importation et
d'exportation, peuvent être soumises soit à la Chambre de Commerce du Nord (art. 16 de l'arrêté résidentiel du 19 mars 1892), soit aux Chambres mixtes
de Commerce et d'Agriculture du Centre et du Sud
(art. 17 des arrêtés identiques du 20 novembre 1895).
Les mesures intéressant l'agriculture, telles que le
régime fiscal du bétail, celui des huiles, des céréales,
des autres produits agricoles, la police rurale, peuvent
aller, soit à la Chambre consultative d'Agriculture du
Nord (art. 19 de l'arrêté résidentiel du 19 novembre
1895), soit aux Chambres mixtes d'Agriculture et de
Commerce du Centre et du Sud.

Ces mêmes questions peuvent revenir devant la
Conférence consultative. Aux termes de l'article 4 de
l'arrêté résidentiel du 22 février 1896, «la Conférence
donne son avis sur les questions touchant les intérêts
agricoles, industriels et commerciaux de la colonie
française, au sujet desquels le Gouvernement du Protectorat la consulte. Elle est consultée en matière
financière chaque fois qu'une mesure projetée peut
avoir pour résultat d'introduire dans le budget de la
Régence une charge nouvelle qui pèserait sur la colonie française. »

Ceci est le texte même des dispositions réglementaires sur la matière. Il en résulte que la consultation
de la Conférence consultative est obligatoire pour le
Gouvernement chaque fois qu'il s'agit d'imposer une
charge nouvelle à la colonie française. Dans les autres
cas, pour les mesures d'autre nature qui touchent
aux intérêts de nos compatriotes, l'avis des corps

consultatifs est facultatif. Mais on sait par l'expérience avec quelle largeur de vue le Gouvernement du Protectorat a toujours usé de cette faculté. Quant aux mesures qui concernent la population indigène, elles ne rentrent pas dans les attributions des corps consultatifs; le Gouvernement du Protectorat en a toute l'initiative et en assume toute la responsabilité.

Les mêmes textes auxquels je viens de me référer donnent aux Chambres consultatives, de Commerce et d'Agriculture, le droit de présenter au Résident général leurs vues sur toutes les questions qui intéressent l'agriculture et le commerce dans leurs circonscriptions, de même que le mécanisme de la Conférence consultative lui permet d'émettre des vœux sur certaines questions de sa compétence. Je pourrais vous citer ainsi, comme pris sur l'initiative des corps consultatifs, les décrets relatifs à l'introduction du système métrique dans la Régence. Dans ce cas, on suit la procédure inverse. Le projet préparé ou esquissé par le corps consultatif est étudié ensuite par le service compétent du Gouvernement tunisien. Lorsque la question est assez délicate ou que le Gouvernement désire s'éclairer auprès des intéressés eux-mêmes, le Résident général peut constituer des Commissions spéciales chargées de l'établissement de projets de décrets qui sont alors, ou repris par le Gouvernement, ou soumis aux corps consultatifs. Ces Commissions se composent en général de représentants des administrations compétentes, de magistrats, de membres des corps consultatifs et de simples particuliers : commerçants, agriculteurs, industriels ou autres. Le décret du 15 décembre 1896 sur la police rurale, a été préparé dans ces conditions. En ce moment même, deux Commissions étudient l'une la rédaction d'un code forestier, l'autre la question de la revision du tarif des frais de justice.

Lorsque la question est d'importance, il ne suffit pas que le Gouvernement du Protectorat l'ait étudiée : il convient de la soumettre au Gouvernement de la République, représenté par le Ministre des Affaires étrangères qui a la Tunisie dans son département.

L'autorisation de la Métropole est nécessaire pour toutes les mesures qui engagent à un degré quelconque les finances tunisiennes et notamment pour le règlement du budget. Le Gouvernement français a garanti la dette beylicale ; toute mesure qui détruirait l'équilibre budgétaire mettrait sa responsabilité en jeu. Il est donc naturel que le Gouvernement français s'applique à maintenir les finances de la Régence dans l'état florissant qui les distingue de celles de la plupart des états européens. Pour toutes les autres mesures, la Résidence générale apprécie elle-même s'il y a lieu d'en saisir le département ou si ses instructions antérieures l'autorisent à approuver sans en référer à Paris. L'assentiment de Paris n'est naturellement pas demandé pour les mesures purement réglementaires ou d'exécution, non plus que pour les projets d'importance secondaire.

L'examen de la Métropole se fait uniquement dans les bureaux. Les Chambres françaises ne sont pas appelées à délibérer sur les questions relatives à la Tunisie, ces questions étant du domaine du pouvoir exécutif métropolitain. Elles peuvent cependant s'en saisir par voie d'interpellation. Mais, dans ce cas, leur intervention se borne au vote d'une indication favorable ou défavorable au Ministre : jamais elles ne discutent un texte législatif tunisien.

Ainsi donc le projet législatif, sorti du service qui l'a préparé, passe successivement à l'examen, soit des corps consultatifs locaux, soit du Ministère des Affaires étrangères ; revenu en Tunisie, il y reçoit sa rédaction définitive dans le service qui l'a préparé. Dans

quelques cas, où la loi l'exige, il est soumis pour
approbation au Conseil des Ministres. Puis le Résident
général le revêt de sa signature. A ce moment, l'accord
est complet entre le Gouvernement tunisien et le Gouvernement de la Métropole. Il ne reste plus qu'à transformer le projet en décret définitif. Cette transformation s'opère à l'Administration générale. Le projet y
est traduit, s'il ne l'a déjà été, expédié et remis entre
les mains du Premier Ministre. Le Premier Ministre
est, en effet, avec le Résident général, le seul Ministre
qui se mette en relations directes avec le Bey. C'est
lui qui, au cours des pourparlers que je viens d'énumérer, aura demandé à Son Altesse son adhésion au
projet, qui l'aura tenue au courant des modifications
survenues en cours d'étude. C'est lui encore qui présente au Bey le texte définitif, et c'est sur sa proposition que le Bey appose son sceau sur l'acte.

Tout n'est pourtant pas encore fini après la signature. Il reste à promulguer le décret. Le Secrétaire
général est, d'ailleurs, intervenu déjà dans les allées
et venues qu'a subies le décret. Vous vous rappelez
qu'il a le visa de la correspondance du Premier Ministre. Si donc il s'agit d'un projet préparé par un service
autre que le sien, il l'aura vu au passage. Si ce projet
intéressait la population tunisienne indigène, il aura
été préalablement consulté. De plus le Secrétaire général, qui est un peu le Garde des sceaux de la Tunisie,
en visant au passage les décrets des autres services,
peut relever et signaler en temps utile à ce service, les
dispositions qui ne seraient pas en harmonie avec la
législation générale du pays.

Une fois le décret signé par Son Altesse, le Secrétaire général le soumet à une dernière formalité, le
visa du Résident général qui est apposé sur l'original
arabe lui-même.

La portée de ce visa qui est reproduit sur le texte

officiel français du décret, n'est pas nettement précisée.
, Le décret du Président de la République française du
10 novembre 1881 porte, en son article 1 :

« Le Résident de la République française à Tunis est
délégué à l'effet d'approuver, au nom du Gouvernement français, la promulgation et la mise à exécution,
dans la Régence de Tunis, de tous les décrets rendus
par Son Altesse le Bey. » Mais cet acte est muet sur
les conséquences qu'entrainerait le défaut de visa.

Cependant, en ce qui concerne les dispositions
répressives applicables aux Européens par la justice
française, un arrêt de la Cour d'Alger du 21 mai
1885, dont l'argumentation a été confirmée par la
Cour de Cassation, le 8 août 1889, établit fort nettement que le décret du 10 novembre 1881 n'est qu'un
acte d'exécution de la convention du 8 juin 1883 ou
traité de Kassar-Saïd, et ajoute :

« Attendu...... Par application de cette doctrine,
on s'accorde généralement à dire que le visa est nécessaire pour tous les décrets qui peuvent obliger des
Européens. En fait, d'ailleurs, et pour couper court à
toute difficulté, le Gouvernement tunisien a pris l'habitude de soumettre au visa du Résident général tous
les actes législatifs. »

Après le visa du Résident, le décret est envoyé à l'Officiel arabe et français pour publication. Le Secrétaire
Général du gouvernement, qui effectue cet envoi,
s'assure préalablement si les textes à publier remplissent bien toutes les conditions légales. La publication
se fait en deux langues, arabe et française. Pour éviter
toute controverse d'interprétation, un décret du 27
janvier 1883 a décidé que le texte arabe servirait aux
tribunaux tunisiens et le texte français aux tribunaux
français. Le même décret a fixé les délais d'exécution
qui est de trois jours francs, calculés de la date de

l'arrivée dans le caïdat du numéro du Journal officiel qui renferme l'acte.

Telle est, dans ses grandes lignes l'organisation du pouvoir législatif en Tunisie. Rien n'a été changé à l'essence même de ce pouvoir; l'exercice seul en a été régularisé. La Métropole a pensé avec raison qu'il serait contraire aux intérêts du pays de demander au Bey de doter la Tunisie d'institutions représentatives, qui n'auraient été en harmonie ni avec l'état social, ni avec les idées courantes de la population. Elle a pensé avec raison que les hommes qu'elle envoyait sur place pour représenter le Gouvernement de la République étaient plus à même que quiconque de discerner les véritables intérêts du pays, et qu'il convenait de leur laisser, avec une large responsabilité, une grande part d'initiative. Elle a tenu enfin à respecter toujours, dans leur esprit comme dans leur lettre, les dispositions du traité du Bardo et de la convention de Kassar-Saïd. Ainsi la Tunisie a pu être dotée des institutions qui répondaient le mieux à sa situation économique et sociale. Ainsi a pu être élevé, en quinze années, le monument législatif dû à l'effort continu du Gouvernement du Protectorat, et dont l'éloge n'est plus à faire.

LE SECRÉTARIAT GÉNÉRAL DU GOUVERNEMENT TUNISIEN

DEUXIÈME CONFÉRENCE

MESSIEURS,

Dans la Conférence que j'ai eu l'honneur de faire devant vous mardi dernier, je vous ai exposé quelles étaient les lignes générales de l'organisation politique de la Tunisie et en particulier comment y fonctionnait le pouvoir législatif. En vous parlant des décrets de Son Altesse, je vous ai indiqué que je comprenais, sous cette rubrique générale, à la fois les actes du pouvoir législatif et les actes du pouvoir exécutif, et j'ai indiqué devant vous deux catégories de décrets, les décrets législatifs et les décrets exécutifs. Je vous ai parlé des décrets législatifs: je voudrais aujourd'hui, avant d'entrer dans l'examen des matières administratives proprement dites, vous dire quelques mots des décrets de l'ordre exécutif.

Ces décrets comprennent deux sortes de mesures, soit des mesures d'exécution proprement dites, soit des mesures individuelles. Les mesures d'exécution sont les règlements, qui entrent dans le détail des formalités administratives où un texte législatif ne saurait descendre. Ces mesures d'exécution peuvent être prises par le chef de service lui-même, si la loi l'y autorise, ce qui se produit dans la généralité des cas. Mais il y a des espèces où l'intervention du Bey lui-même est nécessaire. De même les mesures individuelles, créations de postes ou nominations, sont à la signature de Son Altesse pour tous les emplois importants. Dans l'un comme dans l'autre cas, et quel que soit le service que la mesure concerne, le décret est envoyé à l'Administration générale à qui il appartient d'en dresser l'expédition arabe. Cette expédition est soumise à la signature du Bey, visée et promulguée dans les mêmes formes et suivant la même procédure que les actes législatifs.

Ceci posé, nous allons entrer dans le détail même des services relevant de l'Administration générale. Ces services peuvent se classer en trois grandes catégories.

I. — *Services indigènes proprement dits.* Je comprends sous cette rubrique toutes les anciennes institutions tunisiennes, administratives et religieuses, c'est-à-dire d'une part l'administration des Caïds, Khalifats et Cheikhs, avec les organismes qui en dépendent, et d'autre part la magistrature religieuse et le culte musulman.

II. — *Services administratifs de création récente.* Ce sont les services dont l'organisation, en 1881, était encore tout à fait primitive et que le Gouvernement du Protectorat a considérablement renforcés et développés. Les deux principaux sont la Sûreté publique et les Services d'Hygiène et d'Assistance publique.

III. — *Municipalités et services municipaux.*

I. — Services administratifs indigènes

Tribus et fractions

L'organisation administrative indigène repose tout entière sur la division de la population indigène en tribus et en fractions.

Je n'essaierai pas de faire une théorie sur l'origine des tribus : il n'y a pas de question plus controversée. Je me bornerai aux faits que chacun peut constater. La population de la Tunisie, vous le savez, est extrêmement mêlée. Il s'y trouve d'anciens éléments autochtones, Berbères, Lybiens, Numides, Gétules, Garamantes, et des éléments plus récents ayant les origines les plus diverses : Arabes venus à la suite de l'invasion, Maures chassés d'Espagne, tribus désertiques du Sahara, Byzantins, Vandales, Turcs, Espagnols conquérants, nègres amenés par les caravanes. Chez les uns, l'organisation en tribus était fort ancienne, chez les autres elle n'existait que peu ou pas. Mais, au milieu des périodes troublées qui constituent presque à elles seules toute l'histoire de la Tunisie depuis la chute de la domination Romaine jusqu'à l'établissement du Protectorat, français les gens de même origine, de même langue ou de mêmes mœurs ont eu une tendance naturelle à se réunir, à se grouper pour mieux résister aux périls qui les entouraient de toutes parts. Ainsi se sont perpétuées ou même créées ces agglomérations que l'on nomme fractions. Certaines tribus ou certaines fractions sont bien de véritables familles issues d'un même ancêtre. Par exemple, nous savons que les Mehedbas du territoire de la Skirra descendent de Sidi-Meheddeb, dont on connaît le tombeau, et qu'ils vivent encore à l'état d'indivision sur le patrimoine de leur ancêtre constitué habous à leur profit. Mais nous savons aussi que les fractions des Andalous, ou des Trabelsi, ou des Djerbi de telle ou telle tribu, sont d'anciens groupes de Maures d'Espagne, de Tripolitains ou de Djerbiens que ne réunit entre eux aucun lien de consanguinité. D'un autre côté, certaines tribus importantes ont poussé de nombreuses ramifications. Les Dride, qui accompagnaient autrefois le Bey du camp pour aller percevoir l'impôt, ont essaimé sur toute la Tunisie ; ils ont néanmoins conservé leur personnalité. Assurément certaines tribus se sont tellement divisées sur tout le territoire qu'elles n'existent plus qu'à l'état de fractions dispersées et réunies à d'autres tribus ; on trouverait ainsi des Accara dans le caïdat de Medenine, dont ils sont originaires, et dans celui de Bizerte. Mais, en général, chacune de ces petites peuplades a conservé son individualité propre, son nom, ses coutumes, sa fierté de race et une vitalité d'autant plus grande que ce sont des organismes extrêmement anciens et qu'elles représentent le véritable fond de l'organisation sociale chez les peuples sémites.

Circonscriptions administratives

Cette division en tribus et en fractions a été la base originaire de la division administrative du pays. Mais, ainsi que vous le comprenez immédiatement, elle n'avait rien de commun avec une division territoriale. D'une part, en effet, certaines tribus étaient complétement dispersées : leurs membres épars se rencontraient aux quatre coins de la Régence ; d'autre part, les centres populeux, Tunis par exemple, étaient le lieu de réunion de fractions entières venues de tribus différentes. Dans certaines régions du Centre et du Sud, de vastes étendues étaient, suivant les saisons, successivement occupées par deux ou trois tribus. Enfin, certaines tribus qui avaient prospéré étaient extrêmement nombreuses ; d'autres, au contraire, se composaient d'un très petit nombre d'individus.

Il semblait donc que le Gouvernement, du jour où son autorité avait été suffisamment assise, aurait dû se préoccuper de réaliser l'unité territoriale de la Tunisie par la scission ou la fusion des tribus en circonscriptions géographiques. Il n'en fut rien cependant, et l'histoire du pays nous donne ici un exemple que nous ne devons pas négliger. Loin de s'efforcer de briser le moule des tribus, les Beys se bornèrent à pourvoir chacune d'elle d'un Caïd. C'est que les gens qui administraient la Tunisie à cette époque étaient, comme la plupart des hommes d'État des pays musulmans, merveilleusement imbus du principe de l'autorité. Avec des hommes sûrs et bien choisis à la tête des caïdats, ils pouvaient tenir le pays tout entier dans leur main, tandis qu'en le divisant en circonscriptions territoriales, ils risquaient d'allumer la guerre civile dans tous les caïdats où des fragments de tribus ennemies se seraient trouvés réunis.

Le Gouvernement du Protectorat a tenu, entre ces deux extrêmes, une ligne de conduite prudente et avisée. Il s'est justement défié de tous les projets de remaniements territoriaux complets qui lui étaient soumis, mais il a voulu en même temps parer aux inconvénients indiscutables qui résultaient de ce fait que les circonscriptions administratives n'étaient pas des circonscriptions territoriales.

Au moment de l'établissement du Protectorat, les caïdats étaient au nombre de plus de 80. Aujourd'hui, on en compte exactement 38, non compris la ville de Tunis qui jouit d'une organisation spéciale. C'est dire que le Gouvernement du Protectorat a, sur cette matière, réalisé des progrès considérables. Tous les caïdats non territoriaux, sauf une exception dont je parlerai plus loin, ont été supprimés, et leurs ressortissants rattachés aux circonscriptions sur lesquelles ils résidaient. Quelques gouvernements dont l'étendue était excessive, en particulier le Sahel et l'Arad, ont été morcelés ou réduits. Néanmoins de grandes différences existent encore entre les grands et les petits caïdats. Certains caïds administrent quinze ou vingt mille contribuables payant la medjba, d'autres n'en ont pas deux mille cinq cents: il n'y a pas un an que le Gouvernement Tunisien a supprimé le caïdat du Djebel, sis dans le contrôle civil de Gafsa, et qui comptait douze cents medjba à peine.

Si ces inégalités ont été maintenues et le seront encore, c'est précisément pour le motif que je vous indiquais tout à l'heure. Partager la Tunisie en circonscriptions territoriales d'égale importance serait sacrifier à un vain amour de l'uniformité les intérêts les plus clairs du pays. Les tribus sont de formation extrêmement ancienne : ce sont, avec les fractions, les véritables organismes sociaux du pays. Que tous les membres d'une tribu descendent ou non en réalité d'un même ancêtre, ils ne s'en considèrent pas moins entre eux comme gens de même race, par opposition aux autres tribus. Si vous fusionnez deux tribus ensemble, vous créez une circonscription administrative qui n'est pas homogène, vous introduisez dans le nouvel organisme que vous venez d'établir un germe de dissensions.

Les mêmes considérations s'appliquent aux rattachements do fractions. Sans doute, il y a des cheikhats qui comptent cent fois plus de contribuables que les cheikhats voisins, mais des raisons identiques peuvent s'opposer au fractionnement des uns ou à la fusion des autres : jamais un indigène n'obéira volontiers à un cheikh qui n'est pas de sa fraction. Ne perdez jamais de vue que l'autorité administrative indigène, représentée par les caïds et les cheikhs, possède en Tunisie les pouvoirs les plus étendus, et que tout ce qui pourrait diminuer son influence et le légitime ascendant qu'elle exerce sur les populations restreindrait dans la même mesure l'action bienfaisante du Gouvernement du Protectorat.

Ce n'est pas à dire, d'ailleurs, qu'il n'y ait rien à faire dans cet ordre d'idées ; les chiffres que je vous ai cités tout à l'heure le prouvent surabondamment Les considérations qui précèdent s'appliquent, en effet, principalement aux tribus de l'intérieur. Sur la côte et dans les villes où le mouvement des affaires créait un courant incessant d'arrivées, les distinctions de fractions et de tribus se sont beaucoup effacées ; il en a été de même dans les région fertiles où l'indigène s'est surtout appliqué à cultiver la terre et a renoncé à ses habitudes nomades et aventureuses pour se fixer sur le sol et y créer des établissements à demeure, olivettes ou jardins. D'autre part, le pouvoir beylical s'était laissé aller pour des raisons diverses, en général des raisons de personnes, à former plusieurs caïdats d'une seule tribu. C'est ainsi que les Zlass ont été divisés en Koub et Gouazine, Ouled Iddir, Ouled Khalifat et Ouled Sendassen : ces quatre caïdats ont été d'abord réunis en deux, Zlass Dahara et Zlass Guebala, puis en un seul. Pour les villes, il en était encore beaucoup, en 1881, dont les habitants relevaient de dix caïdats différents, suivant leur origine. Ce morcellement entraînait des difficultés administratives : le

Gouvernement du Protectorat l'a fait disparaître. Cependant il existe encore une circonscription administrative qui n'est pas territoriale, c'est le caïdat des Barrania.

Pour expliquer exactement ce qu'est le caïdat des Barrania, je dois me référer à ce que j'ai dit précédemment de la nature du pouvoir beylical. En pays musulman, le prince est l'iman, celui qui conduit les habitants dans la voie tracée par la loi religieuse : c'est son caractère essentiel. De même que le musulman, quel qu'il soit, entrant dans une mosquée, prendra la cérémonie du culte au point où en est l'iman et en suivra les exercices comme on les mène, de même le musulman qui arrive dans un pays d'Islam, si vous me permettez d'employer une expression un peu vulgaire, emboîtera le pas derrière le prince tout comme ses propres sujets. Par conséquent, le musulman Turc, Égyptien, Tripolitain, Marocain, qui arrive en Tunisie est *ipso facto* placé sous l'autorité beylicale au même titre que les sujets tunisiens, soumis aux mêmes lois et aux mêmes obligations. En particulier, il sera astreint au paiement de l'impôt de la medjba. S'il n'est pas assujetti au recrutement, il ne le doit qu'aux dispositions de la loi militaire tunisienne. Mais à tous les autres points de vue, c'est un véritable sujet beylical. Vous voyez combien cette conception, qui est fondée sur le caractère religieux de l'organisation sociale des pays d'Islam, diffère de la conception européenne des nationalités.

Ces musulmans, qui tout en conservant la marque de leur origine viennent se soumettre aux lois tunisiennes, ce sont les Barrania, les étrangers, mais étrangers dans un sens tout à fait spécial du mot. A Tunis même, où leur nombre est considérable, ils forment un caïdat particulier dont les ressortissants sont astreints à la medjba, alors que les individus originaires de Tunis même sont exempts de l'impôt de capitation. On comprend, en effet, sous cette rubrique non seulement les Tripolitains, les Soudanais, les Marocains et autres non tunisiens, mais encore les gens d'autres tribus qui, s'étant fixés à demeure à Tunis, ont cessé d'être inscrits dans leurs caïdats d'origine, mais qui n'étant pas nés dans la ville, n'ont pas droit à l'exemption de la medjba. Ces portefaix de l'Arad, ces marchands djerbiens, ce sont aussi, pour le tunisien des Barrania.

Le caïdat des Barrania est donc le seul caïdat non territorial de la Tunisie. Quant aux cheikhats, il en est encore un très grand nombre qui ne sont pas territoriaux. D'abord la plupart des cheikhats de tribus nomades. Ces fractions n'ont pas à proprement parler de résidence; elles ont des centres d'approvisionnement, où elles séjournent dans l'intervalle des moissons aux semailles. En dehors de cette époque, elles se transportent, pour l'ensemencer, sur le point du territoire qui a été le plus favorisé par la chute des pluies. Je pourrais vous citer par exemple, dans les tribus du Sud, celle des Touazine qui a son centre d'approvisionnement et ses greniers à Medenine. Les Touazine vont ensemencer jusqu'à la frontière tripolitaine, à 60 ou 80 kilomètres de Médenine ; ils y séjournent d'octobre à mai. En juin, ils se rapprochent de Médenine, y emmagasinent leurs grains, procèdent à des échanges, et campent dans un rayon de 15 kilomètres autour de ce centre, pour en repartir dès les premières pluies. Vous voyez, Messieurs, combien il serait impossible de créer dans ces régions des circonscriptions territoriales. J'en dirai tout autant des tribus pastorales du centre, telles que les Madjeur et les Frachich, dont les tentes se déplacent incessamment à la recherche des pâturages. Avant de leur assigner des circonscriptions administratives, il faudrait commencer par les fixer. Ce travail de la fixation des tribus a été entrepris par le Gouvernement du Protectorat qui le poursuit avec persévérance, et qui en a déjà obtenu de bons résultats. Mais vous sentez qu'une œuvre semblable est de longue haleine et ne sera pas complète avant longtemps. D'ici là, un certain nombre de cheikhats continueront à être simplement des fractions de tribus, sans devenir des circonscriptions territoriales.

Ainsi donc si, à l'origine, chaque tribu a pu constituer un caïdat et chaque fraction un cheikhat, aujourd'hui la correspondance de ces quatre termes n'existe pas toujours. Bien des caïdats ou des cheikhats représentent des démembrements de tribus ou de fractions, ou surtout des réunions, des agrégats de fractions et de tribus. Avec cette modification dans ces choses, une modification s'est également introduite dans l'institution même des caïds et des cheikhs.

Rôle respectif des caïds et des cheikhs

Les personnes qui sont familiarisées avec les modes d'administration de la métropole pourraient être tentées de croire que le rôle respectif des caïds et des cheikhs ressemble, par exemple, à celui des préfets et des sous-préfets. On se représente assez bien les caïds, les khalifats et les cheikhs comme une hiérarchie de pouvoirs décroissants: le caïd en tête, les khalifats se partageant le caïdat et les cheikhs se partageant les khalifaliks. Il n'en est pourtant rien.

Des trois institutions, il en est une, celle des khalifats, qui, au moins dans sa forme actuelle, est de date très récente ; les deux autres, caïds et cheikhs, sont d'origine toute différente. Les caïds ont toujours été considérés comme les représentants, dans les tribus,

du pouvoir central ; c'étaient des chefs nommés par
le Bey pour maintenir les tribus dans l'obéissance et
dans le respect du pouvoir. Le Bey les choisissait comme
il lui plaisait, tantôt parmi les notables de la tribu elle-
même, tantôt parmi les grandes familles de son entou-
rage : c'étaient ses hommes, ses créatures, l'émanation
de son pouvoir.

Tout au contraire, les cheikhs étaient les hommes
de la fraction : ils ne représentaient pas l'autorité beylicale, mais l'élément local. A une époque où cette
autorité était souvent arbitraire, ils étaient en quelque
sorte chargés par les membres de la fraction de les
défendre contre les empiétements du pouvoir central ;
et, bien que leur institution pût être une barrière
opposée aux caprices du souverain, elle fut maintenue,
car elle donnait, somme toute, de précieuses garanties
à ce même pouvoir. Il suffisait en effet que, par ses
qualités et ses relations personnelles, le caïd parvînt à
faire choisir comme cheikh un homme qui ne lui fût
pas défavorable, pour qu'il tînt en mains toute la fraction. Ainsi s'est perpétué jusqu'à nos jours le mode
de nomination des cheikhs qui, dans un pays de pouvoir absolu, surprend à première vue. Vous savez, en
effet, que les cheikhs ne sont pas nommés directement par le Bey, mais élus. Election qui n'a rien de
commun avec le suffrage universel. D'abord, seuls les
notables de la fraction, les gens riches, y participent ;
ensuite, si le choix ne convient pas au caïd ou à l'administration centrale, les notables sont invités à porter leurs suffrages sur un autre candidat. En effet, les
raisons qui déterminaient autrefois l'attitude des
cheikhs n'existent plus aujourd'hui : les fractions
n'ont plus à craindre les abus de pouvoir de l'autorité
centrale, les notables n'ont plus à craindre la confis-
cation arbitraire de leurs biens. Le rôle des cheikhs
est donc aujourd'hui de consacrer tous leurs efforts à

seconder les vues du Gouvernement. En fait, leur choix
est suggéré à peu près partout par le caïd.

Mais le principe de la désignation par les notables a
été maintenu pour deux raisons principales. D'abord
parce que les notables qui ont participé à l'élection et
signé l'acte sont solidairement responsables de la gestion pécuniaire du cheikh, et surtout directement
intéressés à sa bonne gestion administrative : c'est
une garantie que leur choix ne se portera pas sur un
incapable. La seconde raison, c'est la raison politique
dont je vous parlais tout à l'heure et pour laquelle
l'autorité gouvernementale sera toujours bien mieux
respectée dans une fraction si elle y est représentée
par un homme de la fraction désigné par elle que si
elle y est représentée par un étranger.

Quant aux Khalifats, ce rouage intermédiaire n'a pas
grande importance. Le Khalifat n'est qu'un représentant du caïd, un fondé de pouvoirs, choisi par le caïd
lui-même, rétribué par lui, et placé sous son entière
direction.

Attributions des caïds.

Les caïds sont nommés par décret. Pour les postes
les plus importants, pour les caïdats des grandes
villes, le Gouvernement les choisit dans les vieilles
familles tunisiennes, où se rencontrent des hommes
riches, instruits, éclairés, et jouissant d'un certain
prestige personnel indispensable à l'exercice de fonctions qui sont extrêmement honorifiques. Pour les autres
postes, une partie en est confiée à des gens du pays
ou de la tribu. Indépendamment des raisons politiques
pour lesquelles il est souvent nécessaire de choisir des
caïds dans leurs tribus, il ne faut pas oublier en effet
que beaucoup d'entre eux vivent encore sous la tente.

Aux Ouled Ayar, aux Frachich, aux Hamema, il serait impossible de donner pour chefs des hommes des villes complètement déshabitués de toutes les fatigues qui composent la vie d'un chef de nomades. Pour l'autre partie, le Gouvernement la réserve à des agents déjà en fonctions, souvent à des interprètes du Secrétariat Général qui, sachant le français, ont des rapports plus faciles avec les colons.

Les caïds n'ont pas de traitement fixe. Ils sont rétribués par une remise ou plus exactement une majoration de 5 % sur les recouvrements de la medjba et de l'achour. En dehors de ces émoluments, ils perçoivent accidentellement quelques droits à l'occasion des expertises, des procédures d'immatriculation et de l'administration des biens domaniaux qui leur est confiée dans plusieurs circonscriptions. Sur ces revenus, ils sont tenus de pourvoir eux-mêmes aux frais de l'installation matérielle de leurs bureaux et de leur geôle, du paiement de leur personnel de secrétaires et de comptables, ainsi que de leurs khalifats. Cette double charge est fort lourde et dans certains caïdats absorbe presque intégralement les remises.

Le caïd a trois catégories distinctes d'attributions : financières, judiciaires et administratives.

Ses attributions financières seront détaillées à leur place dans les conférences sur l'organisation financière de la Régence. Je veux cependant en dire un mot. Le principal impôt perçu par les caïds est l'impôt medjba. L'impôt medjba est un impôt de capitation personnel exigible de tous les sujets tunisiens valides âgés de plus de 18 ans. Cet impôt se perçoit sur des rôles nominatifs dressés par les cheikhs et révisés par les caïds. Ainsi, cheikhat par cheikhat, tous les hommes adultes de la Régence sont inscrits sur des listes nominatives, perpétuellement tenues au courant. Nul ne peut quitter son cheikhat s'il n'a payé ses impôts, ou sans être suivi dans le lieu où il se rend par sa quittance individuelle. Avec les mesures relatives aux déplacements des indigènes, vous voyez, Messieurs, de quel instrument de contrôle le caïd dispose pour connaître et surveiller ses administrés.

Les attributions judiciaires des caïds rentrent dans le cadre des conférences sur la justice. Je ne vous en parlerai pas non plus.

Parmi les attributions administratives, la première et la plus importante de toutes est le maintien de la sécurité. Il n'y a pas à l'intérieur de la Tunisie, en dehors des villes, de force de police proprement dite : la gendarmerie française, établie sur quelques points seulement, est plus absorbée par les nécessités de la justice répressive, enquêtes, constatations légales, que par les soins de la police préventive ; les gardes champêtres sont également peu nombreux, et d'ailleurs plus spécialement chargés de la protection des propriétés appartenant à des européens. La police générale du territoire incombe donc au caïd, et des circulaires nombreuses lui ont prescrit toutes les mesures qu'il lui appartient de prendre pour l'assurer efficacement. Il a seul qualité pour délivrer des permis de voyage à l'intérieur, permis dont tout indigène qui veut se rendre d'un caïdat dans un autre est tenu de se munir. Il a la surveillance des internés, celle des malfaiteurs dangereux ou des gens suspects, auxquels le gouvernement tunisien assigne un domicile forcé dont ils ne peuvent s'éloigner sans en rendre compte à l'autorité. Il organise le service des gardes de nuit sur les routes fréquentées ; il veille, s'il y a lieu, à ce que les voyageurs se réunissent en caravanes au lieu de voyager séparément. Dans les cas graves, il peut interdire la circulation nocturne sur telle ou telle voie de communication. Quand il y a sur une route un passage

dangereux, col, ravin, éloigné de toute habitation, il
y installe une garde permanente ou même y transporte le douar le plus voisin. C'est lui qui recueille les
animaux errants ou abandonnés, et les fait restituer à
leurs propriétaires, ou vendre au profit du Trésor
s'ils ne sont pas réclamés. Il se fait tenir au courant
par ses cheikhs de toutes les transactions passées sur
les marchés de son caïdat, afin de s'assurer qu'il n'y
est pas vendu de bêtes volées. C'est à lui qu'incombe
également le soin de prendre les premières mesures
dans le cas d'épidémies ou de calamités publiques.
Ainsi, il veillera à ce que les incendies de chaumes,
mode de fumure très en usage en Tunisie, ne se développent pas et n'atteignent pas les récoltes ou les habitations voisines. Si le feu prend dans un massif boisé,
il réquisitionnera le nombre d'hommes nécessaires
pour le combattre et le circonscrire. S'il se produit
une invasion de criquets ou de sauterelles, il se portera aussitôt sur les points menacés, fera recueillir les
acridiens, détruire les criquets, creuser des fosses.
En cas d'épizooties ou de maladies contagieuses du
bétail, il fera saisir immédiatement les bêtes atteintes
ou suspectes afin d'empêcher la propagation du mal.
Le tout, bien entendu, sous réserve d'en référer immédiatement au Gouvernement et de provoquer les instructions de l'autorité supérieure. En un mot, il sera
l'auteur ou l'exécuteur de toutes les mesures qui
intéressent la sécurité générale du pays.

Avec cette attribution, il en a une autre qui est tout
particulièrement importante en pays arabe, c'est d'être
l'agent d'informations du Gouvernement. L'Arabe a
un sentiment inné très profond de la justice; tout
acte de l'autorité qu'il croit injuste lui apparaît
comme une vexation arbitraire et personnelle. D'autre
part il est extrêmement passionné : les rivalités de
familles à familles, de fraction à fraction, revêtent chez

lui uné forme particulièrement aiguë. Il en résulte que le gouvernement tunisien est perpétuellement saisi de réclamations de toutes sortes contre tous les agents de l'autorité, ainsi que de plaintes d'individus qui s'accusent mutuellement de se créer des difficultés. Ces sortes d'affaires ne relèvent pas des tribunaux. En effet, ou ce sont des réclamations contre des décisions administratives, ou les faits allégués ne sont que des prétextes qui couvrent des questions de personnes. Toutes ces plaintes sont instruites par les caïds, sauf les affaires graves où le contrôleur civil intervient, et c'est généralement sur l'enquête des caïds, complétée au besoin à l'Ouzara, qu'on leur donne la suite qu'elles comportent. Le rôle du caïd en cette matière exige beaucoup de tact et de savoir faire; il doit, en effet, concilier deux choses bien difficiles à accorder ensemble, les intérêts particuliers et le respect de l'autorité.

Enfin le caïd est le grand intermédiaire entre le pouvoir central et les indigènes pour porter à la connaissance de la population les décisions de Son Altesse. Qu'il s'agisse des commissions scolaires, des opérations de recrutement, des délimitations du domaine public, des demandes d'immatriculation, des prestations, des ventes d'immeubles par autorité de justice, des dispositions générales sur la police du roulage ou sur la police de la navigation, sur les logeurs, sur les débits de boissons, en un mot de tous les avis à donner à la population, de toutes les mesures générales dont le sens et la portée ont besoin d'être expliqués, c'est lui qui intervient et qui, par des publications verbales sur les marchés, assure aux décisions du gouvernement la plus large publicité.

Quand au rôle des caïds comme présidents des municipalités, il en sera parlé dans la conférence qui aura pour objet l'organisation des communes tunisiennes.

Pour faire respecter leur autorité et leurs décisions, les caïds ont un personnel spécial et des moyens de coercition. Ce personnel, c'est l'oudjak, sorte de gendarmerie indigène composée de cavaliers ou spahis. Les spahis servent à porter les ordres du caïd dans toutes les directions ; et à remplir les missions dites rétribuées. Chaque fois qu'un indigène est impliqué dans une affaire pénale ou qu'il refuse de se rendre à une convocation régulière, un spahi lui est envoyé en mission ou en tain. L'indigène doit, dans ce cas, nourrir le spahi et lui verser une rétribution ou khedma. Le montant de la khedma varie suivant les distances de 1 fr. 20 à 45 francs. Le produit de la khedma est réparti mensuellement entre les spahis et constitue le plus clair de leurs émoluments. Le gouvernement ne leur sert, en effet, à titre de rations de chevaux, qu'une solde très minime variant de 7 fr. 20 à 18 fr. par mois, suivant les résidences. L'envoi en tain, qui a beaucoup d'analogie avec l'ancienne pratique française des garnisaires, est un puissant moyen d'action entre les mains du caïd, mais peut donner lieu à des abus. Aussi le gouvernement du Protectorat commence-t-il à transformer les oudjaks en servant aux cavaliers des soldes fixes et en faisant percevoir la khedma au profit de l'État. Il en résulte une perte pour le Trésor, mais on évite aux caïds l'alternative où ils se trouvent trop souvent placés de multiplier les envois en tain, ou de n'attribuer à leurs spahis que des allocations insuffisantes.

A l'envoi en tain, le caïd peut joindre encore la prison, non seulement pour les petits délits qui sont de sa compétence, mais la prison administrative pour refus d'obéissance ou mauvais vouloir constaté. La loi lui donne le droit d'infliger ainsi jusqu'à quinze jours de prison ; mais elle lui refuse celui d'infliger des amendes, car le caïd étant agent percepteur serait appelé à recouvrer directement lui-même l'amende qu'il prononcerait, et il pourrait en résulter des abus.

La surveillance de la gestion des caïds est assurée sur place par les Contrôleurs Civils. Le contrôle de l'administration générale s'exerce par l'examen des rapports mensuels. Un décret du 1er mai 1876 a prescrit aux caïds la tenue d'un livre journal où ils inscrivent quotidiennement toutes les affaires dont ils sont saisis, avec la suite que chacune a reçue. Chaque mois ils font un relevé des inscriptions du mois précédent et l'adressent au Premier ministre.

Khalifats

Le Khalifat, comme rouage administratif, est une institution tout à fait récente. Du jour où il y a eu des caïds, il y a eu des khalifats parce que les caïds ne pouvaient suffire eux-mêmes à toute leur besogne et qu'ils étaient inévitablement amenés à se choisir des aides. Mais ces aides n'avaient aucun caractère officiel et, il y a dix ans, le Gouvernement les ignorait encore. Ainsi le recueil de législation tunisienne de M. Bompard, qui s'étend jusqu'à la fin de 1887, ne contient pas d'articles portant la rubrique khalifat : le mot même n'y figure pas. L'institution régulière et officielle des khalifats date du décret du 28 novembre 1889.

Jusque là les khalifats étaient choisis et désignés par les caïds eux-mêmes et n'avaient dès lors aucune attribution légale. Le décret de 1889 décida qu'ils ne pourraient être nommés à l'avenir que par Son Altesse.

Les Khalifats sont divisés en cinq classes dont le traitement varie de 600 à 3.000 francs. Leurs émoluments sont à la charge des caïds. Ils ont pour attributions de suppléer le caïd en cas d'empêchement ou d'absence régulièrement autorisée ; dans

ce cas, ils exercent l'intégralité des pouvoirs du caïd.
Quand ils ne le suppléent pas, ils ont pour principale mission d'assurer, chacun dans sa circonscription respective, la police du territoire. Ils n'ont ni
attributions judiciaires, ni attributions financières.
Le cumul des fonctions de cheikh et de celles de khalifat est interdit. Des décrets spéciaux ont déterminé
le nombre et la classe des khalifats de chaque caïdat :
les caïdats de moyenne importance n'ont qu'un kha-
lifa ; les gros caïdats en ont jusqu'à quatre et cinq.

Cheikhs

Quant aux cheikhs, leur rôle peut maintenant se
résumer en quelques mots. Le cheikh, nommé par
décret, est d'abord un collecteur d'impôts ; il est
rétribué comme le caïd par une remise de cinq pour
cent sur le produit de ses perceptions ; c'est ensuite
un agent administratif spécialement chargé de la police
du territoire. Mais, pas plus que le khalifat, il n'a ni
pouvoirs judiciaires, ni le droit de mettre ses administrés en prison, ni celui de se servir de l'oudjak. Ces
trois attributions restent exclusivement propres au
caïd. (1)

II. — Services administratifs nouveaux

Il reste, maintenant, à parler brièvement des services
récents de l'administration générale et, en particulier,
de la Sûreté publique et des Services d'Hygiène et
d'Assistance publique.

_____

(1) Les institutions religieuses musulmanes font l'objet de la conférence suivante.

Sûreté publique

L'on distingue trois sortes de police : la police judiciaire qui aide la justice dans la recherche des malfaiteurs, la police municipale qui assure la tranquillité de la voie publique et l'exécution des arrêtés municipaux, et enfin la police administrative qui s'occupe de la surveillance générale du territoire et de toutes les mesures propres à prévenir les crimes et les délits : c'est la police préventive proprement dite.

C'est une question qui a été très souvent discutée que celle de savoir si ces trois polices devaient être indépendantes l'une de l'autre, ou réunies sous la même direction. On a soutenu, par exemple, que la police municipale devait être une institution exclusivement municipale, que la police judiciaire et la police administrative devaient être exercées séparément, que chacune devait avoir son organisation autonome et sa direction spéciale. C'est de cette conception qu'est sortie, en France, la dualité des services de la Préfecture de police et de la direction de la Sûreté générale. Or, il est aisé de reconnaître que les trois polices concourent au même but, qui est la sûreté publique, et qu'elles exercent leur action sur les mêmes éléments. L'individu que la police administrative surveille aujourd'hui comme suspect, c'est celui que la police municipale arrêtera demain dans la rue pour tapage ou vagabondage, et que la police judiciaire recherchera demain comme prévenu d'un délit ou inculpé d'un crime. Les mesures générales de police préventive, les mesures spéciales de police municipale concourent au même but, qui est de restreindre le nombre des infractions à la loi et d'assurer la répression de celles qui sont com-

mises. L'unité de direction de ces trois polices est
donc nécessaire et ne peut être assurée que par l'Etat.
Cependant, lorsque des services de police ont commencé d être organisés dans la Régence, c'est le système
de la dissémination qui a prévalu. Cela tient en grande
partie à ce que la police nouvelle a été organisée dans
les villes seulement, les territoires de l'intérieur restant soumis à la surveillance des caïds. On a donc
créé, dans les divers centres de population, des postes
de commissaires ou d'inspecteurs de police municipaux, assistés d'un personnel municipal, rétribués sur
le budget municipal. A Tunis même, un service
embryonnaire de Sûreté était installé, mais il n'y avait
dans tout cet organisme aucune direction générale.
Le bureau des communes, dont relevaient les commissaires de police, n'était pas outillé pour donner au
personnel une impulsion technique ; les mouvements
de personnel entre les diverses villes se compliquaient
de questions budgétaires inextricables. Enfin, lorsque
le Gouvernement voulait créer une force de police
dans une localité dépourvue d'organisation municipale,
il se heurtait à une foule d'impossibilités : on ne savait
ni comment payer les agents, ni quelle législation leur
faire appliquer, ni comment régler leurs rapports avec
l'autorité locale.

Tous ces inconvénients ont disparu depuis qu'un
décret du 17 avril 1897 a rattaché tous les services de
police à l'Etat et les a placés sous l'autorité d'un Directeur de la Sûreté publique, relevant du Secrétaire
général du Gouvernement. Aujourd'hui, tous les Commissaires de police de la Régence reçoivent une impulsion unique. Ils demeurent, comme auparavant,
chargés de la police municipale, ils assurent dans les
mêmes conditions l'observation des règlements municipaux ; leurs relations avec les contrôleurs civils sont
demeurées les mêmes. Mais il est possible de leur

faire exécuter des mesures générales de la plus haute importance, telles que celles qui viennent d'être édictées à l'égard des logeurs et des débits de boisson. Les indications utiles qui peuvent être recueillies sont centralisées et comparées à Tunis. Les malfaiteurs ou les gens suspects sont suivis de ville en ville. Enfin, le service cessant d'être municipal, il a été possible de créer à Tunis une brigade de sûreté dont l'action s'étend sur toute la Régence, et qui recherche les criminels sur quelque point qu'ils se soient réfugiés.

Hygiène

Les questions d'hygiène publique sont au nombre de celles qui préoccupent aujourd'hui le plus les nations européennes. La gravité de certaines maladies épidémiques et la facilité relative avec laquelle on peut s'en préserver par des mesures prophylactiques assez simples ont amené la plupart des puissances à se concerter et à s'entendre sur les moyens de prévenir les épidémies de peste, de choléra ou de fièvre jaune. La Tunisie n'a pas été représentée à ces Conférences et n'a pas pris part à ces accords, mais elle n'a pas hésité à adopter toutes celles des mesures proposées qui étaient applicables dans la Régence.

Un décret du 20 février 1885 a réglementé la Police sanitaire maritime, créé une direction de la Santé maritime, institué un Conseil sanitaire.

Un décret du 3 janvier 1889 porte institution d'un Conseil central et de Commissions régionales d'hygiène et de salubrité publique.

Le Conseil sanitaire a été réorganisé le 28 septembre 1892.

Un arrêté du 12 mars 1893 a précisé les mesures

sanitaires à appliquer aux provenances des pays atteints de choléra, de fièvre jaune et de peste. L'ensemble de cette législation sanitaire maritime est, en ce moment même, l'objet d'une nouvelle étude du Gouvernement qui désire la mettre en harmonie avec les dernières décisions des Conférences internationales.

Le 15 juin 1888, des décrets ont été pris pour réglementer l'exercice de la médecine, de la chirurgie et de la pharmacie. Sont seuls autorisés les praticiens pourvus d'un titre leur donnant droit à l'exercice dans leur pays d'origine. Toutefois, dans les localités où il n'existe ni pharmacien, ni médecin, les personnes étrangères à l'art peuvent être autorisées à débiter des médicaments d'un usage courant. Des dispositions transitoires ont sauvegardé les droits existants au moment de la promulgation des décrets. L'art dentaire est le seul dont l'exercice soit libre en Tunisie.

Un laboratoire de bactériologie et un centre vaccinogène produisent du vaccin et du sérum antidiphtérique. La pratique de la vaccine a fait, depuis l'établissement en Tunisie, de grands progrès. Le Gouvernement a imposé la vaccination partout où il a pu, dans les écoles, à l'armée, dans les administrations, dans les prisons. Il a fait procéder à des tournées de vaccination qui, même dans les tribus de l'intérieur, ont donné d'excellents résultats. Il a aussi encouragé toutes les initiatives privées qui, avec un dévouement digne des plus grands éloges, ont collaboré à l'œuvre de la propagation de la vaccine.

Enfin, dans le même ordre d'idées, je citerai la législation sur les établissements dangereux, incommodes ou insalubres, et celle sur les habitations à bon marché.

Ces deux législations se sont inspirées du même désir d'assurer l'hygiène des grandes villes et des agglomérations ouvrières.

Assistance publique

Les institutions d'Assistance publique relevant de l'Administration générale se divisent en deux catégories distinctes. D'une part, les institutions indigènes, institutions dues à la charité privée mais fonctionnant sous le contrôle du Gouvernement : il vous en sera parlé à propos des habous et des communautés israélites. D'autre part, les institutions d'Etat. Je n'ai pas, en effet, à m'occuper des Sociétés privées qui rendent aux européens de très signalés services, qui soulagent un multitude d'infortunes, mais qui fonctionnent indépendamment de toute intervention administrative de l'Etat.

L'assistance publique d'Etat se préoccupe principalement des malades. Elle secourt aujourd'hui de trois manières différentes : par des consultations gratuites de médecins et des attributions de médicaments, par des hospitalisations payées dans des établissements qui ne lui appartiennent pas, par des hospitalisations dans ses propres établissements.

Les consultations gratuites sont données par les médecins dits de colonisation, dont il existe une dizaine de postes dans la Régence. Le chiffre paraît sans doute peu élevé, mais il ne faut pas perdre de vue que dans toutes les localités dotées d'une organisation communale, il existe des médecins municipaux qui donnent aux indigents des consultations. Ce service étant par essence un service municipal, l'Etat ne l'assume qu'à défaut de municipalité. La subvention qu'il alloue à un médecin de colonisation forme un appoint qui permet à un médecin civil de s'installer dans un pays où la clientèle est restreinte. Sur bien des points d'ailleurs la faible densité de la population

européenne n'a pas permis d'attirer des médecins
civils ; la subvention y est servie au médecin militaire
qui donne des consultations gratuites. Tout ce service
se fait au Contrôle civil où il existe même une pharmacie munie des éléments indispensables. Les malades gravement atteints sont hospitalisés, soit dans les
établissements privés comme l'hôpital Saint-Louis à
Tunis, soit dans les hôpitaux militaires. Leur entretien, lorsqu'ils sont indigents, est remboursé par le
Gouvernement tunisien pour les indigènes, par la
Résidence générale pour les français et par leurs
consuls respectifs pour les nationaux des diverses
puissances. On étudie en ce moment même une
combinaison qui faciliterait le traitement des malades
civils dans les hôpitaux militaires : elle consisterait à
affecter à ces malades des pavillons séparés où l'autorité civile disposerait d'un nombre de lits suffisant aux
besoins de la localité.

Enfin, un établissement hospitalier d'une importance considérable, entrepris sur l'initiative de la
Résidence générale, est en voie d'achèvement. Je veux
parler de l'Hôpital civil français de Tunis qui, dans
quelques mois, pourra recevoir 200 malades et comprendra ultérieurement 400 lits (1). L'Hôpital civil français est placé sous la haute autorité du Résident général de la République ; la surveillance du détail de
son administration incombe au Secrétariat général du
Gouvernement.

Tous ces services d'hygiène et d'assistance publique aboutissent à la Direction de la Santé, récemment
créée et qui en centralise les informations.

---

(1) L'Hôpital Civil français de Tunis a été inauguré le 19 novembre
1898 par M. René Millet, Résident Général de la République française.

LA CULTE ET LA MAGISTRATURE DES MUSULMANS

Culte musulman

Les cinq principaux devoirs du musulman envers Dieu sont la purification, la prière, la zakah ou prélèvement en faveur des pauvres, le jeûne et le pèlerinage.

Le devoir de la purification est le devoir qu'a tout musulman de se purifier par des ablutions avant certaines pratiques du culte, notamment avant la prière, lorsqu'il a touché une des choses dites impures. Mahomet a rangé au nombre des choses impures les porcs, les chiens, les liquides enivrants et tous les êtres qui ont péri de mort naturelle ou qui ont été tués d'une manière autre que celle prescrite par la loi.

La zakah est l'aumône légale. C'est un prélèvement qui varie d'un quatrième à un cinquième sur les divers éléments de la fortune privée, les marchandises, les fruits de la terre, les bestiaux, les métaux précieux. Un fonctionnaire ou amin était autrefois chargé de la percevoir et de la répartir entre les pauvres (*fokra*), c'est-à-dire ceux qui ne possèdent rien, les indigents (*mselin*), c'est-à-dire ceux qui ne possèdent pas assez, les débiteurs malheureux, les esclaves, les voyageurs, etc... Dans la plupart des pays d'Islam, la zakah, aumône volontaire, a dégénéré en impôt d'État. C'est ainsi qu'en Algérie le mot de zakah désigne un impôt sur le bétail qui a complètement perdu son caractère et son affectation originels.

Un seul jeûne est obligatoire pour les musulmans, c'est le jeûne du mois de Ramadan. Le jeûne commence dès que la nouvelle lune de ce mois est visible, et finit à l'apparition de la nouvelle lune du mois de Chaoual. La détermination de l'instant précis où doit commencer le jeûne est une opération fort importante et l'un des principaux devoirs de tout gouvernement musulman.

Pendant toute la durée du mois de Ramadan, le musulman majeur s'abstient d'absorber quoi que ce soit depuis la pointe du jour, c'est-à-dire depuis le moment où l'on peut distinguer un fil blanc d'un fil noir, jusqu'au coucher du soleil : toute infraction au jeûne oblige à une réparation qui consiste à prolonger le jeûne de un ou plusieurs jours.

Le pèlerinage aux lieux saints est une obligation que tout musulman doit, s'il le peut, accomplir au moins une fois dans sa vie. Dans les premiers temps de l'Islam, le monde musulman était assez restreint pour que chacun pût s'acquitter de cette obligation. Mais depuis l'expansion de l'Islam jusqu'au centre de l'Afrique et de l'Asie, un petit nombre de croyants est seul en mesure de faire ce long et pénible voyage, et le titre de Hadj, qui désigne ceux qui l'ont

— 343 —

accompli, est assez rare, même en Tunisie. D'ailleurs, si le pélerinage est obligatoire, la loi religieuse admet que l'on peut en être dispensé lorsque l'on est retenu chez soi par des devoirs plus impératifs, comme celui de protéger sa famille ou lorsque des guerres ou des calamités publiques rendent le voyage périlleux : « On ne doit jamais, dit la loi coranique, s'exposer à un voyage périlleux ». Ce serait sortir de ce cadre que de décrire par le menu les diverses cérémonies du pélerinage et les stations que le pélerin doit faire aux différents endroits consacrés. Disons cependant que ces cérémonies commencent le septième jour de Hidjé qui est le dernier mois de l'année musulmane. Le neuvième jour a lieu le sermon du Cadi de la Mecque sur le mont Arafat : c'est la partie la plus importante des cérémonies. Quand le neuvième jour de Hidjé tombe un vendredi, le pélerinage est considéré plus particulièrement méritoire, et attire une beaucoup plus grande affluence.

La prière est le principal devoir de l'homme envers Allah ; elle consiste dans la répétition de formules consacrées. Cinq prières par jour sont obligatoires pour le musulman : la prière de midi, la prière de l'après-midi, la prière du soir, la prière de la nuit, la prière du matin. Des crieurs ou « muezzins » annoncent du haut des tours de la mosquée l'heure de chaque prière. Chacun peut faire ses prières en son particulier, à la seule condition de s'être préalablement purifié et de se tourner vers le point de la terre qui se trouve directement au-dessous du trône d'Allah, c'est-à-dire vers la Mecque.

Cependant la prière en commun est considérée comme plus méritoire. Aussi, dès le début de l'Islam, trouvons-nous dans tous les pays musulmans des lieux publics consacrés aux exercices du culte. Nous désignons ces lieux sous le nom générique de mosquées, mais les musulmans y distinguent deux catégories différentes d'édifices.

La première catégorie comprend des *mesjed* que
nous nommons communément petites .mosquées et
et dont le véritable nom français serait « oratoire ».
Les mesjed sont des mosquées où l'on se réunit
seulement pour dire les prières ordinaires de chaque
jour, sous la direction d'un simple imam. Les prières
consistent en séries de formules accompagnées de
certains mouvements; chaque série se nomme une
raka, et la prière se compose d'un nombre déterminé
de raka.

La seconde catégorie comprend les grandes mosquées ou *djama*. Les grandes mosquées sont des édifices où, en dehors des prières ordinaires, on célèbre
le vendredi le service qui porte le nom de *E!khoba*.
Ce service est le seul exercice de culte obligatoire pour
tous les musulmans. Il se célèbre le vendredi entre
l'heure de la prière de midi et l'heure de la prière de
l'après-midi dans le rite malekite; les hanéfites le célèbrent avant la prière de midi. En principe, il a lieu à
des heures différentes dans les diverses mosquées
d'une ville, afin que les fidèles puissent en suivre plusieurs successivement; toutefois, lorsque la ville est
divisée en quartiers distincts, les services peuvent
avoir lieu simultanément.

Le culte du vendredi commence par une lecture du
Coran. Au moment où l'appel du muezzin retentit
l'imam fait son entrée; il monte en chaire et prononce
une allocution (khoteba), sorte de sermon entrecoupé
d'un certain nombre de citations du Coran. La khoteba terminée, l'imam quitte la chaire, se place devant
le *mirhrab*, petite niche qui indique aux fidèles la
direction de la Mecque, et récite les diverses prières,
imité par tous les membres de l'assistance. L'imam
qui prononce la khoteba est un imam prédicateur.

Pour que l'on puisse faire la khofeba dans une mosquée, il faut que cet établissement soit pourvu d'un imam prédicateur. Les imams prédicateurs sont recrutés avec soin ; ceux des mosquées importantes, comme celles de Tunis, sont choisis parmi les membres du Chara et les professeurs de la Grande mosquée. D'ailleurs, quand l'établissement est considérable, il peut comporter plusieurs imams et plusieurs prédicateurs.

Les mosquées ne sont pas seulement des édifices du culte, mais aussi des édifices d'enseignement. Le Coran enseigne que ce monde est une demeure transitoire où l'on doit se préparer à la vie future par de pieux exercices. L'enseignement fait partie de ces exercices.

On distingue, en effet, en pays musulman, deux catégories de sciences ; les unes fondées sur la seule raison humaine ou sciences de raisonnement, les autres fondées sur la révélation. Les sciences de révélation sont des sciences essentiellement religieuses. Elles se divisent en sciences du langage et sciences du droit.

Les sciences du langage comprennent principalement l'étude de langue arabe ; quant aux sciences du droit, elles se divisent à leur tour en sciences sources et en sciences déduites. Les sciences sources sont celles du Coran et de la conduite du Prophète, qui sont en effet, comme nous l'avons vu, les sources du droit. Quant aux sciences déduites, on y distingue d'une part celles de la nature et des attributs de Dieu et d'autre part les sciences de la théorie et de l'application du droit.

Toutes ces sciences ont le même caractère de sciences révélées, et ceci explique pourquoi c'est au sein même des édifices religieux, ainsi transformés en véritables universités, qu'on enseigne la langue arabe, la lecture du Coran, la conduite du Prophète, la métaphysique et la théologie islamique, la théorie générale du droit qui comporte l'enseignement de la logique, et enfin la jurisprudence des grands docteurs et de leurs innombrables commentateurs. Tout cet ensemble de connaissances a le même caractère religieux. Il est enseigné par des professeurs qui cumulent souvent avec leurs fonctions celles d'imam ou de mufti, créant ainsi un lien encore plus étroit entre l'école et la mosquée.

Il en est ainsi dans les grandes mosquées. Quant aux petites mosquées, aux oratoires, elles forment le plus souvent des annexes à d'autres établissements qui sont les *medersa* et les *zaouïa*.

La *medersa* est un établissement d'instruction. Elle se compose le plus souvent d'une petite mosquée (mesjed) avec une cour entourée de chambres, une fontaine pour les ablutions et quelquefois un minaret pour l'appel à la prière; dans les chambres vivent des professeurs et des élèves qui apprennent à lire le Coran et à le prononcer correctement. Les medersas sont administrées par des cheikhs ou mokaddems nommés par décret de Son Altesse le Bey et placées sous la haute surveillance de la direction générale de l'Enseignement.

Les *zaouïa* sont extrêmement nombreuses en Tunisie. Zaouïa en arabe veut dire angle, coin; sa traduction exacte serait retraite. Mais, sous le nom de zaouïa, on comprend des établissements d'origine et d'importance fort différentes. Leurs caractères communs sont de compter toujours un oratoire, un mesjed; d'être pour le fidèle des lieux saints et vénérés et enfin d'être placées sous l'invocation, — on dirait dans la liturgie catholique sous le vocable, — d'un saint personnage.

Le plus souvent le saint personnage, en souvenir de qui la piété des fidèles a élevé la zaouïa, y est enterré. La zaouïa porte alors son nom. Mais quantité de zaouïas ont été également édifiées en l'honneur des fondateurs des confréries religieuses, par des membres de ces confréries. Ainsi vous rencontrerez en Tunisie beaucoup de zaouias dites Sidi Abdelkader, érigées en l'honneur de Sidi Abdelkader el Djilani, fondateur de l'ordre des Kadria, qui est enterré à Bagdad. La zaouia de Sidi bel Hassen, près du fort du même nom sur la route de Hammam-Lif, appartient à l'ordre des Chadlia. Elle est bâtie sur la grotte même que le fondateur de l'ordre, le chérif marocain Si Chadli bel Hassen, habita pendant de nombreuses années ; mais Si Chadli n'y est pas enterré, étant mort en Égypte au cours d'un pèlerinage.

A côté du mesjed, la zaouia comprend un certain nombre de pièces qui servent de refuge aux passants et aux voyageurs, d'asile aux malheureux et aux indigents. Il s'y trouve souvent une école coranique et, dans certains cas, il est difficile de distinguer une zaouia d'une medersa autrement que par le nom et par certains règlements d'ordre intérieur. Le personnel de la zaouia comprend un cheikh qui est l'administrateur, un imam qui préside aux prières du mesjed, et quelquefois des lecteurs du Coran. Les lecteurs du Coran, qui se retrouvent d'ailleurs dans les grandes mosquées comme dans les zaouias, sont des gens qui, moyennant le revenu de fondations d'âmes pieuses, lisent quotidiennement un certain nombre de versets du Coran ; cette lecture est un acte méritoire dont la récompense va aux âmes des fondateurs : Institution qui a de grandes analogies avec les fondations de messe dans la religion catholique.

Les cheikhs des zaouias sont nommés par décret ; mais ils ne sont pas choisis au hasard par le Gouvernement. Lorsqu'il s'agit d'une zaouia d'un ordre religieux, le cheikh est toujours un membre de l'ordre, ayant reçu l'agrément et l'investiture du cheikh principal de la confrérie. Lorsque la zaouia n'appartient pas à un ordre, elle est plus souvent entre les mains de la famille du premier fondateur et de celle du personnage en l'honneur de qui elle a été élevée; le cheikh est alors choisi dans cette famille.

Les familles qui se transmettent ainsi la direction de certaines zaouias reçoivent généralement, dans le Magreb et principalement en Algérie, le nom de familles maraboutiques.

Le cheikh qui administre la zaouia perçoit en dehors des revenus habous, certaines recettes casuelles dont les principales sont les *ziara*.

Ziara signifie visite, et plus spécialement visite pieuse, visite de respect faite à un lieu saint ou à un personnage religieux. Les pèlerinages à des lieux autres que la Mecque portent le nom de ziara. Par extension le mot a fini par s'appliquer aux offrandes que toute personne venant en pèlerinage à la zaouia dépose entre les mains du cheikh et à celles que le cheikh ou ses serviteurs vont récolter plus ou moins loin. Certaines zaouia sont d'importants lieux de pèlerinages ; ainsi celles des Kadria et des Rahamania du Kef.

Les sommes ainsi récoltées servent d'abord à l'entretien de la zaouia et de ses habitants, puis à des œuvres de charité; les zaouias où l'on vient en pèlerinage nourrissent tous les pèlerins indigents. Dans les années de misère elles reçoivent les gens dénués de toutes ressources et pourvoient à leur subsistance. Il n'y a pas bien longtemps encore, plusieurs zaouia importantes constituaient des silos de grains de réserve qu'elles distribuaient aux nécessiteux les années de mauvaises récoltes; elles reconstituaient ces approvisionnements par des prélèvements opérés pendant les années d'abondance sur les récoltes des gros propriétaires de la circonscription. Ce sont donc des établissements qui rendent de véritables services publics.

Je ne puis pas terminer la partie de cette conférence relative au culte musulman sans vous dire quelques mots des confréries.

Les confréries musulmanes ne sont pas des ordres monastiques dont les membres doivent renoncer à la vie du siècle et se consacrer uniquement à l'observation de la règle. Ce sont des associations dont chacun peut faire partie tout en vaquant à ses occupations journalières ; leur but, comme celui des congrégations de toutes les religions, est d'assurer le salut éternel de leurs adhérents par des pratiques pieuses.

Les premières datent de l'origine même de l'Islam, les dernières sont tout à fait récentes et rien ne s'oppose à ce qu'il s'en crée encore de nouvelles. Les pratiques varient naturellement d'un ordre à l'autre ; elles consistent principalement dans la récitation ou la répétition d'une prière spéciale à l'ordre, qui porte le nom de *dikr*. Le *dikr* est généralement une invocation très courte que l'adepte doit réciter un nombre déterminé de fois par jour. Quant aux doctrines elles ne diffèrent presque pas. Toutes les confréries fondent leur enseignement sur celui du Prophète. Leur caractère orthodoxe s'affirme par une *chaîne mystique* qui du fondateur remonte par une série de pieux docteurs jusqu'à Mahomet lui-même, qui se trouve ainsi être toujours considéré comme le premier maître de l'ordre. Cette chaîne est un élément tout à fait essentiel : d'une part elle prouve que la doctrine de l'ordre est bien orthodoxe, puisque cette doctrine s'est perpétuée depuis le Prophète jusqu'au fondateur par l'intermédiaire de personnages connus comme savants et dignes de foi ; d'autre part, c'est par elle que la *baraka*, la bénédiction, le caractère sacerdotal, s'est transmise depuis Mahomet jusqu'à la série des grands maîtres de l'ordre.

L'empreinte particulière du fondateur se trouve

donc uniquement dans les pratiques qu'il a instituées
comme les plus propres à assurer le salut des âmes,
et dans la préférence qu'il avait marquée pendant sa
vie pour tel ou tel caractère de la religion, préférence
qui se dégage de l'enseignement et se retrouve par
conséquent chez les affiliés. Ainsi les Kadria recom-
mandent la charité et les Aissaoua se tournent vers le
mysticisme.

Toutes les confréries sont organisées à peu près de
la même manière : à la tête, un cheikh, grand maitre
de l'ordre, qui se relie directement à la chaîne mystique, qui est dépositaire de la baraka et qui nomme
aux grades inférieurs. Si l'ordre est répandu dans plusieurs pays, le cheikh sera représenté au loin par des
khalifats ou naïbs.

Au-dessous du cheikh, se trouve un nombre plus
ou moins considérable de mokaddems. Les mokaddems confèrent l'initiation aux affiliés ou *khouan*. Ils
cumulent fréquemment avec ces fonctions celles de
cheikhs de zaouias.

Le chef de l'ordre désigne le plus souvent son successeur ; cependant, dans quelques confréries, le cheikh
est élu par les mokaddems. Quant à ceux-ci, ils sont
toujours nommés par le cheikh qui a seul qualité pour
leur conférer le grade. Le diplôme que le cheikh délivre à son successeur ou à ses mokaddems porte le nom
d'*idjaza*. Les idjaza sont des documents importants
pour l'étude des confréries, car ils contiennent toujours l'exposé de la doctrine et quelquefois le tableau
de la chaîne mystique.

Les ordres les plus répandus en Tunisie sont :

I. — L'ordre des Kadria, fondé en 561 de l'hégire
par Sidi Abdelkader el Djilani, un des plus saints personnages de l'Islam, né en Perse et décédé à Bagdad,

où son tombeau se voit encore dans la zaouia mère de l'ordre.

L'ordre des Kadria est le plus répandu dans le monde musulman, mais l'influence de la zaouia de Bagdad ne dépasse pas les limites de la Mésopotamie. En raison précisément du nombre considérable des adhérents, l'ordre a formé dans la plupart des pays des confréries distinctes et indépendantes en fait du grand maître de Bagdad. Les Kadria de Tunisie forment trois confréries principales, qui n'ont de commun entre elles que la doctrine de Sidi Abdelkader et dont les chefs n'ont reçu de Bagdad aucune investiture : la première est celle de Menzel Bou Zelfa, à la tête de laquelle se trouve le cheikh Sidi-Mohammed ben Mostfa el Menzeli ; la seconde est celle qui a été fondée au Kef par le cheikh El Mazouni et qui est actuellement dirigée par son fils, le cheikh Si Kaddour. C'est la plus importante de la Tunisie. La troisième enfin est celle de la Zaouia Kadria de Nefta dont l'influence s'étend sur le Sud tunisien.

Parmi les confréries dérivées de celle des Kadria, je vous citerai celle des *Arousia*, fondée par Sidi ben Arous, mort à Tunis vers 805 de l'hégire et dont la zaouia se trouve dans la rue du même nom. La confrérie des Arousia a été reformée en Tripolitaine vers 1820 par Sidi Abdessalem. Ses adeptes prennent communément le nom de *Sellamia* en Tripolitaine et dans le sud de la Tunisie où ils sont assez nombreux. La zaouia mère se trouve à Zliten, dans une oasis intérieure de la Tripolitaine.

II. — L'ordre des Chadlia fondé par Sidi bel Hassen el Chadli, en 656 de l'hégire. Une branche importante des Chadlia, celle des *Medania* est de date tout à fait récente, ayant été fondée en Tripolitaine vers 1820 ; elle compte un certain nombre d'adhérents en Tunisie. Une autre non moins importante est celle des *Taïbia* fondée par Abdallah et dont le véritable organisateur a été Muley Taieb, plus connu sous le nom de chérif d'Ouezzan.

III. — L'ordre des Aissaoua date de 930 de l'hégire. Il a été fondé au Maroc par le chérif Sidi Mohamed ben Aissa. Les Aissaoua sont l'ordre, non pas le plus important de la Tunisie, mais le plus connu des Européens. L'origine des pratiques étranges auxquelles se livrent les Aissaoua remonte au fondateur même de l'ordre. On raconte en effet que Sidi Mohamed ben Aissa s'était acquis, de son vivant, une telle réputation que son influence porta ombrage au sultan du Maroc : il fut proscrit de Mequinez avec ses disciples. Sur la route de l'exil, comme ses compagnons mourant de faim lui demandaient à manger, le saint leur dit de se nourrir de ce qu'il y avait sur le chemin. Or, il n'y avait sur la route que des pierres, des scorpions et des serpents ; pourtant les disciples de Sidi Mohamed ben Aissa n'hésitèrent pas à porter à leur bouche ces cailloux et ces reptiles qui se changèrent aussitôt en aliments délicieux. C'est en souvenir de ce miracle que les Aissaoua, dans leurs exercices avalent encore des reptiles, des clous ou des morceaux de verre.

IV. — L'ordre des Tidjania a été fondé, en 1186 de l'hégire, par le cheikh Sidi Ahmed el Tidjani, originaire du Maroc. Cet ordre bien que récent a déjà de nombreux adeptes dans le nord de la Tunisie. Ses principales zaouia sont à Fez, sur le tombeau du fondateur, et en Algérie à Temassin et à Aïn Mahdi.

V. — L'ordre des Rahmania date de 1208 de l'hégire, c'est-à-dire d'un siècle à peine. Son fondateur est un algérien, Si Mohamed ben Abderrahman bou Quobrin. Sa principale zaouia tunisienne est à Nefta.

Magistrature Religieuse Musulmane

Au temps des premiers khalifes, rendre la justice était une des principales fonctions du souverain. Mais à mesure que l'islamisme s'étendait, il devenait de moins en moins possible au khalife de s'acquitter personnellement de ce devoir. Omar, le premier, délégua ses pouvoirs judiciaires à des magistrats appelés cadis.

Il nomma trois cadis, l'un à Médine, l'autre à Bassora et le troisième à Koufa. Ses successeurs l'imitèrent, et aujourd'hui le nombre des cadis des pays musulmans est considérable : toute circonscription de quelque importance a son cadi.

Le cadi des premiers temps de l'Islam avait pour fonction d'appliquer la loi religieuse dans toute son étendue, de veiller à son observation, de punir ceux qui la transgressaient et de leur en appliquer les sévérités. Mais il n'était pas seul pour cet office.

A côté de lui se trouvait le mufti. Vous savez que le Coran, la Sonna et l'opinion concordante des compagnons de Mahomet, premières bases du droit islamique, ne constituent pas un corps de législation complet, mais un amas considérable de décisions d'espèces. Ce sont les grands docteurs, en particulier les quatre imam, chefs des quatre écoles orthodoxes, Abou Hanifa, Malek, Chafeï et Hanbal, qui ont tiré de cet amas de véritables codes, par le procédé de l'analogie légale et de l'effort législatif. Les monuments de jurisprudence qu'ils ont dressés ne peuvent plus être modifiés, la période de l'effort législatif, de l'idjtihad, étant close. Mais, tels qu'ils ont été élevés il y a dix ou onze siècles, ces recueils sont forcément incomplets puisque, depuis cette époque, les conditions de la vie économique et sociale se sont sensiblement modifiées.

D'un autre côté, ni Malek, ni Abou Hanifa, ni les autres n'ont pu prévoir toutes les espèces qui pourraient être soumises aux cadis dans la suite des siècles. Il est donc arrivé que les cadis aient été consultés sur des cas non prévus par la loi. Tant que la porte de l'effort n'a pas été fermée, on pouvait encore s'adresser aux compagnons du Prophète ou recourir à l'effort législatif; depuis sa fermeture, il ne reste plus qu'une ressource, celle de l'analogie légale. Mais pour trouver dans le Coran, la Sonna ou les traités des quatre imam des bases d'analogie légale, il est nécessaire d'être profondément versé dans les sciences coraniques. Ainsi s'est créée peu à peu la fonction de mufti. Le mufti n'est pas un juge, c'est un jurisconsulte; il ne juge pas des questions de fait, il se prononce seulement sur des questions de droit. En principe, toute personne connaissant le droit coranique peut donner des consultations juridiques; mais l'Etat a rapidement senti la nécessité d'établir des jurisconsultes officiels, dont le savoir fût éprouvé et dont l'autorité ne pût être méconnue. Le rôle du mufti est celui d'un conseil. Lorsqu'un plaideur veut être renseigné sur la valeur de ses prétentions, lorsqu'un cadi désire éclaircir un point de droit obscur, l'un et l'autre s'adressent au mufti, et lui posent la question par écrit. « Supposé, lui dit-on, que tel ou tel individu ait fait telle ou telle chose, que prescrit la loi dans ce cas? » Le mufti étudie la question et donne par écrit sa réponse, qui prend le nom de *fetoua*. On peut le consulter ainsi, non seulement sur les questions de droit proprement dit, mais sur tout ce qui touche à la loi religieuse. Il est tenu de répondre. Le caractère religieux de la matière ne lui permet pas de laisser le demandeur dans l'incertitude, car ce demandeur n'est autre qu'un fidèle qui vient pour éclaircir un point de foi.

La compétence du cadi était à l'origine illimitée,

puisque le cadi exerçait tous les pouvoirs judiciaires du souverain. Dans la suite des temps, cette compétence s'est circonscrite. La loi religieuse, qui embrassait au début de l'Islam toute la vie sociale et politique, n'en règle plus qu'une partie. A côté du droit religieux, un droit civil, politique, administratif, s'est constitué dans tous les pays musulmans, et, avec lui, des tribunaux séculiers chargés de l'appliquer. Mais comme tout ce droit séculier a sa base dans la religion, la compétence du cadi pourrait, en théorie, s'appliquer à tous les objets.

Le Chara Tunisien

Le Chara tunisien comprend des tribunaux ou medjles secondaires en province et des tribunaux principaux à Tunis.

Des chara de province, les uns sont composés simplement d'un cadi, d'autres comportent à côté du cadi un ou plusieurs muftis. Tous sont de rite malékite; mais, à Tunis, les deux rites sont représentés par deux medjles, l'un hanéfite et l'autre malékite. Le medjles hanéfite se compose d'un bach-mufti qui porte le titre de Cheikh el Islam, de trois mufti et du cadi ; le medjles malékite comprend un bach-mufti, deux mufti et un cadi.

Les medjles de province ne sont pas subordonnés aux medjles de Tunis. Tous ont, en principe, la même compétence; mais la jurisprudence admet trois règles qui réduisent en fait singulièrement l'importance des medjles de province. D'après la première règle, un plaideur peut toujours, avant de saisir le cadi de province et si le cadi de province est saisi tant que le jugement n'a pas été prononcé, saisir de son affaire le cadi de Tunis. Il a bien été décidé, il est vrai, pour éviter les abus, qu'un cadi de province peut retenir une affaire dont une des parties demande le renvoi à Tunis, lorsque cette affaire est tellement claire qu'il appert avec évidence que l'intention de celui qui demande le renvoi est de gagner du temps et de faire perdre de l'argent à la partie adverse. De plus, lorsqu'une affaire de la compétence du cadi de province est portée devant le cadi de Tunis, ce magistrat peut la renvoyer devant le cadi de province. Mais par contre, d'après la deuxième règle, il peut toujours être fait appel à Tunis de la sentence d'un chara de province, et le conseil de Tunis peut infirmer le jugement si ce jugement a été rendu contrairement à la loi. Enfin, d'après la troisième règle, lorsqu'une affaire est soumise à un medjles de province et que les avis sont partagés, les membres du medjles de province doivent saisir de l'affaire le Chara de Tunis, afin de dégager leur responsabilité.

Par suite, toutes les affaires de chara de quelque importance finissent toujours par être plaidées à Tunis même. Mais ceci dit, toutes les règles générales de compétence et de procédure dont nous allons parler s'appliquent aussi bien aux cadis de l'intérieur qu'à ceux de la capitale.

La compétence du Chara s'étend aujourd'hui :

1° A toutes les affaires de statut personnel entre musulmans indigènes. Sous cette rubrique on comprend notamment les affaires de mariage, de divorce, de tutelle, d'émancipation, d'état-civil et de succession.

2. A toutes les affaires immobilières relatives aux immeubles non immatriculés, sauf le cas où l'affaire est engagée entre deux justiciables des tribunaux français.

La procédure suivie est extrêmement simple. Je ne saurais mieux vous la résumer qu'en vous donnant lecture de l'épitre qu'Omar, le second Khalife, adressait, il y a 1250 ans, à Abou Mouça el Achari qu'il venait de nommer cadi à Koufa :

« Rendre justice est une obligation rigoureuse, un usage qu'il faut suivre. Écoute les plaideurs avec attention, car à quoi bon réclamer ses droits si cela ne produit point d'effet. Dans tes regards, dans ton tribunal et dans ta justice, qu'il y ait pour tous égalité parfaite, afin que l'homme puissant ne compte pas sur ta partialité et que l'homme faible ne désespère pas de ta justice. C'est au demandeur à fournir la preuve et au défendeur à se purger par serment. Entre musulmans, la transaction est permise tant qu'elle n'autorise pas ce qui est défendu et tant qu'elle ne défend pas ce qui est autorisé. Si tu as prononcé un jugement la veille, et qu'en y réfléchissant le lendemain tu sois conduit à rectifier ton opinion, n'hésite pas à revenir à la vérité, car la vérité est éternelle ; mieux vaut y revenir que de persister dans l'erreur. Pèse bien les opinions qui te passeront par la tête et qui n'auront ni Coran ni Sonna pour les justifier. Familiarise-toi avec les ressemblances des choses et leurs similitudes, afin de pouvoir juger de chaque chose d'après celles qui lui sont analogues. Si un plaideur déclare qu'il n'a pas avec lui le titre ni la preuve dont il veut se servir, remets la cause à un autre jour afin qu'il puisse trouver ce qui lui manque. Si, à l'expiration du délai il produit la preuve qu'il cherchait, décide en sa faveur ; s'il ne le fait pas, prononce contre lui. C'est la meilleure manière de dissiper les doutes que l'on peut avoir et d'éclairer son ignorance. Les musulmans peuvent être *adoul* les uns des autres, excepté ceux qui ont subi une peine corporelle ou qui ont été convaincus de faux témoignage, ou que l'on suspecte de se donner comme clients ou membres d'une famille qui n'est pas la leur. Dieu, que son nom soit glorifié ! est le seul juge qui puisse se passer de serments et de preuves testimoniales. Pendant l'audience, ne cède pas à des mouvement d'impatience ou d'ennui ; ne traite pas les plaideurs avec dédain ; Dieu réserve une grande récompense et une honorable mention à celui qui rétablit la vérité et la remet dans sa place. Salut ! »

Vous trouverez, dans ce document remarquable, le résumé parfaitement clair de la procédure en usage devant le chara. Lorsque le juge est saisi d'une requête, il met aussitôt le demandeur en demeure de prouver ses dires par titres ou par témoins. Vous remarquerez à ce propos que la preuve testimoniale est admise par le chara en toute matière, et même en l'absence de tout commencement de preuve par écrit. C'est une des grandes différences de procédure qui existent entre le droit musulman et le droit français. Si la preuve produite est convaincante, rien ne peut prévaloir contre elle et le cadi doit prononcer alors en faveur du demandeur. Si elle n'est pas convaincante, le défendeur n'est pas obligé de fournir la preuve contraire : il lui suffit de se purger par serment. On le voit, d'après le caractère de cette procédure, le but essentiel de la justice musulmane est de terminer les différends qui existent entre les particuliers plutôt que d'arriver, comme dans le droit français, à la constatation de la vérité. La société, désireuse de faire éclater la vérité, qui est représentée devant les tribunaux français par le ministère public, n'est pas représentée devant le cadi. Les actions portées devant le chara gardent strictement le caractère de différends personnels. Le principe que la justice une fois saisie ne peut pas se désaisir, à moins qu'il n'y ait transaction entre les parties, ce principe que tous nos tribunaux appliquent, n'existe pas devant le chara. Si les adversaires se présentent et d'accord demandent au cadi de les juger, le cadi les jugera : si le défendeur fait défaut, le cadi à la demande de l'autre partie le citera et, après un délai raisonnable, rendre le jugement même en l'absence de la partie défaillante. J'ajoute que dans ce cas, devant le Chara comme devant l'Ouzara, le jugement rendu est un jugement contradictoire et non pas un jugement par défaut susceptible d'opposition. La partie qui ne s'est pas présentée, bien que touchée par la citation, est jugée tout comme si elle était présente, le cadi se bornant, s'il le croit utile, à lui constituer un oukil d'office. Mais si les parties ou les représentants des parties ne se présentent ni l'une ni l'autre, le cadi ne se croira pas obligé de juger des gens qui ne demandent pas à être jugés.

Dans toute la procédure que nous venons d'examiner, le cadi apparaît seul. Le droit musulman admet en effet le principe du juge unique. Toutefois il est des cas où les affaires de la compétence du chara peuvent être portées devant le medjles entier d'un rite. Je dis d'un rite, car il ne faut pas oublier que si les chara de province sont tous malékites, à Tunis même il y a un medjles de chaque rite. Dans toute cause portée à Tunis, le défendeur a le choix du rite, à moins que l'affaire n'ait été renvoyée par l'Ouzara devant un rite déterminé ; ce choix est d'ailleurs tout à fait indépendant du rite personnel professé par la partie. Comme il existe de légères différences entre les jurisprudences des deux rites hanéfite et malékite, chacun choisit le rite dont la jurisprudence lui paraît le plus favorable à sa cause.

Les affaires sont portées devant le conseil du chara tout entier : 1° lorsque l'une des parties le demande, soit en cours d'instance, soit après jugement rendu par le cadi seul ; 2° lorsqu'il s'agit d'affaires importantes que le cadi croit préférable de ne pas juger seul ; dans ce cas le medjles se réunit et examine l'affaire. Si les muftis et les cadis sont tous de la même opinion, le cadi prononce le jugement; s'il n'y a pas unanimité, l'affaire est mise en rapport, chacun consigne au rapport son opinion motivée, et le tout est soumis au chara de Tunis s'il s'agit d'un medjles de province, ou à Son Altesse le Bey s'il s'agit de l'un des medjles de Tunis. Dans le second cas, Son Altesse départage le conseil et le cadi juge dans le sens indiqué par le souverain. Ces recours au Bey sont d'ailleurs fort rares en pratique.

Indépendamment de cette sorte d'appel du chara de province au chara de Tunis, les muftis et les cadis peuvent intervenir chacun dans une affaire soumise à un de leurs collègues par le procédé des mrasla, procédé particulier au droit musulman.

La mrasla est une sorte d'ordonnance de référé prescrivant des mesures conservatoires et rendue par un magistrat qui n'est pas saisi de l'affaire. Elle revêt la forme d'une communication adressée au magistrat saisi. Elle diffère de la fetoua en ce qu'elle vise les faits plutôt que le droit. La fetoua a une portée générale : elle fixe une interprétation de la loi et ne peut dès lors être délivrée que par un mufti. La mrasla a une portée restreinte au cas spécial qui l'a motivée ; elle indique au juge telle ou telle mesure à prendre dans telle affaire déterminée.

Le cadi qui reçoit une mrasla n'est pas tenu d'y déférer: la mrasla, en effet, est rendue sur les dires d'une partie seulement et cette partie peut avoir dénaturé les faits en les exposant. Le magistrat qui la rédige y insère toujours la restriction: « si les faits sont bien tels qu'ils m'ont été exposés ». Il arrivait récemment encore qu'un cadi reçût des mrasla contradictoires, obtenues de divers magistrats par les parties adverses, chacune ayant conté son affaire à sa manière. S'il en était ainsi, ou si la mrasla renfermait une opinion juridique que le cadi ne partageait pas, deux cas

étaient à distinguer, suivant que la mrasla émanait
d'un magistrat de province ou d'un magistrat de **Tunis.**
Dans le premier cas, le cadi pouvait passer outre ;
dans le second, il devait en référer au kach-mufti du
rite dont émanait la mrasla. Pour éviter ces contra-
dictions, le Gouvernement a créé l'année dernière un
registre des mrasla, tenu par un notaire du **chara de**
Tunis ; les mrasla y sont transcrites et les **magistrats**
de Tunis, avant d'en délivrer aucune, doivent s'assurer
d'abord qu'il n'en a pas été déjà rendu sur l'affaire.

Les jugements du chara sont écrits ; des notaires
désignés à cet effet les rédigent au jour le jour sur des
registres qui demeurent aux archives du Tribunal.
Leur exécution est assurée par les caïds lorsque les
parties ne s'y soumettent pas volontairement, ce qui
est assez rare. Ceux rendus en Conseil du chara de Tunis sont définitifs et sans recours, puisque ils n'ont pu
être pris qu'à l'unanimité ou après décision du Bey. Toutefois, sur quatre matières spéciales, habous, filiation
ou origine, affranchissement, divorce, on admet qu'une
affaire, même jugée, peut être reprise à nouveau par
le cadi si l'une des parties produit à l'appui de ses
dires des pièces probantes qui n'avaient pas été versées aux premiers débats. En ces matières donc il n'y
a jamais, à proprement parler, chose jugée.

Indépendamment de ses attributions de juridiction
contentieuse, le cadi a des attributions de juridiction
gracieuse et même des attributions administratives.

Ses attributions de juridiction gracieuse lui viennent de ce qu'il est considéré comme le tuteur légal
des incapables et des mineurs. A ce titre, c'est lui qui
nomme les tuteurs des enfants orphelins, qui interdit
les prodigues et les déments ; c'est aussi lui qui nomme
les mokaddems des habous privés lorsque le nombre
des dévolutaires est devenu trop considérable pour
leur permettre d'administrer directement leurs biens ;

— qui surveille et contrôle les locations, les mises à enzel, les échanges des biens habous — qui est le curateur des successions vacantes.

Ses attributions administratives sont encore plus étendues. En négligeant les points secondaires, elles comprennent principalement l'inspection de la grande mosquée, le Bit el Mal et la discipline du notariat indigène.

L'expression *Bit el Mal* désignait à l'origine le trésor public ; aujourd'hui le Bit el Mal est la caisse qui administre les revenus des successions vacantes. Sa caisse est alimentée par les successions en deshérence et par le produit de la vente des épaves demeurées sans maîtres. Elle subvient à l'enterrement des indigents et des suppliciés ; le surplus des revenus est affecté à l'entretien de l'université de la grande mosquée. Le budget du Bit el Mal est contrôlé par l'Administration générale, comme celui de la Djemaia des Habous.

Le notaire tunisien, l'adel, n'est pas du tout la même chose que le notaire français. En France, le ministère du notaire se réduit à un nombre d'actes comparativement restreint. Par contre, ces actes ont une valeur probante très considérable, parce que la loi en a entouré la rédaction de garanties minutieuses au premier rang desquelles figure la responsabilité personnelle de l'officier ministériel.

En pays d'Islam, la situation est tout autre. Je vous ai dit l'importance considérable que le droit musulman accorde au témoignage. Le notaire est un témoin qui certifie simplement avoir reçu telles ou telles dépositions ou conventions. Le nom sous lequel on le désigne, adel, est celui que l'on donne aux individus dignes de foi, aux personnes irréprochables dont la parole constitue devant le cadi une preuve convaincante. De ce fait que le notaire arabe est simplement un témoin résultent deux ordres de conséquences différentes.

En premier lieu, l'intervention du notaire dans une affaire ne donne le caractère d'authenticité qu'aux déclarations faites devant lui. Le notaire certifie que tel jour, telles ou telles personnes se sont présentées à son échoppe et y ont fait telles et telles déclarations. Il certifie que ces déclarations ont été faites, mais il ne certifie pas que le fond en soit véridique. Par suite, il est toujours possible devant le Tribunal, tout en admettant la régularité de la pièce, d'en contester les assertions sans mettre en cause le notaire lui-même. Ainsi dans une même affaire de vente d'immeuble, par exemple, si le titre du vendeur ne paraît pas régulier au notaire, celui-ci devra aviser l'acheteur, mais si l'acheteur persiste, le notaire ne pourra pas lui refuser son ministère.

En second lieu, l'intervention du notaire peut être requise dans une multitude de cas où on ne songerait jamais, en France, à faire intervenir un officier ministériel. Ainsi la plupart des actes des cadis, interdictions, émancipations, nominations de tuteurs, mrasla, sont rédigés par des notaires et revêtus ensuite du sceau du magistrat. Les jugements du chara sont enregistrés par des notaires. Ce sont des notaires qui constatent les élections aux fonctions de cheikh, d'amin, etc..., qui tiennent et vérifient les comptes des habous, du Bit el Mal de la grande mosquée. Enfin tous les actes de constatation de délits ou de crimes, la plupart des plaintes régulières au pénal sont rédigées sous forme d'actes notariés.

J'ai dit que l'acte notarié tunisien n'emportait pas force probante absolue par lui-même. Il constitue néanmoins une forte présomption. Il eut été dès lors imprudent de laisser aux notaires la faculté de recevoir n'importe quels actes pouvant être ultérieurement

invoqués à l'encontre de tierces personnes. En effet,
d'après les règles admises, un indigène pourrait se
présenter devant notaires et déclarer faussement que
telle ou telle personne lui doit telle somme d'argent
ou a commis tel délit à son préjudice. Sans doute
devant les tribunaux, s'il n'y a pas d'autre preuve à
l'appui, l'individu ainsi attaqué peut se purger facilement
de l'accusation par le simple serment. Mais il serait
contraire au bon ordre de laisser s'effectuer de semblables vexations. Pour les éviter, il a été décidé que
que les notaires ne dresseraient aucun acte important
sans l'autorisation du cadi pour les actes judiciaires
et du caïd pour les actes administratifs. Pour certains
actes même, tels que les ventes des terrains pouvant
contenir des mines ou des forêts, l'autorisation de
l'Etat, propriétaire présumé de ces richesses naturelles,
est nécessaire.

Le nombre des offices de notaires dans chaque localités est déterminé par décret. Lorsqu'un de ces offices devient vacant par décès, démission ou autrement,
le cadi de la circonscription propose un candidat à
l'Administration. Si l'Administration l'agrée, le candidat se rend à Tunis auprès de l'un des cadis hanefite ou malekite qui lui fait subir un examen ; si les
résultats de l'examen sont satisfaisants, le candidat
est nommé. Il n'existe qu'une exception à cette règle,
en faveur des *moulaouas*, élèves diplômés de la grande
mosquée, qui, en raison des études juridiques qu'ils
ont faites, sont nommés notaires sans examen.

Les notaires tunisiens ne peuvent instrumenter en
dehors de leur circonscription, ni recevoir dans leur
résidence même des actes relatifs à des personnes
domiciliées hors de la localité. Ils instrumentent toujours deux par deux. Autrefois même, ils n'avaient en
général qu'un registre pour deux, sur lequel ils ins-

trumentaient simultanément. Depuis quelques années, ils sont astreints à avoir chacun un registre.

Sur ces registres les notaires'inscrivent les actes, soit in extenso, soit par simple résumé sommaire. Le droit musulman consacre, en effet, comme le droit français, la distinction des actes en minute et en brevet. Les actes en minute sont ceux que le notaire dresse in extenso sur son registre et dont il ne remet à la partie qu'une copie ou expédition. Les actes en brevet sont ceux dont l'original, dressé sur la feuille volante, est remis à la partie, et dont une simple mention est portée au registre. Peuvent être dressés en brevet les certificats de vie, les procurations, les actes de notoriété, les quittances, les résumés d'actes authentiques, les actes de filiation, les inventaires de successions et les comptes. Lorsque un acte est dressé en minute, l'expédition doit en être remise à la partie séance tenante. Exception est faite pour les actes de vente ou de bail d'immeubles soumis à la caroube et au kanoun, dont les expéditions ne peuvent être délivrées qu'autant qu'il est justifié par quittance de l'acquittement des impôts de l'année courante.

La discipline du corps des notaires appartient aux cadis, qui doivent en particulier inspecter mensuellement les registres des actes notariés et s'assurer s'ils sont bien tenus. La légalisation des signatures des notaires sur les expéditions d'actes ou sur les actes dressés en brevet est également faite par les cadis; cette légalisation donne le caractère d'authenticité à la signature, mais elle n'emporte aucune confirmation du fond même de la pièce.

Telles sont, dans leurs grandes lignes, les institutions religieuses de la Tunisie qui régissant à la fois la vie spirituelle et la vie civile, à ce double titre, tiennent la plus large place dans le monde musulman. Le

principal mérite du régime du Protectorat a été précisément de réaliser des progrès considérables dans la
voie de la civilisation tout en respectant ces institutions fondamentales. Déjà, en vous parlant de l'administration proprement dite, je vous ai indiqué quels
puissants moyens d'action le Gouvernement du Protectorat s'était donnés sur la population indigène en
conservant la vieille organisation des tribus, des caïdats et des cheikhats, organisation peut-être un peu
primitive, mais qui répond si bien aux besoins de la
Tunisie. De même pour les institutions religieuses.
Le Protectorat ne s'est pas borné à les maintenir, il
les a renforcées et, sur certains points, en ce qui
concerne la procédure du chara, par exemple, perfec-
tionnées. Mais il n'a rien changé à leur essence. C'est
ainsi que le corps des ulémas, des savants, des jurisconsultes, a conservé sur la masse de la population
une influence profonde, influence dont il continue à
se servir pour seconder les efforts du Gouvernement
vers la justice et le progrès.

CONFÉRENCE DE M. DE FAGES

CONFÉRENCE DE M. DE FAGES

LES TRAVAUX PUBLICS DE LA RÉGENCE DE TUNIS

Il n'est pas facile de définir par une formule simple l'objet et les attributions de l'Administration des Travaux publics de la Tunisie, dont cette conférence a pour objet d'exposer l'organisation.

Qu'entend-on d'abord par Travaux publics ? En France, on donne ce nom à tous les travaux qui peuvent faire l'objet d'une déclaration d'utilité publique, après enquête et dans les formes prescrites par la loi. Il n'est pas douteux que tous les travaux de ce genre ne soient, en Tunisie, du ressort de l'Administration des Travaux publics: tels sont les constructions et l'entretien des routes, des chemins de fer, des ports maritimes, les aménagements d'eaux urbains ou ruraux, les constructions de bâtiments publics, les travaux municipaux, etc. Mais, en outre, la nature des choses aussi bien que des considérations d'économie ont conduit à étendre à d'autres objets les attributions de l'Administration des Travaux publics de la Régence. C'est ainsi qu'elle a dans son ressort le Service Topographique chargé de la préparation des plans réguliers nécessaires à l'immatriculation de la propriété foncière; elle dirige également le Service de la Navigation et des Pêches qui, en France, ressortit tout naturellement au Ministère de la Marine dont l'équivalent n'existe pas dans l'organisation actuelle de la Régence. Enfin, elle a eu également dans ses attributions, de 1883 à 1895, le Service des Forêts, rattaché aujourd'hui à la Direction de l'Agriculture.

Nous pouvons, en résumé, dire que l'Administration des Travaux publics de la Régence a dans son ressort toutes les questions qui, en France, dépendent du Ministère des Travaux publics, plus le Service Topographique et celui de la Navigation et des Pêches maritimes.

Nous diviserons donc cette conférence en cinq parties :

La première aura pour objet les généralités, telles que le fonctionnement de l'Administration centrale, le personnel, la législation concernant les Travaux publics ;

La seconde s'appliquera plus particulièrement au service des Ponts et Chaussées et aux travaux qui en dépendent, sauf les routes, les eaux et les travaux municipaux qui doivent faire l'objet de la conférence de M. Boulle ;

La troisième partie concernera le Service des Mines ;

La quatrième, le Service Topographique ;

La cinquième, enfin, le service de la Navigation et des Pêches maritimes.

Administration centrale

L'Administration des Travaux publics est une création du Protectorat. Il n'existait sous les Beys aucune organisation analogue et si, dès 1886, les souverains de la Régence ont eu recours aux ingénieurs du Gouvernement français, ils ne leur confiaient guère que des fonctions d'ingénieurs conseils. Un personnel, un budget et une tradition, les trois éléments essentiels de toute administration, faisaient complètement défaut.

Il ne faut pas croire cependant que le bilan du Gouvernement beylical, en matière de Travaux publics, fut absolument nul au moment de l'occupation française.

De tous temps, les habous, disposant de ressources importantes, avaient consacré des sommes variables à l'entretien et même à l'établissement d'un certain nombre d'ouvrages que nous appelons d'utilité publique, et que la civilisation musulmane considère comme œuvres de piété. Tels sont les ponts, les puits et les citernes, les alimentations d'eau, les remparts, les égouts publics et, naturellement, les édifices religieux. On ne peut s'empêcher de faire un rapprochement entre cette situation et celle des moines du moyen âge, constructeurs de nos belles cathédrales et de nos premiers ponts en pierres. De même, nos anciens concessionnaires de péage font songer aux concessions accordées par les Beys pour les eaux de Tunis, le chemin de fer de la Goulette et celui de la Medjerda.

Dans les deux civilisations, l'exécution des Travaux publics par voie religieuse et par voie de concession précède l'exécution directe par l'Etat. C'est ainsi que la Régence possédait à son inventaire des Travaux publics, au moment où la France y implantait son

Protectorat, la route de Tunis au Bardo (4 kilomètres), quelques ponts en pierre sur la Medjerda, sur l'Oued Miliane et dans le Sahel, l'alimentation hydraulique de Tunis par les eaux de Zaghouan et par des citernes, d'autres belles citernes en quelques points de la Régence, les trois phares de Sidi bou Saïd, de l'île Cani et du cap Bon, enfin environ 230 kilomètres de chemins de fer en exploitation.

Telle était la situation lorsque fut créée, le 13 septembre 1882, la Direction générale des Travaux publics dont M. Grand, ingénieur au corps des mines, ingénieur conseil des Beys depuis l'année 1879, fut le premier titulaire.

Sous le régime de ce décret et de ceux qui l'ont suivi, la Direction des Travaux publics comprend aujourd'hui les quatre services que nous avons énumérés plus haut. Ces services sont placés sous les ordres d'un Directeur général assisté d'une administration centrale dont l'organisation, par la nature des choses, tient à la fois de celle d'un ministère et de celle d'un bureau d'ingénieur en chef. Cette administration centrale a dans ses attributions : la préparation des décrets et règlements généraux concernant les Travaux publics, les relations avec la Résidence générale et les différentes directions, les questions de personnel, de comptabilité, de statistique, de contentieux, l'étude et la préparation des concessions. Elle est, en somme, l'image très réduite des neuf divisions que l'on rencontre dans le Ministère métropolitain des Travaux publics. Elle assure, en outre, la préparation des projets de détail présentés par les ingénieurs d'arrondissement. Elle prépare enfin, pour être soumises au Directeur général, toutes les questions générales que comporte le fonctionnement des services que nous avons énumérés plus haut.

Personnel

Cette Administration centrale, avec les différents services qui en dépendent, comporte un personnel d'une certaine importance, bien que réduit au strict nécessaire.

. On s'est attaché, en effet, dans l'organisation des divers rouages, à réduire au minimum les frais généraux en réunissant le plus d'attributions possible sur un même agent toutes les fois que les nécessités du service l'ont permis, et cela à tous les degrés de la hiérarchie.

Les ingénieurs et les conducteurs des Ponts et Chaussées, par exemple, cumulent tous les services à effectuer dans la région où s'étend leur action. Les officiers de port assurent la police de la pêche en même temps que celle de leurs ports ; parfois même, ils sont chargés de l'allumage des phares qui les éclairent, etc. On arrive ainsi à doter les agents d'un traitement convenable sans grever outre mesure le budget ; c'est ainsi également qu'on peut donner un peu de variété et d'attrait à des fonctions parfois monotones.

Le personnel des Travaux publics de la Régence comporte un cadre permanent et des agents temporaires. Ceux-ci sont affectés aux travaux de construction qui, par leur nature et l'origine de leurs dotations, ne peuvent avoir qu'une durée limitée.

Le cadre permanent se recrute, soit dans les services correspondants de la Métropole, soit sur place. Actuellement les agents appartenant à l'Administration métropolitaine représentent à peine le cinquième de l'ensemble du cadre permanent.

Quant aux agents temporaires, ils sont bien entendu recrutés en dehors du cadre métropolitain dans lequel cependant ils sont parfois admis, sans quitter le service de la Régence, à la suite d'examens subis avec succès. Au point de vue de la nationalité, les Français constituent à peu près 95 pour cent du personnel, tant permanent que temporaire, et les Tunisiens cinq pour cent. Ceux-ci sont principalement gardiens de phare.

Si l'on fait pour tous les services dépendant de la Direction générale des Travaux publics le relevé des agents commissionnés à titre permanent ou temporaire, on arrive à un total d'environ 270 agents. La dépense correspondante, tant en salaires et appointements qu'en matériel, c'est-à-dire en loyers, fournitures de bureau, frais de tournée, etc., est portée au budget ordinaire de 1898, chapitre des Travaux publics, pour un chiffre de 926.000 francs, alors que le total des prévisions du même chapitre augmenté des dépenses sur ressources extraordinaires s'élève à plus de 5.500.000 francs. Les dépenses en personnel et matériel s'élèvent donc à environ 17 pour cent de la dépense en travaux. Mais, si l'on a soin de tenir un compte équitable des dépenses faites pour les services de police ou de contrôle, lesquels ne comportent que des frais de personnel et de matériel, on arrive à établir que pour les agents affectés à des travaux la dépense en personnel et matériel, qui constitue ce qu'on pourrait appeler les frais généraux, ne dépasse pas 12 pour cent du montant des travaux effectués, chiffre au-dessous des moyennes généralement admises.

Législation

Ce serait évidemment sortir du cadre de cette conférence que d'aborder l'étude du droit administratif tunisien en matière de Travaux publics. Cependant nous pensons faire œuvre utile en donnant ici un tableau chronologique, que nous pensons complet, de tous les décrets et arrêtés actuellement en vigueur qui régissent les matières du ressort de l'administration des Travaux publics. Ce tableau s'arrête au 1er janvier 1898.

Tableau chronologique des documents qui régissent le Service des Travaux publics en Tunisie

1858	30 août.	Décret sur l'expropriation pour cause d'utilité publique.
1876	11 novembre.	Décret sur les frais des expertises.
1882	3 septembre.	Décret instituant la Direction générale des Travaux publics.
—	9 décembre.	Décret déterminant la zône des servitudes militaires.
1883	12 mars.	Décret sur l'établissement et le règlement du budget de l'Etat.
—	25 juillet.	Décret organisant la Direction générale des Travaux publics.
1884	6 août.	Décret sur la prestation du serment des agents.
1885	1er avril.	Décret sur l'organisation des communes.
—	24 septembre.	Décret sur le Domaine public.
1886	21 avril.	Décret portant création du Service Topographique.
—	22 avril.	Arrêté fixant l'organisation du Service Topographique.
—	1er mai.	Décret fixant le tarif des rétributions pour l'exécution des plans des propriétés rurales.
—	—	Arrêté déterminant les conditions d'exécution des plans des propriétés rurales.
—	11 juin.	Décret fixant le tarif des rétributions pour l'exécution des plans des propriétés urbaines.
—	15 juin.	Arrêté déterminant les conditions d'exécution des plans des propriétés urbaines.

1886	2 sep'en bre.	Décret réglementant les travaux mix-tes, le domaine et les servitudes militaires.
1887	31 janvier.	Décret sur la contribution des riverains aux travaux de premier établisse-ment de chaussées et de trottoirs.
—	26 septembre.	Décret sur la délimitation du Domai-ne public.
1888	26 avril.	Arrêté interdisant de pratiquer des tranchées sur les routes et pistes.
—	29 mai.	Décret prohibant la pêche à la gangara.
—	10 juillet.	Décret sur les francs bords des con-duites et aqueducs servant à l'ali-mentation hydraulique des villes.
—	15 juillet.	Décret sur les navires tunisiens à des-tination d'un port étranger.
—	25 juillet.	Décret sur les adjudications publiques.
—	29 août.	Décret sur l'occupation temporaire.
—	27 novembre.	Décret sur le contentieux adminis-tratif.
1889	20 août.	Décrets sur les francs-bords des con-duites et aqueducs servant à l'ali-mentation hydraulique des éta-blissements militaires.
1890	16 décembre.	Décret modifiant les dispositions rela-tives à l'établissement et au règle-ment du budget de l'Etat.
1891	3 juin.	Décret relatif à la conservation des signaux géodésiques ou topogra-phiques et des bornes d'immatri-culation.
1892	16 mars.	Décret modifiant les attributions du Service Topographique.
—	19 avril.	Décret sur la protection de la pêche maritime.
—	16 juin.	Décret sur la pêche des éponges et des poulpes.
1893	21 mars.	Décret sur les opérations préparatoires à des travaux publics.
—	10 mai.	Décrets sur les mines.
—	20 juillet.	Arrêté sur les frais d'enquête et de visite des mines et sur les frais d'analyse.
1894	15 mars.	Arrêté fixant les clauses et conditions générales imposées aux entrepre-neurs des travaux des P. et Chaus.

1894	15 avril.	Arrêté fixant les clauses et conditions générales imposées aux entrepreneurs des travaux municipaux.
—	15 mai.	Arrêté mettant en vigueur un devis général réglant les conditions d'exécution des travaux publics.
1895	6 janvier.	Décret sur les francs-bords des égouts.
—	11 janvier.	Décret modifiant le décret du 16 juin 1892 sur la pêche des éponges et poulpes.
—	11 juin.	Décret fixant le mode de calcul des frais d'immatriculation dans le cas de parcelles non contiguës.
—	21 septembre.	Décret fixant le mode d'exécution de la carte régulière de la Régence.
—	4 et 23 sept.	Arrêtés organisant le contrôle de l'exploitation des chemins de fer de la Régence.
1896	10 février.	Décret portant règlement général des ports maritimes de commerce.
—	22 juillet.	Arrêté mettant en vigueur un texte unique pour les règlements et instructions du Service Topographique.
—	10 août.	Décret sur le rachat en argent des prestations.
—	septembre.	Arrêté du Premier Ministre fixant le rachat en argent des diverses journées de prestations.
—	12 octobre.	Instruction du Directeur des Finances sur le recouvrement des redevances et sur le timbre et l'enregistrement des concessions temporaires du Domaine public.
—	4 novembre.	Arrêté fixant les frais de copie de plans du Service Topographique.
1897	25 janvier.	Décret sur l'aménagement des points d'eau et des alimentations rurales.
—	15 février.	Instruction résidentielle sur l'emploi des prestations.
—	12 avril.	Décret sur la règlementation et la généralisation des prestations en nature dans la Régence.
—	16 mai.	Décret sur les manufactures et ateliers insalubres, incommodes ou dangereux.

1897	11 juin.	Arrêté fixant le tarif des frais de copie de plans du Service Topographique par la photozincographie.
—	25 juillet.	Décret sur la police et la conservation du Domaine public.
—	5 août.	Décret sur la police du roulage.
—	6 août.	Arrêté concernant les automobiles.
—	—	Arrêté concernant les vélocipèdes.
—	—	Arrêté concernant les voitures publiques ou particulières.
—	16 août.	Décret sur les aménagements d'eau.
—	—	Arrêtés concernant les formes des autorisations relatives aux eaux du Domaine public.
—	28 août.	Décret sur la police de la pêche maritime.
—	—	Décret sur la pêche des éponges.
—	—	Arrêté concernant les bateaux de pêche.
—	15 septembre.	Décret relatif à la constitution et au fonctionnement d'un fonds de l'Hydraulique Agricole.
—	—	Décret sur les dépenses d'aménagement en points d'eau et d'alimentations rurales.
—	16 octobre.	Décret sur la police des chemins de fer.
—	30 octobre.	Décret sur les prestations.
—	1er novembre.	Décret sur la police des carrières.
—	2 novembre.	Arrêté sur la police des carrières.

Service des Ponts et Chaussées

Ce service a dans ses attributions l'étude, la rédaction et l'exécution des projets des travaux de toute nature qui concernent les voies de communication, tant terrestres que maritimes, les bâtiments civils et l'aménagement des eaux, au point de vue de l'alimentation urbaine comme des irrigations. Il exerce le contrôle de la construction et de l'exploitation de tous les travaux : ports, chemins de fer, etc.; la police des ports de commerce et celle du domaine public. Enfin, il est chargé, sous l'autorité des conseils municipaux et des Présidents de municipalité, de tous les travaux qui concernent les villes et qui sont exécutés sur les fonds communaux.

Le territoire de la Régence a été divisé, pour l'exécution de ces services multiples, en cinq arrondissements d'ingénieurs dont deux sont en résidence à Tunis, un à Sousse, un à Sfax et un à Gafsa.

Les travaux qui ont été exécutés par le Service des Ponts et Chaussées en Tunisie l'ont été au point de vue des ressources suivant trois modes principaux : par paiement direct sur les fonds du budget, par prestation et par concession.

Le premier mode ne comporte aucune explication spéciale, le second fera l'objet d'une conférence prochaine. Quant au troisième, il pourrait donner lieu à des développements fort intéressants, mais qui sortiraient de notre cadre restreint. Je me contenterai de présenter ici dans l'ordre chronologique le tableau complet de toutes les concessions de Travaux publics qui ont été accordées dans la Régence jusqu'à ce jour.

Ces concessions, au nombre de 15, ont subi pour douze d'entre elles leur plein et entier effet. Elles ne sont sans doute pas à l'abri de certaines critiques de détail, mais on peut, en définitive, se féliciter des avantages qu'elles ont procurés et procureront encore au pays dont elles n'ont pas grevé les finances d'une manière sensible, tout en permettant de réaliser un ensemble de travaux dont le capital ne saurait guère être évalué à moins de 80 millions de francs.

Tableau chronologique
des Concessions de Travaux publics
en Tunisie

		Durée.
23 août 1871	Premières lignes du réseau Rubattino.	90 ans.
15 avril 1872	Éclairage au gaz de Tunis.........	50 —
6 mai 1876	Premières lignes du réseau garanti de la Compagnie Bône-Guelma......	50 —
29 déc. 1880	Réseau tunisien de la Compagnie Bône-Guelma..................	99 —
1 mars 1884	Port de Tabarka et voie ferrée des Nefzas..................	99 —
26 mars 1884	Port du cap Serrat et voie ferrée des Nefzas..................	99 —
13 oct. 1884	Eaux de Tunis et banlieue.........	60 —
22 nov. 1885	Port de Gabès..................	non fixée
21 mars 1886	Réseau belge des tramways de Tunis.	70 —
13 déc. 1886	Éclairage au gaz de la Goulette......	50 —
27 déc. 1890	Port de Bizerte..................	75 —
12 avril 1891	Ports de Tunis, Sousse et Sfax......	47 —
17 fév. 1885	Eaux de Bizerte..................	70 —
20 août 1896	Voie ferrée de Sfax à Gafsa........	60 —
20 juil. 1896	Réseau français des tramways de Tunis..................	60 —

À côté des dépenses que l'État a ainsi réalisées sans en faire les frais, de nombreux travaux ont été exécutés directement par lui sur les fonds des budgets ordinaires ou extraordinaires.

Les dépenses de ces travaux de premier établissement ne peuvent guère être estimées à un chiffre inférieur à 85 millions, de sorte que la valeur de l'outillage actuel de la Régence représente environ 105 millions de francs.

Ce capital a été employé en ports maritimes, en phares, en routes, en voies ferrées, en aménagements d'eau, en bâtiments civils et en nombreux travaux municipaux.

Ports Maritimes

Les ports maritimes peuvent se diviser en deux catégories : les grands ports pourvus de tout l'outillage que peut réclamer la navigation moderne, et les ports secondaires qui ne sont guère que des rades naturelles pourvues des ouvrages indispensables, eu égard aux nécessités locales.

Dans la première catégorie se rangent Bizerte, Tunis, Sousse et Sfax. Le premier de ces ports, accessible aux navires calant 8m50, est concédé à une Compagnie qui l'exploite à ses risques et périls sous le contrôle de l'Etat. Bien que les débuts de cette exploitation aient été quelque peu pénibles, bien que le rayon d'action du port soit limité du côté de la terre par la configuration des lieux, la position maritime de Bizerte, par rapport aux grandes routes méditerranéennes, lui réserve certainement un brillant avenir.

Les trois ports de Tunis, Sousse et Sfax, réunis dans la main d'une même Compagnie qui les exploite de compte à demi avec l'Etat, constituent également une œuvre d'avenir qui a l'avantage de vivre déjà par elle-même dans le présent. La garantie financière de l'Etat reste jusqu'ici purement nominale. Ces trois ports fournissent un abri parfait aux navires calant 6m50, tirant d'eau suffisant pour les paquebots qui desservent les côtes de la Méditerranée. Le port de Sousse n'est pas encore achevé, mais ceux de Tunis et Sfax sont terminés et donnent des recettes qui vont s'accroître encore par l'exportation des phosphates, aujourd'hui prochaine pour Sfax.

A côté de ces quatre grands ports régulièrement espacés le long de la côte tunisienne et auxquels, suivant la même loi de distribution, viendra probablement s'adjoindre un jour Gabès, aujourd'hui simple rade foraine, se placent une dizaine de petits ports plus modestes mais ayant néanmoins leur utilité comme centres régionaux, ports de pêche, refuges, etc.

Les dépenses de premier établissement faites dans ces petits ports s'élèvent à peu de chose, 2 ou 3 pour cent à peine de la dépense totale faite dans l'ensemble des ports et que l'on peut estimer à 38 millions de francs.

La police des ports de commerce est exercée par des officiers et maîtres de port placés, comme en France, sous les ordres des ingénieurs des Ponts et Chaussées.

Phares et Balises

L'utilité des phares et balises, destinés à tracer de jour et de nuit la route des navigateurs, n'avait pas échappé au gouvernement beylical : le premier feu allumé en Tunisie, celui de Sidi bou Saïd, date de 1840.

Aujourd'hui le réseau des feux de la côte tunisienne est complet : il compte 11 grands phares, 29 feux de port et 10 bouées lumineuses, ayant coûté ensemble près de 1.500.000 francs. Les frais d'entretien annuel de cet éclairage sont d'environ 150.000 francs.

Le balisage des côtes, c'est-à-dire le signalement de tous les dangers qu'elles présentent, est également terminé : mais il n'a donné lieu qu'à une faible dépense, grâce à la configuration hydrographique du littoral.

Chemins de fer

L'honneur d'avoir établi les premières lignes de chemins de fer dans la Régence revient au gouvernement beylical. Le premier réseau construit fut celui

de Tunis à la Goulette et à la Marsa ; il compte 31
kilomètres fort bien exploités au point de vue du
service de la banlieue qu'ils ont à desservir.

Peu après, prenait naissance le réseau de la Compagnie française de Bône-Guelma qui, par une série
de concessions successives, est arrivé au développement qu'il présente aujourd'hui d'environ 610 kilomètres. Sur cette longueur, 220 kilomètres ont été construits de 1878 à 1888, aux frais de la Compagnie avec
la double garantie, construction et exploitation, du
Trésor français. Ils constituent ce qu'on appelle le
réseau garanti ou le réseau français de la Cie Bône-
Guelma ; le surplus de la concession constitue le
réseau tunisien qui a été établi aux frais de la Régence
et qui est exploité par la Compagnie à ses risques et
périls.

Le réseau français, qui se relie au réseau algérien,
est à voie normale, alors que le réseau tunisien a été
établi à voie d'un mètre seulement. Toutefois la ligne
de Tunis à Bizerte, intimement liée au réseau garanti
et d'une importance toute spéciale, a été établie à
voie normale.

Qu'elles appartiennent à l'une ou à l'autre catégorie, les lignes concédées à la Cie Bône-Guelma, forment géographiquement deux groupes principaux
rayonnant l'un de Tunis (Tunis à Bizerte, Tunis à
Bône, Tunis à Zaghouan, Tunis à Sousse) l'autre de
Sousse (Sousse à Kairouan, Sousse à Moknine). En
outre, quatre embranchements secondaires se détachent des lignes principales.

A part la ligne de Sousse à Moknine, qui sera achevée vers la fin de l'année courante, tout le réseau
Bône-Guelma est en exploitation.

C'est également vers la fin de l'année 1898 que sera
inaugurée la ligne de Sfax à Gafsa, embryon d'un troisième réseau, celui du Sud tunisien. Etablie pour

assurer l'exploitation des gisements de phosphate dont nous parlerons plus loin, cette ligne d'environ 250 kilomètres sera un bienfait inespéré pour la région qu'elle dessert ; elle mérite une mention pour la façon remarquable dont elle aura été construite. La voie, large d'un mètre et entièrement métallique, traverse des régions parfois désertes et dénuées de toutes ressources ; elle n'en est pas moins, grâce à l'excellente organisation des chantiers, posée à la vitesse d'un kilomètre par jour, avec une sûreté et une régularité comparable aux meilleurs résultats obtenus dans des travaux analogues.

C'est donc, en résumé, un total de 920 kilomètres de chemins de fer que la Régence va posséder à bref délai. Ce réseau est exploité par trois Compagnies, sous le contrôle de l'État exercé par le Directeur des Travaux publics. Tel qu'il est, il constitue un progrès inappréciable sur les moyens de transport rudimentaires qui existaient avant sa création.

Bâtiments Civils

Un des premiers besoins de tout service public est d'être logé. Aussi, bien que les dépenses de bâtiments soient souvent critiquées par l'opinion qui les juge généralement à tort improductives, l'administration tunisienne n'a-t-elle pas échappé à la loi commune.

Les locaux, aménagés primitivement dans les constructions que le Gouvernement beylical nous a laissées, étaient la plupart du temps insuffisants à tous les points de vue. Presque toujours les installations faites dans d'anciens immeubles beylicaux, même d'apparence soignée, ont constitué une mauvaise économie, si tant est qu'il y ait eu économie.

Aussi pensons-nous que les dix à douze millions,

qui ont été consacrés par le Gouvernement du Protectorat à la construction de bâtiments neufs destinés à des services publics constituent une dépense de première utilité.

C'est grâce à cette dépense que la Résidence générale et la majorité des Contrôles civils ont été édifiés, que des postes de douane, parfaitement aménagés, ont été établis à nos frontières et dans nos ports, que nos écoles sont ou vont être prochainement installées dans des locaux qui ne le cèdent en rien aux établissements similaires les mieux conçus de la Métropole.

Des gendarmeries, des bureaux de poste, des marchés, des abattoirs ont également été établis dans la plupart des localités. Des prisons, des justices de paix se sont élevées ; enfin, un palais de justice est commencé à Tunis.

Une mention spéciale est due à l'Hôpital civil de cette ville, dont l'achèvement est prochain et dont les dispositions d'ensemble attirent déjà l'attention des visiteurs. Établi à flanc de coteau, en dehors des remparts et dans le voisinage de la ville, sur un terrain d'une dizaine d'hectares, il présente une série de pavillons indépendants, baignés d'air pur sur toutes leurs faces, y compris le dessous des planchers, et reliés entre eux par des galeries couvertes. Des bâtiments détachés sont affectés à certains services spéciaux et au logement du personnel. L'ensemble des constructions sera doté de l'éclairage à l'électricité et tous les services accessoires, cuisine, buanderie, etc., fonctionneront soit à la vapeur, soit à l'électricité.

Les constructions actuelles sont établies pour environ 200 lits, mais l'hôpital complet pourra recevoir 450 malades.

Service des Mines

Ce service, à la tête duquel se trouve placé un ingénieur du corps métropolitain des Mines, a dans ses attributions toutes les questions qui concernent les gisements, ainsi que les eaux artésiennes et thermales.

Les bases de la législation minière en Tunisie sont posées par le décret du 10 mai 1893 qui, conformément aux principes du droit musulman, consacre la domanialité des mines. Il établit la distinction des mines et des carrières, celles-ci appartenant au propriétaire du sol qui en dispose comme il l'entend. Il indique enfin la procédure à suivre dans l'obtention et l'exercice des permis de recherches, c'est-à-dire les autorisations que l'Etat délivre à ceux qui veulent faire sur un terrain, quel qu'il soit, des études de mines.

Permis de Recherches

Ces permis sont délivrés après une enquête effectuée par le Service des Mines. Du 10 mai 1893 au 1er janvier 1898, 372 demandes avaient été produites, mais on ne compte guère qu'une cinquantaine de permis qui portent sur des gîtes dignes d'attention : ce sont principalement des gîtes de plomb et de zinc.

Concessions de Mines

Les concessions de mines sont accordées de façon à respecter tous les droits de l'inventeur par un décret beylical rendu après enquête, affichage etc., et avis du Conseil métropolitain des Mines.

Ces concessions transfèrent au bénéficiaire la propriété complète et perpétuelle de la mine, moyennant une redevance qui porte à la fois sur la superficie et sur le produit net.

Dix concessions sont actuellement en vigueur, dont six en exploitation : celles-ci sont uniquement des mines de zinc.

Deux autres concessions concernant des mines de plomb sont l'objet d'efforts de mise en valeur qui n'ont pas encore abouti ; enfin, deux autres concessions, celles des mines de fer de Kroumirie n'ont pu, à raison principalement de la baisse permanente de la valeur du fer, être l'objet d'aucune exploitation. Il est à espérer toutefois que les progrès incessants de la métallurgie, d'une part, et, de l'autre, l'épuisement des grands gisements de fer actuellement exploités, ainsi que la création de nouvelles voies de communication, amèneront la disparition des obstacles économiques qui s'opposent à la mise au jour de plusieurs millions de tonnes de minerai.

Carrières

Les carrières en Tunisie sont propriétés privées : elles sont soumises au régime de la déclaration préalable à la mise en exploitation et à des règles de police posées par le décret du 1er novembre 1897.

Les plâtres, les marbres, les pierres à bâtir, les chaux donnent lieu à des extractions qui se développent de jour en jour, mais les carrières qui présentent les plus belles chances d'avenir sont celles des phosphates de chaux.

Une notable partie de ces carrières se trouve en terrains domaniaux, et l'État en est le propriétaire.

Les premiers gisements phosphatés de l'Afrique du

nord ont été signalés, en 1886, dans la région de Gafsa par M. Thomas, vétérinaire principal de l'armée, savant dont le mérite n'a d'égal que la modestie.

Après de longues et infructueuses tentatives pour la mise en exploitation de ces gisements, l'administration a enfin réussi, à la date du 8 août 1896, à signer une convention de concession aujourd'hui transférée à la Compagnie des phosphates et du chemin de fer de Gafsa.

Cette convention stipule la concession, pour une durée de 60 années, de l'exploitation des gisements de phosphates situés dans les massifs montagneux de la région ouest de Gafsa ; la concession pour la même durée d'une voie ferrée reliant les gisements au port de Sfax ; enfin, la cession en toute propriété de 30.000 hectares de terrains domaniaux à mettre en culture dans un délai déterminé.

Cette dernière cession est tout à l'avantage du Gouvernement tunisien qui verra ainsi se coloniser une vaste étendue de territoire, aujourd'hui à peu près déserte.

Le gouvernement obtient, en outre, la création sans subvention, ni garantie d'intérêts, d'une voie ferrée de près de 250 kilomètres de longueur ; il s'assure enfin, par la perception des taxes d'exportation prévues au contrat et des droits de port existants, un revenu annuel important.

La société concessionnaire, qui s'est constituée au capital de 18 millions de francs, déploie une activité remarquable pour laisser ce capital improductif le moins longtemps possible, et il est certain que la mise en exploitation des gisements suivra de près celle du chemin de fer annoncée pour l'année courante.

Le centre de la Régence renferme des phosphates qui paraissent également susceptibles de donner lieu à une exploitation rémunératrice. Malheureusement, certaines questions de propriété privée d'un côté, et de l'autre, l'incertitude que la Métropole a fait peser sur le régime des concessions algériennes, ont empêché la nouvelle mise en valeur des phosphates tunisiens. L'administration n'a pu qu'utiliser ces trop longs délais à étudier les gisements connus, sans prendre aucune mesure qui soit de nature à engager l'avenir.

Sources minérales.

Les sources minérales de la Régence, lorsque le développement de la population européenne et la créa- tion des voies de communication le permettront, ne manqueront pas d'être appréciées dans une foule de cas. De tout temps, les indigènes en ont utilisé une douzaine, toutes chlorurées sodiques, et dont la tem- pérature varie de 40 à 50 degrés centigrades.

Le Service des Mines assure leur conservation et prépare, quand il y a lieu, leur concession. Une men- tion spéciale est due aux eaux d'Hammam-Lif, concé- dées à une Société par décret du 30 juin 1895 et à celles de Korbous dont la concession pourra sans doute être prochainement réalisée.

Nous clôturerons l'exposé des travaux du Service des Mines en mentionnant le contrôle des appareils à vapeur qu'il exerce sur la demande facultative des intéressés ; la publication de la carte géologique de la Régence, œuvre provisoire, mais déjà fort utile, terminée en 1893, enfin le forage de puits artésiens, dont le rôle sera signalé dans une prochaine confé- rence.

Service Topographique

Un des besoins les plus impérieux de toute colonie naissante est sans contredit l'établissement, sur des

bases précises et inattaquables, de la propriété foncière.
La plupart des droits juridiques qui constituent une
propriété foncière sont, comme le terrain, susceptibles
d'une représentation graphique. Le service, qui est
chargé d'effectuer suivant des règles uniformes cette
représentation graphique, a reçu le nom de Service
Topographique.

L'organisation et le fonctionnement de l'immatriculation foncière ont déjà été exposées dans une précédente conférence, et l'on sait que l'immatriculation
d'un immeuble résulte de la triple coopération du
Tribunal mixte, de la Conservation foncière et du Service topographique.

Le personnel du Service Topographique, organisé par
décret du 21 avril 1886, est placé sous l'autorité du
Directeur général des Travaux publics. Il est dirigé
par un Chef de service, assisté d'un adjoint, et comprend des vérificateurs, des géomètres et des élèves-
géomètres recrutés par voie de concours.

Les géomètres reçoivent des rétributions proportionnelles à l'importance des travaux exécutés et cal-
culées suivant un barème établi d'avance. Les vérificateurs et les agents des bureaux reçoivent des allocations fixes.

La progression toujours croissante des demandes
d'immatriculation a amené à employer 35 géomètres
et 5 vérificateurs.

Au 31 décembre 1897, le nombre des réquisitions
déposées s'élevait à 3.200 et le chiffre annuel des réquisitions, qui était d'une vingtaine dans les premières
années, est passé graduellement à 300, 400 et finale-
ment à 572 en 1897.

Une question intéressante est la détermination du
prix de revient moyen de l'immatriculation, tant pour
l'Etat que pour le propriétaire. Des chiffres contradictoires ont souvent été avancés à ce sujet. En réalité,

un chiffre vraiment rigoureux ne pourra être calculé que lorsque les immatriculations auront porté sur un nombre d'hectares très considérable. Pour le moment, nous donnerons des évaluations approximatives qui doivent différer fort peu de la réalité.

Depuis la réforme de 1892 — les tarifs antérieurs étaient à peu près inabordables pour les particuliers — la dépense totale d'immatriculation d'un hectare est de 6 fr. 60 environ. Sur ce total un tiers seulement, soit 2 fr. 20, serait à la charge du requérant et les deux autres tiers, soit 4 fr. 40, incomberaient à l'Etat.

Au point de vue des différentes opérations que comporte l'immatriculation, on peut décomposer approximativement comme il suit le chiffre de 6 fr. 60 que nous venons d'indiquer :

Bornage.........................	0ᶠʳ.50
Plan (y compris voyages, frais généraux, etc.)	3 50
Indemnités diverses (caïds, greffiers, etc.)...	0 50
Tribunal mixte....................	0 50
Conservation foncière..................	1 00
Fourniture et pose des bornes............	0 60
TOTAL................	6ᶠʳ.60

Il ne s'agit là, nous le répétons, que de moyennes un peu théoriques et le chiffre de la dépense des bornes notamment peut varier, suivant les cas, dans des limites très étendues.

Outre l'exécution des plans d'immatriculation, le Service Topographique prête son concours à l'établissement de nombreux plans et croquis intéressant le domaine public, le domaine de l'Etat, les villes, les habous, etc. Enfin, il suit la triangulation et la rédaction de la carte de la Régence, travaux confiés au service géographique de l'armée. Cette belle œuvre, pour laquelle la Tunisie verse une contribution annuelle de 64.000 francs, a été commencée en 1888 : elle sera terminée vers 1908 et aura coûté 1.200.000 francs à la Régence et sans doute à peu près autant à la Métropole. Elle comprend des feuilles au 50,000ᵉ pour le nord de la Régence et au 100,000ᵉ pour le Centre et le Sud. Tous les environs des villes seront publiés au 50,000ᵉ.

Actuellement, 31 feuilles ont été mises dans le commerce ; elles embrassent une superficie de près de 20.000 kilomètres carrés.

Service de la Navigation et des Pêches maritimes.

Rien peut-être n'est plus coûteux qu'une belle marine. Le Gouvernement beylical en fit la cruelle expérience et, après avoir possédé une flotte complète, des arsenaux à la Goulette et à Porto Farina, des approvisionnements considérables, il perdit ou vendit tout successivement, de sorte qu'au moment de l'occupation française, il ne lui restait plus guère de sa marine que le ministre. Ce ministre lui-même fut supprimé par le Protectorat qui, au point de vue de la sécurité des mers et de la police générale maritime remplaça fort avantageusement la flotte beylicale par la flotte française. Mais il ne faut pas oublier que si la marine a un rôle important en temps de guerre, elle n'a pas moins d'attributions utiles en temps de paix. Après la suppression de la marine beylicale, ces attributions ne furent tout d'abord dévolues à aucun service. La navigation et la pêche maritimes furent laissées entièrement libres : le premier venu put prendre le commandement d'un navire, y installer un équipage de pseudo-marins, transporter des passagers et des marchandises sans contrôle et sans responsabilité, comme il put pêcher en n'importe quel temps avec n'importe

quels engins. Cet état de choses anarchique présentait
de tels inconvénients que, dès la création de la Direction des Travaux publics, on rattacha au Service de
la police et des ports un certain nombre de mesures
et de fonctions qui concernent la police de la navigation et celle de la pêche. C'est ainsi, insensiblement
et par la force des choses, que la Direction générale
des Travaux publics se trouva hériter d'attributions
qui ne sont certainement pas de celles que possède le
Ministre des Travaux publics en France et qui sont,
au contraire, entièrement du ressort du Ministre de la
Marine.

On a parfois critiqué cette situation, et dans son
principe et dans son application. Au point de vue du
principe, il semble bien cependant que tant qu'on ne
se décidera pas à faire la création coûteuse d'un organisme spécial, la Direction générale des Travaux
publics, par ses attributions générales, par la situation
de son personnel, est bien le service le plus à même
de s'occuper des intérêts maritimes. Au point de vue
de l'application, des difficultés de détail ont pu se produire, mais elles prenaient surtout leur source dans
l'absence de législation sur la matière.

Depuis longtemps déjà cette Direction a présenté
deux projets de décrets organiques, l'un pour la police
de la navigation, l'autre pour celle des pêches ; les
textes n'ont pas encore reçu l'approbation de la métropole. Un décret a cependant pu être promulgué le 28
août 1897 pour régler quelques points particulièrement
urgents concernant la pêche. Quoi qu'il en soit, le
service de la police de la navigation et de la pêche
fonctionne avec les textes légaux dont il peut disposer.
Son chef est le capitaine du port de Tunis et les agents
en sont les officiers des différents ports, assistés de
préposés spéciaux et de capitaines gardes-pêche.

La pêche maritime est une des richesses de la

Régence et l'exploitation mérite d'en être transformée comme le sont toutes les autres exploitations de la Régence, auxquelles la civilisation européenne est venue apporter sa science et ses procédés.

Nous distinguerions volontiers, dans les pêches maritimes des côtes de la Tunisie, quatre grandes catégories. La première comprendrait la pêche des anchois, sardines et allaches, poissons de familles très voisines ; la seconde celle du thon ; la troisième, celle de tous les autres poissons ; la quatrième, celle des éponges et poulpes.

La première sorte de pêche a pour centres principaux Tabarka et Sousse ; elle est très variable suivant les années. Son produit moyen est d'un million de kilogrammes, d'une valeur approximative de 200.000 francs.

La pêche du thon, qui nécessite des installations fixes considérables et met en jeu des capitaux importants, s'exerce dans la région du Cap Bon et sur le littoral du Sahel. Elle peut donner facilement un produit de 3 à 400.000 francs par an.

La pêche des poissons autres que les précédents, tels que la daurade, le loup, le rouget, l'ombrine, etc. produit, année moyenne, deux millions de kilogrammes de poissons dont la valeur n'est pas inférieure à 500.000 francs.

Enfin, la pêche des éponges et poulpes, qui est soumise à une réglementation spéciale, produit rarement moins de 100.000 kilogrammes d'éponges valant de 1 à 2 millions de francs.

En résumé, c'est une valeur de 3 millions de francs que l'industrie de la pêche retire de la mer. Bien entendu, ce chiffre ne donne que la valeur des produits sur place et non pas celle, beaucoup plus élevée, qu'ils atteignent quand ils parviennent au consommateur.

Le peu que nous venons de dire ne suffit-il pas à

prouver qu'un vaste champ d'activité est ouvert aux
capitaux du côté de l'industrie maritime, et ne pourrait-on pas penser que des richesses considérables,
connues depuis longtemps, mériteraient de tenter les
esprits d'initiative plutôt que celles souvent aléatoires
qui ont été découvertes plus récemment ?

C'est, du reste, ce que paraissent avoir compris nombre d'industriels et l'on peut signaler un mouvement
marqué pour la mise en valeur de nos côtes et de nos
lacs tunisiens.

Après ce trop rapide coup d'œil sur un sujet que
nous n'avons pu qu'effleurer, je crois devoir signaler
que l'œuvre des travaux publics de la Régence n'aurait jamais pu être entreprise sans la sagesse de l'administration financière dont la Tunisie a été dotée dès
le début du Protectorat. Non seulement les sommes
que le budget a employées en travaux publics n'auraient pas été disponibles sans la sévère économie
qui préside à la gestion de nos finances, mais encore
les capitaux venus du dehors auraient hésité à s'engager dans des concessions sur le territoire tunisien.

Là est tout le secret du succès que l'on s'est plu
parfois à constater dans la mise en valeur de notre
colonie. On a bien voulu dire : La Tunisie prouve que
la France ne le cède à aucun autre peuple en matière
coloniale. Cette affirmation est peut-être exagérée et
il serait peu séant aux ouvriers de cette œuvre de la
considérer comme démontrée. Du moins, pouvons-
nous dire qu'elle constitue la formule qui nous trace
notre programme et qui nous soutient dans les difficultés de notre tâche quotidienne.

CONFÉRENCE DE M. BOULLE

CONFÉRENCE DE M. BOULLE

ROUTES, EAUX, TRAVAUX MUNICIPAUX

MESSIEURS,

Dans une précédente conférence, M. De Fages a
traité devant vous le plus grand nombre des questions
que soulèvent l'organisation et le fonctionnement du
service des Travaux publics dans la Régence. Il me
reste, pour compléter les indications qu'il vous a données, à vous parler aujourd'hui :

    des prestations ;
    des voies de communication ;
    des aménagements d'eau ;
    et, enfin, des travaux communaux.

La matière des prestations, par laquelle je commen-
cerai, offre, surtout dans un pays neuf ou dans un
pays incomplètement organisé, un intérêt tout spécial.
Ce mode d'imposition permet, en effet, de créer et
d'entretenir, sans faire appel à des prélèvements en
argent, un outillage économique qui peut devenir très

perfectionné et rendre au pays d'importants services.

Il ne sera pas sans intérêt, au moment où la question de la généralisation des prestations vient d'être résolue en Tunisie, de rappeler par quelles phases elle est passée en France avant de prendre la forme actuelle, quelles critiques elle a soulevées, quels services elle a rendus et rend encore.

Dans la Métropole, la prestation a constitué, depuis le commencement du dix-septième siècle jusqu'à la fin du dix-huitième, l'une des ressources les plus importantes — souvent la seule — que l'on pouvait affecter à la construction ou à l'entretien des grands chemins. Le nombre des journées de travail, très variable suivant les régions et suivant les époques, atteignait et dépassait souvent trente jours ; il était arbitrairement réparti en plusieurs périodes de convocation ou « levées » qui coïncidaient souvent avec les périodes des travaux agricoles.

On comprend facilement qu'une semblable imposition, appliquée sans mesure et sans équité, ait soulevé de la part des contribuables les plus vives réclamations et que sa suppression qui fut prononcée en 1776 sur l'initiative de Turgot, malgré l'avis du Parlement, ait provoqué dans le pays une satisfaction générale.

Et cependant, moins de vingt-cinq ans après, en l'an X, un arrêté des Conseils prescrivait aux administrations municipales de procéder à des études dans le sens d'une nouvelle mise en vigueur de l'impôt aboli. Peu de temps après une loi ressuscitait la prestation en la rendant facultative, et enfin la loi du 21 mai 1836, qui la rendait obligatoire, créait le régime qui est encore appliqué aujourd'hui.

Ainsi, l'histoire de la métropole nous montre le contraste singulièrement instructif de la prestation condamnée, puis rétablie dans moins d'un demi siècle. Malgré la défaveur dont cet impôt est entouré, il a été maintenu jusqu'à nos jours, et l'on ne voit pas encore bien nettement l'époque à laquelle il pourra être supprimé.

Deux causes — qui ne sont pas particulières à la métropole, mais qui ont la même portée sous toutes les latitudes — peuvent être assignées à ce maintien d'une contribution si impopulaire.

La première, c'est que dans les impositions il y a lieu de considérer, non seulement les conditions de répartition — qui doivent être aussi équitables que possible, bien entendu — mais aussi les conditions de libération. Or, la prestation est d'un acquit exceptionnellement facile puisqu'elle ne fait pas appel à des ressources en argent, que l'on peut ne pas posséder, mais bien à un concours physique que l'on peut toujours fournir.

La seconde, c'est que la prestation permet de faire de grandes choses, de les faire simplement, et de mettre les résultats à la portée de chaque contribuable de telle manière qu'il peut en jouir et les apprécier.

La prestation est exclusivement affectée en France aux travaux de chemins classés « chemins vicinaux ». Ces voies, qui n'existaient qu'à l'état embryonnaire en 1836, offrent maintenant un développement total de 505.000 kilomètres ; elles comprennent :

160.000 k. de chemins de grande communication ;

85.000 k. de chemins d'intérêt commun ;

400.000 k. de chemins vicinaux ordinaires.

Par son importance et par sa cohésion, ce réseau constitue une œuvre que les pays étrangers peuvent envier à bon droit.

Les travaux des chemins vicinaux ont été exécutés non seulement au moyen des prestations, mais aussi à l'aide des subventions en argent que le législateur a accordées aux communes qui consentaient à faire des sacrifices spéciaux. Mais, dans l'ensemble, la pres-

tation n'en a pas moins fourni un appoint très notable
et qui croît chaque année. En effet, le produit de cet
impôt est passé de 29 millions, en 1840, à 50 millions
en 1860. Il excède aujourd'hui 60 millions. La proportion des prestations acquittées en argent est des 2/5mes
seulement du total.

Cet historique sommaire de la prestation dans la
métropole n'est pas inutile, Messieurs, pour bien vous
faire apprécier les motifs qui ont guidé l'administration dans la réorganisation des prestations à laquelle
elle a récemment procédé, et pour permettre d'escompter les résultats que l'on peut espérer des mesures qui ont été prises.

De tout temps, en Tunisie, les populations mâles
ont été appelées à contribuer en nature aux travaux d'utilité publique qui s'exécutaient pour le
compte du Gouvernement. De même qu'en France,
pendant les dix-septième et dix-huitième siècles,
l'arbitraire le plus complet régnait dans la durée,
l'époque ou le nombre des convocations auxquelles
étaient assujetties les tribus. La conversion en argent
était admise, mais elle se réduisait fréquemment à
des contributions plus ou moins importantes versées
dans les caisses des caïds collecteurs et dont il n'arrivait pas une piastre au Trésor beylical. Regardée
comme une source d'exactions et d'abus, la prestation
fut supprimée par un décret de Mohammed Bey, vers
1856 ou 1857.

Il ne faut pas croire que ce décret — comme bien
d'autres, d'ailleurs, rendus sous l'ancien régime beylical — fut appliqué à la lettre. L'habitude survécut
d'avoir recours à des corvées toutes les fois qu'un
travail extraordinaire ou pressé ne pouvait être exécuté faute d'argent. Aussi, lorsqu'au lendemain de
l'occupation, le général Forgemol signala l'impérieuse
nécessité de créer des voies de communication défini-

tives pour assurer la pacification du pays, la commission qui eut à étudier les moyens de satisfaire à ce desideratum, reconnut-elle qu'il était logique de recourir, en y apportant toute la justice distributive que comportent nos procédés d'administration, à l'impôt de la prestation qui, en fait, n'avait jamais cessé d'exister.

C'est de cette époque, c'est-à-dire de 1884 ou 1885, que datent les premiers essais d'organisation des prestations ; depuis lors, on n'a pas cessé de chercher à introduire dans l'assiette de cette imposition et dans son mode d'acquit tous les perfectionnements qu'in diquait la pratique, de manière à obtenir une plus équitable répartition des charges et à en augmenter le produit net.

Je dirai tout d'abord quelques mots du régime d'aujourd'hui avant d'indiquer plus complètement quel sera le régime de demain.

La prestation est actuellement réglementée par une instruction résidentielle aux Contrôleurs civils qui constitue en quelque sorte un code de la matière ; cette instruction porte la date du 15 février 1897. Aux termes des dispositions qu'elle renferme :

« Sont seuls assujettis à la prestation les indigènes, mâles, valides, résidant en Tunisie, inscrits au rôle de la medjba.

» La prestation est due par le contribuable pour sa personne s'il est âgé de dix-huit ans au moins et de cinquante-cinq ans au plus, pour chacune des charrettes ou voitures attelées et pour chacune des bêtes de somme, de trait ou de selle, qui se trouvent à son service. »

Le nombre des journées qui sont demandées à chaque contribuable pour les éléments imposables qu'il possède est de quatre.

Par suite sont exempts des prestations, d'après la

législation en vigueur, tous les européens et les habitants des cinq villes qui ne paient pas la medjba, à savoir Tunis, Sousse, Sfax, Monastir et Kairouan.

L'assiette de la prestation s'établit au moyen d'un état matrice dressé par cheikhat et revisé annuellement par le caïd sous la surveillance du Contrôleur civil.

Le relevé des éléments imposables qui figure aux états-matrice permet de déterminer les ressources que peut fournir la prestation dans chaque région et de rédiger en toute connaissance de cause le programme des travaux à faire exécuter par les prestataires.

Ces programmes sont d'accord avec le contrôleur civil par l'ingénieur d'arrondissement, l'un ayant la charge de la convocation et de la police des prestataires, l'autre la charge de la direction technique des chantiers Ils sont mis à exécution pendant deux campagnes qui s'effectuent aux époques où le déplacement des indigènes ne saurait porter préjudice aux travaux agricoles, c'est-à-dire autant que possible du 15 février au 15 mai et du 15 août au 15 novembre

L'exécution des prestations en nature a lieu soit en journées, soit en tâches ; mais, quel que soit le mode choisi par l'Administration, c'est toujours par la fraction indigène constituée — cheikhat, douar — que l'imposition est établie, c'est toujours au chef de la fraction que la convocation ou l'avis de tâche est envoyé.

Telle qu'elle est actuellement appliquée, la contribution de la prestation ne présente donc pas le caractère personnel, le caractère d'impôt de capitation qu'elle affecte en France, c'est une sorte de *driba* dont les diverses cotes, établies par cheikhat ou par douar, sont réparties par les chefs de ces fractions entre les intéressés. Ce mode de procéder, s'il laisse peut-être un peu à désirer au point de vue de la justesse de la répartition, offre le grand avantage d'éviter de pénétrer trop profondément dans le détail et de procéder vis-à-vis des indigènes à des inquisitions ou à des poursuites qui produisent toujours sur eux de fâcheux effets. Il ne donne lieu d'ailleurs que bien rarement à des plaintes, et il a fourni depuis l'origine des résultats qui sont loin d'être négligeables.

La prestation est donc, en Tunisie comme en France, un concours physique réclamé aux contribuables dans la mesure de leurs moyens ; à ce titre, la libération en nature en est le mode d'acquit naturel et même elle a été la règle jusqu'à ces dernières années. Comme atténuation à cette disposition un peu rigoureuse venait le remplacement, qui était d'ailleurs la conséquence logique, forcée, de l'établissement des cotes de prestations par collectivités.

Toutefois cette faculté du remplacement n'a point paru suffisante. En 1895 et 1896, des essais de conversion en argent des prestations réclamées aux indigènes furent entrepris dans les contrôles de Kairouan et de Béja ; ils donnèrent les meilleurs résultats. Aussi le Gouvernement tunisien décida-t-il de réglementer cette pratique. Un décret du 10 août et un arrêté du Premier Ministre du 21 septembre suivant fixèrent les détails du rachat et établirent comme suit le tarif de conversion des diverses espèces de journées :

Homme . . . . 1fr·20
Cheval, mulet, chameau. . . 1 20
Bourricot. 0 60
Collier. 3 60

Depuis la promulgation de ces textes réglementaires, les contribuables ont un délai d'un mois avant l'ouverture de chaque campagne pour verser, soit en totalité, soit en partie, l'équivalent en argent des prestations qui leur sont imposées. Ce qui n'est pas fourni en argent s'exécute en nature, soit par voie de journées, soit par voie de tâches.

Il serait oiseux d'indiquer par le détail les résultats matériels que la prestation a permis de réaliser jusqu'à maintenant. Je me bornerai à vous faire connaitre quels ont été dans les dernières années le nombre des journées effectivement exécutées par les indigènes, la valeur en argent des travaux faits et le rendement net.

Dans ces relevés, la journée d'homme étant prise pour unité, la journée des chevaux, mulets ou chameaux est également comptée pour une unité, celle de bourricot pour une demi et celle de collier pour trois. C'est, à peu de chose près, la valeur proportionnelle du rendement en travail de chaque espèce de journée rapportée à celle de l'homme.

En 1893, le nombre des journées exécutées a été de 365.000 environ, représentant une valeur brute en argent de 295.000 francs qui, diminuée des frais généraux, s'est réduite à un rendement net de 180.000 fr.

En 1894, pour un nombre de journées de 335,000, le rendement brut a atteint 300.000 francs et le rendement net 228.000 francs.

L'année suivante, 1895, accuse 428 000 journées, un rendement brut de 384.000 francs comprenant 40.000 francs de conversions en argent et un rendement net de 295.000 francs.

1896 donne, pour 400.000 journées, 450.000 francs de rendement brut comprenant 20.000 francs de rachat en argent et un rendement net de 340.000 francs.

Les résultats de l'année 1897 seront sensiblement inférieurs à ceux de 1896 parce que, dans un grand nombre de caïdats, la campagne de prestations d'automne a été supprimée pour tenir compte aux indigènes du concours exceptionnel qu'on a dû leur demander dans la lutte contre l'invasion des sauterelles.

En somme, sous l'empire des mesures particulièrement simples, remarquablement bien adaptées au pays, qui ont été appliquées depuis 1884, la prestation s'est acclimatée parmi les indigènes des campagnes ; elle a même été appréciée par eux, car elle a permis d'obtenir des résultats matériels considérables dont ils ont été les premiers à bénéficier. Il est probable que si on avait poursuivi son application dans le même esprit, on aurait pu sans difficultés augmenter le rendement dans une proportion notable ; sans doute, on aura atteint avant peu d'années le chiffre de 800.000 f. Ce sera, dans deux ou trois ans, le total nécessaire pour assurer l'entretien du réseau des routes classées de la Régence.

Le régime des prestation qui est actuellement appliqué doit, aux termes d'un décret du 30 octobre 1897, prendre fin au 1er janvier prochain pour faire place à celui qui a été défini par le décret du 12 avril 1897 et dont les détails viennent d'être arrêtés par un règlement qui porte la date du 20 janvier 1898.

D'après la nouvelle législation :

« Tout individu mâle, valide, résidant en Tunisie, âgé de dix-huit ans au moins et de cinquante-cinq ans au plus, pourra être appelé à contribuer à la prestation pour sa personne.

» Tout propriétaire, régisseur, fermier ou colon partiaire, pourra être appelé à contribuer à la prestation pour chacune des charrettes ou voitures attelées et, en outre, pour chacune des bêtes de somme, de trait ou de selle, qui se trouvent à son service. »

Ces dispositions sont celles de la législation française, énoncées dans les termes mêmes qu'emploie la loi du 21 mai 1836 ; les analogies ne se bornent pas là ; elles se présentent dans bon nombre des détails du décret. On a calqué, en somme, la réglementation métropolitaine en la simplifiant autant qu'il a été possible et en cherchant à ne rien omettre d'essentiel.

Pour ces motifs, j'insisterai surtout sur les différences que présentent ces deux législations.

Tandis qu'en France le nombre des journées qui peut être réclamé aux prestataires est de 3, en Tunisie il est de 4 pour les hommes et de 2 pour les animaux et pour les charrettes.

Tandis qu'en France, tous les animaux et tous les véhicules sans exception sont assujettis à la prestation, en Tunisie, ceux qui sont frappés d'impôts municipaux en sont exempts.

Alors que dans la Métropole on n'a fait aucune différence entre les prestataires domiciliés dans les villes et ceux domiciliés dans les campagnes, en Tunisie on a pris des mesures qui facilitent aux premiers la libération en argent et aux seconds la libération en nature.

Ces diverses mesures ont principalement pour but de rendre plus supportable la charge de la prestation en ne réclamant pas aux contribuables, qui vont être atteints par les dispositions nouvelles, un concours par trop onéreux ou par trop gênant. Il ne faut pas se dissimuler cependant qu'elles réduiront dans une proportion fort notable le bénéfice que l'on pouvait espérer de la généralisation de la prestation à tous les contribuables.

La prestation a été presque uniquement employée, depuis l'origine du Protectorat, à la construction ou à l'entretien de voies dont l'administration incombe à l'État. C'est à titre exceptionnel qu'une partie des ressources provenant de cette imposition a été affectée à des travaux concernant des voies situées à l'intérieur des périmètres urbains et administrées par les communes.

L'un des côtés les plus intéressants de la nouvelle législation sera de rendre réglementaire au profit des communes la spécialisation des ressources fournies par la prestation que n'imposaient point les dispositions réglementaires anciennes. Dorénavant les prestations communales seront affectées uniquement à l'entretien des voies auxquelles la commune aura été déclarée intéressée et ces voies comprendront, outre des tronçons de routes et de pistes, un réseau de chemins communaux. Ces chemins, qui correspondront aux voies vicinales de la métropole, pourront, suivant toute apparence, être amenés aussi rapidement à un état de viabilité satisfaisant ; ils viendront remplir, aux environs des agglomérations, les mailles, malheureusement bien larges, que présente aujourd'hui le réseau des grandes voies de communication.

A côté des prestations, le texte réglementaire qui a été récemment élaboré a créé, tout à fait sur le modèle de la législation métropolitaine, les subventions industrielles, qui sont acquittées par les agriculteurs, industriels, commerçants ou entrepreneurs, dont les transports causent aux routes ou chemins des dégradations extraordinaires.

Cette imposition, qui doit équivaloir exactement au préjudice causé, rendra, en bien des points du territoire, des services signalés, car plusieurs voies de communications — et non des moins importantes — souffrent d'une manière sérieuse des dégâts produits par les charrois de bois, de matériaux ou de minerais. Je pourrais citer notamment la route du Kef à Tabarka, dans la portion voisine d'Aïn-Draham, — la route de Béja à Tabarka, dans la section comprise entre le Khanguet et Béja, — la route du Kef à Medjez auprès de Medjez, etc.

Les constatations touchant l'état de viabilité de la chaussée, qui sont préliminaires à l'établissement des cotes de subventions industrielles, ont été faites dans le courant du mois de janvier dernier ; elles permettront de réclamer, dans le cours de l'année prochaine, les indemnités spéciales dues par les intéressés.

Il serait, sans aucun doute, prématuré de vouloir escompter dès maintenant les résultats probables d'une

législation qui n'est pas encore entrée en vigueur ;
mais on peut d'ores et déjà indiquer que le taux
moyen du rendement de la prestation s'abaissera dans
une certaine mesure, car les formalités d'une simplicité extrême, qui ont guidé jusqu'à maintenant dans
l'établissement de l'assiette de l'impôt pour les indigènes, ne sauraient être maintenues avec la généralisation de la prestation aux européens. Des recensements minutieux devront être établis pour asseoir
l'imposition avec exactitude et ces recensements seront
d'autant plus difficiles à exécuter qu'il n'existe point
d'état civil : des avertissements personnels devront
être adressés aux contribuables ; des convocations
également personnelles pour travaux à la journée ou à
la tâche devront leur être envoyées. En somme, toute la
réglementation de détail, qui est en vigueur dans la
métropole et qu'on avait pu éviter jusqu'ici, devra être
appliquée sérieusement ; elle se compliquera, en Tunisie, de circonstances spéciales qui rendront la constitution des chantiers de prestations plus difficile et
plus délicate encore qu'en France.

Malgré ces difficultés, dont aucune ne semble absolument insurmontable, la prestation n'en fournira pas
moins un appoint des plus sérieux, des plus nécessaires, pour assurer l'aménagement du réseau des voies
de communication en Tunisie. Il ne faut pas voir en
elle ce que des esprits trop optimistes, ou trop disposés à la critique, ont voulu y apercevoir, je veux dire
un impôt très productif ou très lourd. A la vérité, il
semble que la prestation, convenablement appliquée,
pourra concourir pour une part importante dans les
frais d'entretien du réseau de routes, qu'elle permettra de maintenir la viabilité d'un réseau de chemins
communaux autour des centres les plus importants et
qu'elle fournira, comme maintenant, les moyens d'assurer la circulation sur les principales pistes. Là doit

se borner le programme d'emploi des prestations, et vraiment il est assez vaste.

Voies de communication

Au moment de l'occupation française, il n'existait en Tunisie que deux routes reliant le palais du Bardo, l'une à la porte Bab el Khadra, l'autre à la porte Bab Sidi Abdallah. On avait bien essayé d'en ébaucher une troisième entre Tunis et la résidence beylicale d'Hammam-Lif, mais ce travail n'avait pas été terminé.

En dehors de ces routes ou plutôt de ces tronçons de routes, quelques ponts avaient été construits, quelques beaux ouvrages, vestiges de l'ancienne domination romaine avaient été conservés. C'était tout. L'héritage légué au Protectorat par l'ancienne administration beylicale n'était donc pas bien lourd.

Aujourd'hui, le réseau établi comprend 1.400 kilomètres de routes complètement aménagées, qui ont été construites et sont entretenues dans des conditions aussi satisfaisantes que les voies similaires de la métropole.

Le chemin parcouru depuis 1881 a donc été considérable ; on ne devrait cependant pas se faire à ce sujet d'illusions trop vives. Il aurait été possible, facile même, de le parcourir plus vite. En effet, depuis 1892, on a construit en moyenne 200 à 250 kilomètres par an. Ce qui a été fait en dix-sept années, on aurait donc pu l'accomplir en sept ou huit, et il n'est pas contestable que ce développement des voies de communication, s'il avait été localisé dans les régions où l'on voulait encourager l'essor de la colonisation, aurait puissamment aidé la mise en valeur du pays.

Je me hâte de dire que ce retard ne saurait être

imputé à l'administration du Protectorat et, en particulier, au service des Travaux publics qui, dès la première heure, avait pris parti pour la réalisation d'un
réseau régulier de voies de communication. Ce retard
a été imposé par l'opinion publique qui estimait que
l'outillage d'un pays neuf comme la Tunisie ne se crée
pas au moyen de routes ou de chemins empierrés,
mais bien plutôt au moyen de voies ferrées.

Pour appuyer cette assertion, je me permettrai de
vous donner lecture de ce qu'écrivait, en 1837, sur cette
question, un homme dont la compétence en matière
coloniale n'était pas discutée au Parlement.

Le morceau est un peu long — peut-être — mais il
est bien la caractéristique des opinions de la colonie à
cette époque :

« En présence de la lenteur inévitable des travaux
de construction des routes, les colons français commencent à manifester la crainte fort légitime de ne
pas pouvoir vendre convenablement les produits de
leurs domaines, et ils demandent à l'administration
de modifier ses plans de manière à rendre leur exécution plus rapide. Il n'y a pas un seul point de la Tunisie où je n'ai entendu exprimer ces craintes et formuler ces observations. « Pourquoi, disent les colons,
» calquer les plans des travaux publics de la Tunisie
» sur ceux de la France? Nous n'avons pas besoin de
» routes aussi belles que celles de la Normandie ou de
» la Provence. Pourvu que nos charrettes, nos chevaux,
» nos ânes, nos chameaux, puissent circuler en tout
» temps sans trop de difficultés et transporter en toute
» saison nos produits, nous nous déclarons satisfaits.
» Ce qu'il faut d'abord, dans un pays plat comme la
» Tunisie, où les rivières, sèches pendant l'été, se
» transforment en quelques heures en torrents infran-
» chissables, ce sont des ponts partout où les pistes
» traversent un ruisseau ou une rivière. Qu'on nous

» donne d'abord des ponts partout où il est besoin ;
» plus tard on fera des routes ; en attendant, nous
» nous servirons des pistes que nous déclarons très
» suffisantes aux besoins de l'agriculture et du com-
» merce. Si, du reste, l'administration veut réelle-
» ment se lancer à faire des travaux publics impor-
» tants, qu'elle nous donne tout de suite des chemins
» de fer, qu'elle dépense en constructions de voies
» rapides et établies prestement les fonds destinés à la
» construction des routes, qui, du train dont vont
» actuellement les choses, ne seront pas achevées dans
» cinquante ans. »

C'est M. de Lanessan, rapporteur du budget des
affaires étrangères en 1887, qui exprimait, dans des
termes aussi nets, les informations qu'il avait recueillies au cours d'un voyage en Tunisie.

On ne peut s'étonner dès lors que les travaux de route
n'aient pas été poussés dès l'origine avec la célérité
que permettaient les disponibilités budgétaires, que
réc'amaient les intérêts vitaux du pays. Le temps
perdu est regagné aujourd'hui : 42 routes d'une longueur totale de 2.700 kilomètres forment maintenant
un réseau d'intérêt général, reliant entre eux et avec
les voies ferrées les centres principaux de la Régence.
Sur cette longueur 1.400 kilomètres sont actuellement
terminés, ainsi que je l'indiquais tout à l'heure ; tout
porte à croire que, dans quatre ou cinq ans, les grandes
artères du nord et du centre seront achevées.

Les travaux de construction des nouvelles routes
se constituent, en effet, chaque année, d'une manière
régulière au moyen des disponibilités du budget ordinaire et des crédits spéciaux accordés sur le budget
extraordinaire. Ils s'effectuent conformément à un
programme d'ensemble qui a été établi en 1894 ; chaque année, au moment de l'élaboration du projet de
budget, on extrait de ce programme général un certain

nombre d'articles qui constituent le programme de l'année suivante. Dans ce choix on tient compte de deux éléments distincts : le premier est l'intérêt que présentent les travaux au point de vue des communications générales ; le second consiste dans le concours que les populations ou les colons desservis veulent bien accorder. Rien n'est plus juste, en effet, que de réclamer aux intéressés une minime part de la plus value que la création de nouvelles voies de desserte donne à leurs propriétés ou à leurs installations ; rien n'est plus nécessaire en raison des ressources limitées dont le Gouvernement peut disposer.

La prime de préférence, si je puis m'exprimer ainsi, qui est demandée pour ces travaux, est au plus égale au 1/5me de la dépense à engager.

Les routes, en Tunisie, offrent des dispositions comparables en tous points à celles des routes nationales de second ordre ou des routes départementales de la métropole ; elles ont, comme la plupart de celles-ci, huit mètres de plateforme et trois ou quatre mètres de chaussée. En certains parcours difficiles, la largeur de la plateforme a été réduite à six et même à cinq mètres. Soixante-dix maisons cantonnières et une dizaine de bordjs ou caravansérails complètent cet outillage.

Le réseau des routes a coûté en moyenne 9.000 fr. de frais de premier établissement au kilomètre ; la dépense actuellement faite dépasse 12 millions de francs. Il entraîne des frais d'entretien voisins de 500 francs au kilomètre, et constitue ainsi une charge annuelle de 700.000 francs environ.

Ces prix de revient, tant de construction que d'entretien, n'ont rien qui doive surprendre : en France, les routes nationales ne sont pas établies à moins de 30.000 francs le kilomètre et les chemins vicinaux à moins de 12.000. En Algérie, pays en tout compara-

ble à la Régence au point de vue de la conservation et
de la tenue des voies de communication, on dépense
de 800 à 1.000 francs par an et par kilomètre pour
l'entretien normal des routes nationales et de 500 à
700 francs pour l'entretien des routes départementales.
Les voies de communication de la Régence se placent
donc en bon rang à côté de celles de la métropole et
même de l'Algérie.

En dehors des voies d'intérêt général qui ont fait
l'objet d'un classement, il y a lieu d'indiquer les chemins communaux dont la création vient d'être récemment décidée et les pistes.

Des chemins communaux, on ne peut en faire maintenant qu'une mention bien rapide ; ces voies sont destinées à développer les communications aux abords
des agglomérations communales. Elles sont entièrement à la charge des budgets des municipalités ou
des commissions municipales, qui feront face assez
facilement aux dépenses de construction et d'entretien au moyen des ressources de la prestation.

Quant aux pistes, elles ne pourront, suivant toute
vraisemblance, être jamais améliorées autrement
qu'on ne le fait maintenant, c'est-à-dire qu'elles seront
l'objet de travaux plus ou moins durables, entrepris
dans la plupart des cas à la demande spéciale des
intéressés et n'ayant point d'autre but que d'assurer
à toute époque la sûreté des transports et de leur
donner quelques facilités.

Il est à craindre que, dans l'avenir, nombre d'intéressés ne se déclarent point satisfaits de ces mesures
et que l'administration ne soit saisie de demandes
pressantes de transformation en routes définitives de
chemins publics, demandes qui ne seraient fondées
que sur le caractère *public* des chemins à construire
ou à améliorer. Cette prétention reposerait sur une
erreur des plus fâcheuses : de ce qu'une voie est publi-

que, il n'en suit point d'autres conséquences que ce droit du public d'y circuler librement. Les administrations, chargées des intérêts d'une collectivité, n'ont en aucune manière l'obligation d'y maintenir partout et en tout temps un minimum de viabilité ; elles entretiennent, dans la limite des ressources dont elles disposent, les chemins qui sont reconnus présenter le plus d'importance pour le public. Et c'est tout ce qu'elles peuvent et ce qu'elles doivent faire.

Les lacunes inévitables que présenteront les réseaux de voies entretenues par le Gouvernement ou les Communes, devraient être comblées par des chemins ruraux, qui seraient maintenus en état de viabilité par les intéressés réunis à cet effet en association syndicale. Pour les chemins les plus importants, le Gouvernement ou les Communes pourraient intervenir, en cas de besoin, par l'allocation d'une subvention. Ce système a été établi en France par la loi du 22 décembre 1888 ; il ne serait certainement pas déplacé en Tunisie.

Les travaux de routes, qu'il s'agisse de construction ou d'entretien, s'exécutent, soit à prix d'argent, soit par voie de prestations. En 1897, les sommes dépensées sur les fonds du budget ordinaire ont atteint :

900.000 fr. pour les travaux neufs ou de grosses réparations ;
800.000 fr. pour les travaux d'entretien.

Le concours de la prestation s'est élevé à 350.000 fr. environ. En dehors de ces deux modes d'exécution des travaux, il y a lieu de signaler la main-d'œuvre pénitentiaire qui a permis d'établir, entre autres travaux importants, la route de Sousse à Kalaa-Srira et un réseau de voies de communications d'une grande utilité entre Porto-Farina, El Alia et Aousdja.

La main-d'œuvre militaire a été souvent mise à

contribution : elle a donné en maintes occasions des résultats satisfaisants.

Si l'aménagement des voies de communication a été poursuivi avec persévérance et esprit de suite durant les dernières années en territoire civil, dans les territoires de commandement, la même œuvre a été entreprise et se continue chaque année dans des conditions qui font beaucoup d'honneur au service des Renseignements de la Division d'occupation.

Le programme qui a été adopté, il y a trois ans, comporte essentiellement l'établissement de routes définitives reliant Gabès, qui est le chef-lieu du Commandement dans le sud, aux divers postes et ces postes entre eux. Les travaux sont engagés aujourd'hui sur presque tous les points et, avant peu d'années, le sud de la Régence sera doté d'un ensemble de voies desservant bien les intérêts généraux et satisfaisant d'une manière complète aux nécessités militaires. L'un des côtés les plus remarquables de ce travail sera certainement son prix de revient très économique.

Quelques mots maintenant sur la législation des routes.

Les routes sont protégées, comme faisant partie du domaine public, par le décret du 25 juillet 1877 qui réprime les contraventions ou délits, tels que jet ou dépôt de matériaux, refus de réparer les édifices menaçant ruine et confrontant le domaine public, pacage de bestiaux, etc.

La circulation sur les routes avait fait l'objet, en 1891, d'un projet de décret qui avait été soumis à la Conférence Consultative et avait reçu de cette assemblée un accueil particulièrement favorable ; ce règlement a été repris récemment et a été promulgué à la date du 5 août 1897. Il reproduit, en les simplifiant autant qu'il a été possible, les prescriptions de la loi française : outre le décret du 5 août, la législation sur

la matière comporte trois arrêtés du Directeur général des travaux publics réglementant, l'un la circulation des voitures, le second la circulation des véloci-
pèdes et le dernier la mise en service, le fonctionnement et la circulation des automobiles.

Sur ce dernier point, la Tunisie est plus avancée
que la métropole qui n'a point encore de texte général
visant la circulation des automobiles en dehors des
grandes agglomérations. On a pu dire que c'était se
hâter un peu que de réglementer quelque chose qui
n'existait pas encore ; mais, si l'on en juge d'après le
nombre des demandes en autorisation de mise en
service d'automobiles publics qui ont déjà été adressées à l'administration, il y aura avant peu ample
matière à l'application de la législation qui a été mise
en vigueur l'année dernière.

Aménagements d'eaux

Sous un climat aussi chaud et aussi sec que celui
du nord de l'Afrique, la question de l'utilisation des
eaux a toujours offert un intérêt et une importance
de premier ordre : aussi, à toutes les époques de calme
de l'histoire de la Tunisie, la solution de cette question, sous les diverses formes qu'elle peut affecter,
a-t-elle été poursuivie avec la plus grande persistance.

Les Romains surtout ont multiplié, sur tout le territoire de l'ancienne province d'Afrique, les aménagements d'eaux soit pour l'alimentation, soit pour l'irrigation. Nombre de captages de sources, de puits ou
de citernes qu'ils ont établis existent encore ; quelques-unes de ces installations sont encore utilisées.
Toutes témoignent d'une science hydraulique indiscutable et cependant, alors que nous suivons maintenant
pas à pas les vestiges d'une installation ancienne, nous

sommes forcés bien souvent de constater que son fonctionnement nécessiterait un volume d'eau bien supérieur à celui dont on peut disposer aujourd'hui, même en se plaçant dans les conditions les plus favorables.

Telles sont les conclusions auxquelles on se trouve conduit, soit pour l'étude de canalisations, telles que celles de Cherichera, de Tebourba, de l'Oued Maamoura à Feriana, soit par la recherche du niveau ancien des nappes de puits.

La diminution du débit des eaux superficielles, l'abaissement de la nappe des eaux souterraines depuis l'époque romaine, sont deux faits qui ne sont peut-être pas encore établis d'une manière irréfutable, mais qui se présentent avec un réel caractère de probabilité. Quelles sont les causes de cette modification possible du régime des eaux dans le nord de l'Afrique?

Certains ont voulu accuser le déboisement du pays et ont préconisé comme remède le développement des forêts dans le centre de la Régence et des cultures fruitières dans le sud ; d'autres ont considéré que la climatologie du pays était liée à d'autres éléments d'un ordre de généralité beaucoup plus élevé que les boisements locaux et qu'elle évoluait d'après les règles qui nous sont encore inconnues.

Il ne m'appartient pas de faire autre chose que de vous citer ces opinions. Au surplus, ces discussions théoriques ne touchent pas au fond même de la question, elles n'empêchent pas que le problème de l'alimentation en eau des centres habités, ou de la vivification des cultures par l'arrosage, se présente en Tunisie comme exceptionnellement difficile et qu'il comporte bien rarement des solutions satisfaisantes.

En général, on n'a pas la quantité nécessaire et on n'a que bien difficilement la qualité.

En effet, les eaux de la Tunisie, même les meilleures,

marquent à l'hydromètre 28° à 30° pour le moins, et comportent un résidu fixe de 0ᵍʳ·300. En France, elles seraient considérées seulement comme passables ; les eaux du bassin parisien, par exemple, ne titrent pas pour la plupart plus de 20° à 23° à l'hydromètre et ne donnent pas plus de 100 à 120 milligrammes de résidu fixe par litre.

Les anciens n'avaient pas perdu de vue ces conditions fâcheuses pour l'alimentation domestique ; aussi avaient-ils multiplié les citernes qui permettaient d'obtenir en quantité strictement suffisante une eau de bonne qualité ; chaque maison romaine, chaque bordj arabe avait sa citerne, mise soigneusement à l'abri du contact des impuretés. Jusqu'à nos jours cette pratique s'était conservée dans les principales agglomérations de la Régence ; il est fâcheux que, dans ces dernières années, elle soit complètement tombée en désuétude, car les particuliers se sont privés ainsi d'une réserve qui pouvait, dans certaines circonstances, devenir bien précieuse.

Les aménagement d'eau sont généralement répartis en trois catégories : la première comprenant les alimentations en eau potable des centres habités, la seconde les points d'eau et les alimentations rurales, la dernière l'utilisation des eaux dans un but agricole ou industriel.

Les alimentations en eau potable des centres habités ont constitué, et à juste titre, l'une des premières préoccupations du Gouvernement du Protectorat. Il en a été établi dans les principales villes et dans les plus gros villages. Les systèmes adoptés comprennent soit l'adduction de sources, soit le puisage d'eaux souterraines, soit enfin l'emmagasinement d'eaux dans des citernes, ce dernier mode n'étant mis en pratique que pour des agglomérations de faible importance.

C'est à Tunis que les travaux les plus considérables ont été effectués.

En 1850, sous l'énergique impulsion de Léon Roches, alors consul général de France, le Gouvernement avait fait exécuter par un ingénieur français la restauration de l'aqueduc d'Hadrien, et les eaux de Zaghouan étaient arrivées à Tunis ; mais leur répartition entre les particuliers laissait tant à désirer que le produit net de la vente des eaux était très faible et que nombre d'habitants étaient desservis de la manière la plus défectueuse. La revision du contrat des eaux, la constitution d'une Société concessionnaire, directement intéressée à la bonne marche de l'entreprise, et l'adduction des eaux de Djouggar en 1885-1886, ont constitué un ensemble de mesures excellentes qui ont très notablement amélioré la situation antérieure et qui ont même donné à espérer, pendant quelque temps, que le problème de l'alimentation de Tunis avait reçu pour de longues années une solution satisfaisante. Le développement très considérable qu'a pris depuis dix ans la ville, l'accroissement du confortable et par conséquent des besoins, la nécessité de faire bénéficier des eaux de Zaghouan les localités voisines de la capitale, toutes ces causes ont augmenté dans une proportion fort notable le chiffre de la dotation indispensable à Tunis et à sa banlieue. Aussi dans les deux dernières années, qui ont été particulièrement sèches, l'insuffisance du débit des sources de Zaghouan et de Djouggar s'est-elle fait cruellement sentir, et l'absolue nécessité de chercher un complément dont on soit assuré en tout temps s'est-elle imposée de la manière la plus nette.

La dotation normale de Tunis, calculée pour une population de 200.000 habitants, peut être fixée à 15.000 mètres cubes par jour ; les sources ont donné, dans le dernier semestre de 1897, moins de 0.000

mètres cubes. L'insuffisance est donc de 9.000^{m3}. Pour
la combler, on a exploré tout le territoire à 150 kilomètres de Tunis et on n'a trouvé, en fait de ressources
notables, que les eaux du Bargou qui sont à 80 kilomètres de Djouggar et qui donneraient, suivant toutes
prévisions, 3.000 à 4.000 mètres dans les périodes
les plus sèches, et la Medjerdah qui présente en tout
temps un débit apparent, d'une importance suffisante
pour assurer d'une manière complète l'alimentation
de Tunis.

L'adduction des sources du Bargou pourrait se faire
par simple gravité, elle coûterait certainement plusieurs millions ; l'amenée des eaux de la Medjerdah
nécessiterait un puisage et un refoulement, elle entraî-
nerait des frais de premier établissement bien moins
élevés, mais elle exigerait des dépenses d'exploitation
assez onéreuses. Il semble, d'ailleurs, que rien n'em-
pêcherait d'employer les eaux de la Medjerdah à la
consommation publique ; il suffirait de leur faire subir,
avant de les livrer, un filtrage approprié. Nombre de
grandes villes d'Europe emploient des procédés semblables et s'en trouvent très bien.

Malgré l'allure tout à fait satisfaisante du débit des
sources de Zaghouan depuis plus d'un mois, l'étude de
ces questions, vitales pour Tunis, n'est pas interrom-
pue, et il faut bien espérer qu'à la prochaine séche-
resse la ville sera dotée des moyens de conjurer la
pénurie.

A Sousse et à Sfax, des alimentations en eau potable
ont été installées, il y a quatre ou cinq ans ; elles comportent essentiellement le puisage de l'eau d'une nappe
de puits au moyen de pompes et leur refoulement
dans un réservoir d'alimentation. Le cube distribué est
à Sousse de 170 à 200 mètres cubes pour une population de 20.000 habitants et à Sfax de 400 mètres
cubes pour une population de 30.000 habitants. A

Sousse surtout, la pénurie a été grande durant les deux dernières années, et malheureusement les moyens de l'écarter n'apparaissent pas d'une manière très nette. Actuellement, des études sont entreprises pour conduire dans la région du Sahel un volume d'eau assez important qui serait pris à l'Oued Merguellil, près de Sidi Mohamed ben Ali, à 120 kilomètres de Sousse. L'eau ainsi recueillie pourrait être distribuée dans tout le Sahel, depuis Kalaa-Kebira jusqu'à Monastir, Mokenine et même Mehdia. La dépense serait considérable, mais, quelle que soit son importance, elle ne semble pas exagérée en raison des intérêts à satisfaire.

Les autres villes importantes de la Régence sont assez convenablement dotées, surtout Kairouan et Bizerte. Des compléments de travaux ou d'installations sont certainement désirables, mais leur exécution ne s'impose pas à bref délai.

Au total, depuis l'organisation du Protectorat, des alimentations en eau potable ont été construites de toutes pièces, ou aménagées, dans 45 localités renfermant une population de plus de 280.000 habitants. Les dépenses faites dépassent cinq millions; les dépenses à faire dans un avenir prochain seront encore plus élevées, à cause du complément d'installation que réclament Tunis et Sousse. Elles seront couvertes en partie seulement par les fonds de l'État et, pour le surplus, par de capitaux apportés par la Compagnie des eaux de Tunis ou des Sociétés semblables qui seraient à créer.

Dès que l'alimentation en eau potable des principaux centres habités a été assurée d'une manière aussi complète que le permettaient les ressources mises à la disposition de l'administration des Travaux publics, on a songé à donner satisfaction à un autre ordre de besoins moins pressants que ceux des habitants des villes, mais dignes cependant d'intérêt. Je veux parler de l'aménagement des points d'eau le long des routes et pistes et de l'établissement d'alimentations rurales.

Ces travaux ont été préparés de longue main ; pendant plusieurs années, on s'est occupé :

— de relever la position des sources, puits, oglets, redirs, la quantité et la qualité de leurs eaux et de rechercher des aménagements simples et pratiques permettan t d'en tirer bon parti ;

— de noter l'emplacement des barrages, citernes, aqueducs et généralement des installations réalisées anciennement en vue de l'utilisation des eaux et de déterminer les travaux de réfection à entreprendre pour les employer à nouveau.

Avec ces éléments, on s'est trouvé en mesure d'établir un programme d'aménagements hydrauliques comprenant, sur les voies principales, des points d'eau distants d'une demi étape environ et dans les régions agricoles les moins favorisées en eau, des alimentations rurales.

La réalisation de ce programme doit se faire d'une manière méthodique en deux ou trois années ; elle est assurée par les dispositions de deux décrets, l'un du 25 janvier 1897 qui pose le principe de la contribution en argent ou en nature des collectivités indigènes intéressées à une alimentation hydraulique et qui règle les détails d'exécution, l'autre du 15 septembre 1897 qui alloue à la Direction générale des Travaux publics un crédit spécial de 300.000 francs pour subvenir aux dépenses d'exécution des travaux.

Ce crédit de 300.000 francs doit être réparti à raison de :

110.000 francs pour les points d'eau dont l'aménagement est entièrement à la charge de l'Etat ;

100.000 francs pour les autres travaux à subventionner par les collectivités indigènes dans la proportion de 5 %.

Il permettra, par suite, d'assurer l'exécution d'un programme comportant une dépense totale de 460.000 francs. C'est tout ce que l'on peut désirer pour l'instant.

L'arrosage dans les pays chauds est un bienfait toujours, une nécessité souvent, ce qui explique la faveur très marquée que rencontre, soit dans le midi de la France, soit dans le nord de l'Afrique, tout ce qui a trait à l'irrigation. Mais pour procéder à des arrosages sérieux, il faut beaucoup d'eau, beaucoup plus qu'on ne se le figure en général, de telle sorte qu'on est trop fréquemment conduit à donner à cette pratique agricole une importance qu'elle ne peut pas avoir.

Un exemple précisera cette indication. Le volume normal à attribuer par hectare pour de l'irrigation soignée, comme on la pratique en Provence, est de un litre par seconde, compté à l'écoulement continu et mesuré au débouché de la filiole sur les propriétés où l'eau doit être employée ; pour avoir ce litre net à utiliser il faut le majorer des pertes par évaporation et par imbibition dans le canal principal et dans les rigoles qui lui font suite, pertes qui atteignent 10 ou 15 %. On arrive donc à un volume de 1 litre 10 ou 1 litre 15 par seconde et par hectare. Avec ce taux, tout le volume d'eau que reçoit maintenant Tunis, c'est-à-dire près de 100 litres à la seconde, ne permettrait d'arroser que 80 à 85 hectares de terrain, c'est-à-dire moins du quart de la surface occupée par l'agglomération tunisienne. Il est donc plus facile d'alimenter en eau des êtres animés, groupés sur une certaine surface suivant les règles de la civilisation actuelle, que de pourvoir au développement intensif de végétaux sur la même surface,

Cette comparaison établit que l'arrosage ne saurait jamais être pratiqué en Tunisie sur de vastes étendues, ni d'une manière bien régulière ou bien suivie et qu'il demandera toujours une pratique exceptionnelle. Quelques oasis fortunées — telles que celle de Gabès, qui reçoit de l'Oued Gabès 1.200 litres d'eau à la seconde, celles du Nefzaoua qui en reçoivent plus de 600, celles du Djérid qui disposent d'un cube à peu près égal — quelques propriétés au bord des cours d'eau pourront être l'objet d'irrigations régulières. Pour le surplus, on ne saurait espérer faire autre chose que des arrosages extraordinaires, venant en leur temps, à la suite d'un hiver trop sec.

Ces arrosages, qui permettent de sauver une récolte compromise, ne réclament qu'une fois, deux au plus dans l'année, une quantité d'eau notable. Pour arriver à ce résultat, la constitution d'une réserve dans une citerne ou derrière un barrage, le puisage dans les nappes souterraines peuvent suffire, surtout si les surfaces à rafraîchir sont restreintes. Tel était, sans aucun doute, le rôle de bon nombre d'installations romaines, rôle plus modeste qu'on ne l'a cru quelquefois, mais bien utile cependant.

Les arrosages, soit réguliers, soit intermittents, pourront trouver dans le forage de puits artésiens des ressources inconnues des anciens et qui auront souvent une grande importance. Commencées dans le sud de la Régence, les recherches d'eaux jaillissantes vont se continuer successivement dans le centre, puis dans le nord de la Tunisie.

C'est en 1873 qu'il fut pour la première fois question de sondages artésiens en Tunisie ; l'honneur en revient à M. de Lesseps, à la suite des études entreprises pour la création de la mer intérieure du commandant Roudaire, quand il conçut l'idée de faire forer des puits artésiens au débouché du canal qui devait alimenter la mer saharienne, à l'embouchure de l'oued Melah. L'exécution de ce projet se fit attendre douze ans ; elle fut d'ailleurs couronnée d'un remarquable succès.

A la suite de ces essais, une concession de forages fut accordée à M. de Lesseps et l'administration des Travaux publics se mit en mesure, de son côté, de poursuivre dans d'autres régions ces recherches si intéressantes pour le pays.

Les premiers travaux furent exécutés à Sfax même par le service des Mines, dans le but de trouver un appoint à l'alimentation en eau potable de la ville ; ils ne donnèrent que des résultats médiocres. Mais, depuis ce début peu favorable, le service des Mines a pris sa revanche ; il a exécuté plusieurs forages dont quelques-uns ne le cèdent en rien, au point de vue de l'importance des débits, aux plus beaux de l'Oued Rir'h. Je citerai notamment ceux d'Houmt Souk et d'Houmt Adjim, qui donnent le premier 100 litres par seconde et le deuxième 160.

Au 1er janvier 1898, il avait été foré quinze puits artésiens ; un seul des forages a dû être abandonné à la suite d'accidents. Les autres donnent au total 500 litres au moins à la seconde. La dépense faite est d'environ 500.000 francs.

Toutes les eaux obtenues jusqu'à ce jour par les forages artésiens sont malheureusement inacceptables pour la consommation des Européens ; elles sont peu appréciées par les indigènes qui s'en contentent pourtant en divers points, faute de mieux. Leur résidu fixe varie de 3 grammes à 9 grammes et leur salure de 1 gramme 50 à 4 grammes. Ces teneurs sont trop considérables pour une eau destinée à l'alimentation.

Rien n'empêche en revanche de les consacrer, soit aux besoins publics, soit à l'arrosage, et en plusieurs endroits, notamment à Zarziz, à Metouia, à Oudref, à l'Oued Melah, on s'est parfaitement trouvé de celle utilisation.

Les eaux d'arrosage sont donc rares dans la Régence ; elles n'en sont évidemment que plus précieuses et leur emploi intégral s'impose comme une des conditions essentielles de la mise en valeur du pays. Mais les aménagements hydrauliques, bien réalisés, coûtent fort cher lorsqu'ils présentent quelque importance ; il est rare que les propriétaires puissent les exécuter avec leurs propres ressources.

Pour remédier à leur impuissance, un décret du 15 septembre 1897 a créé un fonds de l'Hydraulique agricole qui doit recevoir des dotations annuelles jusqu'à concurrence de 1.950.000 francs, de manière à permettre l'exécution, pour le compte des intéressés, de travaux hydrauliques d'irrigation aux conditions suivantes :

1º Les propriétaires intéressés auront été réunis au préalable en association syndicale et ils auront pris l'engagement de rembourser, en 25 annuités au plus, les avances qui leur seront faites ;

2º Les travaux auront le caractère de travaux neufs ; ils auront été admis à un programme dressé chaque année et ils seront exécutés directement par le service des Travaux publics.

La faveur qu'a déjà rencontrée l'organisation de syndicats semblables en divers points du territoire, notamment à Zarzis et à Houmt-Souk, est un sûr garant du bon accueil que les intéressés ne manqueront pas de faire à la législation nouvelle ; c'est d'ailleurs dans le courant de l'année 1898 qu'elle entrera en vigueur.

Les eaux font partie intégrante du domaine public ; leur recherche et leur utilisation doivent, par suite, être protégées par des règlements suffisamment précis pour bien réserver les droits de l'Etat et des tiers et suffisamment larges pour permettre l'emploi dans un but d'utilité de toutes les ressources hydrauliques disponibles. C'est dans ce but qu'ont été promulgués un décret et un arrêté du Directeur des Travaux publics qui portent tous deux la date du 10 août 1897. Dans le même ordre d'idées, des mesures libérales ont été prises pour faciliter aux propriétaires la recherche et l'utilisation des eaux qui se trouvent sur leurs domaines ; des appareils de sondages sont mis à leur disposition gratuitement et les agents de l'administration ont reçu mission de leur donner toutes indications utiles au sujet du régime des eaux, de leur importance, des moyens d'en tirer bon parti et du coût probable d'un aménagement déterminé.

Travaux municipaux

En traitant la matière de la prestation, j'ai eu occasion de vous signaler que dans la métropole le législateur avait très heureusement pourvu, en 1836, aux communications de village à village, au moyen de la constitution du réseau des chemins vicinaux et de la création des ressources ainsi que du personnel qui doivent assurer l'exécution des travaux intéressant ces voies.

A côté d'une sollicitude aussi éclairée, aussi judicieuse pour les voies de communications de second ordre, on aimerait à trouver une préoccupation au moins égale pour ce qui touche les travaux publics à l'intérieur des agglomérations. Ces travaux sont en effet nombreux et importants ; ils comportent, outre la voirie communale, le nettoyage et l'éclairage des voies publiques, l'alimentation en eau potable, le drainage, la construction et l'entretien des bâtiments communaux, tels qu'abattoirs, écoles, mairie, etc. Ils intéressent au premier degré le confortable et l'hygiène, et doivent à ce double titre être pris de plus en plus en sérieuse considération.

Malgré ces motifs qui sembleraient militer en faveur de l'organisation d'un corps constitué, hiérarchisé, qui serait chargé des travaux de cette nature dans les communes, rien de semblable n'existe en France. Il en résulte que les villes d'une certaine importance ont un personnel des travaux publics plus ou moins compétent, qu'elles paient assez cher, et que les petites villes ou les villages n'ont aucun agent technique susceptible de s'occuper utilement de leurs intérêts.

En Tunisie, il en est tout autrement : le décret du 1er avril 1885 sur l'organisation des communes a fort logiquement confié aux agents des Travaux publics la charge des travaux communaux ; il a stipulé que l'examen et l'approbation des projets acceptés par les Conseils municipaux reviendraient au Directeur général des Travaux publics, et que leur exécution serait assurée par les soins des Présidents des municipalités sous l'autorité du Premier Ministre.

Grâce à ces dispositions fondamentales, aussi simples que logiques, les installations et la tenue des communes tunisiennes ont pris un cachet de propreté et quelquefois même d'élégance que l'on rencontre rarement dans les communes françaises d'égale importance.

J'aurai peu de chose à vous dire de la voirie communale : l'une des questions les plus intéressantes qu'elle soulève est celle du lotissements des terrains. Il a été entrepris en divers points au lendemain de l'occupation, alors qu'on ignorait encore l'importance que pourraient prendre les centres, et qu'on n'avait guère en vue que de desservir les intérêts militaires. Des critiques peuvent être formulées sur les dispositions qui ont été adoptées à cette époque ; elles ne sauraient être maintenues pour les lotissements les plus récents, pour ceux de Tunis-Port et de Sfax entre autres qui sont particulièrement bien compris.

Quant à l'aménagement des rues communales, il suit pas à pas le développement parallèle du réseau des autres voies de communications ; il n'y a rien de particulier à signaler à cet égard.

L'éclairage public et le drainage méritent, au contraire, une mention à part.

Deux villes seulement de la Régence sont éclairées au gaz : Tunis et La Goulette. C'est la Compagnie « Gaz et Eaux » de Tunis, qui est chargée de ce double service, conformément à deux conventions conclues en 1884 et en 1886.

Les lanternes de Tunis brûlent, les unes 100 litres de gaz à l'heure, les autres 110.

Leur nombre est de 1.000 environ; plusieurs d'entre elles ont été transformées par l'installation de manchons à incandescence ; la lumière qu'elles donnent est véritablement très satisfaisante. Le gaz est vendu à la Ville sur le pied de 0,32 le mètre cube, entretien des appareils d'éclairage compris. La dépense pour l'éclairage public est de 124.000 francs environ par an.

Elle est insuffisante pour assurer, dans des conditions convenables, l'éclairage des nouveaux quartiers ; 400 lanternes nouvelles seraient nécessaires.

A La Goulette, le gaz est vendu à la Municipalité 0 fr.30 ; la Ville est éclairée par 150 lanternes.

Dans tous les autres centres de la Régence, l'éclairage public est assuré au moyen du pétrole et dans des conditions de bon marché tout à fait exceptionnelles; en raison du bas prix de cette matière, l'éclairage par le pétrole a coûté jusqu'à ce jour plus de deux fois moins cher que l'éclairage par tout autre procédé.

Quant au drainage, il est maintenant installé et fonctionne d'une manière satisfaisante dans les principales villes de la Régence. Tunis, Sousse, Kairouan, Bizerte, Monastir, ont vu successivement leurs égouts arabes remplacés par des collecteurs en maçonnerie sur lesquels sont branchés des égouts en tuyaux de grès. Ces émissaires sont coupés de distance en distance par des regard de visite et sont reliés à des réservoirs de chasse, qui permettent de les maintenir constamment en bon état de propreté.

La canalisation de Tunis, qui est la plus importante, ne comporte pas moins de 75 kilomètres de longueur d'égouts, 1.800 regards, 1.000 bouches d'égouts et une trentaine de bassins de chasse. Elle aura coûté plus de 3 millions de francs. Celles de Sousse et de Kairouan, qui viennent immédiatement après par ordre d'importance, entraîneront des dépenses voisines de 300.000 francs.

En somme, les ressources consacrées aux divers travaux communaux pendant les dernières années ont atteint en moyenne 2 millions par an ; les dépenses en travaux neufs, depuis l'installation du Protectorat ont atteint et même dépassé 8 millions. Une somme égale à la moitié de celle qui a déjà été employée, soit 4 millions, serait très utilement consacrée à des parachèvements de travaux communaux ou à des constructions neuves.

Messieurs, les travaux de routes, les aménagements hydrauliques, les travaux communaux ont progressé un peu plus lentement peut-être que les travaux neufs des ports maritimes, que l'installation du balisage et de l'éclairage des côtes et que la création d'un réseau de voies ferrées. Ils n'en constituent pas moins

aujourd'hui un outillage fort important qui contribue
pour une grande part à l'essor de la colonisation et à
la prospérité du pays. S'il a été fait beaucoup, il reste
encore beaucoup à faire. L'intérêt que l'administration
du Protectorat et que la Colonie ont toujours porté à
ces travaux sont le plus sûr garant qu'ils prendront,
dans un avenir prochain, tout le développement que
réclame la mise en valeur rationnelle du sol de la
Régence.

CONFÉRENCE DE M. VERSINI

CONFÉRENCE DE M. VERSINI

———

L'ENSEIGNEMENT PUBLIC

———

La Régence de Tunis occupe dans le bassin médi-
terranéen l'une des situations géographiques les plus
avantageuses. Placée à la partie la plus septentrionale
de l'Afrique, elle limite avec l'Algérie le bassin occi-
dental de la Méditerranée entouré par les terres européennes d'Espagne, de France et d'Italie. En tout
temps sa population, groupée dans les villes ou les
villages du littoral, a entretenu des relations suivies
avec les européens. Sans remonter jusqu'aux anciens,
aux plus belles époques de son histoire, la Tunisie
musulmane a été engagée dans le concert de l'Europe
occidentale par des relations commerciales et politiques. Aussi, de tout temps, les savants s'y sont-ils
donné rendez-vous: Kairouan, Mehdia et Tunis ont été
des centres d'une haute culture littéraire. Et si l'éclat

de ces cités univèrsitaire s'était obscurci après les troubles de ces derniers siècles, il n'en est pas moins resté aux Tunisiens un goût profond pour la culture intellectuelle. On peut voir dans l'époque du Protectorat français une sorte de Renaissance qui marquera dans l'histoire de cette nation si éclairée.

Bien avant notre venue en ce pays, les Tunisiens avaient compris l'utilité des langues européennes ; aussi ceux de la classe aisée, depuis plus d'un demi siècle, faisaient-ils apprendre le français et l'italien à leurs enfants. Mais on peut dire que l'enseignement français ne date réellement en ce pays que de la création de la Direction de l'Enseignement. Auparavant, il n'avait été fait que quelques tentatives isolées.

Le premier établissement scolaire français de Tunis de quelque importance fut fondé, en 1845, par l'abbé Bourgade. Il était fréquenté par des enfants de toutes nationalités et de toutes les confessions. L'instruction, la même pour tous les élèves, comprenait l'étude du français et de l'italien, le calcul, l'histoire et la géographie. Mais cet établissement périclita et dut disparaitre après la venue des Frères de la Doctrine Chrétienne, en 1855 à l'appel de Mgr Suter, vicaire apostolique de la Tunisie. C'est en cette année que fut ouverte par ces Frères l'école de la rue de la Kasba, qui jouit encore aujourd'hui de la plus entière prospérité. En 1859, une seconde école, celle de la rue de l'Eglise, qui existe encore également et avec non moins de succès, fut ouverte par les mêmes Frères. Enfin, en 1871, ils créèrent l'école de la Goulette.

La plus ancienne école des filles de Tunis a été fondée par les Sœurs de Saint-Joseph de l'Apparition, en 1843: c'est l'école des filles de la rue Sidi-Sabeur. Cette école, qui subsite encore aujourd'hui, mais installée dans des bâtiments nouveaux offrant les meilleures conditions hygiéniques, a été pendant de longues

années le seul établissement scolaire de filles à
Tunis. D'autres écoles de filles furent également
créées : à Tunis, celle de Bab Cartagène, à Bizerte, à
la Marsa, à Sousse, à Monastir, Mehdia, Sfax, Djerba
et la Goulette, toutes confiées aux Sœurs de Saint-
Joseph.

Il faut ajouter, pour être complet, que l'enseignement primaire dans la Régence comprenait encore,
avant 1883, certains établissements qui depuis ont
disparu. Ainsi, il existait à Bizerte et à Sousse une
école de garçons dirigée par le curé et qui comptait
la première 15 et la seconde 38 élèves. A Sfax, une
école avait été créée par les Frères Maristes. Enfin,
les Sœurs de la mission d'Afrique enseignaient à Béja.

Tel était le bilan de l'enseignement primaire en
1883, si on y ajoute la grande école de l'Alliance Israélite, ouverte en 1878, et les écoles italiennes de Tunis,
de la Goulette et de Sousse. Ces établissements étaient
en tout au nombre de 22 : 19 dirigés par les congréganistes et 3 écoles israélites. Je ne parle pas des deux
grands établissements d'enseignement secondaire : le
Collège Sadiki et le collège Saint-Charles, sur lesquels
je me propose de revenir. Aucune de ces écoles ne
recevait de subvention du Gouvernement tunisien qui
n'exerçait sur elles aucune surveillance.

En 1883, fut créée par décret beylical la Direction
de l'Enseignement (6 mai). — Aussitôt l'enseignement primaire commença à prendre un essor qui ne
s'est plus arrêté depuis.

Dès l'origine, la grande préoccupation de la Direction de l'enseignement a été de donner à l'enseignement une forme pratique. Cela est si vrai, qu'avant
d'ouvrir aucun établissement scolaire, le Directeur de
l'enseignement, au lendemain de son arrivée, demanda
au Résident Général la création d'une école d'Arts et
Métiers. Il lui avait été facile de faire ressortir tous

les avantages de cette innovation. Il n'y avait point d'école similaire dans tout le nord de l'Afrique : c'eût été attirer à Tunis tous les enfants de Tunisie et d'Algérie curieux d'acquérir les notions les plus usuelles des arts mécaniques. Ce projet fut l'objet d'un rapport favorablement accueilli par le Résident Général; une somme de 200.000 francs avait été affectée à cette institution, un terrain même choisi. Malheureusement, et pour des raisons qu'il est inutile de donner, ce projet n'a pas pu être mis à exécution. On ne peut que le regretter, car si cette école avait été créée il y a 14 ans, elle fournirait depuis plusieurs années à nos industriels, à nos entrepreneurs, à nos compagnies de chemins de fer, des ouvriers, des mécaniciens et des contremaîtres expérimentés. C'est une pensée féconde à laquelle, il sera sans aucun doute, fort utile de revenir.

Ce qui n'avait pas pu être fait pour l'enseignement industriel a été très modestement tenté pour l'enseignement agricole. Les écoles primaires rurales ont été peu à peu pourvues d'un matériel agricole très simple ; le maître y donne des notions d'agriculture pratique, sans aucune prétention scientifique, qui dépasserait la portée des indigènes. Le plus souvent, à l'école est annexé un petit jardin où les élèves peuvent mettre en pratique les leçons qui leur sont données. Il serait désirable qu'un petit champ d'expérience fut à la portée des villages arabes et de l'instituteur. Ce serait le meilleur moyen d'influer sur les procédés de culture des indigènes et de modifier leurs méthodes contre lesquelles il serait peut-être difficile de réagir, pour le moment du moins, par un enseignement trop scientifique.

L'enseignement primaire fut donc tout d'abord l'objet presque unique des soins de la Direction de l'enseignement. Mais, avant de créer des écoles, il fallait

assurer le recrutement du personnel enseignant. Une
École normale d'instituteurs était nécessaire qui don-
nât aux futurs maîtres une direction pédagogique appropriée aux besoins du pays. Grâce au bienveillant appui
du Gouvernement français qui n'hésita pas à contribuer
à cette œuvre par des subsides, l'École normale et son
annexe (Collège Alaoui) purent s'ouvrir en octobre
1884. Le recrutement du personnel laïque était assuré.
Disons en passant que la Tunisie a devancé la France
en assurant à tout son enseignement primaire la paix
et la concorde qui a si longtemps manqué à la métropole. Ici tous nos maîtres, congréganistes et laïques,
s'abstiennent d'une rivalité toujours inutile et, dans un
pays de Protectorat, plus particulièrement fâcheuse.
Ils s'entendent pour collaborer à l'œuvre commune
couverte du drapeau français. Les rivalités intestines
ne sont pas, comme on l'a dit, un article d'exportation.

Tunis vit aussi, la même année, l'ouverture d'une
grande école primaire, l'école annexe du collège
Sadiki, à Bab-Souika. Le Kef et Sfax furent aussi
pourvus d'écoles laïques de garçons.

En 1885, s'ouvrent toute une série d'écoles laïques;
en mars à Sousse et Gabès, en mai à Monastir, en
septembre à Enfidaville, en juillet à Djerba, en novembre à Bizerte, en décembre à Nabeul. Les Frères rou-
vrent cette même année leur école de Sfax qui, en 1882,
n'était pas née viable et fondent à Tunis leur école de
la rue du Maroc. En avril, le collège Sadiki avait installé à Kairouan une annexe. La principale création de
l'année fut l'École secondaire de jeunes filles à Tunis.

Pendant cinq années, jusqu'à ce que tous les centres importants de population européenne soient pourvus, cette suite de création ne s'arrêta pas.

En 1886, c'est Hammamet, Chouiggi, Mehdia, Béja,
Tabarka qui voient s'ouvrir des écoles laïques de garçons; le Kef, Tunis (rue Bab-Djedid) des écoles laïques

de filles. Les Frères s'installent à Sousse en janvier. A Tunis même, le collège Sadiki ouvre encore une école annexe, c'est celle de la rue Sidi ben Arous. L'année suivante, ce sera celle de Bab Djezira et de Sfax.

En 1887, Béja et Sfax voient s'ouvrir des écoles laïques de filles. Aïn-Draham, Souk-el-Arba, Kairouan, Ghardimaou sont pourvus d'établissements scolaires. En 1888, à la rentrée des classes, ce sera le tour de Kerkenna, Mateur, Msaken, Ras-el-Djebel, Tozeur, Mokenine, Tebourba. Le Sahel et la vallée de la Medjerda sont dès cette époque presque complètement pourvus. La même année, on dote le grand quartier de Bab Carthagène de Tunis d'une école laïque de garçons installée rue Salem; des écoles de filles sont créées à Sousse et à Gabès.

L'année de l'Exposition, qui transporte à Paris le centre de l'activité tunisienne, n'arrête pas pour cela le développement de l'enseignement primaire. L'Ariana, Zaghouan, Medjez-el-Bab, Nefta, Soliman, Radès, Porto-Farina voient s'ouvrir leurs écoles de garçons; Nabeul, Souk-el-Arba, Kairouan, complètent leur groupe scolaire par l'adjonction d'une école de filles.

1890 est la dernière grande année des créations. Elle voit s'ouvrir les écoles de garçons de Teboursouk, la Marsa, Djemmal, Maktar, Grombalia, Testour, la Goulette et Ksour Essaf.

Comme maintenant presque tous les centres importants sont munis d'écoles, il ne reste plus qu'à perfectionner cet outillage scolaire à peu près complet.

1891 et 1892 ont vu s'ouvrir les écoles laïques de Kelibia, Médenine, Menzel-Gabès, l'école laïque de filles de Bizerte et l'école congréganiste de filles de Porto-Farina. Tunis s'enrichit encore d'une école de garçons, celle de la rue de Sousse.

Il ne nous reste plus à mentionner que les écoles de

Gafsa, Kalaa-Kebira, Zarzis, El-Djem, Mehdia, Hammam-Lif, ouvertes en 1893, Menzel-Temime, Sousse en 1894, sans compter en cette année les écoles de filles de Tabarka et de Medjez-el-Bab, Midoun, Djedeida, Crétéville ont été dotés en 1895 ; la Smala des Souassi en 1896 ; Ksour, Kebili, El-Hamma, Sidjoumi, Potinville en 1897.

Les établissements réservés aux filles n'ont pas non plus été oubliés pendant cette période. En 1895, c'est Enfidaville qui reçoit son école de filles. L'année passée, à Tunis, boulevard Bab-Menara, sous les auspices de Madame Millet, une école maternelle a été créée. Enfin, cette année même, deux écoles de filles ont été ouvertes à Ain-Draham et à Grombalia, cette dernière le 15 février[1].

Telle est, pour l'enseignement primaire, l'œuvre de la Direction de l'Enseignement en 14 ans. De 22, les écoles primaires ont vu passer leur nombre à plus de 100. La population scolaire se décomposait ainsi le 1er janvier dernier :

Garçons. 9.079
Filles. 3.665
          Totaux généraux. . . . 12.744

La création des écoles fut facilitée par diverses innovations particulières à la Tunisie. D'abord, on ne s'attacha pas à bâtir partout des locaux neufs et parfaitement adaptés aux nécessités de l'enseignement. L'œuvre de la Direction de l'Enseignement n'aurait pas été, en 14 ans, ce que vous venez de voir si elle avait dû construire les locaux de toutes ses écoles ; elle aurait été arrêtée par le temps et l'argent. Un

---

[1] Depuis la date de cette conférence ont été créées les écoles de Thala (mixte), Ain-el-Asker (mixte), Si-bel-Khir is (mixte) et Kroussia (mixte).

grand nombre d'écoles ont été tout d'abord installées dans des locaux pris en location et, plus tard, celles dont le développement pouvait être contrarié par l'exiguïté ou l'insuffisance de l'immeuble ont été transférées dans des locaux construits ad hoc. Citons dans ce cas les groupes scolaires de Souk-el-Arba et de Bizerte, bâtis bien après la création des écoles dans les localités [1]. On a donc, pour ainsi dire, mis à l'essai l'école dans des bâtiments loués. C'était s'éviter bien des déboires. Encore aujourd'hui, il y a 37 écoles dans des locaux pris à bail à des particuliers. Notons, en passant, que trois grandes Sociétés agricoles ont donné à l'Etat l'immeuble scolaire pour faire bénéficier les enfants de leur personnel de l'instruction primaire.

Mais l'innovation la plus intéressante a été la création en Tunisie des écoles recettes (au nombre de 37) [2]. Dans bien des localités d'importance moyenne on aurait reculé devant les dépenses occasionnées par la création d'une école et d'une recette postale ; en les fondant ensemble, en faisant de l'instituteur le fonctionnaire postal et télégraphique, le sacrifice budgétaire était considérablement réduit. Les bénéfices de la poste devaient d'ailleurs compenser en partie les dépenses annuelles des deux services. Cette innovation a permis de couvrir la Tunisie du réseau d'écoles que nous avons essayé de décrire. Tandis qu'en Kabylie de gros villages sont encore dépourvus de la poste et du télégraphe, on peut dire qu'en Tunisie il n'y a plus d'agglomération de population appréciable qui ne jouisse du bienfait de la science et des lettres, grâce à cette création due aux efforts combinés et à l'entente toujours complète de l'Office postal et de la Direction de l'enseignement.

[1] De même les écoles congréganistes de Sousse et de Sfax, récemment ouvertes (octobre 1898).
[2] Depuis 40.

On a pu dire que le service postal et télégraphique
détournait l'instituteur de sa tâche professionnelle et
l'empêchait d'obtenir, dans sa classe, tous les résultats
auxquels il serait arrivé sans cette besogne supplé-
mentaire. Cela est sans doute un peu vrai et les deux
directions intéressées ne sont pas sans connaître les
inconvénients de ce mariage de raison qu'elles ont
contracté ; mais l'une n'aurait pas eu de poste et de
télégraphe sans la collaboration de l'autre, qui n'aurait
pas eu d'école sans l'intérêt qu'offrait aux populations
françaises et indigènes des grands villages de la
Régence l'ouverture de recettes postales et télégraphiques. En admettant même que l'instituteur-rece-
veur ne puisse pas consacrer entièrement à ses élèves
les six heures d'enseignement fixées par les programmes, ne reste-t-il pas toujours dans son rôle
d'éducateur en rendant aux parents de ses élèves,
comme receveur des postes, mille petits services, en
les voyant plus fréquemment, en profitant de toutes
les occasions que lui procurent ses doubles fonctions
pour faire pénétrer dans l'esprit indigène des idées de
progrès et de civilisation? Au surplus, on peut affir-
mer que partout nos courageux instituteurs accom-
plissent leur tâche souvent écrasante avec ce zèle, ce
dévouement, cette conscience professionnelle qui fait
l'honneur de ce corps si intéressant.

Programmes de l'Enseignement primaire

L'enseignement primaire dans les écoles publiques
de la Tunisie comprend les mêmes matières que celui
de la métropole, mais il est essentiellement pratique,
et dans sa méthode et dans son objet. Sans doute, l'enfant qui, en France, se présente à l'école primaire vient
y apprendre à lire, écrire et calculer, mais il sait déjà

sa langue, il s'exprime en français et son cerveau est meublé de tout un vocabulaire et d'une syntaxe tout au moins rudimentaire. Il n'en est pas de même en Tunisie, où la grosse difficulté pour l'enseignement vient de ce fait que les écoles sont fréquentées par des enfants de toutes nationalités, européens et indigènes. Il faut donc, avant de songer à leur apprendre à lire ou à écrire, leur enseigner les éléments du langage français. Et l'originalité des écoles tunisiennes, c'est que ces trois enseignements y sont donnés simultanément : l'enfant étranger apprend le mot français, apprend en même temps à le prononcer, à l'employer, à l'écrire, à le lire.

Il n'est pas, en effet, complétement ignorant; il a des idées telles qu'ont les enfants de son âge, il sait les exprimer dans sa langue maternelle ; il connait dans cette langue le vocable désignant les objets avec lesquels il est familiarisé. L'enseignement du français, que cet enfant vient recevoir à l'école, s'appuyera donc sur les connaissances et sur les idées qu'il possède déjà.

On arrive ainsi à enseigner à lire et à écrire les lettres et les syllabes par la lecture des mots en supprimant l'étude des 25 lettres de l'alphabet, exercice monotone et rebutant.

On peut même, avant que les auditeurs sachent toutes les lettres de l'alphabet, leur faire lire de petites phrases.

Avec cette méthode, il est vrai, on ne peut pas lire beaucoup de mots dans chaque leçon; en revanche, les auditeurs connaitront rapidement les lettres et les syllabes et pourront très vite aborder les exercices de lecture.

Toutes les leçons servent au langage. L'enseignement a pour but d'apprendre aux enfants à parler le français pour entrer en communication avec nos nationaux. Ceux qui poussent leurs études plus loin

sont les enfants plus particulièrement désignés par
leurs aptitudes naturelles. Mais, avant tout, ils doivent
apprendre à parler le français. Tout étranger qui sait
notre langue, s'il n'est pas encore acquis à nos idées,
est un client assuré de la métropole : il est entraîné
dans l'orbite de notre influence.

L'enseignement du langage est donné sur des
tableaux représentant des scènes de la vie de tous les
jours. L'enfant guidé par les interrogations du maitre
apprend peu à peu à nommer en français, en faisant
toujours une phrase complète, tous les objets représentés et qui lui sont familiers ; puis il arrive à commenter les tableaux de langage, à décrire, toujours en
français, l'usage et les avantages des différents objets
qu'il voit et qu'il connait désormais. Certains maitres
avec un peu d'habileté obtiennent grâce à ces tableaux
des résultats merveilleux. Comme on le voit, c'est un
enseignement tout pratique qu'on a voulu donner. Les
enfants qui l'ont reçu n'ont pas, quoiqu'on ait pu dire,
le cerveau bourré d'idées fausses, de connaissances
abstraites qui les détournent des champs ou des ateliers. Tout au contraire, ces enfants ont généralement
trouvé à s'employer, en particulier chez les commerçants et les industriels français à qui ils ont rendu de
réels services.

Enseignement Secondaire

L'enseignement secondaire comprend à Tunis quatre établissements principaux : le Lycée Carnot, l'École
secondaire de jeunes filles, le Collège Alaoui et le
Collège Sadiki.

Lycée Carnot

En 1875, les Pères Missionnaires d'Afrique furent
appelés en Tunisie en qualité de chapelains et de gar-

diens de la chapelle Saint-Louis que le Gouvernement français avait fait construire, en 1830, à Carthage, à l'endroit où l'on suppose que Saint Louis est mort. En 1880, le cardinal Lavigerie fit élever, autour de la chapelle, de grands batiments dans lesquels il installa un collège qu'il appela Collège Saint-Louis de Carthage. Les élèves ne tardèrent pas à affluer. Les habitants de Tunis, aussi bien les européens que les indigènes, étaient trop heureux de pouvoir faire instruire leurs fils sans être obligés de les envoyer en France ou en Italie.

Ce collège contenait plus de 50 élèves pensionnaires au moment de l'occupation française, en 1881. Il fut transporté l'année suivante à Tunis, où il prit le nom de Collège Saint-Charles.

Cet établissement ne devait pas tarder à perdre son caractère exclusivement religieux. Le cardinal, pour maintenir le niveau des études, dut demander au Ministère de l'instruction publique des professeurs de l'Université. Le collège fut pourvu de professeurs laïques, payés par le Gouvernement tunisien. En novembre 1880, il a été cédé définitivement par le cardinal au Gouvernement tunisien. Son administration est devenue entièrement laïque, ainsi que ses professeurs. Il prit alors le nom de Lycée Sadiki ; car M. Massicault avait décidé qu'un certain nombre d'élèves du collège Sadiki seraient transférés dans le nouveau lycée. Il conserva ce nom jusqu'à sa réorganisation par le décret du 29 septembre 1893. Au lendemain de la mort du Président Carnot, il fut décidé, en conseil des ministres, que le Lycée de Tunis prendrait le nom de Lycée Carnot. Le décret de septembre 1893, charte constitutive du grand établissement tunisien, détermine les conditions de l'enseignement qui y est donné et assure au personnel certains avantages ou indemnités.

L'enseignement donné au Lycée de Tunis est sensiblement le même que celui des Lycées de la Métropole. Grâce au régime du Protectorat, le Gouvernement tunisien a pu introduire dans son Lycée certaines appropriations aux besoins du pays et inaugurer dans la Régence cette décentralisation des études et des programmes que tant de bons esprits réclament, mais en vain, dans la métropole.

Ainsi, si l'enseignement classique secondaire est donné avec une stricte conformité aux programmes français, il n'en est pas de même de l'enseignement moderne qui a été adapté aux besoins de la Tunisie. Après la quatrième moderne, les élèves peuvent entrer à leur choix dans la section normale (semblable à la troisième moderne de France) ou dans la section commerciale qui est proprement tunisienne. Dans la section commerciale les élèves étudient, en dehors des quatre langues, française, arabe, italienne et anglaise, l'histoire du commerce et de l'industrie, la géographie commerciale et industrielle, les mathématiques appliquées au commerce, la physique et la chimie appliquées au commerce et à l'industrie, le droit usuel et l'économie politique, la comptabilité, le commerce et l'étude des marchandises, la calligraphie.

A l'issue de la seconde commerciale, les élèves peuvent subir un examen pour l'obtention du diplôme d'études commerciales. Il est inutile d'insister sur l'importance de cette innovation, due au régime du Protectorat. Les enfants qui suivent ces cours, sous la direction de professeurs de l'Université ou de spécialistes éprouvés, reçoivent à la fois un excellent enseignement secondaire, et un enseignement pratique très solide. Leurs études terminées, ils sont capables d'occuper un emploi dans le commerce, l'industrie ou même l'agriculture et d'aider la colonisation ; ceux qui voudraient entrer dans les écoles spéciales supérieu-

res sont en mesure d'aborder avec succès les cours
d'admission.

Le brevet élémentaire de l'enseignement primaire
donne aussi le droit d'accès aux cours d'enseignement
commercial.

Une autre innovation tunisienne a été la scission
de la classe de septième en deux sections, dont l'une
prépare plus spécialement à l'enseignement classique
et l'autre à l'enseignement moderne. En septième
classique, les enfants abordent les premiers éléments
de grammaire latine. Dès cette année, les résultats
acquis sont encourageants et les élèves de sixième
ont une assurance et une solidité qu'ils doivent à la
réforme, qui n'est au fond qu'un retour timide aux
anciens errements. Aussi bien innover n'est quelquefois que savoir revenir sans hésitation en arrière.

Le Lycée Carnot, situé en plein centre du quartier
européen, occupe une superficie de plus de deux hectares. Il a dû déjà être agrandi par deux fois : en 1894,
tout un corps de bâtiment a été ajouté et de
nouveaux travaux sont en voie d'exécution pour
l'adjonction d'une aile nouvelle. La population scolaire
qui s'élevait à 256 en 1890, à 425 en juillet 1896,
monte aujourd'hui (31 décembre 1897) à 558 élèves :

Pensionnaires	70
Demi-pensionnaires	32
Externes surveillés	157
Externes libres	299

558

répartis ainsi :

Enseignement primaire . .		260
id.	moderne . .	168
id.	classique . .	130

558

Le nombre des externes surveillés, près du tiers de
la population totale, est tout à fait digne de remarque.
Il prouve mieux que toutes les phrases combien les

parents apprécient le soin avec lequel l'administration et les répétiteurs dirigent en étude le travail des
enfants. Le reproche, fait si souvent à l'Université de
France de ne plus s'occuper des élèves en dehors de
la classe, n'aurait pas sa raison d'être dans le Lycée
tunisien, où les professeurs sont les collaborateurs
dévoués de l'administration dans la tâche si délicate
et si difficile, non seulement de l'instruction, mais
aussi de l'éducation des élèves.

Ecole Secondaire

L'Ecole secondaire de jeunes filles est la création du
Gouvernement du Protectorat. Le berceau de l'Ecole
secondaire de jeunes filles a été, dans la rue des Glaciè-
res, un modeste magasin qui servait également au
Cours public d'arabe. Au bout de deux ans, elle
fut transférée au premier étage d'une maison de la
la rue de la Commission. Comme le nombre des
élèves augmentait rapidement, l'école dut être installée
provisoirement dans un bâtiment de la rue Al-Djezira
en attendant l'inauguration, en 1891, des locaux de la
rue de Russie.
Les bâtiments actuels sont dus à la bienveillante
initiative de M. Massicault. Il était nécessaire de créer
pour les jeunes filles un établissement correspondant
au Lycée de garçons. En même temps, on devait songer à former des institutrices pour les écoles laïques
après les avoir recrutées parmi les meilleures élèves
de ces écoles. L'Ecole secondaire a été construite par
les architectes de la Direction générale des travaux
publics, à qui il convient de rendre hommage pour ce
bâtiment si bien approprié aux besoins de l'enseignement. Rien n'a été négligé pour procurer aux élèves
tout le confortable désirable. Une salle de dessin vient

d'être ajoutée à l'immeuble et d'achever son entier perfectionnement.

L'enseignement y est ainsi réparti : classes maternelles et enfantines pour les enfants au-dessous de six ans (garçons et filles) ; classes primaires pour les jeunes filles au-dessus de sept ans ; classes secondaires dans lesquelles on ne reçoit les élèves que pourvues du certificat d'études primaires.

L'école reçoit aussi des élèves-maîtresses qui se destinent à l'enseignement. Liées à l'État par un engagement décennal, ces jeunes filles, à qui des postes d'institutrices sont réservés, sont à l'École secondaire défrayées de toutes les dépenses d'enseignement et d'entretien.

Le personnel de cet établissement comprend, outre la directrice qui est pourvue des mêmes titres que ceux exigés en France des directrices des Lycées de jeunes filles et des Écoles normales, des professeurs munis du certificat d'aptitude réglementaire et des institutrices ayant le brevet supérieur.

Le nombre des élèves qui suivent les cours de l'École secondaire est de 92 dans les classes secondaires et de 379 dans les classes primaires.

Collège Sadiki

Le Collège Sadiki, a été institué, en 1876 par Son Altesse le Bey Mohamed Essadok, sous le ministère du général Kheireddine qui voulut doter la Tunisie d'un établissement scolaire capable de donner une instruction solide aux jeunes gens musulmans. Il fut doté de la majeure partie des biens confisqués à Si Moustfa Khasnadar. Ces biens furent déclarés habous et leur administration confiée à un administrateur spécial.

Malheureusement, après sa mort, la direction de

l'établissement et la gestion des biens furent confiées à un seul fonctionnaire qui laissa péricliter les finances du collège : des propriétés furent vendues pour des enzels dérisoires; des échanges désastreux d'immeubles furent consentis ; les rentrées des loyers se firent avec la plus grande difficulté. Des réformes ont dû, en conséquence, être introduites dans son administration par la Direction de l'enseignement.

Une des plus importantes a été la création d'un conseil d'administration de huit membres, présidé par le Directeur de l'enseignement. Ce conseil dresse le budget de l'établissement, approuve les locations, propose la création des chaires nouvelles, décide l'augmentation des traitements, etc.

Le Collège Sadiki, autrefois recruté par le tirage au sort, seul moyen d'éviter les abus du favoritisme, est aujourd'hui ouvert au concours. Il reçoit 100 élèves qui sont demi-pensionnaires aux frais de l'établissement et 50 internes complètement boursiers. L'enseignement que les élèves sont obligés de suivre se divise en sept classes et est dirigé en vue de leur utilisation dans les administrations du Protectorat qui sont le débouché naturel du Collège Sadiki. Certains des élèves du collège sont allés achever leurs études en France. Un des anciens boursiers est aujourd'hui médecin à Tunis, deux autres sont géomètres. Il est inutile d'insister, le Collège Sadiki a formé la plupart des jeunes musulmans instruits et expérimentés dont les services sont si appréciés par le gouvernement du Protectorat.

Collège Alaoui

Le collège Alaoui a été fondé, en 1881, sur l'initiative de Son Altesse le Bey régnant, avec l'assentiment et les encouragements du Gouvernement français.

Cette fondation est donc, comme l'École secondaire de jeunes filles, due toute entière à la période du Protectorat.

Comme nous le disions tout à l'heure, la création d'une École normale d'instituteurs devait nécessairement précéder et faciliter le développement de l'enseignement primaire dans la Régence.

L'École normale du Collège Alaoui est la pépinière des instituteurs de la Tunisie. Presque tous les maîtres venus de France y ont passé quelques mois. Aujourd'hui les jeunes maîtres y séjournent encore pour se familiariser avec les méthodes de l'enseignement primaire tunisien ainsi qu'avec la langue arabe. C'est seulement quand leur stage est terminé qu'ils rejoignent leur poste dans l'intérieur.

L'École normale donne l'enseignement primaire supérieur et, dans les classes de l'école annexe, l'enseignement primaire. L'enseignement professionnel, commercial et agricole y tient une large place. Les travaux manuels, principalement ceux qui ont rapport au bois et au fer, sont particulièrement en honneur dans l'établissement. En 1889, on a installé des ateliers déjà trop étroits pour ces travaux pratiques; ils comprennent une grande salle de dessin, une salle pour le travail du bois, une salle de modelage, un atelier d'ajustage. Ces notions de travail manuel sont très utiles aux instituteurs dans les différents postes où ils ont à exercer. Elles doivent les mettre en état de diriger leurs élèves dans la voie où les appellent leurs aptitudes et leur donner les premières connaissances techniques indispensables à l'apprentissage des différents métiers.

La population du collège : 555 élèves au 31 décembre 1897, comprend des externes libres, des externes surveillés, des demi-pensionnaires et des pensionnaires. Parmi ceux-ci comptent les élèves-maîtres ou futurs instituteurs. Tous sont boursiers dont 8 français et 8 indigènes. Leur séjour à l'école peut se prolonger au-delà des trois années réglementaires pour leur permettre de compléter leur éducation professionnelle.

Examens en 1898

Ont été reçus :

	Aspirants	Aspirantes
Certificat d'études primaires élémentaires	196	79
— — — supérieures	3	
Brevet élémentaire.	8	28
Brevet supérieur.	6	11
Baccalauréat classique, 1re partie. . . .	10	»
2me partie, Philosophie	7	»
— lettres, mathémathiques. . .	3	»
Baccalauréat moderne, 1re partie	3	»
2me partie, lettres, philosophie	2	»
— lettres mathématiques. . . .	3	»
Certificat d'arabe parlé . . . , ...	7	»
Brevet élémentaire d'arabe	3	»
Diplôme supérieur d'arabe	1	»

Enseignement Supérieur

L'enseignement supérieur français, en Tunisie, est représenté par la chaire publique de langue arabe et les diverses conférences.

L'enseignement de l'arabe parlé et régulier rassemble chaque année une centaine d'auditeurs. Le cours d'arabe parlé, qui prépare au certificat de connaissance d'arabe parlé, est très fréquenté par les colons, fonctionnaires et officiers que leur position

ou leurs besoins mettent dans l'obligation de converser avec les indigènes. Ce cours est divisé en trois
années. La troisième année est confiée à un maître
indigène : c'est là un essai original tenté par la Direction de l'enseignement. Il est certain que les européens déjà familiarisés avec l'arabe trouvent plus de
profit à converser avec un indigène qu'avec un de leurs
compatriotes, si bon arabisant qu'il soit.

Le cours élémentaire d'arabe régulier prépare au
brevet élémentaire d'arabe, brevet établissant que la
personne qui l'a obtenu possède une connaissance
suffisante des principes de la grammaire arabe (lexi-
cologie et syntaxe) et qu'elle est à même, non seulement de communiquer avec les indigènes, mais de
lire et de comprendre un écrit ordinaire rédigé en
arabe régulier et de traduire en style arabe correct
un texte français d'un genre simple et usuel.

Le cours supérieur prépare au diplôme supérieur
d'arabe. Ce diplôme établit que la personne qui en est
pourvue possède, outre les connaissances du brevet,
des notions étendues de la syntaxe arabe et des notions
élémentaires du droit musulman, de la littérature
arabe et de l'administration gouvernementale de la
Régence.

Enfin, l'année dernière, un cours de droit musulman a été annexé à la chaire publique. Ce cours réservé
aux européens est professé en arabe par un cheikh
de la plus vaste érudition. Il a trouvé bon accueil
auprès de nos arabisants.

On peut ranger dans l'enseignement supérieur
l'École de musique qui a été installée à Bab Khadra, il
y a deux ans, par la Direction de l'enseignement. L'enseignement du piano, du violon, du solfège et de la
musique, y est donné par des artistes éprouvés. Les
élèves on fait bon accueil à cette fondation qui est
appelée au plus brillant avenir.

Des conférences depuis l'année scolaire 1894-1895 sont faites, le soir, par des professeurs du Lycée Carnot sur des sujets littéraires, historiques et scientifiques ; elles ont été tout récemment transférées de la rue de Russie à l'Hôtel des Sociétés françaises. L'affluence du public qui ne s'est point démentie depuis l'inauguration a été un précieux encouragement pour l'administration qui les a organisées et pour les conférenciers qui y ont consacré toute leur science et tout leur talent.

Des conférences, spécialement réservées aux indigènes employés des administrations tunisiennes, ont été données dans les salles du Collège Sadiki et suivies régulièrement par une trentaine d'auditeurs. Ces cours ont porté sur la législation tunisienne, sur les éléments du droit français, sur l'organisation financière de la Régence. Un cours complet de l'histoire de la Tunisie a été confié à un professeur du Lycée Carnot.

Sous le patronage de la Direction de l'enseignement, l'Alliance française a organisé à Tunis, pour les européens, des cours du soir gratuits. Le français, le calcul, la géographie, la comptabilité, la sténographie, le dessin, y ont été enseignés. Cet enseignement d'un caractère tout pratique a été fort recherché par les adultes, ce qui prouve son utilité.

L'Alliance française a également fondé à Tunis l'œuvre des cantines scolaires qui a pour but de procurer aux enfants pauvres des écoles une nourriture saine et à bon marché, sinon entièrement gratuite. Grâce à cette œuvre, les ouvriers français et européens peuvent, malgré la modicité de leurs ressources, assurer à leurs enfants le bénéfice de l'instruction primaire : 14.160 portions gratuites et 12.000 portions payantes, soit au total 26.220 portions, ont été distribuées en 1896-1897 dans les quatre écoles primaires de Tunis : Collège Alaoui, rue Salem, Bab-Djedid et la Crèche. La première cantine a été créée en 1888.

Avec l'aide de quelques municipalités et du comité régional de l'Alliance française, la Direction de l'enseignement a créé des bibliothèques populaires à Tunis, à la Goulette, à Bizerte, à Souk-el-Arba, au Kef et à Sfax. Cette création offrait le plus grand intérêt, car rien ne saurait remplacer les livres comme instrument de culture intellectuelle et morale et, dans ce pays, comme agent pour la propagation de la langue et des idées françaises.

Le nombre total des volumes que possèdent nos bibliothèques populaires dépasse 10.000 à l'heure actuelle. Le nombre des lecteurs est supérieur à 12.000 chaque année. Celle de Tunis en particulier, a reçu récemment des améliorations importantes; aussi est-elle l'objet d'une fréquentation extrêmement assidue. Pendant l'année écoulée le nombre des prêts a été de 7.114 et celui des livres lus de 15.646.

Enseignement musulman

L'enseignement musulman que le Gouvernement du Protectorat a laissé subsister dans la forme qu'il revêtait avant l'occupation, est essentiellement religieux. Ce sont les textes sacrés qui ordonnent au musulman de rechercher la science, mais cette science n'est autre chose que la connaissance de la vérité révélée. Le livre qui la renferme est la fin de tout l'enseignement musulman. En réalité, comme nous allons le voir, cet enseignement correspond assez bien à l'enseignement théologique des Universités du moyen-âge en Europe. Cela suffit à expliquer la répugnance qu'ont les indigènes à modifier les méthodes que leur ont léguées leurs ancêtres, et la crainte qu'ils manifestent de nous voir toucher aux principes mêmes de leur religion, lorsque nous nous occupons de leur instruction. Il faut donc, lorsqu'on entreprend d'améliorer les méthodes d'enseignement et d'étendre les programmes des connaissances des jeunes musulmans, éviter de les froisser dans les sentiments de respect et d'admiration qu'ils ont pour leur livre sacré.

L'enseignement musulman débute par un enseignement tout à fait élémentaire, qui a certaine ressemblance avec le catéchisme et qui est donné dans les écoles coraniques ou kouttabs. Le moueddeb enseigne aux enfants de 5 à 16 ans à lire et à écrire le Coran, sans l'expliquer, ni le commenter.

Tout est rudimentaire dans le kouttab. Comme mobilier, quelques nattes, un petit tapis pour le maître, un vase servant à laver les planchettes, rien de plus. Pas de matériel scolaire. Le maître n'a pas besoin de livre, il sait le Coran par cœur et cette connaissance est suffisante au bon moueddeb. L'écolier n'a que sa planchette de bois, un stylet de roseau et son encrier.

Cet enseignement purement mécanique n'a, par suite, qu'une portée très limitée. Les enfants mettent un temps considérable à apprendre à lire et à écrire. Leur développement intellectuel est nul ou à peu près : jamais on ne leur donne d'explication sur le texte qu'ils apprennent par cœur; on ne leur enseigne rien en dehors du Coran et de quelques éléments de grammaire et de droit. Aussi, en quittant l'école, sont-ils incapables de rédiger même une lettre des plus simples et de l'écrire correctement.

Le Gouvernement du Protectorat s'est préoccupé de cette situation. Il a pensé que la première mesure à prendre pour modifier et améliorer cet enseignement était de former des maîtres.

C'est dans cette pensée qu'a été créée, il y a 4 ans, la Medersa El-Asfouria qui est une sorte d'Ecole normale des moueddebs. Les jeunes gens sont admis dans cet établissement à la suite d'un concours qui porte sur le Coran et les éléments de la grammaire. La durée des études est de cinq ans. Le programme comprend le Coran, la grammaire arabe, les éléments de droit, la calligraphie, les éléments de la littérature, l'arithmétique et le système métrique, l'histoire et la géographie de la Tunisie, la langue française. Les maîtres qui sortiront de cet établissement pourront donner aux enfants musulmans un enseignement primaire plus complet et plus méthodique que celui qu'ils reçoivent actuellement et contribueront ainsi à élever le niveau intellectuel des indigènes.

Au sortir du kouttab, le jeune homme qui ne sait que le Coran peut aborder à la mosquée les études de grammaire et de droit. Mais l'instruction qu'il va recevoir restera primaire pendant longtemps encore. L'enseignement des mosquées comprend donc les trois degrés: primaire, secondaire, supérieur.

La Grande Mosquée de Tunis est régie par des décrets de 1875 et de 1876, rendus sous le ministère du général Kheireddine qui fixèrent les programmes des études, les ouvrages qui doivent être enseignés, etc... Les décrets sont encore en vigueur ou n'ont subi que de très légères modifications. Le contrôle des études est confié aux magistrats musulmans les plus éclairés, le cheikh el islam et le bach mufti malékite. Un inspecteur y représente le Directeur de l'enseignement.

435 cours sont professés à la Grande Mosquée dont 150 de grammaire, 64 de littérature ou logique; 4 professeurs titulaires, assistés de 67 maîtres auxiliaires,

donnent l'enseignement. Naturellement, les mêmes
matières sont enseignées par de nombreux professeurs. C'est ainsi que, pour la grammaire, il y a 38
leçons par jour sur Sidi Khaled, ouvrage tout à fait
élémentaire, 34 sur Makkoudi, un peu plus difficile
que le précédent et 24 sur Lachmouni.

Ce sont les ouvrages les plus élémentaires qui sont
le plus en usage. L'enseignement reste, par suite, à un
niveau assez bas. Les sciences surtout sont négligées.
Aussi le Gouvernement a-t-il encouragé la fondation
d'une société, la Khaldounia, qui a pour but de faire
des conférences sur les matières qui ne sont pas pro-
fessées à la grande mosquée (arithmétique, géomé-
trie, algèbre, physique, chimie, géographie, langue
française, etc.). Un esprit nouveau et des méthodes
nouvelles pénétreront ainsi dans l'enseignement arabe
et auront une répercussion salutaire sur les cours
mêmes professés à la Grande Mosquée.

Les méthodes de la mosquée sont, en effet, suran-
nées. Les livres dont on se sert sont ceux qu'ont étudiés les musulmans de l'Ifrikia et du Moghreb, il y a
plus de 500 ans. Les maîtres se gardent bien de critiquer les textes qu'ils ont à expliquer. Le sentiment
religieux étend sa protection sur tout ce qui touche
au passé. Le maître se contente de lire le texte qu'il a
à expliquer, puis il le commente en répétant mot à
mot les termes mêmes de l'ouvrage que les élèves ont
entre les mains. Les tolbas ne prennent pas de notes
et ne font jamais de devoirs écrits; ils s'efforcent d'apprendre par cœur les passages interprétés. Par suite,
ils ne sont pas exercés à rédiger dans leur langue.
Aussi n'est-il pas rare de rencontrer des tolbas qui,
bien que connaissant parfaitement le droit et la grammaire, sont incapables d'écrire une lettre ou un document d'un ordre d'idées très simple.

En 1897, 930 étudiants ont fréquenté la Grande

Mosquée ; la ville de Tunis en a fourni 195 à elle seule.
L'âge des étudiants varie de 16 à 30 ans. Les tolbas du
dehors sont logés dans des medersas construites dans
un but pieux par de généreux fondateurs. Il y a 22
medersas à Tunis contenant 450 chambres. Un décret
de Son Altesse a réglementé le service intérieur des
medersas qui sont actuellement placées sous l'autorité de l'inspecteur des études arabes ; les directeurs
en sont nommés par le Directeur de l'enseignement.

Tel est, exposé d'une façon bien rapide, le tableau
de l'enseignement public de la Tunisie à l'heure
actuelle. Sans doute, notre organisation scolaire est
encore loin d'être parfaite ; bien des améliorations
sont désirables, bien des réformes s'imposent. Le Directeur du service ne cesse de réclamer pour l'instruction
primaire un caractère encore plus pratique et plus
professionnel. Il voudrait que les enfants européens et
indigènes de nos écoles prissent dès le début de leurs
études le goût du travail manuel, qu'ils pussent recevoir un enseignement et une direction d'esprit capables de les pousser vers les métiers, vers l'agriculture
surtout qui est et qui sera longtemps encore leur plus
grand débouché.

Il trouve aussi qu'on n'a pas fait une place suffisante, dans les programmes de nos écoles et même
dans ceux de l'enseignement moderne au Lycée Carnot, à l'enseignement de la langue arabe dont la connaissance est si utile à nos compatriotes et qui, étudiée
à fond, leur permettrait l'accès de certaines fonctions
délicates.

Mais on ne peut nier qu'un grand pas ait été fait
depuis 1883 et que la Tunisie se trouve dotée aujour-
d'hui de l'outillage scolaire indispensable à tout pays
civilisé. Ce que nous pouvons tout au moins avancer

avec certitude et avec un légitime orgueil, c'est que le personnel enseignant, qui a été appelé dans ce pays, est un personnel de choix qui fait honneur à la Tunisie et à la France par son savoir, par la dignité de sa vie et par les sentiments élevés qui le guident dans l'accomplissement de l'œuvre de progrès et de civilisation dont il est chargé.

CONFÉRENCE DE M. GAUCKLER

CONFÉRENCE DE M. GAUCKLER

SERVICE DES ANTIQUITÉS

Dans les précédentes conférences, l'on vous a décrit les divers rouages administratifs dont le fonctionnement est indispensable au gouvernement du Protectorat. L'utilité du service des Antiquités et Arts, dont j'ai à vous parler aujourd'hui, peut vous paraître moins évidente. Il semble que les questions dont il s'occupe rentrent plutôt dans le domaine du pur dilettantisme que dans celui de la vie pratique, et que, dans un pays neuf où l'existence est une lutte de tous les instants, les soucis de l'heure présente et la nécessité de préparer l'avenir ne nous permettent guère de songer au passé.

Mais ce n'est là qu'une apparence ; la réalité est tout autre, et c'est ce que je voudrais vous montrer aujourd'hui. Je laisserai de côté les grandes théories et les considérations générales. Je négligerai même, de parti pris, tout ce qui, dans notre tâche, n'affecte pas un caractère spécialement utilitaire. Je me tiendrai sur le terrain des faits ; et, en vous exposant les motifs de la création du service des Antiquités — la façon dont il fonctionne, — et la portée des résultats qu'il obtient, — j'essaierai de vous prouver que l'archéologie en Tunisie n'est pas une science de luxe, n'ayant d'autre but que de satisfaire une vaine curiosité d'érudit, — qu'elle présente au contraire un intérêt vivant et actuel de premier ordre et que la connaissance précise et raisonnée des antiquités tunisiennes est la seule base solide où puisse s'appuyer toute entreprise intéressant l'avenir politique et économique de ce pays.

L'on a dit souvent, Messieurs, et avec raison, que la Tunisie est un pays à la fois très neuf et très vieux, dont l'histoire se poursuit en se recommençant. En effet, l'œuvre que tente actuellement le Protectorat n'est qu'une renaissance. Rien ne ressemble plus aux débuts de l'occupation française dans la Régence que ceux de la conquête romaine dans la province d'Afrique. Le pays présente absolument le même aspect, et la description qu'en a fait Salluste, il y a près de deux mille ans, est encore exacte aujourd'hui : « *Ager frugum fertilis, bonus pecori; arbori infecundus, cœlo terraque penuria aquarum.*—Terre fertile en céréales, favorable au bétail, contraire aux arbres, manquant d'eau, car les pluies et les sources sont insuffisantes. » — La population est répartie de la même façon : sur la côte et presqu'à la même place, une grande capitale, Carthage ou Tunis, qui absorbe, qui concentre en elle toute la vie politique et économique du pays, au point que ce dernier disparaît derrière elle et n'a d'autre nom que le sien ; — à côté d'elle, quelques comptoirs secondaires, dispersés sur les

points les plus favorables du littoral : Hippo Diarrhy-
tos, Utique, Néapolis, Hadrumète, Ruspina, Tacape
et les *emporia* des Syrtes, qu'ont remplacés Bizerte,
Nabeul et Hammamet, Sousse, Monastir, Mehdia,
Sfax et Gabès. Dans l'intérieur encore quelques cités:
jadis Vaga, Bulla Regia, Thugga, Sicca Veneria,
Capsa ; aujourd'hui, Béja, Testour, Teboursouk, le
Kef, Gafsa et Kairouan ; — marchés drainant les produits agricoles de ces riches plaines alluviales, ces
mégala pédia dont les habitants de Carthage, comme
ceux de Tunis, tiraient leurs principales ressources —
ou postes stratégiques occupant le centre d'immenses
plateaux et le débouché de grandes vallées de péné-
tration ; — partout ailleurs, enfin, une terre aride et
nue, avec ravins sauvages rongés par les oueds, colli-
nes couvertes d'une végétation rabougrie et désor-
donnée ; vastes étendues sèches et sablonneuses, qui
suffisent à peine à l'entretien d'une population clairsemée de pasteurs nomades.

Or, de ce pays sec, dépouillé, d'une fertilité inter-
mittente, les Romains ont su faire l'une des contrées
les plus riches, les plus populeuses du monde. Les
solitudes, qu'avant eux parcouraient seules les bandes
affamées des Garamantes et des Gétules, se couvrirent
sous leur domination d'opulentes cités, les plaines
incultes d'abondantes moissons, et ce pays qui pouvait à peine nourrir quelques tribus errantes devint
assez fécond, non seulement pour répondre aux
besoins d'une population très dense, mais encore pour
alimenter régulièrement de son trop plein les greniers de la Ville Eternelle. « Ce sont les moisson-
» neurs africains, dit Juvénal, qui nourrissent Rome,
» pendant qu'elle perd son temps au théâtre et au
» cirque. »

Les Romains ont trouvé en Afrique d'immenses
étendues désertes ; par un aménagement convenable

et raisonné, ils en ont fait une vaste ferme dont la prospérité a duré autant qu'eux. Mais, lorsqu'ils ne furent plus là pour entretenir les travaux d'art par lesquels ils avaient réussi à asservir la nature hostile, celle-ci redevint malfaisante et destructive, et le désert reprit ses droits sur les régions qu'on lui avait arrachées. Les forêts d'oliviers ont péri, les champs d'orge et de blé n'ont plus reçu de semences ; peu à peu la vie s'est retirée de l'intérieur du pays pour se réfugier sur la côte, et de la prospérité de l'ancienne province d'Afrique il n'est plus resté qu'un souvenir.

Telle la Tunisie se présentait aux Romains avant d'avoir subi cette brillante évolution, telle nous l'avons retrouvée en 1880, aussi pauvre, aussi dénudée, aussi sèche. Mais le sol abandonné n'a rien perdu de sa force productrice, et les obstacles physiques qui s'opposent à sa mise en valeur ne sont pas plus grands aujourd'hui qu'il y a deux mille ans.

Si le climat a pu varier quelque peu depuis l'occupation romaine, ainsi que le constatait devant vous M. Boulle, il ne l'a fait que dans la mesure où peuvent le modifier l'abandon des cultures et le déboisement. Les pluies en Tunisie sont toujours tombées de la même façon, parfois insuffisantes, toujours mal réparties suivant les saisons, les oueds ont toujours eu le régime torrentiel : ce qui le prouve jusqu'à l'évidence, c'est le nombre même de ces travaux hydrauliques que les Romains avaient été obligés d'exécuter pour atténuer les conséquences désastreuses d'un climat inégal.

Donc, les obstacles physiques qui s'opposent à la colonisation de la Tunisie étant restés les mêmes, puisque les Romains ont réussi à en triompher, nous pouvons espérer les vaincre à notre tour en procédant comme eux et en leur empruntant leur méthode de colonisation.

Mais cette méthode, avant de l'appliquer, il faut la connaître, et c'est là que la difficulté commence, car les sources habituelles d'information nous font défaut. Si, en effet, depuis le temps des guerres puniques jusqu'à l'invasion arabe, nous sommes fort bien renseignés par les historiens sur les moindres détails des luttes contre l'étranger ou des dissensions intestines qui ont agité la province d'Afrique, sur les massacres mémorables et les grands conflits, ou même les simples insurrections et les ravages d'une bande de donatistes ou d'iconoclastes, nous le sommes fort mal sur tout ce qui concerne l'administration intérieure et le développement économique de ce pays. Appien ne nous fait connaître qu'une face de la conquête de l'Afrique par les Romains, les victoires remportées par les armes sur les anciens maîtres du pays ; mais ces autres victoires, moins brillantes et plus sûres, par lesquelles leurs ingénieurs ont triomphé de la nature hostile, il ne s'en préoccupe guère. Ni Salluste, ni César, ni Procope n'auraient abaissé leur plume à noter la construction d'un aqueduc, l'ouverture d'une route, la plantation d'une olivette. Seules les périodes agitées et stériles ont été jugées par eux dignes d'être décrites. Les peuples heureux n'ont pas d'histoire ! — et c'est pourquoi nous ne savons presque rien de l'Afrique pendant les siècles tranquilles où elle atteignit l'apogée de sa prospérité, à l'abri de la paix romaine.

Mais si les documents écrits nous font défaut, les monuments nous restent. L'histoire du développement économique de l'Afrique que nous refusent les auteurs, nous la trouvons écrite sur le sol, prête à fournir ses enseignements et ses conseils à qui sait la déchiffrer. Nous pouvons en lire les différents chapitres, en étudiant sur place les restes des grands travaux d'art qui assuraient en tous temps aux colons africains l'eau nécessaire à la vie, et les voies de communication indispensables à l'exploitation du sol ; — en examinant la répartition géographique des cités, leur situation topographique, leurs édifices publics et leurs maisons privées ; — en relevant dans les campagnes ces restes d'exploitations agricoles, ces moulins à blé et ces pressoirs à huile qui se dressent encore de distance en distance, jalonnant les espaces incultes et attestant l'ancienne prospérité des solitudes aujourd'hui désertes ; — et en nous servant, pour éclairer cette étude, des renseignements que nous fournissent les innombrables textes épigraphiques, ex-voto, dédicaces ou épitaphes, que l'on découvre tous les jours sur tous les points du territoire, et qui nous initient à tous les détails de la vie publique et privée des habitants de l'ancienne Afrique.

A quoi bon insister sur l'utilité de cette étude ? C'est tout un cours pratique de politique expérimentale, qui nous fournit de précieuses leçons. En nous faisant connaître comment le peuple le plus prudent et le plus sage qui ait jamais été, celui qui a le mieux su gouverner le monde s'y est pris, après s'être installé en Afrique, pour tirer le meilleur parti de sa conquête, elle nous montre la seule route que nous ayons à suivre, si nous voulons éviter les tâtonnements et les déboires, les pertes de temps et d'argent qui paralysent si souvent les débuts de la colonisation dans les pays neufs.

Mais cette étude ne peut aboutir à de bons résultats que si elle présente un caractère vraiment scientifique, que si elle est méthodiquement entreprise et sérieusement faite par des gens du métier, capables de comprendre et d'interpréter les documents qu'ils ont sous les yeux, en se gardant de ces généralisations vagues et téméraires, de ces conclusions prématurées et fausses allant directement contre le but que nous nous proposons.

Aussi le gouvernement du Protectorat a-t-il pensé que dans l'œuvre de régénération qu'il tentait dans ce pays, à côté des soldats, des administrateurs et des magistrats, les érudits devaient avoir leur place ; qu'ils avaient leur part toute marquée, et non la moindre, dans l'œuvre commune ; et c'est pourquoi, dès ses débuts, il a décidé la création du service des Antiqui-tés et Arts.

L'organisation de ce service, qui paraît aujour-d'hui si naturelle et si logique, n'en constituait pas moins, au moment où elle fut décidée, une vérita-ble révolution dans les errements suivis par le gou-vernement français à l'égard de l'archéologie afri-caine. Pour apprécier à sa juste valeur toute la nou-veauté et l'originalité de cette création, il suffit de jeter un coup d'œil sur ce qui se passait à ce moment même chez nos voisins d'Algérie et d'examiner le trai-tement que recevaient encore, après cinquante ans d'occupation, les antiquités algériennes.

Au point de vue des ruines, l'Algérie n'a rien à envier à la Tunisie. Les restes de la domination romaine s'y rencontrent à chaque pas, non seulement sur la côte où se retrouvent les débris grandioses de ports florissants tels qu'Hippone, Rusicade ou Caesa-rea, la « splendidissime colonie Caesarienne » — mais encore et surtout sur les hauts plateaux de la province de Constantine, l'antique Numidie, où se pressait à l'époque romaine, protégée par les soldats de la IIIe Légion Auguste, une population agricole aussi dense, aussi riche que celle de la province d'Afrique.

Dès les premiers jours de la conquête, nos officiers avaient compris l'intérêt de ces magnifiques monuments antiques que chaque expédition nouvelle révélait presque intacts à leurs yeux étonnés. Beaucoup d'entre eux s'improvisèrent archéologues au cours de leurs campagnes, et trouvèrent le moyen, entre deux coups de feu, de relever le plan d'un édifice ou de copier une inscription.

Autour du commandant Delamare, l'un des plus actifs et des plus dévoués de ces explorateurs de la première heure, se groupait toute une pléiade d'officiers distingués, auxquels le gouvernemant adjoignit une commission scientifique, analogue à celles qui, avec Bonaparte en Egypte, avec le maréchal Maison en Morée, avaient su faire tourner au profit de la science le progrès de nos armes. L'un des membres de cette mission, un architecte, Ravoisié, publiait de 1846 à 1854 les premiers fascicules d'un Corpus architectoral africain, intitulé : *Monuments antiques et modernes de l'Algérie*, tandis que le chef véritable de de la mission faisait paraître, vers la même époque, les deux premiers volumes de l'*Exploration archéologique de l'Algérie*.

D'autre part, à mesure que la province se pacifiait et que la colonisation européenne prenait plus d'importance, l'exemple de nos officiers était suivi par des fonctionnaires, des commerçants et des colons qui groupaient leurs efforts pour une œuvre scientifique commune.

En 1852, le colonel Creuly et Auguste Cherbonneau fondaient la Société archéologique de Constantine, qui, depuis 40 ans, enregistre avec un zèle infatigable, dans son bulletin, toutes les découvertes faites dans la province ; en 1856, sur l'initiative d'Adrien Berbrugger, la Société historique algérienne commençait la publication de la *Revue Africaine* ; en 1866, paraissait à son tour le *Bulletin de l'Académie d'Hippone*.

En même temps, de tous côtés, à Alger, à Constan-

tine, à Philippeville, à Bône, à Lambèse, en dix autres
endroits, se créaient des musées et dépôts d'antiquités où venaient s'entasser, sans beaucoup d'ordre ni
de choix, mais du moins en grande abondance, les
inscriptions, les bas-reliefs et les sculptures, les bibe-
lots divers que l'on découvrait chaque jour.

Enfin, le Ministère de l'Instruction publique, sen-
tant la nécessité de prendre sa part de cette immense
enquête, envoyait à diverses reprises en Afrique un
savant de profession, Léon Renier, en le chargeant de
recueillir toutes les inscriptions relatives à l'époque
romaine et de les publier dans un grand ouvrage
d'ensemble, dont la première partie parut, de 1855
à 1858, sous le titre d'*Inscriptions romaines de l'Algérie*.

Il semble qu'une œuvre scientifique commencée
avec un si merveilleux élan devait amener à bref délai
d'importants résultats. Or, c'est tout le contraire qui
se produit ; en 1880, rien ou presque rien ne subsiste
de l'œuvre du début.

Les monuments antiques sont livrés sans défense
aux convoitises des entretrepreneurs, des ingénieurs
et des colons. Partout on détruit les ruines les mieux
conservées pour construire des casernes, des ponts,
des villages, et ce vandalisme forcené amène parfois
d'irréparables désastres. C'est ainsi que le camp légion-
naire de Lambèse, incomparable ensemble militaire,
le seul qui nous eut été conservé intact de tout le
monde romain, est rasé aux trois quarts pour bâtir
un pénitencier ; c'est ainsi qu'à Cherchel, à Aumale,
à Sétif, à Bougie, à Guelma, les théâtres, les amphi-
théâtres, les thermes, les arcs de triomphe disparaissent comme par enchantement ; c'est ainsi qu'on
empierre la route de Constantine à Batna avec une
collection de plus de 300 textes épigraphiques, tan-

dis que l'administration elle-même, au lieu d'intervenir pour protéger les monuments antiques, encourage les démolisseurs, dresse la liste des monuments romains propres à être exploités comme carrières, et dans les cahiers de charge imposés aux entrepreneurs prévoit et autorise l'utilisation de matériaux antiques pour l'exécution de travaux d'art.

Les musées ont cessé de s'enrichir ; ils demeurent stationnaires et s'appauvrissent peu à peu, ou même disparaissent entièrement. Même les mieux organisés ne possèdent ni local convenable pour les abriter, ni personnel capable pour conserver et classer les collections ; aucun d'eux n'a de catalogue au courant ; plusieurs même pas d'inventaire. Les Sociétés archéologiques qui les ont fondés ne s'en occupent plus. Elles-mêmes disparaissent peu à peu, ou s'épuisent en rivalités stériles. Leurs publications trop nombreuses, manquant de la copie, comme des ressources nécessaires, s'encombrent de pauvretés, ou cessent de paraître après quelques années d'existence. A Paris, l'on se désintéresse de plus en plus du sort des antiquités africaines ; l'œuvre de publication commencée par Delamare et Ravoisié est abandonnée depuis longtemps.

Et pendant que nos savants donnent ainsi l'exemple d'une déplorable impuissance, l'Académie de Berlin, publiant à ses frais, avec Willmanns et Mommsen, et sans Rénier, le *Corpus Inscriptionum Africanarum*, le recueil de toutes les inscriptions romaines d'Afrique, élève à la gloire de la science allemande un magnifique monument dont toutes les pierres ont été recueillies et apportées par des Français.

Ce lamentable, cet humiliant avortement de tant d'efforts méritoires et de consciencieuses recherches, il est aisé d'en découvrir les causes. Ce qui a manqué à l'Algérie jusqu'à ces dernières années, ce ne sont ni les bonnes volontés ni l'argent. Elle a toujours eu sous la main un personnel capable, nombreux et bien outillé, qui aurait pu se dévouer à la sauvegarde des restes du passé ; elle a toujours disposé pour cette tâche de ressources matérielles infiniment plus considérables que les nôtres.

Ce qui a fait défaut à l'Algérie, c'est une organisation archéologique officielle, un service fortement centralisé, sérieusement armée pour la protection des antiquités, et responsable de leur conservation. C'est une direction d'ensemble, animée d'un esprit véritablement scientifique : assez ferme et assez désintéressée tout à la fois, pour s'élever au-dessus des considérations de personnes et d'intérêts privés, pour prévenir, éviter les conflits entre les services et les querelles entre les individus, pour défendre le bien de l'État tout en respectant la propriété des particuliers, pour faire à chacun sa part dans la tâche commune, et imposer à tous cet esprit de suite et surtout cet esprit de subordination sans lesquels ne peut s'accomplir aucune œuvre collective de quelque importance.

Aujourd'hui, je me hâte de l'ajouter, ce mal dont souffrait l'archéologie algérienne et dont je viens de vous montrer les tristes conséquences, est en grande partie réparé. Les pouvoirs publics ont cessé de se désintéresser des antiquités. Le gouvernement central a pris sur elles la haute main, et grâce à son impulsion énergique, grâce aussi, il faut le dire, aux crédits considérables qui ont été votés par les Chambres et qui représentent une somme annuelle douze fois supérieure à celle que nous dépensons pour le même objet en Tunisie, la science française a reconquis en Algérie le rang qu'elle devait occuper. Les brillants résultats obtenus par le service des Monuments historiques dans ses fouilles de Lambèse, de

Tébessa, de Timgad, par les professeurs de l'École des Lettres à Cherchel, et à Tipasa, par le service des Missions scientifiques, dans la réorganisation et la publication des musées et collections archéologiques, prouvent l'excellence de la nouvelle méthode de travail employée.

Mais cette méthode, c'est à la Tunisie que l'Algérie l'a empruntée ; et, de même que l'exemple des fautes commises autrefois par elle nous avait été éminemment profitable, en nous amenant à prendre le contrepied de ce qui se faisait chez nos voisins, de même, par une sorte de bienfaisant choc en retour, c'est la réussite du nouveau système inauguré en Tunisie qui a décidé l'Algérie à renoncer à son ancien laisser aller pour entrer résolument dans la voie du progrès.

Cette entente si nécessaire entre la métropole et la colonie, cette distribution méthodique du travail, cette unité de vues et cette permanence dans l'action dont l'absence avait été si funeste aux antiquités algériennes, la Tunisie a eu le bonheur de les posséder dès le premier jour de l'occupation, et le mérite de les conserver jusqu'à l'heure présente.

Avant l'occupation française en Tunisie, les antiquités de la Régence étaient livrées à l'abandon. Chercheurs de trésors et chercheurs de pierres, marchands d'antiquités et entrepreneurs exploitaient librement les ruines sans qu'aucune mesure administrative vint réprimer leur vandalisme. Cette situation se modifia aussitôt que le gouvernement du Protectorat fut établi dans la Régence.

Dès le 26 Hidjé 1299 (15 décembre 1882), le Ministre Résident général, M. Paul Cambon, obtenait de S. A. le Bey Mohammed Sadok un décret ordonnant des mesures pour la conservation des monuments antiques et décidant la création d'un musée archéologique. En même temps, le Ministère de l'Instruction publique créait à Paris, sous la présidence de M. Renan, une commission scientifique où il appelait tous les savants que leur compétence spéciale désignait au choix du Ministre pour s'occuper du passé de la Régence, et qui prit le nom de commission de publication des documents archéologiques de la Tunisie.

C'était là un excellent instrument de travail destiné à favoriser la concentration des découvertes, à encourager les recherches de tous les hommes de bonne volonté par des conseils et des subventions pécuniaires, surtout à leur procurer les moyens de publier dans un recueil spécial, dans le *Bulletin Archéologique du Comité des Travaux Scientifiques*, les documents qu'ils avaient recueillis et les travaux d'ensemble qui devaient être la conséquence de leurs trouvailles.

Mais l'action de cette commission, dont le siège était fixé à Paris, restait forcément limitée à une besogne purement scientifique et nullement administrative. Il était indispensable de la compléter en créant sur place un organisme capable d'assurer la sauvegarde et le classement des monuments du passé. C'est un membre de la commission de la Tunisie, feu René de la Blanchère, que le Ministre de l'Instruction publique chargea de cette mission de confiance, et depuis quatorze ans, le chef du service beylical des Antiquités, quel qu'il soit, est toujours resté uni par un lien personnel très étroit au service des Missions scientifiques dont il émane. A Paris et à Tunis, c'est la même œuvre qui se poursuit, par les mêmes hommes, travaillant avec une parfaite concorde.

Dans le courant des années 1885 et 1886, le service beylical des Antiquités et Arts reçut son organisation définitive et complète à Tunis. Par les décrets des 22 Djoumadi el Aoual 1302 (8 mars 1885), 0 Djoumadi el

Tani 1302 (25 mars 1885), 7 Rabia et Tani 1303 (12 janvier 1886) et 1er Djoumadi et Tani 1303 (7 mars 1886), S. A. Ali Bey créa une direction des Antiquités et Arts qui fut confiée au délégué du Ministère de l'Instruction publique. Il affecta l'ancien harem du Bey Mohammed, au Bardo, à l'installation d'un musée, décida que ce musée porterait son nom et édicta enfin une législation complète, exécutoire moyennant une procédure régulière et sanctionnée par des peines, pour la protection des monuments de l'antiquité dans la Régence. Les quelques modifications qu'a subies depuis ce moment le service des Antiquités et Arts n'ont pas grande importance. Elles constituent plutôt des changements d'étiquette qui n'ont altéré en rien le fond de son organisation.

En 1890, le service des Antiquités et Arts, qui recevait jusqu'à ce moment une importante subvention du Ministère de l'Instruction publique, est remanié à la suite de changements survenus dans son personnel.

Par décret du 11 Sfar 1308 (25 septembre 1892), il perd son caractère mixte pour devenir exclusivement beylical et se transforme de Direction en simple Inspection des Antiquités, financièrement rattachée à l'Administration centrale tunisienne, et ne recevant plus aucun secours pécuniaire du gouvernement français.

En 1896, nouveau changement, à la suite de la mort de M. de la Blanchère ; par décret du 17 août 1896, le service, gardant le même titulaire à sa tête redevient une direction, mais en conservant son caractère exclusivement beylical et sans que la France contribue en rien à son budget, alors qu'elle dépense annuellement en Algérie, pour le même objet, plus de cent vingt mille francs.

La tâche de la direction des Antiquités et Arts est double, à la fois administrative et scientifique : — elle doit d'une part veiller à la sauvegarde des monuments antiques de la Régence, et d'autre part dresser l'inventaire de toutes les richesses archéologiques et artistiques du pays, et en faire connaître la valeur.

Au point de vue administratif, la direction assure l'application et le fonctionnement de la loi du 7 mars 1886 sur la propriété et la conservation des Antiquités et objets d'Art de la Régence.

Ce décret beylical a précédé d'un an la loi française promulguée seulement le 31 mars 1887, quelque dix ans après le dépôt du projet à la Chambre. Son apparition a tout d'abord été saluée avec un véritable enthousiasme par le monde savant : aujourd'hui, au contraire, il est de bon ton d'en médire, au moins en Tunisie ; ce décret n'a jamais mérité, ni cet excès d'honneur, ni cette indignité. Certes, il n'est pas parfait ; il présente entre ses diverses parties une certaine incohérence qu'il faut bien reconnaître, mais se garder aussi d'exagérer. C'est une arme à double tranchant, qu'il convient de manier d'une main délicate. Telle qu'elle est, la loi du 7 mars 1886 a déjà rendu et rend tous les jours de très grands services.

Tout d'abord le décret réglemente les fouilles. Nul ne peut faire de recherches archéologiques, même dans son propre terrain, sans y avoir été autorisé par le Directeur du Service des Antiquités qui reste libre de mettre à cette autorisation toutes les conditions qui lui paraissent nécessaires, notamment en ce qui concerne la propriété des objets à découvrir et la surveillance du travail. Il se borne, en général, à demander qu'on lui annonce les découvertes qui pourraient être faites et que l'inventeur réserve la propriété d'une part de ses trouvailles au Musée du Bardo.

L'accomplissement de cette formalité a pour but d'empêcher les fouilles entreprises uniquement en vue du lucre par les marchands d'antiquités et dont la science ne profite en aucune façon, et celles non moins dangereuses qui pourraient être tentées par des chercheurs incompétents et incapables. Elle assure en outre le développement régulier des collections de l'Etat par un partage équitable avec les particuliers.

D'autre part, le décret assure la conservation des monuments historiques. Il distingue deux sortes de ruines, suivant leur degré d'importance.

1º Celles qui présentent un intérêt sérieux au point de vue de l'histoire ou de l'art font l'objet d'un classement, prononcé par un décret beylical rendu sur le rapport du Directeur du Service des Antiquités et Arts.

L'immeuble classé ne peut plus être détruit, même partiellement, sans un décret de Son Altesse. Il ne peut faire l'objet d'un travail quelconque, sans que le Service des Antiquités en ait été avisé et l'ait autorisé.

S'il s'agit d'un immeuble immatriculé, le décret de classement ne produit son effet que du jour où il est inscrit à la propriété foncière sans que le propriétaire de l'immeuble ait d'ailleurs en aucune façon le droit de s'opposer à cette inscription. Quiconque aura détruit, abattu, mutilé, dégradé un monument classé, est passible des peines édictées par l'article 257 du Code pénal français, de l'amende ou même de la prison. En outre, ou de préférence, les auteurs du délit peuvent être condamnés à des dommages-intérêts au profit de l'Administration.

2º Les ruines moins importantes, celles des édifices qui ne sont pas classés, ne peuvent non plus être touchées sans une autorisation écrite du Directeur des Antiquités. Les travaux de déblaiement, d'appro-

priation, de destruction qui les concernent, et même
l'enlèvement, le bris et l'emploi des pierres antiques
éparses à la surface du sol, sont assimilés aux fouilles
et soumis aux mêmes prescriptions.

Il faut cependant bien comprendre la portée de ces
articles qui n'ont rien d'excessif. Il ne s'agit nullement d'assurer la main mise de l'Administration sur
toutes les ruines, quelles qu'elles soient, qui couvrent
la surface du sol, de prescrire la conservation intégrale de tous les débris du passé, sans faire aucune
distinction. A ce compte la moitié de la Tunisie serait
expropriée au profit de l'Etat, et sans utilité pour personne, pas même pour la science. La marche de la
colonisation, le développement de l'outillage économique ont d'impérieuses exigences dont nous sommes les premiers à reconnaitre la légitimité. Il faut
faire un choix entre ce qui doit être conservé et ce
qui peut être détruit sans inconvénient, mais ce choix
ne peut être fait que par l'autorité compétente. Si
ce choix était livré à la libre volonté de l'entrepreneur ou du colon intéressé, il se produirait toujours ce qui se passe malheureusement encore trop
souvent malgré la loi, même en Tunisie. Si grand que
soit le champ de ruines que l'on transforme en carrières, si nombreuses et si belles que soient les pierres
de taille éparses sur le sol et que l'on peut ramasser
sans aucune peine, c'est toujours aux seuls monuments restés debout au milieu des décombres, que
l'on s'attaque tout d'abord, sans doute parce que la
surveillance des ouvriers est plus facile, que les matériaux sont groupés sur un même point, et que l'on
n'a pas à se donner la peine de les choisir. Je pourrais vous citer de nombreux exemples de ce vandalisme cupide. Je me contente de vous rappeler la
destruction de l'arc de triomphe de Bulla Regia,

situé en plein centre d'un énorme amoncellement de pierres de taille et qui fut rasé, en une nuit, par un entrepreneur de la Compagnie Bône-Guelma. A l'heure actuelle, de tels faits ne se reproduisent plus, et les monuments importants sont protégés, car les entrepreneurs n'ont plus d'intérêt à les détruire; ils savent que l'économie qui en résulterait pour eux ne compenserait pas l'amende et les dommages-intérêts auxquels ils seraient condamnés.

La loi du 7 mars 1886 a encore un troisième avantage, c'est de réglementer le commerce et l'exportation des antiquités, et de protéger la Tunisie contre les convoitises scientifiques de l'étranger. Grâce aux prescriptions de la loi qui sont, du reste, bien moins draconiennes que celles des lois italienne et grecque, nous ne risquons plus de voir les plus importantes de nos collections archéologiques particulières quitter définitivement la Tunisie, le jour où le British Museum, ou bien l'Institut archéologique de Berlin, offrirait à ses heureux possesseurs le million que le Gouvernement du Protectorat ne peut mettre à leur disposition en échange de leurs droits.

A côté de cette tâche toute négative qui consiste à empêcher de détruire les monuments historiques de la Tunisie, le Service des Antiquités a une autre mission, scientifique et non plus administrative, qui consiste à découvrir, à cataloguer et à décrire toutes les richesses archéologiques de ce pays. C'est là une œuvre à la fois militante et réfléchie qui exige d'une part, pour recueillir les documents, de fréquents voyages d'exploration, des fouilles et des relevés sur le terrain, et de l'autre, pour les publier, des recherches d'érudition et une étude critique approfondie.

Cette œuvre est immense et le Service des Antiqui-

tés, avec ses maigres ressources et son personnel
restreint, n'arriverait certainement pas à y suffire,
s'il ne pouvait compter sur le concours de toutes les
bonnes volontés, l'appui du Ministère de l'Instruction
publique et de l'Institut, l'aide des explorateurs
envoyés en mission, des fonctionnaires de la Régence,
des colons, surtout de ces officiers de l'armée d'Afrique qui sont les plus précieux, les plus dévoués auxiliaires de l'archéologie africaine. Nous sommes les
metteurs en œuvre d'un travail collectif qui se poursuit sur tous les points du territoire, et qui a commencé depuis longtemps et bien avant l'occupation
française.

Depuis longtemps, en effet, de hardis explorateurs
avaient parcouru la Tunisie, et signalé, décrit, dessiné
quelques-unes de ses antiquités les plus remarquables.

Les relations de voyages du chapelain anglais Thomas Shaw, au commencement du xviiie siècle, de
Bruce, de Catherwood, de sir William Temple, du
danois Falbe dans les premières années de ce siècle,
nous fournissent une abondante source de renseignements, d'autant plus précieux que les monuments
qu'ils concernent ont quelquefois entièrement disparu aujourd'hui.

Mais, peu à peu et dès le milieu de ce siècle, ces
recherches tendaient à prendre le caractère d'une
entreprise toute française.

Dès 1853, Charles Tissot, commençant à Tunis, en
qualité d'élève consul, une carrière qui devait le conduire aux postes les plus considérables de la diplo-
matie, concevait l'idée d'une description générale de
l'Afrique romaine, suivait les grandes routes du pays
et profitait de toutes les occasions que lui offraient ses
fonctions pour amasser les premiers matériaux de cet
important ouvrage de la *Géographie comparée de la
province d'Afrique*, qu'il mit trente ans à composer

et qui demeure encore aujourd'hui le point de départ nécessaire de toutes nos recherches.

En 1860, un ancien élève de l'Ecole Normale, Victor Guérin, entreprenait pour la première fois une exploration méthodique et complète de la Régence. Dans un voyage de huit mois, accompli sous le patronage et aux frais du duc de Luynes, il traversa le pays en tous sens. A son retour, il consigna les résultats de son voyage dans un livre qui n'a pas vieilli et que l'on ne consulte jamais sans profit.

D'autres Français se vouaient spécialement à l'étude de l'antique Carthage. En 1859, Beulé, que venaient d'illustrer ses fouilles de l'Acropole d'Athènes, commençait sur la colline de Byrsa de fructueuses recherches. En 1861, sur l'ordre de l'empereur Napoléon III, l'ingénieur Daux entreprenait de curieuses, mais il faut le dire, très fantaisistes études sur la topographie de la Carthage punique. En 1868, un autre drogman du consulat de France, Pricot de Sainte-Marie, pratiquait dans la région de Dermech et des ports antiques, aux frais du Ministère de l'Instruction publique, des fouilles très fécondes auxquelles on ne rend pas toute la justice qui leur est due. Sainte-Marie a découvert à lui seul plus de deux mille inscriptions puniques qui forment le principal fonds du *Corpus Inscriptionum semiticarum*, œuvre toute française que publie l'Académie des Inscriptions.

L'établissement du Protectorat français, en assurant l'ordre et la sécurité dans toutes les parties de la Tunisie, en ouvrant aux voyageurs des régions restées inaccessibles jusqu'à ce moment, a permis à l'exploration archéologique de prendre un nouvel essor. Dans les années qui suivent l'occupation, de 1880 à 1885, celle-ci s'exerce avec une activité extraordinairement féconde. Elle prend en même temps un caractère officiel : c'est au nom et sous les auspices du Ministère de l'Instruction publique que les savants, les épigraphistes, les architectes parcourent désormais la Régence. Parmi eux, il faut citer d'abord et surtout M. René Cagnat, véritable spécialiste tunisien, qui dès la fin de 1880 explorait le nord-est de la province d'Afrique et qui, de 1881 à 1888, dans cinq voyages successifs, parcourait toutes les régions de la Régence, jusqu'à Gafsa et aux oasis du Djerid. Il rapporta de ces hardies et fructueuses explorations une prodigieuse moisson de textes et de documents inédits qui lui ont donné le droit de reprendre, au nom de la France, dans la publication du *Corpus Inscriptionum Latinarum*, la place qui nous avait été enlevée après la guerre.

Aux côtés de M. Cagnat, M. Saladin appliquait à l'étude des monuments antiques sa compétence spéciale d'architecte, et dans deux rapports pleins de faits, de croquis, de plans et de dessins, étudiait pour la première fois d'une manière technique, en se plaçant au point de vue de leur utilisation pratique, les innombrables monuments et travaux d'art qui ont servi à la mise en valeur du sol par les Romains.

D'autres explorateurs, comme MM. Poinssot et Letaille, recueillaient de leur côté des textes épigraphiques du plus haut intérêt, tandis que MM. Salomon Reinach et Babelon creusaient de profondes tranchées à Carthage, et que M. Roy, un des précurseurs de l'archéologie tunisienne, rassemblait au Kef les éléments d'un musée local, qui a puissamment contribué à l'enrichissement du Musée du Bardo.

Au moment où le Service des Antiquités recevait son organisation définitive, tout le gros œuvre de l'exploration archéologique était terminé. Les grandes découvertes étaient faites, et il ne pouvait plus espé-

rer glaner que quelques gerbes sur le chemin suivi
par ses devanciers.

Mais il lui restait encore à rassembler les résultats
acquis, à les coordonner d'une façon rationnelle, en
comblant les lacunes qui pouvaient subsister. C'est
l'œuvre qu'il poursuit actuellement par une revision
méthodique et suivie de tous les monuments déjà
signalés ; chacun d'eux a dans nos archives son dossier constitué, où sont réunies toutes les descriptions
qui en ont été données jusqu'ici, avec les corrections
et les additions nécessaires, les relevés, les plans et
les photographies exécutées par nos soins.

D'autre part, les découvertes faites jusqu'alors, si
nombreuses fussent-elles, ne concernaient guère que
les monuments apparents à la surface du sol. Aucune
fouille importante n'avait encore été tentée pour arra-
cher à la terre tunisienne les trésors archéologiques
qu'elle recouvre.

A partir de 1885, l'exploration méthodique du sous-
sol a été commencée et se poursuit régulièrement,
avec le concours de tous ceux qui s'intéressent au
passé de ce pays.

La Direction des Antiquités ne prétend nullement,
en effet, se réserver le monopole des fouilles ; elle se
contente de donner un exemple qu'elle cherche à faire
suivre par tous les travailleurs de bonne volonté et,
sans s'interdire elle-même des recherches dont les
résultats enrichissent le Musée du Bardo, elle s'applique principalement à provoquer, à diriger les initiatives privées, à contrôler les travaux qui s'opèrent
et à en noter les résultats. Grâce à ces dispositions
libérales, les fouilles entreprises depuis dix ans, sur
tous les points du territoire, non seulement par la
Direction des Antiquités, mais par les Missionnaires
de Carthage, les officiers, les colons, les savants fran-

çais chargés de mission, ont été étonnamment fécondes en résultats.

Elle se poursuivent aujourd'hui de plus en plus actives, et la mine d'antiquités est si loin de s'épuiser que les découvertes faites augmentent d'importance de jour en jour. Il serait trop long de vous en donner le détail. Je me contente de vous rappeler, parmi les plus récentes trouvailles, celles qui ont permis au P. Delattre de nous révéler la Carthage punique jusqu'alors presque entièrement inconnue, les découvertes du portrait de Virgile à Sousse, et de l'inscription d'Enchir Mettich qui nous fait connaître, dans tous ses détails, l'organisation d'un grand domaine rural au premier siècle de notre ère.

Les produits de toutes ces fouilles sont rassemblés dans nos divers musées. C'est d'abord le Musée central du Bardo dont vous pouvez constater chaque année les progrès par l'installation de nouvelles salles ouvertes au public et qui, dès à présent, doit être considéré comme l'une de nos plus importantes collections françaises pour l'archéologie romaine, comme la première du monde pour la mosaïque. C'est aussi le Musée local de Saint-Louis de Carthage, dont la direction reste confiée à son éminent créateur le P. Delattre et où l'on peut étudier, dans d'admirables séries de documents authentiques, les débuts, les progrès, les transformations successives de la grande métropole africaine, depuis les temps fabuleux de Didon et d'Énée jusqu'aux derniers jours de l'occupation byzantine.

A côté de ces deux grandes collections qui se développent harmonieusement côte à côte, la Direction des Antiquités a pensé qu'il y avait place, dans les divers centres de la Tunisie, pour des Musées locaux qui assureraient la préservation des antiquités et

objets d'art de moindre valeur, et qui, en même
temps, répandraient le goût des recherches archéologiques et enseigneraient le respect des choses du
passé. A Sousse, un Musée a été constitué, qui fonctionne régulièrement depuis trois ans déjà, avec un
conservateur attitré, et qui va bientôt recevoir un
nouveau local approprié à l'importance qu'ont prises
les collections ; d'autres dépôts d'antiquités ont été
organisés dans la plupart des contrôles civils, dans
la basilique de Dar-El-Kous, au Kef, à l'école d'El-
Djem.

La sauvegarde et la conservation des Antiquités de
la Régence, je n'ose dire leur entretien, car il y aurait
encore beaucoup à faire sur ce point — et l'argent
manque totalement, — semblent donc convenablement assurées. Il reste encore à les décrire, à les
publier, à les faire connaître au monde savant. C'est
la dernière tâche qui incombe au Service des Antiquités, tâche exclusivement scientifique.

D'abord toutes les découvertes archéologiques qui
se produisent en Tunisie, enregistrées au jour le
jour par le Directeur du Service, sont transmises par
lui au Comité des Travaux historiques de Paris, dont
il est le correspondant attitré en Tunisie, et s'il y a
lieu à l'Académie des Inscriptions.

Ces communications, simples rapports ou études
plus approfondies, selon les cas, sont insérées dans le
Bulletin Archéologique du Comité, qui paraît tous les
trois mois, aux frais du Ministère de l'Instruction
publique.

D'autre part, les objets qui entrent au Musée du
Bardo sont immédiatement inscrits à l'inventaire.
Les pièces qui en valent la peine sont étudiées dans
des monographies, avec dessins et planches, consti-
tuant une série de fascicules in-4° qui sont ensuite

réunis en volumes dans l'ouvrage intitulé *Les Collections du Musée Alaoui*. Tous les objets du musée sont décrits, quelle que soit d'ailleurs leur importance, dans un *Catalogue Général* in-8° accompagné d'un album de dessins : la première partie de ce catalogue, concernant les mosaïques, la sculpture, l'architecture et les inscriptions, a paru l'année dernière. La seconde partie, concernant les menus objets de terre cuite, d'os, de pierre et de métal, est sous presse et paraîtra avant la fin du mois (mars 1898).

Enfin, la Direction des Antiquités a entrepris la publication de deux ouvrages d'une importance plus considérable, qui doivent être comme le couronnement de son œuvre dans la Régence.

C'est d'abord l'inventaire général et complet de tous les monuments de la Tunisie, depuis l'antiquité jusqu'à nos jours. L'ouvrage est intitulé : *les Monuments historiques de la Tunisie*. Il est divisé en deux parties, concernant l'une la période antique proprement dite, l'autre la période arabe. Chacune de ces parties doit se composer de cinq fascicules, où seront étudiés successivement les monuments religieux, — civils, — militaires, — les travaux d'utilité publique, — les habitations privées. Chaque monument fait l'objet d'une notice spéciale avec description détaillée et renseignements bibliographiques, accompagnée s'il y a lieu de plans, coupes et vues d'ensemble et de détail, reproduites en gravure ou en planches phototypiques.

Le premier volume de l'ouvrage est imprimé. Il concerne les temples antiques, décrit deux cent trente monuments, dont plus de cent entièrement inédits, avec vingt gravures dans le texte et quarante planches hors texte. La préparation du second fascicule concernant les mosquées de Kairouan est entièrement achevée aujourd'hui.

A côté de cet inventaire général, qui est surtout une

œuvre d'érudition, la Direction a commencé une autre œuvre d'un caractère plus pratique. Sur l'ordre de M. René Millet, Résident Général, elle procède à une enquête sur toutes les installations hydrauliques établies en Tunisie à l'époque romaine. Les résultats de cette enquête, qui nécessite de longues et minutieuses recherches et qui portera sur quinze à vingt mille monuments, sont consignés, au fur et à mesure des relevés opérés, dans un catalogue général où le nom de chaque ruine est accompagné de la désignation précise de son emplacement avec numéro de référence à la carte de l'État-Major, des indications nécessaires sur l'état actuel de la ruine et son utilisation possible. Ce catalogue sera accompagné d'une carte d'ensemble et de nombreux croquis et plans de détail.

En outre, la Direction publie, dans un recueil spécial, les observations auxquelles donne lieu l'étude d'une région déterminée, ou des monographies concernant les installations hydrauliques qui présentent un intérêt particulier. Le recueil paraît par fascicules in-8°, avec plans et dessins dans le texte. Deux fascicules ont déjà été publiés ; un troisième est en préparation.

L'importance qu'offre cette enquête pour le développement de la colonisation est trop évident pour qu'il y ait lieu d'y insister ici. Mais ce caractère d'utilité pratique qu'elle présente à un si haut degré, aucune de nos recherches, même de celles qui semblent se confiner dans le domaine de l'érudition pure, n'en est entièrement dépourvue. Les plus vaines, en apparence, nous amènent souvent à des conclusions d'un intérêt tout actuel, et qui sont grosses de conséquences.

Je voudrais vous le montrer par un exemple en terminant. Vous connaissez tous ces épitaphes latines que l'on découvre de tous côtés en si grande abondance. Rien de plus banal, de moins instructif que ces textes. Ils sont toujours rédigés de la même façon, se bornant à indiquer, après une invocation aux dieux mânes, le nom du mort et le nombre d'années qu'il a vécu. Et cependant ces inscriptions, absolument insignifiantes lorsqu'elles sont étudiées une à une, prennent par leur réunion une valeur inattendue. En dressant patiemment la liste des noms qu'elles contiennent et en les comparant aux listes analogues des nécropoles d'Italie, les archéologues se sont aperçus que ces deux séries onomastiques ont des caractères tout opposés et qu'elles concernent des peuples différents ; et c'est ainsi qu'ils ont réussi à rectifier l'idée si fausse, si décourageante pour nous, que l'on se faisait jusqu'ici de la façon dont la Tunisie a été colonisée par les Romains. C'était un axiome bien établi que l'Afrique avait été pour eux une colonie de peuplement, que la population de ce pays, aux premiers temps de notre ère, était toute romaine : romaine d'apparence, cela est certain, car les Africains, par vanité ou par intérêt, s'ingéniaient tous à dissimuler, même aux yeux de la postérité, leur véritable origine. Mais, romaine de race : en aucune façon L'examen approfondi des inscriptions trouvées en Tunisie permet de démontrer que les Romains n'ont jamais été en ce pays qu'une très faible minorité : administrateurs, marchands, banquiers, propriétaires et colons, le compte est vite fait de tous ceux que leurs fonctions ou leurs affaires amenaient en Afrique. Ce n'était qu'une poignée d'hommes, et cependant cette poignée d'hommes a transformé tout un pays. Ce fait constaté, établi par l'archéologie, constitue pour nous un précieux encouragement et le fondement inébranlable de notre foi dans l'avenir. Nous aussi, nous ne sommes aujourd'hui en Tunisie qu'une poignée d'hommes et nous n'y serons jamais très nombreux, je le crains. Et cependant si nous savons, si nous voulons employer les méthodes convenables que l'archéologie nous indique, nous réussirons, comme nos devanciers, à métamorphoser la Tunisie, et nous la ferons toute française, comme elle a été toute romaine.

Les circonstances ne sont pas les mêmes, je le sais. Entre les habitants de ce pays et nous, l'Islam a creusé un abîme. Mais la différence de religion suffit-elle à créer un obstacle infranchissable à l'union de deux peuples? L'histoire est là pour nous prouver qu'il n'en est rien, car les païens d'Afrique, les plus sincèrement attachés à la domination romaine, ne renoncèrent jamais à leur foi religieuse. En adoptant les nouveaux dieux du Panthéon romain, ils les accommodèrent à leurs vieilles croyances ; en adorant Saturne, Caelestis et Mercure, c'est toujours à l'ancienne triade carthaginoise, Baal, Tanit, Eschmoun, qu'ils demeuraient obstinément fidèles. Par contre, le coup le plus rude qui fut porté à la domination romaine en ce pays, ce furent les Vandales qui le donnèrent, et les Vandales étaient chrétiens comme ceux dont ils ruinaient l'empire.

D'ailleurs, si au point de vue religieux nous rencontrons plus de difficultés que les Romains, au point de vue du prestige et de l'influence morale nous avons l'avantage sur eux. Rome n'avait que des sujets, au sort desquels elle s'est toujours montrée indifférente ; la paix et la prospérité matérielle, elle ne s'appliquait à les leur assurer que dans son propre intérêt : elle ne les traitait bien que pour mieux les exploiter. La France, elle n'a jamais su se désintéresser de la destinée des peuples sur lesquels elle étendait sa domination. Elle ne les a jamais considérés (comme tant d'autres nations modernes) au seul point de vue du profit pécuniaire qu'elle en pouvait tirer ; elle sent qu'il est de son devoir de les attirer à elle, de les élever à son niveau. La France s'est toujours posée en champion des notions d'humanité et de justice, de progrès et de civilisation ; c'est là ce qui fait sa force, c'est ce qui fait qu'aux heures les plus sombres de son histoire, elle a conservé son prestige aux yeux des nations même les plus hostiles, qu'au milieu des crises les plus graves, elle n'a cessé d'exercer son influence morale bien au delà de ses frontières. Un poète étranger l'a dit très justement : « Tout homme a deux pays, le sien et puis la France. »

Entre ces deux patries, fondues en une seule, grâce au Protectorat, les Tunisiens n'ont plus désormais à choisir. Ils peuvent s'attacher à l'une sans faire de tort à l'autre, et travailler tous d'un même zèle à la prospérité commune, en unissant dans un seul et même amour la Tunisie protégée, leur mère nourricière, et la France protectrice, leur mère d'adoption.

CONFÉRENCE DE M. CHEYLUS

CONFÉRENCE DE M. CHEYLUS

L'OFFICE POSTAL TUNISIEN
1888-1898

Constitution de l'Office Postal

Le Service des Postes et des Télégraphes forme une Administration indépendante et constitue, sous la dénomination d'*Office des Postes et des Télégraphes*, une sorte de département ne relevant que du Ministre Résident Général de la République Française.

Il a été constitué en vertu d'une convention signée le 20 mars 1888, entre le Ministre des Affaires Etrangères, le Ministre des Finances pour les Postes et les Télégraphes et le Résident Général comme représentant de S. A. le Bey.

Cet acte avait pour but de substituer au service français alors existant le nouvel Office tunisien. Il portait, à cet effet, cession au Gouvernement du Protectorat des installations des bureaux aussi bien que des lignes, tant aériennes que sous-marines ; il précisait les conditions où les agents métropolitains seraient employés; il réservait au Gouvernement français le droit d'accorder directement des franchises postales ou télégraphiques aux Services métropolitains fonctionnant en Tunisie ; il stipulait enfin l'application d'office dans la Régence des règlements métropolitains, en ce qui concerne les tarifs et les correspondances.

L'Office tunisien a été ainsi établi à côté, mais en dehors, de l'Administration tunisienne proprement dite, et cette situation spéciale a été encore marquée par le décret qui l'a rendu justiciable uniquement de la Justice française, à l'exclusion de toute juridiction indigène.

L'objet de ces services, qui assurent l'échange des correspondances de l'État en même temps que de celles des particuliers et aussi le caractère politique, administratif, militaire même, de ses opérations, réclamaient absolument ces conditions exceptionnelles.

L'entrée en activité de l'Office tunisien a eu lieu le 1er Juillet 1888.

Débuts de l'Administration française en Tunisie. — Télégraphie aérienne

L'administration française qui lui cédait la place, avait déjà de longs services en Tunisie.

Dès 1847, elle avait pris pied dans la Régence en installant, sur la demande de S. A. le Bey Ahmed, des lignes de télégraphies aériennes pour relier le Bardo, siège officiel du Gouvernement beylical, avec Tunis et la Goulette d'une part, et de l'autre, avec la Mohamme-

dia, résidenco du Bey. Au commencement de cette
même année, le Gouvernement français avait d'office
établi une ligne de paquebots postaux naviguant
deux fois par mois entre Bône et la Goulette et avait
créé une distribution des postes à Tunis au Consulat
de France, sous la gestion du chancelier, pour l'échange
des correspondances ordinaires.

Les deux services des Postes et des Télégraphes,
alors séparés, faisaient ainsi en même temps leurs
débuts dans la Régence.

Télégraphie électrique

Douze ans après, à la suite d'un accord entre le
Gouvernement français et le Gouvernement tunisien,
les premières lignes électriques étaient installées.
Successivement et lentement, les années suivantes, de
nouvelles lignes étaient établies et de nouveaux
bureaux étaient ouverts au milieu des difficultés considérables que créait l'insécurité du pays.

Situation du Service au moment
de l'occupation

En 1881, au moment de l'occupation, 12 bureaux
de télégraphe existaient : Tunis, le Bardo, la Goulette,
Bizerte, Sousse, Monastir, Mahdia, Sfax, Gabès, Djerba
et le Kef.

Si peu rapide qu'eût été le développement du service télégraphique, il avait devancé de beaucoup celui
de la poste dont le Gouvernement tunisien se désin-
téressait du reste complètement. Ce service comprenait alors seulement une recette de plein exercice,

créée à Tunis six ans auparavant, et sept distributions des postes installées dans les diverses escales de la côte, de la Goulette à Djerba.

Création d'un réseau militaire

L'établissement des troupes françaises en Tunisie nécessitait l'installation d'un réseau télégraphique et postal considérable à l'effet d'assurer les communications des troupes des divers points occupés. Tout d'abord, le service des bureaux de ce réseau complémentaire, bien qu'établi par l'Administration civile, est exécuté par des agents militaires, ceux du Trésor pour la Poste, ceux de la télégraphie militaire pour le télégraphe.

Rétrocession du réseau militaire
au Service Civil

En 1884, remise est faite de ces bureaux à l'admitration civile.

Le service postal et télégraphique avait reçu de cette adjonction un accroissement notable, mais il avait déjà pris un développement important dans l'ancien réseau, par l'effet même de la transformation profonde du pays qu'amenaient la présence des troupes, la venue de nombreux nationaux français et la nouvelle administration inspirée de l'action de la France.

La gestion directe des Postes et des Télégraphes par l'Administration métropolitaine constituait, parmi les autres services du Protectorat, une anomalie dont les conséquences se montraient de plus en plus sensibles au fur et à mesure du développement de l'exploitation et dont ainsi le préjudice allait croissant. Tel qu'il était organisé, le service constituait une charge réelle pour le Gouvernement métropolitain qui se montrait de moins en moins disposé à assumer aucune nouvelle dépense, quelle qu'en pût être l'utilité pour les intérêts locaux.

Un seul dénouement apparut possible aux embarras, aux dommages mêmes de cette situation : le rattachement du service au Gouvernement tunisien. Cette question soulevée dès 1885 reçut sa solution seulement en 1888, en vertu de la Convention qui a été rappelée plus haut.

Situation du Service à la création de l'Office Postal

Au jour de son entrée en fonctions, l'Office tunisien héritait du service français d'un réseau postal qui comportait 25 recettes et 8 distributions des postes desservies par des courriers, dont le développement sur route ou sur chemin de fer était de 1.677 kilomètres et dont le trajet quotidien atteignait 2.153 kilomètres ; — le réseau télégraphique comprenait 26 bureaux reliés par 1.967 kilomètres de lignes portant 3.520 kilomètres de fils.

De grands besoins existaient que les conditions mêmes de l'administration métropolitaine n'avaient pas permis de satisfaire. L'Office tunisien se mit activement à l'œuvre, assisté de la bienveillance du Gouvernement et de l'aide de tous les services du Protectorat. Entre tous les concours qui lui ont facilité l'accomplissement de son entreprise, une mention à part doit être faite de celui de l'Enseignement public.

Grâce à lui, les recettes à créer ont été presque partout installées à la maison d'école et confiées à l'instituteur. Non seulement le gouvernement dont les ressources ont été ménagées a obtenu de cette combinaison un sérieux avantage, mais encore le public en a tiré le profit le plus important. Les services multiples de la poste et du télégraphe ont été, en effet, mis à sa disposition, alors que les dépenses, proportionnellement considérables qu'eût entraînées l'établissement de bureaux proprement dits, en eussent nécessairement fait ajourner la création.

Son développement après dix ans

En dix ans, le nombre des recettes des postes est passé de 25 à 76. Sur ce chiffre, 27 seulement sont gérées par des receveurs titulaires ; des autres, 39 sont tenues par des instituteurs, 4 par des receveurs des Douanes, 2 par des chefs de gare, 1 par un militaire, 1 par un gardien de phare, 1 par un colon, une enfin par un prêtre attaché à un orphelinat agricole.

Aucune distinction n'existe entre le service de ces recettes auxiliaires et celui des recettes proprement dites ; comme ces dernières, elles concourent à toutes les opérations sans réserve et dans la mesure des besoins du public.

Ce sont ainsi, en réalité, des bureaux de plein exercice comme les autres.

Le progrès pour les recettes ne s'est pas borné à leur augmentation de nombre. Ces bureaux sont classés en deux catégories principales : ceux qui sont dits à service complet et dont les vacations s'étendent sans interruption de 7 heures du matin à 8 heures du soir, et les autres qui sont dits à service limité et dont les vacations sont partagées en deux séances, l'une le

matin de 8 heures à 11 heures et l'autre l'après-midi
de 2 heures à 7 heures du soir, au total 8 heures.

De la première catégorie, 9 bureaux seulement existaient à la création de l'Office tunisien.

Aujourd'hui leur nombre est de 15. Six nouvelles
villes se trouvent ainsi en possession d'un service qui
s'étend en fait à toute la journée ouvrable.

Les dimanches et jours fériés, par une mesure spéciale à la Tunisie, les vacations de ces bureaux sont
réduites à celles des bureaux à service limité.

Quant aux recettes auxiliaires, notamment les
bureaux d'école, force a été de leur assigner des heures
particulières afin de préjudicier aussi peu que possible
au service propre du titulaire. Si compliquées que se
trouvent ces vacations, elles ont été acceptées volontiers par le public qui a compris que les services de la
poste et du télégraphe ne pouvaient, pour l'instant, lui
être procurés qu'à ce prix.

En même temps que les recettes, les distributions
des postes étaient activement multipliées. Ces établissements se bornent à l'échange des correspondances
ordinaires et suppléent, pour ces objets au moins, au
manque de factage à domicile. On conçoit, en effet,
qu'il soit quant à présent, et qu'il sera pendant longtemps encore, impossible de faire remettre au destina-
taire, où que se trouve son habitation, les correspondances à son adresse. L'Office postal s'est efforcé de
faire porter, dans les points les plus nombreux et les
mieux situés, les correspondances à destination de la
région. Les intéressés vont alors prendre leurs lettres
au siège de la distribution et s'évitent ainsi les inconvénients de les retirer à la recette qui est toujours
beaucoup plus éloignée.

Les distributions des postes à la création de l'Office
étaient seulement au nombre de 8 et se trouvaient
établies dans les principales gares du chemin de fer

de Tunis à Ghardimaou. Aujourd'hui, le nombre de ces établissements est de 217. Ces distributions sont dispersées sur tout le territoire et dans les localités les plus reculées. Aussi n'est-ce pas sans étonnement que le voyageur parvenu à tel bordj isolé du centre de la Tunisie, ou à quelque village troglodyte du sud, y aperçoit la boîte aux lettres réglementaire de l'Office tunisien, montrant l'existence de la distribution et le rattachement de ce point ignoré aux communications postales de la Régence et du monde.

Ces distributions sont pour la plupart tenues par les autorités locales indigènes auxquelles le Gouvernement tunisien les a imposées comme charge d'emploi ; leur nombre n'est pas moindre que 147. Les autres distributions sont confiées, 17 à des chefs de gare, 6 à des agents de l'Etat, douaniers, forestiers ou autres, 2 à des militaires et 45 à des colons.

Tous les gestionnaires remplissent gratuitement leurs fonctions ; ils y sont, il est vrai, les premiers intéressés puisque tout d'abord cette organisation leur assure la remise de leurs propres correspondances, mais ils n'en ont pas moins à subir en retour des charges qui, par circonstances, ne sont pas sans un poids réel, si peu fréquentes qu'elles puissent se rencontrer : débit des timbres-poste, expédition et timbrage des correspondances au départ, timbrage et distribution des correspondances à l'arrivée, encaissement des taxes des lettres insuffisamment affranchies, échanges avec les courriers, etc.

L'Office postal se sait donc et se reconnaît sincèrement l'obligé de tous ceux qui ont bien voulu lui donner leur concours et lui permettre ainsi d'étendre, aux moindres frais, son service au grand avantage de tous.

Cette multiplication des distributions des postes a paré provisoirement et partiellement, comme cela a été déjà signalé, à l'impossibilité de créer dès maintenant un service rural. Cependant, déjà en quelques points et notamment dans les environs immédiats de Tunis, des facteurs ruraux ont été installés qui effectuent la remise des correspondances ordinaires ou de valeur dans les mêmes conditions qu'à la ville. Dans la région un peu plus éloignée, il a été constitué, au moyen de cavaliers indigènes portant des cartables fermés au nom de chacun des destinataires, un véritable service rural, abstraction faite des objets de valeur dont la livraison ne peut être opérée qu'au bureau.

C'est ainsi qu'en somme ce service rural, ou complet ou restreint, pourvoit dans des conditions qui paraissent, quant à présent à la rigueur suffisantes, aux besoins de la presque totalité des habitations dans la partie la plus colonisée de la Régence et dans un rayon de plus de 50 kilomètres autour de Tunis.

En principe, toutes les localités situées sur le chemin de fer sont desservies deux fois chaque jour, toutes les autres une fois seulement. Les passages des courriers aux distributions des postes ont lieu généralement tous les deux jours et seulement à titre exceptionnel deux fois par semaine.

Extension du réseau postal

Une extension tout à fait considérable a été donnée au réseau d'acheminement des correspondances pour le service des nouveaux établissements et pour l'amélioration des échanges postaux des bureaux déjà existants. Les mesures réalisées ont fait passer, en dix années, la longueur des voies parcourues de 1.077 kilomètres à 4.004 kilomètres et le trajet quotidien de 2.153 à 7.169 kilomètres.

Le réseau a donc plus que triplé comme étendue. Il n'est pas indifférent de faire observer que déjà,

encore qu'il soit si près de ses débuts et que son organisation se trouve encore aussi rudimentaire, ce réseau
présente comme total du chemin couvert chaque jour
par ses courriers une longueur tout à fait considérable
— beaucoup plus que le tour de la terre par semaine.

Il se décompose suivant la nature des moyens de
transports comme ci-après :

	LONGUEUR	TRAJET QUOTIDIEN
Voies ferrées........	553	2.300
Voitures sur route...	667	1.287
Cavaliers..........	3.681	3.582
Totaux......	4.901	7.169

Ce relevé met en évidence une des améliorations
importantes consécutives à l'organisation postale où
elle n'apparaît pas directement : celle de l'installation
de services en voiture dont le public a tiré le plus utile
profit pour le transport des voyageurs et des messa-
geries.

Auparavant, il n'existait dans toute la Régence
aucun autre moyen de transport en commun que les
chemins de fer encore si peu développés. Même aujour-
d'hui, l'ensemble de ces voies atteint seulement 553
kilomètres. Le parcours des services en voiture entre-
tenus par l'Office, bien que réduit sensiblement dans
ces derniers temps par l'ouverture de nouveaux chemins de fer, est encore supérieur et s'élève à 669 kilomètres.

Certes, les voitures n'ont ni la grandeur, ni le confortable, ni non plus la vitesse des services analogues de la métropole, mais il est néanmoins possible à un voyageur de les utiliser même pour un long trajet. Alors que, récemment encore, on n'avait à Tunis pour atteindre Gabès, par exemple, que le paquebot côtier qui naviguait une fois par semaine et qui mettait trois jours et demi pour y arriver, on peut maintenant, et tous les jours, partir pour cette ville et s'y trouver rendu 48 heures après ; il y a eu là un progrès d'une importance véritable et dont l'Office postal poursuit attentivement l'extension, au fur et à mesure que l'état d'achèvement des travaux de route entrepris dans la Régence le permet.

Extension du réseau télégraphique

Le réseau télégraphique a reçu un développement parallèle à celui du réseau postal. Le télégraphe a été établi dans chacune des nouvelles recettes. Des postes spéciaux, sémaphores ou bureaux particuliers, ont été installés et ouverts au service privé, comme aussi un certain nombre de gares.

En somme, le nombre des localités où le télégraphe est à la disposition du public, atteint aujourd'hui le chiffre de 111. A l'ouverture de l'Office postal, il s'élevait seulement 32.

La longueur des lignes, les travaux en cours terminés, dépassera 3.000 kilomètres et celle des fils 6.700 kilomètres. Les chiffres correspondants au 1er juillet 1888 étaient : 1.967 et 3.520.

Quant au développement des conducteurs, le réseau a doublé, abstraction faite des câbles sous-marins côtiers dont l'ensemble s'élève à 804 kilomètres.

Etablissement d'une communication directe
sous-marine avec la France

Mais l'amélioration la plus importante a été réalisée par la pose du câble qui relie directement Tunis à Marseille. C'est le 19 février 1893 que cette communication d'intérêt majeur a été ouverte. Outre la rapidité qu'elle assure aux correspondances, elle met désormais la Régence à l'abri des interruptions si fréquentes qui se produisaient sur les lignes d'Algérie, autant par les incendies de l'été que par les intempéries de l'hiver. Encore que cette œuvre soit en apparence entièrement métropolitaine, l'Office postal y peut justement revendiquer sa part à cause de son intervention active dans la décision qui l'a déterminée et de la contribution financière que la Régence a fournie à son établissement.

Ce câble n'a pas servi seulement à affranchir les communications de la Tunisie des accidents des lignes de l'Algérie ; par une contre-partie naturelle il a tout ensemble assuré les communications du département de Constantine en cas d'interruption de ses fils avec Alger. Dans ces occasions qui se sont déjà plusieurs fois rencontrées, le bureau de Tunis a fait le transit avec la France des télégrammes du département voisin. Il n'a pu cependant s'en acquitter que dans une mesure imparfaite et au détriment de son propre service ; ses moyens prévus pour ses besoins ne sauraient suffire en effet à un surcroît de trafic aussi considérable, encore qu'il ait prodigué les efforts de tout son personnel, jour et nuit, pendant tous ces intervalles dont plusieurs ont duré au-delà d'une semaine.

L'accroissement arithmétique du nombre des kilomètres de ligne ou de fil du réseau télégraphique ne représente que très incomplétement l'œuvre exécutée par l'Office. Une part tout à fait considérable de ses travaux a été constituée par la translation sur les nouvelles voies ferrées des lignes sur route correspondantes.

A cause même du nombre des fils et pour y comprendre le circuit téléphonique de la voie, il a été nécessaire de doubler les lignes sur de très grandes étendues — l'ensemble dépasse 200 kilomètres — qui ne figurent pas dans la longueur du réseau. Du fait des travaux exécutés sur le chemin de fer, l'Office postal a eu à démolir et à construire dans ces trois dernières années un ensemble d'environ 400 kilomètres de ligne portant près de 1.500 kilomètres de conducteurs.

Ces opérations ont été complétées par la substitution à Tunis d'une ligne souterraine aux fils aériens dans la section comprise entre l'Hôtel des Postes et les ateliers de la Compagnie Bône-Guelma où les poteaux ne pouvaient plus trouver place, le terrain étant en entier occupé par les voies. Cette ligne a un développement de 3 kilomètres et comprend une centaine de kilomètres de conducteurs ; les fils sont sous papier, la conduite en plomb étant maintenue en charge d'air comprimé.

Organisation du service téléphonique

Au service télégraphique qu'il avait reçu de l'administration métropolitaine, l'Office Tunisien a, dès 1891, joint le service téléphonique. Cette année, un premier réseau comprenant Tunis, la Goulette et la Marsa a été créé. Il a été ouvert avec un développement de 112 kilomètres de ligne et 81 postes d'abonnés.

Depuis, toute l'extension possible a été procurée à ces communications, et autant que le permettaient les moyens de l'Office Postal. D'abord, par l'emploi des fils télégraphiques, en suite par la création de circuits spéciaux, notamment celui de Tunis, Sousse, Kairouan, dont les deux conducteurs présentent une longueur de plus de 400 kilomètres. C'est ainsi que le réseau des conversations s'est étendu successivement à Sousse, Kairouan, Monastir, Moknine, Sidi-bou-Saïd, Bizerte et Hammam-Lif. Les dispositions sont en cours d'exécution pour y joindre dans un délai peu éloigné Souk-el-Arba, le Kef, Sfax, Mahdia, Zaghouan et Sainte-Marie-du-Zit. Les épreuves, effectuées à ce moment, permettront de se rendre compte s'il sera possible de pousser encore plus loin ces communications sur Gabès et Gafsa, sans frais exagérés.

Même au cas où cette extension serait alors reconnue impossible, il n'en serait pas moins acquis que sous le rapport des correspondances téléphoniques la Tunisie se trouverait dans une situation privilégiée.

Son réseau téléphonique interurbain s'étendrait, en effet, sur un développement total de plus de 800 kilomètres desservant 14 localités.

Locaux

L'extension considérable procurée par l'Office postal à toutes les branches de l'exploitation rendait absolument nécessaires des locaux spéciaux convenablement aménagés en vue des travaux à accomplir. C'est à Tunis où se concentrent toutes les opérations que les besoins étaient le plus pressants, non seulement pour le service, mais encore pour le public lui-même. Aussi pour satisfaire à ces conditions, le Gouvernement du Protectorat décida-t-il, dès le premier jour de la création de l'Office Tunisien, la construction d'un Hôtel des Postes. Cet édifice a été achevé en 1891.

Tunis, quant à son Hôtel, n'a certainement rien à envier à aucune autre ville de son ordre et peut, à tous les points de vue, se faire justement honneur de ce monument.

Cependant encore que l'occupation en soit si récente, puisqu'elle n'a pas sept ans révolus, bien que les prévisions eussent paru si vastes à l'origine, on sent déjà venir le moment où les services si largement pourvus au début se trouveront trop à l'étroit. Déjà des agrandissements ont dû être exécutés pour l'usine de lumière, pour les bureaux de la Direction ; d'autres commencent à s'imposer pour le service des colis postaux.

Le développement de l'exploitation est si rapide qu'on doit regarder comme peu éloigné le jour où les services déborderont de l'Hôtel actuel.

Pour compléter l'agencement de l'Hôtel de Tunis, l'Office postal a éclairé tout l'édifice à l'électricité. C'était la première installation de la sorte faite en Tunisie. Sa réussite très complète a déterminé la Résidence Générale à demander que la lumière électrique fût également établie à son Hôtel. Cette seconde installation fort importante a été réalisée en 1893.

A Sfax, un hôtel approprié à l'importance de la ville et du service a été bâti ; d'autres constructions analogues se poursuivent au fur et à mesure des ressources disponibles, suivant l'urgence des besoins dans les diverses localités. C'est ainsi que Bizerte, Béjà, Souk el Arba, Kairouan, le Kef, la Goulette, la Manouba, Hammam-Lif et Teboursouk possèdent des installations définitives construites spécialement pour le service.

Il ne reste, pour le moment, qu'une seule ville qu'il y ait urgence à pourvoir, celle de Sousse, où le terrain réservé vient d'être gagné sur la mer. Les dimensions et l'heureuse situation de cet emplacement promettent à la ville de Sousse que son Hôtel des Postes donnera toute satisfaction aux besoins et aux convenances de sa population comme aussi aux nécessités d'un trafic sans cesse grandissant, encore aujourd'hui confiné et au prix de transformations réitérées, coûteuses et insuffisantes, dans la maison beylicale où le télégraphe a été installé à ses débuts, il y a 40 ans.

Monopole du transport des correspondances postales.

A l'exemple de la métropole, le décret constitutif de l'Office Tunisien a conféré à la Poste le monopole du transport des dépêches expédiées pour le service de l'Etat, des lettres particulières cachetées ou non et généralement de tout objet manuscrit, dans les conditions et avec les exceptions spécifiques dans les lois et règlements de l'administration de France.

Ce droit exclusif ne s'applique qu'aux dépêches et correspondances nées et distribuables dans le ressort des bureaux de poste existants.

Cette réserve a été imposée par le fait que l'Office tunisien, à l'inverse de ce qui est en France, ne dessert pas et ne peut pas encore desservir la totalité du territoire.

En vue, d'autre part, de permettre au public d'user, même entre deux localités desservies, de tous les moyens de transports existants, un décret a autorisé la circulation en dehors de la Poste des lettres sous enveloppes timbrées, à la condition que les enveloppes portent sur leur suscription leur date d'envoi et qu'elles soient fermées dans des conditions telles que les correspondances n'en puissent être extraites sans mettre ces enveloppes hors d'usage.

Abaissement du tarif postal interne

La mesure la plus importante prise par l'Office tunisien, en ce qui touche les correspondances, a été l'abaissement, en 1893, dans le service interne, de la taxe des lettres et des cartes postales, réduite pour les premières de 15 centimes à 10 centimes pour 15 grammes et pour les secondes de 10 à 5 centimes.

Une mesure de même ordre vient d'être mise en application pour les lettres échangées avec l'Italie dont la taxe a été abaissée de 25 à 20 centimes par 15 grammes.

Par l'effet de ces réformes, comme aussi du développement propre des transactions, le mouvement des correspondances a pris un accroissement extraordinaire.

Depuis la création de l'Office Postal, en dix années, il a presque quintuplé comme en témoignent les chiffres ci-après :

Nombre des correspondances (départ et arrivée)

	1888	1898
Tunisie.	1.730.000	9.377.964
France .	2.100.000	8.568.396
Etranger	470.000	1.714.356
	4.300.000	19.060.716

Un premier résultat est à signaler dans ces constatations générales : ce fait que le service interne de la Régence, à l'inverse de la première année, dépasse maintenant en importance les échanges franco-tunisiens. L'année présente est du reste la première où cette situation se soit montrée : elle témoigne que la Tunisie se rapproche de la situation régulière de tout État qui est de vivre tout d'abord de soi-même. Les relations extérieures, quelle qu'en soit l'importance, ne sauraient, en effet, constituer normalement pour un pays qu'une part restreinte des effets de son activité.

Sous ce rapport, la situation vaut mieux même qu'elle ne le paraît. En effet les nombres des correspondances véritables " lettres et cartes postales " sont en proportion supérieure au rapport des totaux généraux, comme il résulte du relevé ci-dessous :

	LETTRES ET CARTES POSTALES	IMPRIMÉS ET OBJETS A PRIX RÉDUITS	ENVOIS EN FRANCHISE	TOTAUX
Tunisie.......	5.137.236	3.064.176	1.176.552	9.377.964
France........	4.540.636	3.672.512	355.248	8.568.396
Etranger......	1.337.040	342.000	34.416	1.714.356

Il est intéressant de noter que, parmi les objets du service interne, une portion importante a circulé par les distributions des postes. Le nombre dépasse 400.000 ; il se partage très exactement par moitié entre les distributions indigènes et les distributions tenues par des européens. C'est dire que les correspondances acheminées par cette voie, à destination des indigènes, forment une part considérable des correspondances de cette population. Ces objets sont en effet tous des lettres missives sans aucun envoi d'autre sorte.

Les relevés spéciaux propres aux distributions des Matmatas, par exemple, montrent que ces établissements, qui ne desservent absolument que des indigènes, échangent un nombre de lettres supérieur à 10.000 pendant l'année.

Franchises postales

Les renseignements statistiques cités plus haut font voir combien est grande, dans le trafic postal, la part des plis exemptés de la taxe.

Ces objets sont admis en vertu de franchises concédées — pour les services tunisiens, par le Résident Général — et pour les services métropolitains, par le Ministre du Commerce, de qui relève le sous-secrétariat des Postes.

Leur nombre pour la Tunisie représente les 23 centièmes de celui des correspondances privées, mais leur poids moyen dépassant le triple de celui d'une lettre, la taxe dont ils se trouvent exonérés s'élève à peu près aux deux tiers de l'affranchissement payé par les lettres des particuliers.

La proportion est beaucoup moindre, ce qui doit évidemment être, dans les relations avec la métropole où le rapport des nombres s'abaisse à 8%, exactement au tiers du quantum du service interne. En France même, ce rapport est au-dessous de 5 %. Le chiffre constaté pour la Tunisie est donc tout à fait exceptionnel puisqu'il s'élève au quintuple.

Echanges internationaux

Le service avec l'Etranger est constitué presque exactement par moitié par les échanges avec l'Italie et pour le reste par les correspondances avec les autres pays.

Les relations de la Régence se classent ainsi d'après le nombre des objets expédiés et reçus :

Angleterre	170.000
Allemagne	150.000
Malte.	120.000
Tripoli	110.000
Grèce	75.000
Suisse	70.000
Autriche-Hongrie.	65.000
Belgique	60.000

Les autres pays sont au-dessous de ce dernier chiffre.

Chargements et objets recommandés
Mandats de poste
Recouvrements de valeurs

En même temps que le transport des correspondances, la Poste assure celui des objets recommandés ou de valeur déclarée, l'émission et le payement des mandats et le recouvrement de valeurs.

En gros, le service a triplé pour chacune de ces trois catégories d'opérations.

Les renseignements comparatifs, entre la première année de l'Office Tunisien et l'année dernière, sont consignés dans le tableau ci-après :

		CHARGEMENTS ET OBJETS RECOMMANDÉS (DÉPART)		MANDATS (DÉPART ET ARRIVÉE)		RECOUVREMENTS (ARRIVÉE)	
		Nombre	Montant	Nombre	Montant	Nombre	Montant
Tunisie....	1888..	24.807	667.112	38.232	4.263.763	4.195	212.812
	1897..	75.759	1.949.303	168.943	11.553.475	34.492	2.122.211
France....	1888..	27.711	1.781.731	92.967	4.328.275	16.330	850.995
	1897..	92.227	6.912.021	164.511	5.400.295	40.572	1.290.390
Étranger..	1888..	5.816	60.947	3.460	404.497	37	4.059
	1897..	14.793	357.398	17.635	1.048.879	399	31.575
Totaux....	1888..	58.334	2.509.490	134.659	8.936.535	20.562	1.067.866
	1897..	182.779	9.218.722	351.089	18.002.649	75.463	3.444.166

Caisse d'Epargne

L'Office tunisien a été commis à gérer la succursale
de la Caisse d'Epargne de France déjà en exercice à
sa création ; il en a considérablement étendu les opérations par l'augmentation du nombre de ses recettes
et surtout par une organisation qui lui est propre. Il
a installé un service de remboursements immédiats
dans chacun de ses bureaux en faveur de tout titulaire
d'un livret qui s'engage à ne faire d'opérations d'épargne qu'à ce bureau. Dans ces conditions, les retraits
de fonds s'opèrent séance tenante avec une célérité
égale à celle des versements eux-mêmes et avec une
pareille facilité.

Le tableau ci-dessous où sont rapprochés les chiffres
des principales opérations de la Caisse d'Epargne,
l'année qui a précédé la gestion de l'Office tunisien
et ceux de l'année dernière, permet de se rendre compte
des progrès accomplis.

		1888	1897
Nombre de livrets ouverts dans l'année.		885	2.481
Versements	Nombre.	5.010	15.698
	Montant.	468.903	2.026.474
Remboursements.......	Nombre.	1.561	11.033
	Montant.	266.801	1.702.786
TOTAL des opérations....	Nombre.	6.571	26.731
	Montant.	735.704	3.729.261
Avoir des déposants..............		349.000	25247.963

Le service a plus que quintuplé.

Cette situation est d'autant plus remarquable que deux lois successives ont réduit considérablement les avantages concédés tout d'abord aux clients de la Caisse d'Epargne. L'intérêt servi aux déposants n'est plus aujourd'hui que de 2 1/2 % au lieu de 3 %, le maximum des comptes a été abaissé à 1.500 francs au lieu de 2.000 et enfin le montant des dépôts dans une année a été restreint à cette même somme de 1.500 francs.

Colis postaux

En France, l'administration s'est dessaisie du trafic des colis postaux dont elle a passé l'exécution aux Compagnies de chemins de fer et aux Compagnies de navigation subventionnées. C'est dans ces conditions que la Régence se trouvait desservie à la création de l'Office Tunisien. Si imparfaites qu'elles fussent, l'Office postal était tout d'abord dans l'impossibilité d'y remédier, manquant à Tunis des locaux nécessaires à cette exploitation. Force lui a été d'attendre la mise à sa disposition de l'Hôtel des Postes pour prendre en main l'exécution du service. C'est le 1er janvier 1892 qu'il s'est substitué à la Compagnie Bône-Guelma pour les localités siège d'une gare et à la Compagnie Transatlantique pour les escales de ses paquebots. Vingt-cinq localités se trouvaient desservies; il y a joint toutes les autres recettes en exercice et certaines de ses distributions. Aujourd'hui, le nombre des centres admis au trafic des colis postaux s'élève à 81.

En 1892, une seconde catégorie de colis postaux de 3 à 5 kilos a été créée, ainsi que l'échange dans le service interne des colis contre remboursement et des colis de valeur déclarée.

En 1898, cet échange a été étendu aux relations avec la France et avec tous les autres pays où il fonctionne en vertu de la convention postale universelle ; en même temps, une troisième catégorie de colis postaux du poids de 5 à 10 kilos a été établie dans le service interne et dans le service franco-tunisien.

Durant l'année 1891, qui a précédé la prise de possession du trafic par l'Office Tunisien, le nombre des colis postaux traités par les Compagnies avait été d'environ 75.000 et tous à 3 kilos. L'année dernière, le nombre des colis à dépassé 210.000, dont la moitié appartenant à la catégorie des envois de 3 à 5 kilos doivent être comptés pour ainsi dire au double de leur nombre à l'unité du colis de 3 kilos. On serait donc autorisé à avancer que le chiffre des colis traités par l'Office postal a été de 300.000, c'est-à-dire que, sous sa gestion, le service a quadruplé en six ans.

Les résultats pour l'année courante et dans l'avenir vont s'augmenter dans une proportion importante par le fait de la création des colis de 10 kilos.

Le nombre de ces envois est tel déjà qu'il constitue au moins le tiers de l'ensemble. Dans ces conditions, ce serait pour le même chiffre de colis un accroissement de 20 % dans les marchandises ; mais, de plus, le nombre des envois se développe notablement. On peut admettre que de ce fait la valeur des objets transportés va s'accroître de près de 50 %. Déjà elle représentait précédemment plus du vingtième du commerce extérieur de la Régence ; elle vaudra dès cette année presque le dixième. Cette estimation montre l'importance du service des colis postaux qui est appelé à prendre des proportions imprévues.

Certes, le public a tiré un profit considérable et des plus appréciés, les chiffres précédents en font foi, de l'exploitation directe par l'Office Postal du trafic des colis postaux, mais il en a obtenu, au titre postal lui-même, des avantages importants consécutifs à la multiplication des courriers que ce nouveau service a amenée. Il ne s'est plus, en effet, trouvé possible de se suffire avec les cavaliers sur certaines directions sur lesquelles des voitures ont dû leur être substituées, ou bien avec ces cavaliers ne marchant que tous les deux jours ou deux fois par semaine. Les poids des correspondances et des colis postaux réunis dépassaient dans ces conditions la capacité des moyens de transport, et il a été nécessaire de rendre les courriers quotidiens pour suffire au service. C'est, en effet, à l'occasion de la mise en activité du trafic des colis postaux que la circulation des courriers tous les jours a été étendue à toutes les recettes de la Tunisie procurant ainsi au public, pour l'échange propre de ses correspondances, une amélioration importante qui se fut sans cela fait attendre encore longtemps.

Exploitation télégraphique

Aux opérations étudiées jusqu'ici et qui constituent l'exploitation postale, l'Office tunisien joint celles de l'exploitation électrique, télégraphe et téléphone, où peut être classée la lumière électrique qui forme une des spécialités de son service.

Les chiffres ci-dessous permettent de se rendre compte du développement de l'exploitation télégraphique depuis la création de l'Office postal :

Télégrammes privés (départ et arrivée)

TUNISIE		FRANCE		ETRANGER	
1888	1897	1888	1897	1888	1897
298.048	393.804	150.117	274.497	26.534	29.315

Service officiel (départ et arrivée)

En 1888. . . . .   47.258
En 1897. . . . .   97.238

Le service intérieur a augmenté d'un tiers, celui avec la France a presque doublé. La cause de ce progrès si inégal réside dans l'abaissement des taxes des dépêches échangées avec la Métropole, alors que le tarif des télégrammes à l'intérieur de la Régence n'a obtenu aucun allègement.

Précédemment, la taxe des dépêches pour la France était le double de celle des télégrammes intérieurs. Une part égale à cette dernière était perçue en sus comme rémunération appliquée à l'usage des câbles sous-marins. Cette surtaxe a été diminuée de moitié dans des conditions spéciales à partir du 1er mai 1895 et a été définitivement supprimée à partir du 16 avril 1897. Sous l'impulsion de ces abaissements successifs du tarif, le nombre des télégrammes s'est considérablement accru. Le progrès va se continuer et à une allure rapide. La dernière réforme qui est toute récente est loin d'avoir épuisé son effet qui ne peut que durer et s'accroître encore.

Franchise télégraphique

Une part considérable du trafic télégraphique est constituée par le service officiel. Les télégrammes de cet ordre sont exemptés de la taxe, à l'exemple des correspondances postales, en vertu de franchises concédées par décision du Ministre du commerce pour les services métropolitains et du Résident général pour les services du Protectorat. Sur un total d'environ 800.000 télégrammes privés ou officiels de départ ou d'arrivée, le service officiel compte pour près de 100.000. C'est dire qu'il y a un télégramme officiel contre 7 télégrammes privés. Cette proportion est considérable, presque 15 % ; en France elle est seulement de 6 %.

Ce rapport est très exactement celui qui a déjà été reconnu dans les correspondances postales dans l'ensemble des relations tant à l'intérieur de la Régence qu'avec la France et l'Algérie.

Mais, pas plus pour les correspondances postales, le nombre pour les télégrammes officiels ne donne une idée exacte du montant de la taxe abandonnée par l'Office.

La moyenne du nombre des mots dans le service officiel est environ trois fois plus forte que dans le service privé ; il faut donc tripler le chiffre des télégrammes en franchise pour les comparer aux télégrammes taxés. On voit alors qu'ils constituent un service peu inférieur à la moitié du service privé. Cette proportion est même dépassée à cause du double affranchissement qu'auraient à acquitter les télégrammes secrets dont le nombre est considérable.

Exploitation téléphonique

A l'ouverture du service téléphonique, en 1891, le nombre annuel des conversations s'élevait à peu près à 70.000. Il a été évalué l'année dernière à 230.000, déjà ainsi considérablement accru du fait à la fois de relations plus actives entre les premiers abonnés et principalement de l'extension des communications. La création du réseau Tunis-La Goulette-Marsa, formant un seul groupe où les conversations étaient exemptes de la taxe interurbaine entre les diverses localités, a constitué à son époque une innovation spéciale à la

Tunisie. Le public en a tiré, à ce moment surtout, un très notable bénéfice alors que la Goulette était en réalité le port de Tunis et une annexe véritable de la capitale.

Au fur et à mesure que de nouvelles localités se trouvaient dotées du téléphone, les conversations se sont multipliées, encore qu'elles ne fussent ni d'une audition bien facile, ni d'un usage bien commode. Les premières villes pourvues, Sousse, Kairouan, et celles qui ont suivi n'ont pu, en effet, être desservies qu'au moyen des fils télégraphiques. A cet effet, l'emploi de ces conducteurs à l'échange des télégrammes était suspendu pendant deux vacations d'une heure, l'une dans la matinée, l'autre dans l'après-midi ; d'un autre côté, malgré toutes les précautions accessoires prises, l'audition était fréquemment troublée par la réaction des transmissions télégraphiques voisines. Cependant, quelque imparfaites que fussent ces conditions, le public a usé de ces communications dans une mesure appréciable et qui prouvait nettement qu'il y trouvait intérêt.

Aussi l'Office postal a-t-il poursuivi l'installation d'un circuit spécial en fil de bronze pour relier à Tunis et entre elles les villes de Sousse et de Kairouan. La communication, livrée déjà l'année dernière à Sousse, a été livrée à Kairouan par cette voie au printemps de cette année ; l'audition est parfaite. Cette ligne étant spéciale, le téléphone a pu être mis à la disposition du public pendant toute la durée d'ouverture des bureaux au lieu des vacations limitées d'auparavant. En même temps, les dispositions utiles ont été réalisées dans les autres localités desservies pour permettre de livrer pareillement, à tout moment de la journée, les communications interurbaines qui seraient demandées.

L'extension du service, aussi bien que l'amélioration

considérable obtenue dans la sonorité et la netteté de
la voix, ont paru tout d'abord de peu d'effet. Les conversations n'ont pas tout de suite augmenté. C'est à
peine depuis un mois, et ainsi après un délai déjà
long, que le public témoigne s'être rendu compte des
conditions meilleures qui lui sont faites et en vouloir
user. Un accroissement très notable des communications s'est produit dans les diverses directions et ne
peut évidemment que s'augmenter encore.

Lumière électrique

L'usine de lumière électrique avait été tout d'abord
établie pour l'usage seul de l'Hôtel des Postes et ne
comprenait qu'une machine de 25 chevaux ; l'éclairage de l'Hôtel de la Résidence a nécessité un rema-
niement et un renforcement de cette installation et la
mise en service d'une seconde machine de 50 chevaux.

Le nombre des lampes installées à la Résidence est
de 720 pour l'incandescence et de 7 pour l'arc. A
l'Hôtel des Postes, le chiffre des premières et de 167
et 16 celui des secondes. En tout 910 foyers lumineux;
l'éclairage utile de cet ensemble s'élève au total de
11.300 bougies. C'est presque le double de l'intensité
lumineuse des becs de gaz en service dans toute l'étendue de la ville de Tunis.

Des demandes avaient été adressées à l'Office postal
en plusieurs circonstances en vue d'obtenir le charge-
ment d'accumulateurs à l'usine de l'Hôtel des Postes.
Un décret a autorisé ces opérations au prix très fort
de 2 francs le kilowatt-heure, à l'effet de limiter ces
fournitures à des objets tout à fait exceptionnels. Dans
ces conditions, l'Office a déjà satisfait à quelques
demandes en vue de mettre à exécution des expériences de physique ou des essais médicaux.

Accumulateurs

Toutes les piles de l'Hôtel des Postes ont été remplacées par des accumulateurs chargés par l'usine de lumière. Leur fonctionnement a donné entière satisfaction au service en même temps qu'il procurait une économie relativement considérable sur les dépenses exigées par l'entretien des piles.

Air comprimé

La ligne souterraine de l'Hôtel des Postes aux ateliers de la Compagnie Bône-Guelma n'a pu être établie dans les conditions spéciales où elle a été installée que grâce à l'usine de l'Hôtel qui a fourni la force voulue. Les conducteurs ne pouvaient, en effet, être constitués par des fils sous papier placés dans un tube en plomb que si l'étanchéité de la conduite était complète et si dans ce but la conduite était maintenue en charge d'air comprimé. L'économie réalisée par l'adoption de ces dispositions a été été très importante ; elle a dépassé 40.000 francs sur les frais d'une conduite ordinaire ; il y a là un nouveau résultat utile obtenu de l'usine qui s'affirme de plus en plus, en outre de ses services d'éclairage, comme une opération avantageuse au point de vue pécuniaire pour l'Etat.

Produits

La balance des recettes et des dépenses se réglait, l'année qui a précédé l'institution de l'Office Tunisien, par un déficit annuel de 60.000 fr., travaux neufs non compris. Elle se solde en 1893, dix ans après, par un bénéfice net de plus de 100.000 francs.

Encore qu'une situation aussi favorable se puisse passer de commentaires, il importe de ne pas omettre que l'Office postal a réalisé, depuis sa création, des dégrèvements considérables qui peuvent, pour les diverses natures d'opérations, s'évaluer pour cette année comme ci-après :

Abaissement de la taxe des lettres et des cartes postales.	125.000 fr.
Suppression de la surtaxe des colis postaux hors des voies ferrées ou des escales de paquebots. .	15.000
Abaissement des taxes téléphoniques au-delà de 100 kilomètres (0 fr. 75 au lieu de 1 franc, et des frais de construction des lignes. . . .	5.000
Suppression de la taxe sous-marine des télégrammes échangés avec la France.	75.000
Total.	220.000

Encore qu'en fait l'Office postal n'eût pas encaissé l'intégralité de ces sommes si les réformes de tarifs afférentes n'eussent pas été réalisées, il n'en est pas moins certain que le public a bénéficié en entier de leur valeur, puisqu'il a eu tous ces services complémentaires sans en payer les frais.

Mais quant à l'Office postal lui-même, ces chiffres ont une signification importante ; par comparaison avec les recettes précédentes ils représentent, en effet, le surcroît de service sans rétribution spéciale auquel il a eu à subvenir ; cette proportion est considérable, presque un cinquième en sus du trafic correspondant aux produits antérieurs.

Toutefois, ainsi que cela a été déjà noté, le montant des recettes encaissées ne correspond pas au service rendu. Il y manque, en effet, la valeur de l'affranchis-

sement des correspondances officielles, tant postales
que télégraphiques.

Situation financière

En exceptant de l'évaluation le service des mandats
et celui des colis postaux où aucune franchise n'existe,
on peut chiffrer à près de 500.000 francs la taxe de la
correspondance officielle. Il y a là une large compensation aux frais que l'Etat s'est imposé directement
en dehors de l'Office postal pour la construction d'un
certain nombre d'Hôtels et de bureaux et pour les
facilités qu'il lui a procurées sur les voies ferrées pour
le transport des correspondances.

Ainsi donc, si l'Office postal était une gestion privée
au lieu d'être une régale, il solderait dès aujourd'hui
sa situation financière par un bénéfice important,
assuré en outre d'amples développements dans l'avenir.

Ces conditions si favorables se seraient améliorées
encore s'il avait été possible de réduire la taxe des
lettres à 5 centimes, en supprimant à cette occasion
la carte postale qui répugne absolument aux habitudes de nos nationaux et encore davantage à celles des
indigènes et qui se trouve par suite à peu près délais-
sée.

Cette réforme ne pourrait manquer de fournir dans
un avenir rapproché un surcroit de produits pour
l'Etat, en même temps qu'elle procurerait au public
les meilleures conditions possibles pour ses relations
postales et ainsi les avantages considérables qui en
résulteraient.

Résumé

La gestion de l'Office postal peut se résumer ainsi pour ses dix années écoulées :

le réseau des communications, triplé ;

le nombre des correspondances postales, quintuplé;

le nombre et le montant des mandats et des chargements, triplé ;

le service des colis postaux pris en charge, quadruplé en six ans ;

le service de la Caisse d'épargne, quintuplé ;

le service téléphonique, créé et déjà considérable-étendu ;

la lumière électrique, installée à l'Hôtel de la Résidence et à l'Hôtel des Postes à Tunis ;

le montant de l'inventaire, accru de plus de 450.000 francs, déduction faite des déficits antérieurs ;

la correspondance officielle, dont l'affranchissement dépasserait 500.000 francs par an, assurée en franchise;

la correspondance privée, dégrevée d'une somme annuelle de 220.000 francs ;

la balance budgétaire, en déficit de 60.000 francs la première année, se soldant aujourd'hui par un bénéfice annuel de plus de 100.000 francs.

Outre les travaux techniques de construction et d'entretien du réseau toujours si considérables, la manipulation de 20 millions de correspondances postales, l'échange de plus d'un million de télégrammes ou de communications téléphoniques, l'Office Tunisien a la gestion de valeurs financières : mandats, chargements, colis postaux, opérations de caisse d'épargne, etc., dont l'ensemble dépasse 50 millions. C'est le chiffre du budget de la Tunisie, recettes et dépenses réunies.

Ses produits approchent de 1.200.000 francs par an et représentent le vingtième des contributions et revenus publics de toute la Régence. Ces chiffres témoignent de la place déjà importante que l'Office postal tient dans les services du Protectorat, situation qui ne peut manquer de se développer encore dans l'avenir et d'un rapide progrès, au grand avantage du pays.

TABLE DES MATIÈRES

CONFÉRENCES FAITES EN 1898

SUR LES ADMINISTRATIONS TUNISIENNES

TABLE ANALYTIQUE

DES MATIÈRES

FIN DE LA TABLE DES MATIÈRES

SOUSSE, IMPRIMERIE FRANÇAISE, RUE JULES FERRY

www.ingramcontent.com/pod-product-compliance
Lightning Source LLC
Chambersburg PA
CBHW070623270326
41926CB00011B/1790